沈晖 编著

苏雪林
笔下的名人

人民出版社

目　录

屈原——中华民族的文学英雄

[编者按]

　　屈原（公元前 343—前 277），芈姓，屈氏，名正则，字灵均；又名平，字原，战国时代楚国人。学识渊博，为人正直，曾辅佐怀王，官左徒、三闾大夫，对内彰明法度，举贤授能，对外主张联齐抗秦。在朝廷斗争中遭谗被放逐，在流放期间作《离骚》、《天问》、《九歌》等辞赋，以优美的文辞，申述自己的爱国情怀及对自然与社会的关切，尤其是他别具一格的辞赋，对中国文化影响极深。诚如刘勰在《文心雕龙·辨骚》中所言："奇文郁起"、"精采绝艳"、"其衣被词人，非一代也！"

屈原画像

　　唯物论者每以经济等物质条件为决定历史的因素，而不知精神力量更为重要。历史若抽去伟人的主动力，则历史的变迁与进化，将不知呈何面目。同样，文艺若没有天才的鞭策，则文艺也将始终停滞于原始状况之中，难得进步。卡莱尔的"英雄与英雄崇拜"，将文艺天才也列为英雄一类，而主张予以崇拜，我认为极有道理。

以我国文学而论，春秋前所谓纯文艺只有《诗经》，到了西元前二三世纪的光景，文学史又展开了楚辞时代。这个极光辉、极丰富、极充实的楚辞时代是屈原一手造成的。他壁立万仞，一空依傍，陶镕万象，自铸伟词，写出了《离骚》、《天问》等二十几篇韵文。这二十几篇，不仅文采瑰丽，情感深厚，超越以前作品，内容之富，更像一座蕴藏极厚的宝矿。这座宝矿二千余年来，从事发掘的人何尝不多，可惜所得只是皮毛，它的中心部分的绝代珍奇，决不是故纸堆那种工具所能解决；一定要集合全世界考古家和历史文化专家，运用最新、最缜密的科学方法，通力合作，积以年月，始能把它发现出来。发现出来以后，我国和全世界的文化史都该重新写过了。请问屈原这位诗人的地位重要不重要？他作品影响，伟大不伟大？他是不是我们应该崇拜的文学英雄？

现在将我们诗人身世及作品分论于次：

甲、屈原的身世

屈原名平，原乃其字，不过历来皆称之为屈原。《史记》为他立传，也以屈原二字为题。其他如庄忌《哀时命》、刘向《九叹》及其《新序·节士》篇，班固《汉书·艺文志》皆称屈原。但《史记》本传中有时呼之为平，有时又呼之为原，近代学者怀疑屈原为乌有公者，此事亦其理由之一。不知古人本有以字为名的例子。譬如晏婴字平仲，伍员字子胥，而古籍中每称其字而略其名，我们难道也可说晏、伍二人并非历史人物吗？至《离骚》里的"正则"，则以影射"平"字，"灵均"则以影射"原"字，那就等于现代文艺上的"笔名"、"化名"之类，无须深究了。

楚姓芈，又姓熊，屈原既是楚同姓，何以又姓屈？原来楚武王子瑕食采于屈，以屈为氏，屈原即其后。楚在春秋战国时代，版图广大，王室子孙多分封在外，所以除屈姓外，尚有昭、景二姓。此三姓似乎与楚王室关系更为密切，大约是资格老而血统近之故。屈原为三闾大夫，掌此三姓之事，其职责有类于清代宗人府正，则屈原当然是楚国一个重要宗臣。

他生于楚宣王二十七年、周显王二十六年，即西元前三四三年，他不但很明白地告诉我们以诞生之年，连诞生的月份和日子都在《离骚》里报告出来。自《离骚》而后，模仿它的韵文自传，有扬雄《反骚》、韦庄《讽谏》、庾信《哀江南赋》；散文自传，有司马迁的《史记·自序》、班固《汉书·自赞》、王充《论衡·自纪》等，叙述虽甚详细，然而从来没有人能将自己的生年及月日记出。所以单凭这一点，《离骚》在我国旧式自传文学里，可算是一个特殊例子，值得我们惊佩！

他的家庭人物颇为简单，在《离骚》里，提到一位已逝世的父亲，还有一个已嫁的姊姊，此外弟兄、妻室、儿女都未道及。他在朝作官，在外过迁谪的流浪岁月，所过都是独身生活似的。

他既为贵族，又复多才，学优则仕，他常然要入仕途。史称他"明于治乱，娴于辞令，入则与王图议国事，以出号令，出则接遇宾客，应对诸侯"，内政外交，萃于一身，居然成为楚怀王的左右手。所以以一个三十岁左右的壮年人，在政界里扶摇直上，做到与令尹仅次一等的"左徒"之位。

屈原在这个时代是非常得意的，不过好景不常，不久挫折便来了。他初次的挫折，是为楚怀王起草宪令，遭上官大夫的谗谮，被怀王怒疏。不过所谓"疏"者，没有从前那样对他信任而已，屈原那时仍然在朝。

后来楚国想和齐国联盟，共同抵抗秦国，怀王因屈原是一向主张亲齐的人，派他出使齐国。屈原这次外交办得很成功，秦国听见消息，恐惧不安，便要想出计划来破坏，遂派张仪以商於之地六百里饵楚，命怀王断绝齐的邦交，倒入秦的怀抱。刘向《新序》说："秦欲灭诸侯，屈原为楚东使齐一结强党，秦患之，使张仪之楚。"所记便是此事。史家考证，此事之发生，大约在楚怀王十六年间。

齐的邦交是断绝了，商於之地却是个骗局。怀王羞恼交集，出兵与秦战于丹阳，竟吃了一个大败仗。大将屈匄，裨将逢侯丑等七十余人被俘，失去汉中之地。楚又悉国内之兵与秦再战，又大败于蓝田，不得已割二城之地与秦和。

楚国究竟还是一个强国，秦不愿得罪她太甚。次年，又遣使愿以汉中之半奉还给楚，再建邦交。怀王不愿得地，愿得张仪。张仪先在楚，内外均布置了线索，知道怀王决无法杀他，居然谈笑再度入楚，果然毫无危险。屈原使齐归，劝怀王杀张仪，则张仪早回秦去了。

楚国国策，举棋不定，时而亲齐，时而亲秦。怀王二十四年，秦武王薨，昭王立，当国者是穰侯魏冉，为昭王母宣太后之异父弟。昭王少，宣太后为政，任冉为辅，恐国内诸公子不服谋乱，厚贿楚自固，楚秦互通婚姻。次年，怀王且与昭王会于黄棘，秦还楚以十七年所取上庸之地。屈原大概在此时曾苦口谏过怀王，被怀王黜于汉北。这是屈原第一次所遭的放逐。

怀王二十八年，秦会韩魏齐诸国之师伐楚，杀楚将唐昧，取重丘。次年，秦复攻楚，拔楚新城，杀其将景缺，杀楚兵二万。又二年，使将军芈戎攻楚，取新市；又使庶长奂攻楚，取八城。秦王遗怀王书，欲与俱会武关，结立盟约。屈原此时已被召回朝，与昭睢同谏，谓秦为虎狼之国，从无信用，去了一定上当。怀王却听信他幼子公子子兰之言，居然赴约，果然被秦胁归咸阳，楚大臣乃诈讣于齐，迎质齐的太子归即位，是为楚顷襄王。

顷襄昏庸，不下乃父。即位后，以亲秦派最有力的分子，其弟子兰为令尹，我们的诗人屈原，遂又走上了放逐的道路。这一次放逐地点是在江南，时代则在顷襄王十二年到十三年之间。《九章》中若干篇都记述第二次放逐所行江南之路线。《哀郢》那篇记自己出了郢都以后，经过夏口、龙门、洞庭、夏浦、陵阳这些地点，叙述得朗若列眉。《涉江》那篇则济江湘，乘鄂渚，上沅水，发枉渚，宿辰阳，入溆浦而入于山高蔽日，霰雪无垠的湘西一带。

他在外徘徊了八九年光景，到了顷襄王二十一年，秦国又大举侵略楚国。大将白起破郢都，烧夷陵，顷襄王不得不迁都于陈（今河南淮阳），以避秦锋。第二年，秦兵又到。攻拔了楚国的巫郡，屈原时在江南，恐身为秦之俘虏，不得已再下沅水，入湖湘，至长沙的汨罗江，乃怀石投江自杀。时为顷襄王二十二年，西元前二七七年，寿约六十余。他自杀的月日，据梁吴均《续齐谐记》，及宗懔的《荆楚岁时记》，谓为五月五日。并说五月五日这个端午节及这个节日赛龙舟、吃粽子的风俗，均为纪念屈原而起。据近代学者考证，五月五日乃系"恶日"，屈原前便已存在。笔者亦考得这一日之所以为恶，乃由于它是司命神的诞辰，当时司命为巫咸、巫彭，屈原一生崇敬咸彭，屡言要从其所居，是以故意择是日自杀。

屈原一生命运与楚国国运有拆不开的关系。壮年时代，得君行道，若能顺利发展他的长才，则楚国不但确保强盛的地位，甚且国势蒸蒸日上，也许会凌秦驾齐，成为战国末期一个最强大国家。奈怀王与顷襄，均狃于目前之安，无高瞻远瞩的政见。楚怀王尤其感情用事，不自量力，动辄对秦用兵，一败再败，国家元气为之耗尽。屈原知道楚国国家这艘大舰，现在已进入暴风圈内，惊涛骇浪，阵阵袭来，前面又复暗礁重重，一不小心，这艘船便要磕破，而告沉没。我们的诗人对国际问题，有正确的方针，明审的眼光，熟练的手腕，等于一个最有经验的舵手。他原想把这艘大舰驶入安全的港口，无奈舰上掌权的人意见参差，这个要走这一条航线，那个又要走另外一条航线，不用舵手之言，并将他赶到船底下去，而由他们来掌全船的行驶之柄。

前途果然险象环生，这艘船被风浪打得伤痕遍体，看看要沉没了。正当此时，那个被排斥的舵手却从船底爬上船面，纵身一跳，先下海去。他这个举动，当然是由于过度的悲愤所逼，然而他也并非要同船上那些掌权的人赌气，却是要借他这一死，唤醒那些糊涂虫，趁早改换航线，或者侥天之幸，还可作万一的补救。

然而政治上的成见本来不易改变，何况这只船久已陷入风暴范围，失去了主动，想要回头也已不可能了。最后，这只载重万斛的巨舰，果然被洪涛浊浪吞噬了。

乙、屈原的作品

我们诗人生到世上原负有政治和文学两重使命。两重使命当然不能同时实现，天意别有安排，故意使他前一使命失败，而后让他萃其一生心血和眼泪凝结成《九歌》、《天问》、《离骚》、《招魂》、《远游》、《九章》等二十几篇绝世奇文。这些作品，若每篇都详加论列，觇缕数十万言尚嫌不足，现在只有就与世界文化有关的《九歌》、《天问》，作一简单的介绍。

（一）《九歌》

自《东皇泰一》到《礼魂》共十一篇。题目为九，歌辞则十一，颇启后人疑窦。故有主张把《大司命》、《少司命》并为一篇，《湘君》、《湘夫人》又并为一篇者；有主张把《山鬼》、《国殇》、《礼魂》三篇合而为一者。近代某些楚辞研究者见民间谣曲，同一母题，每衍为无数篇章，主张合并尤烈。其实都由于不知《九歌》的内容，自作聪明的乱说。据笔者多年的研究，《礼魂》那篇羌无故实，当为各篇公用送神之词，从《东皇泰一》到《山鬼》共是十位大神，属于一个集团，《九歌》也是一个整套的神曲。这个《九歌》和《九辩》同属自古即有的神曲，九字并非汪中等所论的虚数，而是一个实数。

这话怎么说呢？说来《九歌》所祀九神乃九重天之神。加代表大地的山鬼共为十神。古人谓天地各为九重。地的问题，现在暂置不论。天的问题，则屈原《天问》"圜则九重，孰营度之？"王逸引《淮南子》天的九个分野解释《天问》这两句，不知九野是平面，而九重则立体，如何可通？后代楚辞学者对此亦莫能措手，为的九重天的观念本非中国所固有。一直等到西洋文化传入中国，楚辞学者才知道"圜则九重"的确解，并且连每重天的名字都能叫喊得出来了。譬如王夫之《楚辞通释》，戴震《屈原赋注》即其例。其实这一集团的神名，我国古籍里便有，因九重天之说战国以后失传，我们遂不知注意而已。谓余不信，请看《史记·封禅书》：

"置酒寿宫神君，寿宫神君最高大者太一，其左曰大禁，司命之属。"

汉武帝建寿宫以祀神，屈原《九歌·云中君》有"謇将憺兮寿宫"语，近代有人主张《九歌》乃汉人所作，居然举此为证，这乃"倒果为因"的说法。我想寿宫当即是九天之神所居之祠庙，是一个特别称谓，汉武帝时代去战国未远，故能沿袭旧称，此二字何尝是武帝所创治的呢？

"太一"与屈原《九歌》的东皇太一不同，是汉代的上帝；"大禁"疑是《九歌》少司命，"司命"则为大司命，其余《九歌》诸神，司马迁不及一一举出，故以"之属"二字括之。

《封禅书》又有二条：

"晋巫，祠五帝、东君、云中（君）、司命。"

"九天巫、祠九天。"

"晋巫"这一条，所举最为完备，五帝即金木水火土五星之神。在地上则为东南西北中的五帝，东皇太一为木星之神，在五帝之内。"云中"据笔者考证，乃月神而非云神，"东君"则一向公认是日神。"司命"

包括大少两司命。这九位大神都是屈原《九歌》的歌主。

"九天巫、祠九天"这一条虽未举出神名,我们当知古代九重天之神是有专门祭司来奉祀的。《汉书·郊祀志》:"武帝立神庙台,井干楼,辇道相属焉。"

颜师古注:"汉宫阁疏云:'神明台高五十丈,上有九室,恒置九天道士百人。'"这可见神明台也是奉祀九天之神之所。

"寿宫"是平面的建筑,神明台高至五十丈,则当是像九重天形式的立体的连筑了。战国时代常有九重台的记载,作国君者每不惜劳民伤财,大兴土木,建筑极高耸、极华丽的层台,若说他们为游观起见,不如说他们是为祭祀神明,祈求长生福禄起见。至于那好神仙的秦始皇、汉武帝,对此之乐于兴趣,更不待言了。

两河流域古时有七星之坛,所祀为日月五星之神,坛之层次,亦即七层天之象。其变为九层,又增二神,不知始于何时,因为两河文化文献残缺,已是于史无征了。但希腊、印度都有九重天之说。又以九天支配历法,以九日为一周。印度古有九执历,大日经疏:"执有九种,即是日、月、水、火、木、金、土七曜及与罗睺、计都,合为九执。罗睺是交会蚀神,计都正翻为旗,旗星谓彗星也。"

今西洋以七天为一周,每天名字正是五星及日月。日本至今尚以火水木金土日月诸曜记一周之日,我国清末初设学校时,尚沿此习,后以记忆不便,乃以数目字代替,如星期一、星期二之类。对于"星期"二字我们于今也知其然而不知其所以然,要知那是指诸天所值诸星而言呀。

我们现在把话说回来。九歌之神配合九天之曜,可作一简表于次:

东皇太一——岁星(木星)之神。

湘君——镇星(土星)之神。

湘夫人——太白(金星)之神。

国殇——荧惑(火星)之神。

河伯——辰星（水星）之神。

云中君——太阴（月）之神。

东君——太阳（日）之神。

大司命——（罗睺）死神。

少司命——（计都）生神。

这九位大神，渊源于两河流域，传衍于全世界，演变极繁，凡希腊、印度、中国所有大神均不出这九神范围。这要专文才能介绍，现在则没法说得明白。

（二）《天问》

这是屈赋里最令人感觉头痛的一篇，因为全文文理颇为错乱，所有典故，大都没有出处，无法解释。王逸遂谓为屈原神经错乱时，在先主宗庙，公卿祠堂所绘壁画之下，随意涂抹的。他死后，楚人为纪念他起见，既搜集了他生前所有作品，又发现祠庙墙壁上有他乱涂的文字，乃一并抄写下来。画无次序，故《天问》结构也无次序云云。这话实不合理，但自东汉以来，迄今将二千年，我们不谈《天问》的来源则已，谈则无不遵王逸此说者，未免可笑吧？清王夫之始言此文"全篇结构极密，盖自天地山川，次及人事，追述往古，而终之以楚先，未尝无次序存焉。"可惜船山虽知《天问》有次序，然《天问》文理杂乱，难于贯通，也是摆在人人眼前的事实，他就没法为之辩护了。屈复则指此现象为"错简"，曾在其所作《楚辞新注》里，为之移置若干文字，惟悔翁亦系故纸堆中人物，对《天问》内容的理解，并未超过前人，因此他移置的文句，并不适当，而且移置的地方也并不多。

笔者也是主张错简的人。十余年前，曾假设屈原写《天问》时或者是写在竹简或木片上，每简写文章二句，照当时简书形式，简与简间，贯之以绳索。这篇大文，大概是个孤本，他死后多年，才被人发现。贯简绳索朽烂，竹简零乱一堆。古人制简书，不知在页数上注号码，若文

9

字浅易，后人尚可推测文理，整理复原，像《天问》这篇内容深奥，饱含域外文化因素的大文，读的人懂也不懂，请问怎样整理？所以他们只有乱打鸳鸯，糊涂搭配，遂把一篇《天问》，排列得乱七八糟，成为目前的现象。

若将《天问》拆开，模仿当时竹简形式，每二句写在一纸片上，更推测上下文气，及全篇章节段落，我们便可以获得极堪震惊的结果。原来《天问》此文分为天文、地理、神话、历史、乱辞五大部分，而且每部分句子多寡都有一定。天文、地理、神话各为四十四句；历史分夏、商、周三代（天问也提到尧舜，但古籍常以尧舜并入夏代，其例甚多），每代各七十二句；乱辞为七言，共二十四句（今缺一句）。

天文一段，原来即完整，无需改动，其余部分，则颇为错乱，尤其地理和乱辞，夹杂最甚。因为屈原论洪水，有地理性的，有历史性的，古人一见《天问》文句有洪水字样，便拿来向夏禹事迹里一夹。乱辞里有涉及夏商周三代史迹的话，古人又将其一句句拆开，分别归并入三代里去，也不管七言四言，体例不一。

《天问》也有些脱简，但不算多。脱去二句者，以语气及音韵测之，颇易发觉，古人早在谈论，不必现代楚辞学家来推断了。

总之，我们若把《天问》重新排列一番，便可以看出这篇洋洋一千五六百的长诗，原来是一篇词藻富丽，音节铿锵，结构严密，层次井然的大文。是屈原坐在书斋里，左图右史，惨淡经营而成的，决不是披发佯狂，在祠庙壁画下乱涂乱抹可致的！

现在且把《天问》二字题目来谈一下。王逸《楚辞章句》的《天问章句》第三："天问者……何不言问天，天尊不可问，故曰'天问'也。"以下又说屈原仰见宗庙祠之壁画，"因书其下，何（何一作呵）而问之，以谍愤懑，舒泻愁思。"洪兴祖曰："《天问》之作，其旨远矣，盖曰遂古以来，天地事物之忧，不可胜穷，欲付之无言乎？而耳目所接，有感于吾心者，不可以不发也。欲具道其所以然乎？而天地变化，其思虑智识之所能究哉？天固不可问，聊以寄我之意耳。楚之兴衰，天耶？人耶？吾之用舍，天耶？人耶？国无人莫我知也，知我者，其天乎。此《天问》所为作也。"屈复曰："天问者，仰天而问也。忠直菹醢，谗佞高张，自古然也。三闾抱此，视彼天地三光，山川人物，变怪倾欹，及历世之当亡而存，当废而兴，无不然者，非天是问，将谁问乎？"这都以为屈原在政治受了打击，才借《天问》来发牢骚，太强调政治色彩，我以为不足取。王夫之别作新解云："原以造化变迁，人事得失，莫非天理之昭著，故举天之不测不爽者，以问'憪不畏明'之庸主具臣，是为天问，而非问天。"这竟以《天问》所有问题乃天所以问人，而非人所以问天，未免太拘泥字面，也是不足取的。

近代楚辞学者游氏引《庄子·齐物论》郭象注："天者，万物之总名也。"又引《春秋繁露·顺命篇》："天者，万物之祖。"天是无所不包，所以屈原《天问》就是自然界一切事态事理的问题。这话颇有道理。不过我尚须略作补充者，天字含有神秘、深奥、不可探测、不可捉摸诸义。《天问》天文、地理、神话三部分系域外传来新知识，也是战国时代蓬勃一时的新文化，所有义理类多可惊可喜，可诧可愕，非我们智力所能解答；即历史部分也有许多问题与传统道德观念相反。譬如舜弟象也算凶恶极了，但居然安乐一生，后裔昌盛。所以屈原初问"舜服厥弟，终然为害，何肆大体，而厥身不危败？"又问"眩弟并淫，危害厥兄，何变化以作诈，后嗣逢长？"善恶报应果然一一不爽吗？以纣臣而论，则"此干何逆，而抑沉之？雷开何顺，而赐封之？""梅伯受醢，箕子佯狂，何圣人之一德，卒其异方？"天道福善祸淫，这条定律果然可靠吗？至于不曰问天而曰天问者，无非颠倒其字，以取语气之劲健，并无深意。《礼记》有"曾子问"，《列子》有"汤问"皆属此类。黄帝的《素问》亦其例。

屈原的《九歌》、《天问》，外来文化因素最为浓厚，中国故纸堆虽浩如烟海却没法一一找出答案，一定要探讨两河流域、希腊、印度的典籍，再回头印证我们的古书，始可以寻出线索，探悉原委。因为我们先秦古籍，有许多资料也从域外传来。秦火以后，昧厥根源，一定要等域外文化再度传来，这块凝滞学术胃中的积痞，才得消化。

全世界的文化都发源于一个地点，这个地点似乎便是称为人类摇篮的阿美尼亚高原，及文化策源地的两河流域。地中海、红海、死海一带国家；阿拉伯、天方、希腊诸岛；印度以及我们中国，都曾接受这一文化长流的灌溉与泽润。尼罗河流域的文化也许比两河文化更古，自成一个系统，不过两个文化间也还有不少的相似点，或者也曾交互影响过。

我们中国与两河文化的关系本不自战国始，有人说中国民族本来自西亚，近代亦有人主张我们即苏末的移民，兹事体大，不便草率断定，不过夏商历史染有两河文化的痕迹，则是显明的事实。到了战国时代，外来文化又大规模地传入我国。那先入中国的文化，得此再度涌进来的急流，顿时汇合在一起，回旋冲激，开阖动荡，遂在那汪洋无际的文化之海，腾起了万丈的壮阔波澜。战国学术文艺的黄金时代，便是这样形成的、展开的。

楚国民族虽与周秦不同，而楚国接受中原文化（即中国三代以来的正统文化）则甚早，屈原时代，楚国国力强盛，版图广阔，文化的发展自然也达到高峰。屈原生为贵族，自幼爱好学问，努力不倦，饱读儒家的经籍，博通古代历史，成了一个彻头彻尾中国文化的宠儿。这在《离骚》里完全可以看出。

那时域外文化大量传入中国，以齐燕诸国为其尾闾。稷下谈士和孟尝君门下，一定有不少外来学者相聚讲学，形成一种举术界的新空气，而发表"大九州"奇论的邹衍，想必是他们的领袖。屈原奉使赴齐的数年，与这一群学者往还，以他头脑之聪颖，感受性之灵敏，吸收力之强大，加之学问根柢又如此之深厚，自然会一下把这新兴文化全盘接受过来。

这种新兴文化范围广博，有崇高的学术，渊深的思想，也有趣味新鲜的文艺，荒唐诙诡的神话和传说，屈原以独创的、崭新的文艺体裁，将这些文化特色表现在他作品里，他的《九歌》、《天问》和《离骚》、《招魂》、《远游》，充满了光怪陆离、瑰玮典丽的色彩，也充满了异国情调和外来文化的因素，等于一把钥匙，我们若能解决这钥匙问题，则先秦许多深奥的古籍可以获得新的解释；而且许多历史上的疑问，许多类似神话人物的古帝王，也可以还出他们的真面目，寻出他们的根源了。所以笔者在拙著《昆仑之谜》里曾说道：

"故以夏禹为中心，而中国古史问题可以解决，以昆仑为中心，而中国古代地理及中外交通史问题，可以重新估定，以屈原《九歌》、《天问》为中心，而中国天文、地理、历法、神话及战国整个学术史问题亦可迎刃而解。三者并合之结论，首要者证明'世界文化同出一源'；次要者证明'中国古史混外来神话及历史之成分'；及'战国学术思潮乃外来刺激所产生'。如此则先秦史地与文化史皆将全部改观，其关系岂不诚重大哉！"

这是笔者十余年前的意见，现在我的意见不但没有动摇，而且更趋坚定。但屈原作品既牵一发而动世界，则必像笔者前文所言非集合世界学者共同探究不可，一个人的力量是没办法的。再者屈赋内容之发掘，关系世界古文化极大，因为西亚、希腊、印度古文献保持完整者少，成为系统理论者尤少，我国古书有时却反可补其不足。譬如以五星之神而论：西亚、希腊叙述他们故事之详胜于我国；而五星所代表的五种原形，演变为五德，在我们政治、社会上发生莫大作用，浸渍透了我们整个文化体系，直到今日尚支配我们整个民族的灵魂，则惟我国独擅，其他诸子百家学术可以理推。我们集合世界考古家及历史文化专家，通力合作，将屈原作品所含蕴的珍奇发掘出来后，与世界文化，短长互证，有无相补，则那些久经残缺的世界古文化，或者都可以形成完整，重放光明，岂非极可称庆的一件大事！

荷马的诗篇垂三千年而不朽，莎士比亚之身价，胜于大英帝国，这都足令人赞叹膜拜于无既的，不过他两人的光荣已不能再有增益。惟有我们的屈原，不仅辉煌于过去，在那未来世纪，还要放射万丈的光芒，则他不止是文学英雄，实可称为文学神人了。而且这种文学神人，全世界再也寻不出第二个，这不是我们中华民族最大荣誉吗？

选自《试看红楼梦的真面目》，台湾文星书店 1967 年 3 月出版

唐代儒将张巡^①

[编者按]

　　张巡（708—757），河南南阳邓州人，玄宗开元末年进士。天宝年间授河北真源（今河南鹿邑）县令，政绩卓著。唐至德二年（757年），张巡奉命与睢阳太守许远守雍丘，率兵8000余与安史之乱叛军尹子琦的13万军队对阵。张巡博通经史，晓战阵法，屡屡获胜。守雍丘城一年多后，终因兵力悬殊，兵士战死、伤亡、饿毙殆尽，城破被执，誓死不降，惨遭叛军杀害，年仅49岁。

张巡像

----

① 编者注：此文原刊于《战斗月刊》，台湾成功大学在出版苏雪林短篇文章卷时，依据刊物的影印件，又未能仔细校勘，文中的缺字、错字甚多，人名、地名也有讹误。编者查阅相关史籍与《资治通鉴》中有关张巡守雍丘的史实，一一予以审核、订正。

张巡在战史上的地位

带兵作战的将领，成功成仁，自古难兼。成功要深通韬略，富有战争经验；成仁要有慷慨的志节，坚强的决心。现在我请介绍一位历史上不成功而实成功，要成仁而终成仁的英雄。这位英雄神机妙算，有类诸葛武侯；用兵不主故常，处处掌握机动，又好像那"运用之妙存乎一心"的岳武穆；善于防御，颇似得到墨翟的秘传；守城机械，百出不穷，俨然是希腊阿基朱第士（Archimedes）。凭弹丸黑子之城，当百万方张之寇，固守经年，其惨烈艰苦，史罕前例，又足与迦太基抵抗罗马的精神媲美。他最后以他的丹心碧血，写出了一首辉煌的史诗，更足以惊天地而泣神鬼。这是中国战史上一位奇绝的军事天才，一位力拒异族僭号的民族志士；可喜的，他又是一位文人出身的儒将，这人便是唐代的张巡。

进士出身的父母官

张巡，字巡，邓州南阳人。开元末登进士第，以太子通事舍人出为清河令，治绩称最。秩满还到京师，有人以杨国忠权势正盛，炙手可热，劝他去走国忠门路，必可获一个荣显的位置，留在朝中。但张巡则早看穿了国忠将来必为国家妖孽，不愿与此类人同流合污，宁可外调，仍做他的县长，遂调真源令。那个地方土豪劣绅势力强大，恣作威福，小民受其鱼肉，莫可申理，历任长官均无可如何。张巡一到任，即设法收拾了一个最豪强的土豪，余党慑惕，莫不改行迁善。张巡的法令甚为简易切实，便于遵守，一切以利民为先，所以百姓非常爱戴他，视之俨如父母。

起兵讨贼雍丘之役

天宝十四载（公元七五五年），渔阳杂胡安禄山反，自称为"大燕皇帝"。次年贼酋张通昭陷宋、曹等州。谯郡太守阳万石降贼，因张巡是他下属，被逼命为长史，使西迎贼军。巡率吏士哭于玄元皇帝祠，起兵讨贼，从者千余，至雍丘（河南省商丘县西），有众二千。那时候，雍丘令令狐潮举县附贼，以贼众四万反扑雍丘，人心震恐。张巡于是初次显露他的智谋勇略，他分千人守城，自己带领其余一半人马，作为数队，身自前驱，直薄潮军，潮军为之稍却。但贼军人数究竟胜过数十倍，明日又大举攻城，冲楼多至百座。巡于城上设木栅抵禁，一面束草灌膏，以焚敌楼，敌人吃了很大的亏，从此不敢攻城，只远远地将城围住。巡每乘隙出击，积两月余，大小数百战，战士带甲而食，裹疮而斗。有一次出战，令狐潮败走，追击之下，几乎将他擒住。

令狐潮老羞成怒，整军复来。因他素与张巡友善，竟亲至城下向张巡喊话劝降，无非说唐朝大势已去，你以羸弱的兵队守此危如累卵的孤城，即有忠义，亦无所表现，还不如赶快投降，以图富贵为上策。张巡正色拒绝，并以大义责他，令狐潮大愧而去。

那时雍丘与外界交通断绝，朝廷命令不达，唐天子存亡不知。城里有六名高级将领，好像被令狐潮那一番话说动心，果然主张投降。巡设天子画像堂上，率军士朝拜，人人感泣，遂引六将至，责以大义而斩之，军心愈为激励。

谋　略

城中粮乏，巡谍知潮军有盐米数百船将至，故壁军城南，作欲出击状。潮悉军来拒。巡则遣勇士衔枚沿河取盐米千斛，焚其余而还。城

17

中箭尽，巡缚稻草为人千余，披黑衣，夜以绳索缒城下，潮兵乱矢争射，久之始引草人还，得箭数十万。《三国演义》小说所描写的诸葛孔明草船借箭，也许是脱胎于此一战史。不过张巡的谋略，真所谓"虚者实之，实者虚之"，过了几日，又复演这一幕滑稽剧：城头又缒下草人，贼军见了大笑，不复为备。谁知巡使敢死五百人斫潮营，焚其垒幕，追奔十余里，杀死不少贼兵。

城中的柴薪将次烧尽，巡骗令狐潮说："雍丘实在守不住了，我决意率领部下离开，你退兵三十里，让路给我走，可以吗？"令狐许诺退兵。巡命一城军民尽出，把三十里内的民房一齐拆了，将木材都搬回城中，不但柴薪从此烧不完，守御的战具也更加强固。令狐潮大怒，又将城围住。张巡一日又对令狐说："你一定要占据这城池吗？也罢，请你送我战马三十匹，让我好奔向他处，你便取城向你主子交差吧。"令狐果然送了马来。巡以马分给善战的部将，与他们立约道："明日作战，每人取敌一将，作为我赏赐你们良马的代价。"第二日令狐见张巡又未如约让城，责他失信；张巡诿称部下不愿，于是又交战起来。三十骁将，有了坐骑，风驰电掣般，冲入敌阵，居然活捉了贼军头目十四人，斩杀贼兵百余，又抢回一部分器械牛马。

雍丘被围凡四月，贼众数万，而张巡兵仅千余，每战总得胜利，令狐潮竟丝毫没办法。

宁陵之役

彼时河南节度使虢王李巨屯彭城（今徐州），以唐天子名义派张巡为先锋使。但鲁境的东平、齐阴皆陷贼，贼将杨朝宗帅马步二万将袭宁陵（开封东南），断绝张巡的粮道，兼截其后路。张巡遂弃雍丘东保宁陵。始与睢阳（宁陵县西）太守许远相见。乃遣将雷万春、南霁云等率兵与杨朝宗战于宁陵西北，昼夜数十合，大破贼军，斩贼将二十，杀万余人，流尸蔽汴水而下，水为不流。朝命张巡为河南节度副使。巡以将士有功，遣使诣虢王巨请空名告身（勋章）及赐物；巨唯与"折冲"、"果毅"告身三十通，赐物则吝不与。张巡写信去责备他，他也不理。这就是亲贵典兵权的害处。

睢阳会战

至德二年（肃宗年号，公元七五七年）安禄山被其子庆绪所杀。庆绪遣部下尹子琦率同罗、突厥、奚劲兵与杨朝宗合，凡十余万，攻睢阳。

许远告急于张巡，巡自宁陵引兵向西来救。巡有兵三千人，与远合为六千八百人。贼悉众逼城。巡督励将士，昼夜苦战，或一日至交战二十次，凡十六日，擒贼将六十余人，杀贼兵二万余。许远见张巡如此善于用兵，不胜钦佩，对他说道："我不懂军事，你则智勇双全，从今日起，咱俩分工合作，我管守城，你管作战吧！"从此许远只任调遣军粮，修理战具，居中策应；战斗的责任完全由张巡负担。子琦见始终得不着便宜，引军夜半遁走。

有诏拜张巡御史中丞，许远侍御史。巡欲乘胜击陈留，子琦闻，夜围睢阳。巡对将士说："我蒙朝廷大恩，贼军夜来，死是我的本分。诸君官阶不及我，战死了，像是白白的牺牲，我非常难过的便是这件事！"众人听了他这番话，分外感激奋励。巡乃椎牛共飨，悉军出战。贼望见其兵少，大笑。巡与远兀自击鼓进兵，巡并执旗率诸军直冲敌阵，又打了一个大胜仗，追北数十里。明日，贼又兵至城下，巡出战，昼夜数十合，屡摧其锋。有一次，张巡夜鸣鼓，好像即将出城冲杀，贼军当然戒备，足足忙了一夜，到天明鼓声忽又停了，军队也像都解散了。贼军从飞楼上下瞰城中，寂无所见，乃解甲安寝。巡使南霁云、雷万春等各将五十骑开门突出，直抵子琦麾下，贼军大乱，贼将被斩者五十余，士卒自相蹂躏及被杀者共五千余人。

当时将帅临阵时大概也不敢暴露身份，恐成目标，张巡想射尹子琦而苦难辨识。乃故意削蒿为矢，中者喜，谓巡矢尽，走告子琦，得知其状。他日巡命南霁云射，丧其左目，几获之。

贼军有枭将，被甲引拓羯千骑，麾帜至城下。巡阴缒壮士于城外暗坑，每人持钩镰枪、强弩，与约道："一闻城上鼓声便动作。"贼将自恃人众，未曾防备，走到暗坑边，鼓声一响，埋伏齐出，将他捉住。贼兵要来救，又被强弩射回，坐视睢阳勇士带了俘虏，一个个又缒上城去。

苦守的战术

不过贼军人数究竟众多，还是将睢阳团团困住。睢阳从此便陷于苦守的阶段了。睢阳为什么不能作进取性决胜疆场的战争，而只能采取消极性的挨打政策呢？这又要感谢那个典兵亲贵虢王李巨了。先是许远于城中积粮六万石，虢王李巨命以其半给濮阳、济阴（济阴这时复归官军），许远固争，不得。济阴得粮，却又叛了。睢阳食尽，将士每日领米一合，杂以茶纸树皮为食。军队消耗了又无法补充，六千余人剩下来一千六百余人，皆饥疲疮痍，不堪战斗。

贼围益急，攻城的器械厉害，却也十分可怕；但张巡都巧妙地抵挡住，并将它一一破坏。他所破的第一是"云梯"。那种云梯并不是普通的长梯，下面有轮，梯形弯曲，势如半虹，端置木阁，伏精兵二百人于内，推以临城，梯端才临近城堞，敌兵便可腾涌于上。张巡却预先作准备，他先于城垣潜凿了三圈洞穴，候梯进近，于一穴中出一大木，末置铁钩，钩住云梯，使它不能复退，一穴出木柱，抵住云梯不得前进，一穴出一木，木末置铁笼，燃烧着极盛旺的火，烧那云梯，梯被烧断，梯上所伏二百精卒也都烧的被烧死，跌下的跌死了！

城上设有木栅栅阁一类守御物甚多。贼军又设钩车，以钩钩城上障碍物，钩之所及，莫不摧堕。张巡以大木末置连锁，锁末置大环，套住铁钩，用革车拔之入城，截其钩头，而纵那辆成为废物的车令去。

贼又造木驴木马攻城。巡镕金汁灌之，木驴马应投销铄，其中兵尽烫死。

贼又于城西北隅以土囊积柴为磴道，欲藉以登城。张巡并不想法去干扰，却每夜以松香干草易燃之物潜投其中，积十余日，贼皆不觉。巡因出兵战，使人顺风持火焚之，贼不能救，一连烧了二十余日，那场大火才熄。磴道登城的计划，也就成为画饼。

张巡守城之术，随机应变，层出不穷，大率类此。贼军领教既多，知道攻城徒然吃亏，从此不敢再攻了，只于城外穿三重壕，立木栅以围，巡亦于城内遍掘深壕以守。又挨了个把月，粮食更少，士卒多饿死，仅剩六百余人。张巡与许远分城而守，巡守东北，远守西南，不复下城作战。贼军遇巡逻城下，张巡便以逆顺之理，劝他们归降，说也奇怪，前后居然劝降了二百余人，后来都得到他们的死力。

粮尽援绝

那时许叔冀在谯郡，尚衡在彭城，贺兰进明在临淮，皆拥兵不救。城中形势日蹙，张巡命部将南霁云率三十骑，突围而出，赴临淮请救兵。贺兰进明不肯出兵，霁云虽断一指，慷慨涕泣陈词亦无效，仍复归睢阳。

自七月到十月，城中食尽，众议弃城东走，张巡许远相谋道："睢阳为江淮屏障，若弃之而去，贼必乘胜长驱，则江淮一带富庶之区均将沦陷贼手了。况且我们人数既单，又饿得半死，想逃便逃得出去吗？古代战国诸侯尚复彼此救灾恤患，何况睢阳邻境拥重兵的将帅尚多，安知他们始终不来救援，我们不如仍坚守以待为上。"茶纸食尽，食马，马尽，罗雀掘鼠，雀鼠又尽，煮铠弩以食。巡出其爱妾，对部下说道：

"诸君经年乏食,而忠义之气不少衰,我恨不能亲割肌肉以噬众人,宁惜一妾而坐视你们饥饿吗?"乃杀妾以大飨。许远亦杀僮仆以饲士卒。众皆涕泣,不能下咽。

吃人的事一开了端,只有继续下去。先括城中妇女充饥,妇女尽,又吃男人。人民知总是一个死,倒没人稍萌叛志,亦无怨言。剩下来的兵士这时候仅四百人(我们知道霁云赴临淮请救不遂,经过宁陵,带来千人,张巡说降的贼兵二百余人,现在消耗得只剩此数),都病得一丝半气,连手都举不起。十月癸丑,贼登城,当然如入无人之境。

"男儿死耳!不可为不义屈!"

张巡知末日到,西向再拜道:"臣力竭矣,生不能报陛下,死当为厉鬼以杀贼!"城陷,巡远皆被执。尹子琦问张巡道:"闻君督战,每大呼,裂眦血流被面,嚼齿皆碎,何恨我至此?"答曰:"我志吞逆贼,但恨力不能耳!"子琦服其节操,欲他投降。同党某人说:"他是节义之人,终不肯为我用;且素得士心,存之将为后患。"子琦仍命人以刃胁巡,终不屈。又降霁云,未应,巡呼道:"南八,男儿死耳,不可为不义屈!"霁云答道:"我不过欲有所为而已。公知我者,敢不死。"遂与姚訚、雷万春等三十六人皆遇害。许远送洛阳,至偃邱,亦以不降死。

唐肃宗诏中书侍郎张镐代贺兰进明节度河西,率浙东李希言、浙西司空袭礼、淮南高适、青州邓景山四位节度使同救睢阳。巡死三日而张镐兵到,又十日而广平王收复东京。睢阳城中本有居民六万,饿死了三万,被军队吃掉和人民自己互相吃掉了三万,城破,遗民仅余数百,现在张镐兵来,大概只剩空城一座了。

张巡死时,只四十九岁。历史上说他身长七尺,每怒,须髯尽竖。为文章下笔辄成,从不立稿。记忆力绝人,读书不过三复,终身不忘,全部《汉书》都能背诵(此为张巡成功成仁的力量泉源)。守睢阳时,每见士卒及人民,一问姓名后,再见即认识。与令狐潮及尹子琦作战以来,大小经四百战,斩将三百余,杀贼兵十余万。其用兵未尝依古法,勒兵教战，各出其意。或问之，答道："古者人情敦朴，所以军分前后左右，大将居中，三军望之，以齐进退。今胡人部队擅长驰突，云合鸟散，变态百出，呆板的阵法是抵敌不住的。我所以使兵识将意，将习士情，上下思想感情融成一片，临阵时，人自为战，进退自由，则制敌自然有余了。"

张巡不但善于运用灵活的野战法，其兵械甲胄之类也取之于敌，不必自备。

待人无所疑，信赏罚，与众共甘苦寒暑，士感其诚，争为致死，故能以少击众，从来没有失败一次。

"吃人"问题

张巡所以贻人口实者，即为他守睢阳杀妾飨士及噉食城中居民一事。他死后，朝廷上的议论分为二派。一派说：睢阳粮食已缺，张巡便该按队出城以求再生之路，为什么要死死守在城中，闹到"吃人"地步？那不是他的失算吗？照理说张巡不但无功，而且有罪。另一派则谓张巡蔽遮江淮，以阻贼势，唐室之不亡，应该说是他的功劳。这一派人多有识之士如张澹、李行、董南史、张建封、樊晃、朱巨川、李翰等。因他们说了公道话，天下始无异言。天子下诏赠巡扬州大都督，远荆州大都督，霁云开府仪同三司，再赠扬州大都督。巡子亚夫拜金吾大将军，远子玫婺州司马。睢阳、雍丘免徭税三年。大中（宣宗年号）时，图巡、远、霁云像于凌烟阁，睢阳立庙祠祭，号双忠庙（今金门古岗湖畔雷公山下还有张祠）。

不过当时议论虽暂定，后人仍常要将这件案子重翻过来。许多人做文章批评张巡"吃人"的残酷，笔记小说甚至有张妾转世索命报仇的记载。五四运动后，反对伦常礼教，骂张巡的人更多了。现在我们可举那"双手打孔家店的老英雄"吴虞的话为代表。吴氏曾写《吃人与礼教》一文，谓："孔二先生的礼教讲到极点就非杀人吃人不成功，真是惨酷极了。一部历史里面讲道德，说仁义的人，时机一到，他就直接间接都会吃起人肉来。就是现在的或者没有做吃人的事，但他们想吃人，或咬你几口出气的心，总未必打扫得干干净净。"以下杂举历史上"吃人"故事：有齐桓公吃易牙儿子，汉高祖要求项羽分其父太公杯羹，臧洪、张巡皆于围城之际，杀妾食士，巡所吃人尤夥，至尽睢阳中居民二三万口。谓张巡为保全一己忠节，不惜牺牲别人生命如此之多，实自私自利之至云云。按吴虞"吃人"二字来自鲁迅《狂人日记》，自从他将"吃人"和"礼教"扭为一谈，"吃人的礼教"一词变成一条非常响亮、非常动听、非常富有破坏力的标语，中国旧礼教果然从此被打得落花流水。但吴虞究竟是个食古不化、不知大体的书生。要知道"吃人"的事固然要不得，也要看条件如何！江浙一带自古称为富庶之区，国家税赋所出，倘使没有张巡在睢阳阻遏贼势，则江淮势必沦陷，人民被屠戮者，将以数百万计，唐室之存亡也就在未可知之数了。数万人之死诚可痛心，数百万人之死，不更值得痛心吗？我以为《新唐书·张巡传》倒不失为持平之论，那赞是这样说道：

"张巡、许远可谓烈丈夫矣。以疲卒数千，婴孤墉，抗方张之虏，鲠其喉牙，使不得博食东南，牵掣首尾，咆溃梁、宋间；大小数百战，虽力尽乃死，而唐全得江、淮财用，以济中兴，引利偿害，以百易万可矣。巡先死不为遽，远后死不为屈。巡死三日而救至，十日而贼亡，天以完节付二人，畀名无穷，不待留生而后显也。异代著金石刻，赞明厥忠，与夷、齐饿踣西山，孔子称仁，何以异云。"

选自《苏雪林作品集·短篇文章卷》第 3 册，
台湾成功大学 2007 年出版

苏轼诗之幽默趣味

[编者按]

苏轼（1037—1101），字子瞻，号东坡居士，四川眉山人。苏轼自幼就立"奋厉有当世志"，且"学通经史，属文日数千言"，二十岁即中进士。虽为官，君子坦荡荡，立身操守，"尽言无隐"；固屡受贬谪之苦，但却赢得当世与后代的对他的景仰。苏轼是古代文人中少有的全才，散文、诗词俱佳，在创作上，苏轼秉承其父苏洵"诗文皆有为而作"的主张，加之其"出新意于法度之中，寄妙理于豪放之外"的艺术手法，写下许多脍炙人口的作品，彰显了宋代文学独特的艺术魅力。

苏轼画像

幽默也像奇才异能一样，是人类天性之一种，人类天生才能必要加以修养，始能发展。世间滑稽、诙谐、好戏谑，说俏皮话的人甚多，但能成为幽默作家者则少之又少，在中国文学史竟可说凤毛麟角一般的稀罕。这就是缺乏修养的缘故。

何以缺乏修养，则以我国人对文学的态度，过分严肃，所以"点窜尧典舜典字，涂改清庙生民诗"则优为之；略事谐谑，便以为淳于、东方一流，不能称为正统。至杜甫为诗歌，始间有幽默之作，如《彭衙行》、《北征》，描写小儿女痴憨之态，皆令人解颜。然杜甫生当大乱之际，转徙道路，流离颠沛，其诗中悲苦之音，多于欢愉之意，幽默天才尚不能充分发展。至于东坡则天性固自滑稽，富于风趣，又生值承平之世，朋侪往还，杯酒谈笑，足恣其揄揶谐谑而无所禁忌。他又认识幽默是文学上最高境界，自己又生来一种"上可陪玉皇大帝谈话，下可与卑田院乞儿笑言"，游戏人寰，风流洒脱，无可无不可的性格，何妨尽量用文学表达出来，于是他就纵笔所之，不加检束，而幽默文学就此成立。东坡诗文其幽默趣味，远过少陵，亦是无怪。苏诗固有我下文所叙各种特点，但若以"幽默"二字总括而贯通之也无不可。因为他一开口，一动笔，幽默风味便洋溢乎颊际唇边，映带乎行间字里，有自己都约束不住之势。所以笔者曾于另一著作中说："发言要使玉皇笑，摇笔能使风云忙。"袁子才的两句诗拿来赠给苏东坡最为适合。又曾说读了陶渊明的诗，会叫你心平气和，笑口常开。有人不信，所以我特著此篇以证前论。

东坡诗歌之幽默趣味，勉强分之可得三类。一曰"调谑"，二曰"涉笔成趣"，三曰"讽刺"。

（甲）调谑

《病中闻子由得告不赴商州》有句云："夷音仅可通名姓，瘿俗无由辨颈腮。"盖商山人语如夷人，而其地之人多瘿。后东坡由黄州移汝州，其地亦多瘿，坡恐己身亦沾此恙，故又自调侃云："阔领先裁盖瘿衣。"

其咏史小诗，如《咏王莽》云："汉家殊未识经纶，入手功名事事新。百尺穿成连夜井，千金购得解飞人。"又《读开元天宝遗事》云：

"琵琶弦急衮梁州，羯鼓声高舞臂韝。破费八姨三百万，大唐天子要缠头。"

东坡与朋友互相戏谑，文字甚多，而无不令人欣然颐解。如《和文与可洋州园池三十首》，其《筼筜谷》云："汉川修竹贱如蓬，斤斧何曾赦箨龙。料得清贫馋太守，渭滨千亩在胸中。"

东坡为与可作《筼筜谷偃竹记》尾云："筼筜谷在洋州，与可尝作《洋州三十咏》，筼筜谷其一也。余诗曰：'料得清贫馋太守，渭滨千亩在胸中。'与可是日与妻游谷中，烧笋晚食，发函得诗，失笑，喷饭满案。"

又文与可有诗寄坡："待将一段鹅溪绢，扫取寒梢万尺长。"坡次韵答之："为爱鹅溪白茧光，扫残鸡距紫毫芒。世间那有千寻竹，月落庭空影许长？"

这件公案要看东坡《筼筜谷偃竹记》，记曰："与可画竹，初不自贵重，四方之人持缣素而请者，足相蹑于门，与可厌之，投诸地而骂曰：'吾将以为袜？'士大夫传之以为口实。及与可自洋州还，而余为徐州，与可以书遗余曰：'近语士大夫吾墨竹一派，近在彭城，可往求之。袜材当萃于子矣。'书尾复写一诗，其略曰：'拟将一段鹅溪绢，扫取寒梢万尺长。'余谓与可，竹长万尺，当用绢二百五十匹，知公倦于笔砚，愿得此绢而已。与可无以答，则曰吾言妄矣，世岂有万尺竹哉？余因而实之，答其诗云云。与可笑曰：'苏子辩则辩矣，然则二百五十匹，吾将买田而归老焉。'因以所画筼筜偃竹遗余曰：'此竹数尺耳，而有万尺之势。'"

钱穆父有九子，东坡戏称之为"九子母丈夫"，赠诗有"九子羡君门户壮"之句。

乔太博换左藏（文阶改武职）知钦州。将行，烹鹅鹿，出刀剑以饮客。东坡以诗戏云："破匣哀鸣出素虬，倦看貌貌听呦呦（貌貌指鹅，呦呦指鹿）。明朝只恐兼烹鹤，此处还须却佩牛……"盖李义山《杂

纂·杀风景》事凡十三，其一为"烧琴煮鹤"，乔烹鹿饷客，亦是煞风
景事，故云然。

东坡诗亦善与朋友之妻妾取笑。孙公素惧内，众所共知，尝求坡书
扇，坡即题曰："披扇当年笑温峤，握刀晚岁战刘郎。不须戚戚如王衍，
便与时时说李阳。"王衍、李阳故事均见《世说新语》。坡尝与公素会，
有官妓善猜谜，坡以"蒯通劝韩信反，韩信不肯"命妓猜之，其谜底为
"怕妇汉"，妇与娥通，就说孙公素是怕老婆的都元帅。孙公素当日尴尬
情形可以想见。

其友陈慥季常亦有悍妻，姓柳氏。季常喜佛法，每集宾客谈论，为
时稍晏，妻辄击壁大呼，客皆惊散。坡赠季常诗有"龙丘居士亦可怜，
谈空说有夜不眠。忽闻河东狮子吼，拄杖落地心茫然"之句。狮子吼为
佛教典故，佛经谓有婆罗门之女名菩提遮，说"狮子吼了经义"。韩愈
诗"河东女儿身姓柳"，今"河东狮吼"成悍妻代辞，典出东坡此诗。

王晋卿有姬人甚美而微丰肥，坡为诗"叩门狂客君不麾，更遣倾城
出翠帷。书生老眼省见稀，画图颇觉周昉肥。"周昉为唐画家，善画美
人而皆胖。

顾子敦（临）体肥，诸公皆以屠户戏之。尝当暑袒裼，据案假寐。
坡书四大字于其侧曰："顾屠肉案"（见《独醒杂志》）。一日与同官集某
寺，胖子总好睡，顾又凭几而入梦乡了，坡以钱三十文，豁瑯瑯掷案
上，顾惊觉，坡喝云："且快片批四两来"（见《东皋杂录》）。东坡在顾
子敦所据卧之案大书"顾屠肉案"，又要他割四两肉，实际上是把子敦
当作猪，则谑而近虐了。

元祐二年，顾自给事除天章阁待制，出为河北转运使，诸公各以诗
饯。东坡赠五言长篇，则专以其肥硕及屠户相嘲弄。如："我友顾子敦，
躯胆两俊伟。便便十围肠，不但贮书史。容君数百人，一笑万事已……
磨刀向猪羊，酾酒会邻里……平生批敕手，浓墨写黄纸。""十围腹"用
边孝先典故。孝先体肥，当暑昼寝，弟子嘲之云："边孝先，腹便便，

懒读书，但欲眠。""容君数百人"，用周颛的典故，《世说·排调》篇言王导尝枕周颛膝，指其腹曰"此中何有？"颛答曰："此中空洞无物，然足以容卿等数百人。"凡胖子总以巨腹最突出，而亦以此最受人嘲笑。无可如何，只有一笑了之罢了。"磨刀向猪羊"，系用《木兰辞》"磨刀霍霍向猪羊"。顾子敦转官，设宴请邻里，免不了杀猪宰羊，但未必自己动手。东坡诗句无非暗示其为屠夫。"批敕手"是双关语，批判公文固是批，屠夫切肉片也是批。见前"快片批四两来。"

顾子敦得东坡诗，颇为不乐，东坡又以诗解之，不意嘲弄愈甚。如"君为江南英，面作河朔伟"、"食肉飞万里"，仍然是说他胖。"善保千金躯，前言戏之耳。"杜甫《哀王孙》有"王孙善保千金躯"句，东坡用此，似系以"金"谐"斤"。末句"前言戏之耳"，何焯谓或系取"割鸡焉用牛刀"意，这话是对的。而东坡调谑之妙，也真妙到毫端。《论语·阳货》："子之武城，闻弦歌之声，夫子莞尔而笑曰：'割鸡焉用牛刀？'子游对曰：'昔者偃也闻诸夫子曰："君子学道则爱人，小人学道则易使也。"'子曰：'二三子，偃之言是也，前言戏之耳。'""牛刀割鸡"不是牵扯到屠户吗？顾子敦遇着苏东坡这个喜开玩笑的人，被戏弄得哭笑不得，这口暗气，大肚皮只有容纳下去，不然，比这个更厉害的嘲弄还会继续而来呢！

东坡自谪贬黄州以后，为诗乃愈滑稽。其《蜜酒歌·又一首答二犹子与王郎见和》云：

"脯青苔，炙青蒲。烂蒸鹅鸭乃瓠壶，煮豆作乳脂为酥。高烧油烛斟蜜酒，贫家百物初何有？古来百巧出穷人，搜罗假合乱天真。诗书与我为曲蘖，酝酿老夫成搢绅。质非文是终难久，脱冠还作扶犁叟。不如蜜酒无燠寒，冬不加甜夏不酸。老夫作诗殊少味，爱此三篇如酒美。封胡羯末已可怜，不知更有王郎子。"

此诗开始数句"炙蒲"和"蒸瓠壶"乃系用典。《文选·潘岳西征赋》"野蒲变而成脯",注云:"赵高欲为乱,先设验,以蒲为脯。二世不觉,群臣敢言蒲者阴诛之。"我们仅知赵高有指鹿为马的故事,不知他还有以蒲为脯的故事。《卢氏杂说》:"郑庆余召亲朋官数人会食,呼左右曰:'处方厨家,烂蒸去毛,勿拗折项。'诸人相顾,以为必鹅鸭之类。良久就餐,每人前下粟饭一碗,蒸葫芦一枚。相国餐美,诸人失笑,强进而罢。""脯青苔"大概是连着"炙青蒲"而来的。豆可为乳,即豆浆,素脂可为酥,这是尽人皆知的。两个典一带,都成典了。这几句诗是要衬托出"古来百巧出穷人,搜罗假合乱天真"两句警语。"诗书麴蘖"至"扶犁叟"四句更见精彩,幽默趣味令人绝倒。封、胡、羯、末四人为谢奕之侄,借言东坡自己的二侄。王郎为谢道韫之夫,道韫适王凝之,不乐,尝云:"不意天壤间乃有王郎?""王郎子"三字也是有典的。唐刘振妻尝呼王仙客为"王郎子"。

《次韵李公择梅花》也非常有趣。有几句警语道:"诗人固长饥,日午饥未动。偶然得一饱,万象困嘲弄。寻花不论命,爱雪长忍冻。天公非不怜,听饱即喧哄。"这是说凡为诗人者,都是天真烂漫的大孩子,最爱淘气,由他们饿着还可安静,一由他们吃饱,便要喧哗跳蹦,胡地胡天闹起来,天公对诗人并非不爱怜,但闹得叫人受不了,只好让他们永远挨饿了。

所谓幽默者不仅嘲弄他人,还要嘲弄自己,才是最上等的幽默。东坡是最善于和自己开玩笑的。如《次韵孔毅父久旱已而甚雨》:"饥人忽梦饭甑溢,梦中一饱百忧失。只知梦饱本来空,未悟真饥竟何物。""我虽穷苦不如人,要亦自是民之一。形容虽是丧家狗,未肯弹耳争投骨。倒冠落帻谢朋友,独与蚊雷共圭荜。"《孙莘老寄墨》:"我贫如饥鼠,长夜空咬啮。瓦池研灶煤,苇管书柿叶。"《过于海舶,得迈寄书、酒》:"我似老牛鞭不动,雨滑泥深四蹄重。汝如黄犊走复来,海阔山高百程送。"《独觉》云:"瘴雾三年恬不怪,反畏北风生体疥。朝来缩颈似寒鸦，焰火生薪聊一快。"东坡比自己为"丧家狗"，为"饥鼠"，为"老牛"，为"寒鸦"，读之并不足引起卑屈之，反觉风趣洋溢，这才称为最上乘的幽默文学。

《将至筠，先寄迟、适、远三犹子》云："忆过济南春未动，三子出迎残雪里。我时移守古河东，酒肉淋滴浑舍喜。而今憔悴一羸马，逆旅担夫相汝尔。出城见我定惊嗟，身健穷愁不须耻。""逆旅"就是客栈，此言店小二，担夫是替东坡挑担子的人，见东坡官卑职小，行李萧条，不尊称"老爷"、"先生"（宋时尊称似尚无，这不借用而已），同他你呀我的起来，好像他们是同辈人物，这也是势利世途常见之事。但东坡坦荡胸襟，岂肯和小人计较，只有一笑罢了。也亏得一路上这些"狗眼看人低"的小人，成就他这句妙诗。

《岐亭五首》之一云："为君三月醉，蓬发不暇帻。夜深欲逾垣，卧想春瓮泣。君奴亦笑我，鬓齿行秃缺。三年已四至，岁岁遭恶客。人生几两屐，莫厌频来集。"东坡酒量并非"大户"，但自言喜持空杯，今友人家酿酒熟，竟欲于半夜逾垣饮，无非是用晋代毕卓故事。毕卓好饮，比舍郎酿熟，卓夜至瓮下盗饮，为掌酒者所缚，明旦视之，乃毕吏部也。东坡三年中四次到那位友人家作客，叨扰人太多，故借友人之奴口，自称为"恶客"。

（乙）涉笔成趣

幽默文学之另一道，即所谓"涉笔成趣"。这不是预期的结果，而是事到眼前，灵机一动，忽然写入诗中，非天分高明，富于机智如东坡者也是无能为役的。赵翼《瓯北诗话》谓：坡"才思横溢，触笔生春"也，正指此等处而言。如《东湖》云："不谓郡城东，数步见清潭。入门便清奥，恍如梦西南。泉源从高来，随波走涵涵。东去触重阜，尽为湖所贪。但见苍石螭，开口吐清甘。借汝腹中过，胡为目眈眈？新荷弄晚凉，轻棹极幽探。"东湖在凤翔城治东，雍、渭二水溢而成此。湖中有石刻螭龙，水从龙口流出。我国螭龙的画像刻像，目睛照例鼓起，东坡游湖上偶见此石刻螭龙，便与它开了一个小小玩笑，说龙啊，泉水不过从你肚子过一过，于你毫无损害，你这样鼓起眼睛生气，何必呢？玩笑开过，立即撇开，更叙他事，并不沾滞，这就是"涉笔成趣"的例子。我国文人素缺幽默修养，于此类"涉笔成趣"之诗，更罕有了解，所以何焯竟谓此二语似指太守陈公弼而言，所谓"求深反失"。东坡到凤翔任府判官，陈公弼是他顶头上司。陈清劲寡欲，不假人以辞色，东坡曾吃他的一些小苦头。例如东坡初次入谒，吏呼"苏贤良"，公弼怒道：府判官有什么贤良？把那报名的鞭了几下，对东坡也不予理会。又东坡与同僚入见，名片投进去了，上司官老不出来，名片既投，又不敢自便，遂有《客座假寐》之作云："谒入不得去，兀坐如枯株。岂惟主忘客，今我亦忘吾（用《庄子》）。同僚不解事，愠色见髯须。虽无性命忧，且复忍须臾。"这首诗也写得很有趣，但东湖石龙却决非指陈公弼，若指，东坡便非幽默诗人，而是一个喜将笨谜给人猜的笨伯！

《次韵舒尧祈雨》："长笑蛇医一寸腹，衔冰吐雹何时足。苍鹅无罪亦可怜，斩颈横盘不敢哭。岂知泉下有蛟龙，卧枕雷车踏阴轴。前年太守为旱请，雨点随人如撒菽。"蛇医乃蜥蜴，相传与龙为亲家，置之瓮水中，令小儿昼夜轮番击瓮，可得大雨。又刲鹅置盘，亦求雨法。东坡对此种求雨法本不相信，见斩颈横盘之鹅，即与鹅作谑，谓其无罪而作蜥蜴之牺牲品，实为可怜。鹅本非能哭之物，而诗用"不敢哭"三字，用韵真是奇绝。但若真的怜悯苍鹅，则诗人又成为笨伯了。所以立即飏开，再叙祈雨之事。似此信手拈来，信手挥去，所有诙谐风味，纯系随手拾来，这又为涉笔成趣的佳例。

《赠葛苇》云："竹椽茅屋半催倾，肯向蜂窠寄此身。长恐波头卷屋去，欲将船尾载君行。小诗试拟孟东野，大草闲临张伯英。消遣百年须底物，故应怜我不归耕。"葛苇为何人，失考。然其人诗拟孟东野，书法临张伯英，当亦是才人之一。惟所居临江，窄小而悬露，有如蜂窠（蜂窠见《幽怪录》），江中波涛若涌，则其屋有被卷去之险。东坡访葛时，见其屋岌岌可危之情况，灵机忽然一动，而有船尾载行之句。西洋文学有灵感一派，专将最微妙、最倏忽、最起落无常之灵感，捉入诗文，故其作品每缥缈恍惚，不能捉摸，必须读者加入自己之想象或假设而后始能完成其意义，所谓印象主义之文学大都如此。东坡这首诗可说是灵感派，也可说是印象派，不过也可归于"涉笔成趣"之例的。

《臂痛谒告，作三绝示四君子》（今录其二）："心有何求遣病安，年来古井不生澜。只愁戏瓦闲童子，认作泠泠一水看。小阁低窗卧宴温，了然非默亦非言。维摩示病吾真病，谁识东坡不二门。"《楞严经》："月光童子言，我忆往昔，有佛名为水天，教诸菩弹修习水观，入三摩地。我于此时，初成此观，但见其水，未见其身。尝于比丘室中安禅，我有弟子，窥窗观室，惟见清水遍在室中，了无所见。童稚无知，取一瓦砾，投于水中，激水作声，顾盼而去。我出定后，顿觉心痛，童子来前，说如上事。我则告言：汝更见水，即可除去瓦砾。童子奉教，入定时，开门除之，我出定后，身质如初。"东坡用这个典故，系由"心如古井"一语，触机而起。至于"不二法门"亦是佛教术语，戏用而已。《楞严经》的故事固诡谲可喜，东坡这两句诗机锋也妙极。

《残腊独出》："罗浮春欲动，云日有清光。处处野梅开，家家腊酒香。路逢眇道士，疑是左元放。我欲从之语，恐复化为羊。"左慈事见《三国志》。左慈乃眇一目之道人，入羊群中，即变化为羊。东坡于郊外遇眇道人，遂有此游戏之笔。

《腊梅一首赠赵景贶》描写西湖蜡梅。其中有句云"此间风物属诗人，我老不饮当付君。君行适吴我适越，笑指西湖作方钵。"僧家有衣钵相传之说，时东坡将有会稽之行，以西湖付赵景贶，故有此趣语。此与东坡《赠仲殊长老食蜜歌》所谓"老人心肝小儿舌，笑指蜜蜂作檀越"同一机轴。《和酒止酒》，此乃与其弟辙相遇于藤而作："与子各意行，同落百蛮里。萧然两别驾，各携一稚子。子室有孟光，我室唯法喜。相逢山谷间，一月同卧起。"东坡弟辙之妻最贤，故坡每以孟光称之。坡谪儋耳时，丧偶已久，故曰"我室唯法喜"，学佛者以"法喜"为妻，见于佛典。

《赠诗僧道通》："雄豪而妙苦而腴，只有琴聪与蜜殊。语带烟霞从古少，气含蔬笋到公无。香林乍喜闻薝卜，古井惟惭断辘轳。为报韩公莫轻许，从来古岛是诗奴。"《石林诗话》："近世僧学诗者极多，皆无超然自得之趣，往往掇拾模仿士大夫所残弃，又自作一种，格律尤俗，谓之'酸馅气'。子瞻有《赠惠通》诗云：'语带烟霞从古少，气含蔬笋到公无？'语人云：'颇解蔬笋语否？为无酸馅气也。'闻者无不失笑。"

《方外友参寥子惠杨梅》云："新居未换一根椽，只有杨梅不值钱。莫共金家斗甘苦，参寥不是老婆禅！"咸淳《临安志》："南山近瑞峰石坞内，有老妪姓金，其家杨梅甚盛，俗称杨梅坞，所谓金婆杨梅是也"（见施元之注苏诗）。山公注《传灯录》："临济参大愚，愚曰：'黄檗恁么老婆心切，为汝得彻困，犹觅过在。'师于言下大悟。"又《普化》云："河阳新妇子，木塔老婆禅。临济小厮儿，却具一只眼。"查注《传灯录·雪窦》云：'明眼的觑看，将谓雪窦门下，教你老婆禅。'今俗称妻为'老婆'，宋时则无非指老妪。佛家称教导学人亲切叮嘱者曰老婆，寓慈悲之意。而喜多言令人厌倦者亦称老婆。"故《传灯录》又云："有人举凌行婆问浮杯语似南泉。泉云：'苦哉浮杯，被老婆摧折。'"老婆禅当是指琐碎之禅谈。

颖叔出使临洮，东坡与钱穆公等饯之，各赋诗一篇，以"今我来思"为韵，坡得"我"字，赋五古一篇，起四句云："西方犹宿师，论将不及我。苟无深入计，缓带我亦可。"时宋伐西夏，兵连祸结，故曰"西方犹宿师"，宿者久留也。论统兵大将乃不及我苏东坡，若不大举进攻，当个轻裘缓带、摆样儿的元帅，我也足以胜任的啊。东坡本文人，并不知兵，何足为将？这四句诗并非没有自知之明，乱捧自己，实不过以自我调侃的谐语博读者一笑，"我"字这个不易押的韵，便被他轻轻巧巧过关了。

《与赵、陈同过欧阳叔弼新治小斋，戏作》云：

"江湖渺故国，风雨倾旧庐。东来三十年，愧此一束书。
尺椽亦何有，而我常客居。美君开此室，容膝真有余。
拊床琴动摇，弄笔窗明虚。后夜龙作雨，天明雪填渠。
梦回闻剥啄，谁呼赵陈予。添丁走沽酒，通德起挑蔬。
主孟当啖我，玉鳞金尾鱼。一酒忘其家，此身自蘧篨。"

"谁呼赵陈予"，句法极新，乃自长官请客，吏请客目，曰"少府、主簿、我"，变化而出。《东坡诗话》固曾自言之。要之，亦是一时机智。

《国语》晋优施谓里克妻曰："主孟啖我，我效兹暇豫事君。"东坡盖以主孟指欧阳叔弼之夫人。惟我国旧时男女之别甚严，诗为叔弼作而遽及其夫人，究嫌孟浪，故以"添丁"（指叔弼子）、"通德"（指叔弼妾）先之，而后言及其夫人，文章始有步骤。我知叔弼夫人读此诗至此句必为轻然失笑，即典质金钗，玉鳞金尾之鲜鱼亦非陈诸案上不可了。

或将曰优施下贱之人，东坡以区区口腹，道以优施自指，且效其呢呢乞食之口吻，岂非太不顾自己身份么？不知东坡固游戏人寰、无拘无束的神仙一流人物，兴趣偶到，便成妙语，不过欲使人开颜一笑而已，读者不知笑而徒以身份等语责东坡，就是不配读苏诗，于东坡何怪！

（丙）讽刺

东坡爱戏弄朋友，如前所引嘲笑陈慥、孙公素惧内诸诗。又以极其巧妙的双关语狎侮顾子敦，亦见前述。他有时为之太过，戏谑变成了刻毒的讥刺，就不免惹出祸事来了。东坡和章惇原属好友，后来竟成政敌。原因是章惇出守湖州时，坡和其七律诗二首，有"方丈仙人出淼茫"句，就诗的表面看，并无嘲刺意，"方丈"与"蓬莱"都是神仙居处，章惇以翰林出守，本可以神仙相比。章惇又好言丹鼎之事，用神仙典故更为切合。可是"出淼茫"三字，虽有韩愈诗"神仙有无何淼茫"为之根据，究竟很可怪。那么这诗的骨子里便大有文章了。据《挥麈余话》：说章惇的父亲名俞，郇公之族子，不自拘检，岳母杨氏，年少而寡，俞与之通，生子。杨氏以一盒贮水，缄置其内，遣人持以遗俞，俞见儿五行甚佳，雇乳媪谨视之，是为惇。既长登第，与东坡缔交，后得守湖州。坡和其诗，有"方丈仙人出淼茫"之语，以为讥己，由是怨之。绍兴初，东坡渡海，盖修报也。《吴兴备记》亦记其事云："惇尝以诗寄东坡，坡用其韵和之，子厚得诗，不乐数日。"

东坡和章惇之诗，尚有"功名谁使连三捷，身世何缘得两忘"，诗之表面，固谓章子厚乃富贵中人，何由好神仙而求出世？但将此二句合前"出淼茫"之句观之，则讽其身世暧昧，显然可见，无怪子厚得诗，怨入骨髓。一朝得握政柄，便远窜东坡于儋耳以为报复。《老学庵笔记》说苏子瞻谪儋州，以儋与瞻字相近也。子由谪雷州，以雷字下有由字也。刘莘老谪新州，以新字有辛字也。东坡乃幽默大师，章子厚也幽他一默。这一默固幽得很有趣，可也太叫东坡难以承受，结果是万里远适，和七年瘴海生涯。

东坡讽刺诗多对时政而发。如《吴中田妇叹》：

"眼枯泪尽雨不尽，忍见黄穗卧青泥。茅苫一月垄上宿，天晴获稻随车归。汗流肩赪载入市，价贱乞与如糠秕。卖牛纳税拆屋炊，虑浅不及明年饥。官今要钱不要米，西北万里招羌儿。龚黄满朝人更苦，不如却作河伯妇！"

司马光《论青苗及仓籴之害》云："东南钱荒而粒米狼藉，今弃其有余而取其所无，农夫皆病矣。"东坡诗意正在这个上面，至末句所云，则因久雨不晴，大水将有泛滥之忧。而农妇苦于新法，宁为水淹死，故有"不如却作河伯妇"语。又《鱼蛮子歌》曰："江淮水为田，舟楫为室居。鱼虾以为粮，不耕而有余。"当时行新法，所谓"青苗"、"保甲"，鱼蛮子皆不受影响，当然比较自在。然当时言利之臣太多，蛮子之乐也不能长保，所以东坡又言曰："人间行路难，踏地出赋租。不如鱼蛮子，驾浪浮空虚。空虚未可知，会当算舟车。蛮子叩头泣，勿语桑大夫。"桑大夫者，汉桑弘羊也，为武帝侍中，言利析秋毫，榷利而国用足。

东坡其他讽刺新政文字，舒亶所劾，可觇一斑。舒之言曰："轼近谢表有讥切时事之言，流俗翕然，争相传诵：陛下发钱本业贫民，则曰'赢得儿童语音好，一年强半在城中'；陛下明法以课试群吏，则曰'读书万卷不读律，致君尧舜终无术'；陛下兴水利，则曰'东海若知明主意，应教斥卤变桑田'；陛下谨盐课，则曰'岂是闻韶忘解味，迩来三月食无盐'。其他触事即物，应口所言，无不以讥谤为主。"东坡因舒等之劾而被逮赴台狱，其供状有"乌台诗案"一编。被检举的篇什甚多，讪谤时政之意，东坡亦直认不讳。他这次赴台狱当然不免饱受惊恐，但并未遭笞杖之辱，如近人之所言者。《宋史》本传及诗案虽有"锻炼"的话，不过"罗织"、"周纳"之意而已。宋太祖立誓不杀文人，有刑不及上大夫之风，并不像明代什么锦衣卫审讯犯官时，动辄五毒交至，还有什么惨酷非常的"廷杖"、"立枷"。我们敬爱苏东坡，应当顾及他的尊严，他若真受此辱，我们也无可如何，未受，何必架空说呢？

唐刘禹锡梦得为诗亦好怨刺，其《咏玄都观桃花》：如"玄都观里桃千树，尽是刘郎去后栽"，及"种桃道士今何在，前度刘郎今又来"乃其尤著者。东坡诗始学梦得，刘后村固曾言之。陈后山亦云："苏诗始学刘梦得，故多怨刺"（见陈所著《谈丛》）。但梦得诗虽怨刺，而不能如何幽默，东坡怨刺亦有较为刻毒者而风趣远胜。故梦得诗仅令当时执政者恨，而东坡诗则能令后世读者笑。

东坡晚年之远谪海外，亦以行制词时多所指斥之故。所以，坡有自忏之诗道："巧语屡曾遭薏苡，庾词聊复记芎藭"，又云："剌舌君今犹未戒，炙眉我亦更何辞"，又云："自悔多言晚闻道，从今闭口不论文"，但不久又故态复萌。自儋耳北返，年已六十六，米元章赠诗有"口不谈时经噩梦"之句，谅因年老力衰，平生精悍之气，消磨略尽，故能惩艾前失也。

选自台湾《畅流》半月刊 45 卷第 7 期，1972 年 5 月 16 日出版

北宋女词人李易安再嫁之诬①

[编者按]

李清照（1084—1155），号易安居士，山东历城（今济南）人，南宋著名女词人。其父李格非为北宋知名学者、散文家。易安幼承庭训，家学渊深，早显才名，以词著称。其夫赵明诚历任地方官职，于金石学造诣深厚，对易安甚有影响。南渡不久，丈夫病故，一生珍藏金石书画丧失殆尽，在颠沛流离中郁郁而亡。吕思勉先生在《宋代文学》中这样评

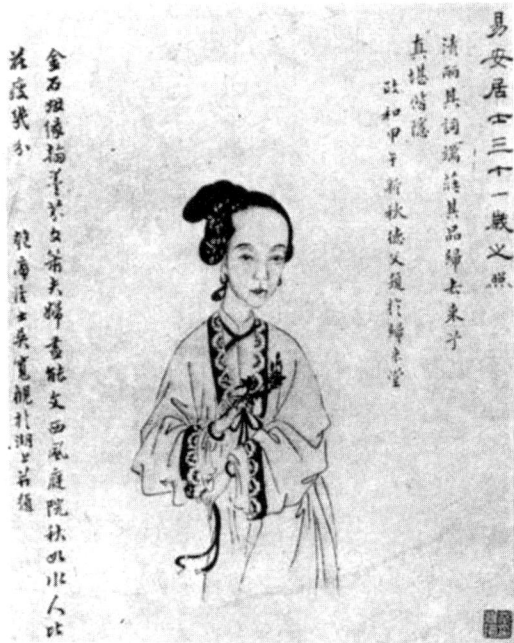

李清照画像

价她："女词人李易安，长诗文，精金石，诚一代才媛也。妙解音律，所作词，无一不协律者，实依声之正宗，非徒以闺阁见称也。"

---

① 编者注：此文初发于上世纪五十年代，由于刊物排成后未经作者本人审阅即发表，手民误植之处甚多，苏雪林在日记中对此十分不满。编者除查阅文中引文的原书，还在错讹、漏排之处，一一作了订正。

语云"名满天下，谤亦随之"，又说"高明之家，鬼瞰其室"，一个人有了名声，便不免招人妒忌。有些天性轻薄的人，听见人家在赞美某人，鼻子里便轻轻哼一声，口角涌出一丝冷笑，指出他某几点不好的地方来。人性是好奇的，又都带一点不乐成人之美的心理倾向的，把这指摘的话流传开去，别人又加上些油盐酱醋，这样一层层地加去了，分明是捕风捉影之谈，居然也会成为铁铸的事实。等你自己知道了，想法来辟谣，或抱不平的人来替你洗刷，你的那件洁白的衣衫究竟染了污迹，虽再三洗濯，到底隐约仍留余痕。运气坏的人，竟有蒙冤数百年或千年之久者，甚至有始终做屈死鬼永世不得翻身者。怪不得所有比较高等的宗教如佛教基督教等，均以造谤为大罪，造谤的后果确然是很严重的呀！

北宋末女词人李易安，便是牺牲于这样轻薄子无故造谣生谤之下的一人。背着再嫁一个恶名声，作为世人耻笑的对象，直到清代，才有人将这个案子翻过来，替她雪冤申枉。但自北宋至于清代，一共有八百年的光景，在这悠长的岁月中，我们的女词人身上始终是蒙着一层黑影的。《碧鸡漫志》谓易安词"于妇人中为最无顾藉"。《水东日记》则曰易安词为"不祥之具"，无非因为她有夫死再嫁，再嫁而又仳离的这件事。

易安再嫁之诬，始见于赵彦卫《云麓漫抄》，大约谓易安自其夫赵明诚死后，再嫁张汝舟，其后又夫妻反目，涉讼公庭，易安上綦崇礼启（案：《投翰林学士綦崇礼启》）中有"呻吟未定，强以同归……忍以桑榆之末影，配兹驵侩之下才。"又有"听视才分，实难共处，惟求脱去，决欲杀之。遂肆欺凌，日加殴击，岂期末事，乃得上闻。""闻者传以为笑"云云。胡仔《苕溪渔隐诗话》亦载此事，大约即自《云麓漫抄》采掇而来，以后宋人笔记辗转传载，大抵彼此蹈袭，捏造不出什么新鲜材料。笔记在我国原属小说一类的东西，无人重视，他们即造谣，易安尚不致蒙怎样重大的影响，但聚蚊可以成雷，三人变成市虎，笔记传述得太多了，正史的作者也不免受其煽惑，而居然加以采录了。李心传《建炎以来系年要录》也居然有这么一笔："绍兴二年九月：右承奉郎监诸军审计司张汝舟属吏，以汝舟妻李氏讼其妄增举数入官也。……李氏，格非女，能为歌词，自号易安居士。"李心传的《系年要录》，考据精详，态度公正，足称正史，既然他也说易安嫁为张汝舟妻，并揭发汝舟的贪污，则易安于其夫赵明诚死后，确有再嫁张汝舟之事，笔记作者的诸言，经李心传这么一记，竟变成南山铁案了。

但据易安自作之《金石录后序》的年月看来，她是时年已五十有二。序文中仍是寡妇身份，再嫁当然更在其后，以我国妇人这样年龄还有再嫁之事是很不通的，故袁枚于其《随园随笔》论之曰："……匪夏姬之三少，等季隗之就木，以是之年而犹嫁，嫁而犹望其夫才地之美，和好之情，如德夫昔日，至失望而后悔之；又不肯饮恨自悼，谍谍然形诸简读，此常人之所不肯为，而谓易安之明达为之乎？"

卢雅雨重刊《金石录》，考后序中易安自述诸语，亦以其再嫁事为疑。其后俞正燮《癸巳类稿》就易安诗文杂著及其他小说诗话编织排列以为纬，而以《金石录后序》为经。然后八百年易安再嫁之谜，始得大白于天下。现将俞氏两次考证共达数千言的文章概括于下。

（A）原因　关于易安再嫁谣言之所由来也有点原因，这原因便是前有张飞卿玉壶之事，后有张汝舟虐妻成讼事，诬易安者遂牵合这两事而为一事，轻轻造成了易安的冤狱。俞正燮氏综合易安《金石录后序》、《宋史》、《云麓漫抄》……各书，考其事迹如次：

> 初学士张飞卿者，于明诚至行在时，以玉壶示明诚，语久之，仍携壶去。或疑其将以壶为赘，投降金人。言官列其事以上闻。时明诚已病死，或言张飞卿与李易安皆当置狱以便澈查。时易安方大病，仅存喘息，欲往洪州未果，闻玉壶事大惧。十一月，尽以其家中所有珍物，赴越州行在投进，以图辩解。而金人追迫，高宗已奔明州。中书舍人綦崇礼左右其事，得免追究，易安以綦

41

本系亲旧，乃作谢启谢之，中有句云："清照素习义方，粗明诗礼。近因疾病，欲至膏肓，牛蚁不分，灰钉已具。岂期末事，乃得上闻，取自宸衷，付之廷尉……内翰承旨，缙绅望族，冠盖清流，日下无双，人间第一，奉天收复，本缘陆贽之词，淮蔡底平，共传昌黎之笔，衷怜无告，义同解骖……"

这篇谢启，华实并茂，文采颇佳，推崇崇礼措词亦颇雅饬，崇礼得意之余，未免要崇朋好，因之传流众口，凑巧后来有个张汝舟被其妻李氏揭发贪污并请求离婚。那个李氏或云系易安同宗，也颇娴习文墨，请求离异时，大约也写了一篇骈四俪六的呈文，历叙其夫虐待的情况。时人因她也姓李，丈夫张汝舟与以前所闹的玉壶案主角张飞卿都姓张，不免混二李二张而为一。既混为一，则必说出个理由，于是五十来岁的老命妇居然"配兹狙侩之下才"了。造谣的人尚恐凭证不足，不足取信于世，又将易安谢綦崇礼启中的文句加以改窜，而增强其真实性。这一着，用心却颇不可恕，因为谣传原是无心，而改启却是有意。

（B）辩证　俞氏的辩证共有六条，兹为分刊于次：

①元符二年（宋哲宗年号，公元一〇九九年），易安年十六，适赵明诚。靖康元年（钦宗年号，公元一一二六年），金人陷青州，火其书十余屋，时易安年四十五岁。建炎元年（高宗年号，公元一一二七）五月，明诚知湖州，赴行在，盛暑，病发，八月病剧而卒，易安遂寡，时年四十六。

②易安流寓会稽作《金石录后序》时在绍兴二年（高宗年号，公元一一三二年）八月，历叙伉俪生活及居孀以后各事，对于赵明诚不胜其惓惓之情。此时距赵明诚之死已六年，易安年已五十有二，而《建炎以来系年要录》所记张汝舟妻李氏讼其夫增举数事，则在绍兴二年九月戊午。时日相去不过一月，在此区区三十天以内，易安忽在赵家为嫠妇，忽在张家讼其夫，这是可能的吗？

③易安于绍兴二年五月上使金工部尚书胡松年诗，有"嫠家祖宗生齐鲁"之句，易安之以寡妇终，毫无疑义。

④易安乃李格非女，格非曾为礼部员外郎。明诚死后，其兄思诚于绍兴二年八月丙辰，直秘阁主管江州，两家皆盛，不至有此事。

⑤造谣者改易安谢綦崇礼启者"时官文书未及"云云；又有"岂期末事，乃得上闻。"云云。我国民间婚嫁，本不由官，有何文书之足凭？且南渡之际，戎马仓皇，朝廷亦何暇理此琐屑之事？照谢启言，宋高宗为易安离婚之事曾降诏两次，则更觉不近情理。

⑥宋时风气好以闺阁诬人名节。刘时举续通鉴（案：《续宋编年资治通鉴》）绍兴四年八月，赵鼎疏言，草泽行伍，求张浚不遂者，人人投牒，诋其妻母。邵博闻见录（案：叶绍翁《四朝闻见录》）载有劾朱文公闺阃中秽事疏及文公谢启。其他则文彦博有灯龙织锦之诮，欧阳修有屏角篏钱之谤，易安之事，亦可作如此观。

这六条辩证，第二条更为有力。我们判断一件案子，以时间因素为最重要，我国文学史上许多冤狱，皆以时间不合而推翻，易安亦为其一。

至于那些笔记家，为什么捏造李易安再嫁的谣言？则"嫉忌"一语可以尽之。盖易安为一代才女，词的造诣达于最高境界。王阮亭说："张南湖论词派有二：一曰婉约，一曰豪放。仆谓婉约以易安为宗，豪放以幼安称首。"沈去矜曰："男中李后主，女中李易安，极是当行本色。"简直说她是词界中领袖群伦的人物。这虽是后代人的评荐，但当代人又何尝无此感觉？自古以来，这世界便是男人的世界，现在居然有个天才妇女在文艺上压倒，他们如何能不妒？由妒生恨，当然要想法子打击她。况且易安自己也心直口快，雅好讥评，对于当代大词人如苏东坡、黄山谷、秦少游都看不上眼，那第二第三流当然更不在意中，这也是取忌之道。故陆游《老学庵笔记》云："易安讥弹前辈，既中其病。"又曰："易安……为诗诮应举进士曰：'露华倒影柳三变，桂子飘香张九成’，应举者服其工，传诵而恶之。"《浩然斋雅谈》："绍兴三年，行都端午，易安亲书联，为内夫人者代进帖子，于是翰林止金帛之赐，咸以为由易安。时值翰林者秦楚才忌之。"名和利，乃士大夫的专有物，易安掩盖他们的名，又使他们失去实际的利，他们怎能不讨厌易安呢？

宋自偏安杭州以后，由朝廷歌舞湖山，醉生梦死，已忘雪耻报国之志，而易安一流寓老寡妇，抚时感事，触景生悲，却颇多怀乡念土之作，如"旧时天气旧时衣，只有情怀，不似旧家时"，又"故乡何处是？忘了除非醉"、"物是人非事事休，欲语泪先流"、"只恐双溪舴艋舟，载不动许多愁"皆其例。《云麓漫抄》又载：尚书胡松年充奉表通问使副使使金，以通问两公，易安《上松年长歌》一首，中有"灵光虽在应萧条，草中翁仲今何若？遗民空尚种桑麻，败将如闻保城郭"、"愿将血泪寄山河，去洒青州一抔土。"这种沉郁苍凉，感愤国事的篇章，出之以女子之口，当然使那些苟且偷安、不图进取自命须眉丈夫者读之，面赤心愧，而其忌易安亦益深，可以利用笔记造她的谣言，而为中伤之计了。

笔者在抗战时期，曾用"幕风"的笔名，发表过一篇《读王荆公年谱考略》，对于荆公所吃的当时笔记野史之亏，深为愤慨。记得我曾说过这样几句话："我读荆公年谱考略而发现了歪曲宣传为害之大。宋代士大夫似乎早就懂得了宣传的效果，所以每有政见的争执，私人的恩怨，都拼命在宣传上做功夫。当时虽然没有宣传部作为正式宣传的机关，也没有报纸杂志，以及各式小册子作为扩大宣传的武器，但他们也发明了一个好法，即著作所谓'私史''野史'的笔记。宋人笔记之学最为发达，至今还保存一二百种。每个文人著了一种笔记，便等于开了一个报馆，虽然效果比现在报纸慢一点，但永久性却比较强。而且笔记既不如报纸之立即公开，则对于造谣更为便利。因为捏造人家生前的谣言，不愁人家同他对质，捏造于死后，死无对证更来得爽快了。这类笔记我们可以呼之为'私家报纸'，大都以名人身边琐事为题材，其态度谨严，记述正确，固可辅翼正史，匡其不逮，而其存心诬蔑，以造谣说谎为宗旨的，则党同伐异，颠倒是非，或造作种种毫无根据的故实，绘影绘声，活灵活现，极刀笔之技俩，不惟一般庸众受了他们的欺蒙，即号称贤达之士，也会上他们的大当。"李心传《系年要录》，居然采取笔记而以张汝舟妻为李易安，便是笔记误人很大的证据。

总之，妇人不更二夫的观念虽古已有之，但并不十分严格。"饿死事小，失节事大"虽出于北宋程明道之口，也直待到南宋理学昌盛时，才发生力量。自五四运动以来，打倒旧礼教，破坏片面贞操，妇人夫死再嫁，等于男子妻死续弦，完全出于自然。所以，李易安再嫁问题，无论以古代眼光和现代眼光来看，都不算一回事。即说她以五十余的"桑榆末景"更举行结婚庆典，也不足为奇，不值得大惊小怪。我们之所以一定要替她辩白者，实因她丝毫没有再嫁那件事，人家为了想破坏她的名誉，却乱造她的谣言，其用心实太卑鄙太可恶，若不加以揭发，则小人猖狂，君子短气，贻害世道人心者将不可胜言。

选自台湾《读书半月刊》第 3 卷第 1 期，1953 年 7 月 16 日出版

爱国尚武的诗人陆放翁 [1]

[编者按]

陆游（1125—1210），字务观，号放翁，祖籍越州山阴（今浙江绍兴），南宋著名的爱国诗人。他生于官宦之家，因受家庭熏陶与当时社会环境的影响（金人南侵），自幼就立下杀敌报国的远大志向。他一生勤勉，赋诗近万首（9362首）。陆游在中国文学史中占有重要地位，与北宋苏轼、王安石、黄庭坚并称"宋代四家"，又与杨万里、范成大、尤袤并称"南宋四大家"。

一提诗人陆放翁，我眼前便立刻涌现这样一幅图画：

大雪过后，万山漫漫一白，好像无数霜峰攒刺在灰黯色的天空里。权杈老树在雪压

陆游画像

---

[1] 编者注：此文发表于八十多年前，由于作者引用的陆游诗集与今日校订的陆游集异同，给校对增添了麻烦，有些因版本不同，又不是明显的错误，就没有改正。此外文中还有许多词语如"未常"（今多写作"未尝"），"跐踏"（今为"踌躇"），"卤莽"（今一般作"鲁莽"），为尊重作者的写作习惯与时代特征，就没有改了，特作说明。

之下，仍然崛强地撑张它们枯瘦的枝柯，仿佛要同寒威宣战。在它们兀傲的神气里，似有无声之声在怒喊道：我们虽暂时为你恶势力所屈伏，但哪能甘心？我们薜鳞苍皮内还蕴藏着活泼生机，春风来时，你再看那如云的新绿！悲咽的涧水抱着大的小的冰块，澌澌流去，碰着岩石玎珰玖作碎玉响，敲破四山的沉寂。

这时候正是傍晚的天气，太阳像一轮火球，抱着山角徐徐下坠，殷红的光，照在皑皑积雪上，有如战场凝冻的血迹，光景极为惨澹。雪地上错错落落印着许多野兽的蹄痕，知道这里是豺狼出没的区域。

树林深处，马蹄得得，四山起了一种清朗的回声，十几头高大猎犬，飙风般从树后驰突出来，接着便出来了一群骑士，他们都穿着猎装：手握长矛，背上背了弓箭。当头的一位壮士，穿一件白色战袍，蒙茸的狐裘卸在肩背的一边，这壮士年龄大约有四十余岁，脸色为塞上风云所侵，微觉苍黑，眼光耿耿，勇毅之气，溢于眉宇。看他凝重的气概，颇似一位大将。

但再看他风流儒雅的丰度，却又像一般诗人。

是，他是一位诗人，他生长江南，却从军于这甘陕一带的。诗人跨在马上，眼注视衬托着万朵玉芙蓉的长天，他的心灵上重沉沉好像压着什么，那是荒凉的感觉，是愁惨的气象、凝结一片冰块，梗在他胸中。

——江南初冬天气，小桥流水，古木寒鸦，萧瑟中仍有温柔的诗意，这里可就大不相同了。诗人沉吟着正想做一首诗，忽然听见他的同伴失声惊叫道：

——雪地上有虎迹，虎在这里，我们要当心！

一句话还没说完，只听得猎犬发了疯似的汪汪汪一阵狂吠，树林里枯草瑟瑟地响，跳出一头斑斓大虎来。那群猎者，本为猎虎而来，现在见了目的物，反而吓得心惊胆战机械地掇转马头，四散逃命去了。那位白袍壮士，正想做诗，见了猛虎，出其不意的也吓了一跳，本想跟着他的同伴一路逃走，但一刹那间，他脑筋里闪电似的转了一个主意。他为什么要转主意，只有天知道，他自己不知，我们更不能知，总之，他那时不但不逃，反而手挺丈八长矛，拍着马向猛虎迎来。那猛虎大吼一声，做一个跳掷的姿势，张牙舞爪，直向壮士扑去，壮士一挺长矛，恰搠在它的心窝里，直直地将一头猛兽叉住！

那虎又大吼一声，山谷都为之震动，用爪子搭住矛杆一阵乱咬，矛杆几乎断折。彼时事势极其急迫，双方生死，决于顷刻之间，除了拼命向前，没有徊翔的工夫，也没有退步的余地。壮士奋平生之力，与猛虎相持。且住，他不是孟贲，不是乌获，更不是拔山扛鼎的楚霸王。他不过是一个诗人，他居能和猛虎相持，这力，当然不是他固有的力，简直是神力，出乎他意外来的，好像他平日做诗，有时忽得妙句疑有神助一样。你看吧，他眼漏大光，怒发飞立，人和马都矢矫如龙，那支丈八长矛再也不离猛虎的心窝。虎呢？忽然像要倒地，忽然又奋起，吼声如雷，胸前鲜血喷溢。这只负了重伤的锦毛大虫，简直发了疯狂，恨不得把它的仇敌，抓下马来撕成肉片。但十几次翻腾之后，猛虎的力量渐渐松懈，吼声渐低，血流更甚，倏忽间倒在地，不能动弹了。

这时候躲在树林背后的同伴，一个个欢呼着跑出来，他们恰才看了这场壮剧，人人吓得脸色惨白，像坟墓里钻出来的死人。这也难怪，看了当时可怕的景象，便是铁铸的神经，也要震颤；何况他们原都是些平常的人物。

躺在血泊里大虫还没有完全断气哩，浑身颤抖，痉挛着，像是生命最后的挣扎，壮士从容由它胸前抽出带血的霜锋，虽然累得精疲力尽，面无人色，口角边却露出一痕胜利的微笑。

四面的山，一地的雪，他踌躇满志地立马山冈下，落日的光辉照在他的头上，晕成一道光荣的冠冕！

这位刺虎的壮士是难？正是我所要介绍给读者的中国第一尚武爱国诗人陆放翁了。

中国的诗人未常不多，诗史未常不富，但请问哪一个诗人能到深山去刺虎？哪一部诗史有这样一个壮烈的故事？现在有了，我们又安能不极力替它表彰一回，教于今一般文弱青年，看一个榜样。

这刺虎的事不见于放翁的本传，别的笔记里好像也没有记载，但这是放翁平生第一得意的事，自己竟终身乐道不衰，诗中叙及也不下十余处，我于今抄他一首纪叙最完全的长歌来看看吧：

孤云两角不可行，望云九井不可度，嶓冢之山高插天，汉水滔滔东流去。高皇试剑石为分，草长苔封犹故处，将坛坡陀过千载，中野疑有神物护。我时在幕府，来往来晨暮，夜宿沔阳驿，朝饭长木铺，雪中痛饮百榼空，蹴踏山林伐狐兔。

眈眈北山虎，食人不知数，孤儿寡妇仇不报，日落风生行旅惧。

我闻投袂起，大呼闻百步，奋戈直前虎人立，吼裂苍崖血如注！从骑三十皆秦人，面青气夺空相顾！

国家未发度辽师，落魄人间傍行路。对花把酒学酖籍，空辱诸公诵诗句。即今衰病卧在床，攘臂犹思备征戍，南人孰谓不知兵，昔者亡秦在三户！

（《十月二十六日夜梦行南郑道中，恍然，揽笔作此诗且五鼓矣》）

再看他《建安遣兴》的七绝一首：

刺虎腾身高目前，白袍溅血尚依然。圣时未用征辽将，虚老龙门一少年！

又《忆昔》五古一首，其中有这样的数句：

昔日戍梁益，寝饭鞍马间。一日岁欲暮，扬鞭临散关。层冰塞渭水，飞雪暗岐山。挺剑刺乳虎，血溅貂裘殷。至今传军中，尚愧壮士颜。

《大雪歌》：

> 长安城中三日雪，潼关道上行人绝。黄河铁牛僵不动，承露
> 金盘冻将折。
> 虬髯豪客狐白裘，夜来醉眠宝钗楼。五更未醒已上马，冲雪
> 却作南山游。
> 千年老虎猎不得，一箭横穿雪皆赤！挐空争死作牛吼，震动
> 山村裂崖石！
> 曳归拥路千人观，髑髅作枕皮蒙鞍。人间壮士有如此，胡不
> 来归汉天子！

这首《大雪歌》，据涧谷精选《陆放翁诗集》（四部丛刊，商务本）
有两句批评道："一种梦语，无不可赋。"我看了真不禁有些动气，放翁
刺虎的事千真万确，没有一点捏造。这首长歌里的虬髯豪客，虽然是一
位想象的英雄，但说放翁借此自传，亦无不可。至于《夜梦行南郑道
中》和《大雪歌》皆作老虎，《忆昔》又作乳虎，刺虎的兵器作戈，或
作剑，或作箭，大约是无意的错误，或为迁就诗中音节的关系。我们不
能因此疑放翁刺虎的一重公案出于伪造，而想将它推翻。总之中国从前
的俗儒太多，以为所谓为文人也者，只宜佩玉鸣琚，雍容于庙堂之上，
或者浅斟低唱，吟咏于月下花前，若是驰马试剑，便像卤莽武夫的行
为，失了文人的体统；因此替放翁做传记的人，竟将这件诗人平生最荣
耀壮举，几千年中国文苑罕有的奇迹，遗漏不载；便是我们的诗人自己
忍不住在诗里夸说几句，他们也要奉送他"梦话"两字的批评。这无怪
中国文学界里没有一位刚强的男性，没有一位虎虎有生气的少年，只出
了一批一批衰老的，恹恹欲绝的，弱不禁风的痨病鬼！

说了这一段话，诗人陆放翁究竟是怎样一位人物，读者大约有些知道了。现在我再来详详细细地介绍诗人的平生。

（一）

放翁姓陆，名游，字务观。放翁是他居蜀时在范成大幕府里的自号。他是山阴人，生于宋徽宗宣和七年（公元一一二五年），他出世的第二年，金兵攻破汴都，将二帝掳去，五六岁时候，金兵又打到南方来。这是国运颠连的时代，也是词人遭厄的时代。我们不要忘记绝代女词人李易安也在这中原板荡、戎马仓皇的当口，被烧去几楼宝贵的书，失去许多珍奇的古玩，到后来又死去她的丈夫，使她温柔丰润的生活，一变为惨淡风光。终则使一个五十余岁的老命妇，漂泊无家，依人以终。未死时且横被蜚语，青史上蒙了千年不白之冤。那时我们的小诗人陆游也跟着他的父兄避乱。也受了不少的苦辛，以后他有追述当时情事的诗道：

> 我生学步遭丧乱，家在中原厌奔窜。谁边夜闻贼马嘶，跳去不待鸡号旦。
>
> 人怀一饼草间伏，往往经旬不烦爨。呜呼乱定百口全，孰为好者宁非天！

原来放翁的先人虽然是山阴人，但他的祖父做畿辅驿路一带的运粮官，遂家于荥阳。到他父亲时代，又徙居寿州。金兵饮马长淮时，他全家无处投奔，幸亏他父亲有一个负有侠气的朋友陈彦声家住东都，愿任保护之责，他全家在东都一住就住了三年。开禧中有诗追记道：

> 家本徙寿春，遭乱建炎初。南来避狂寇，
> 乃复遇强胡。乱定不敢归，三载东阳居。

绍兴二十三年间（公元 1132—1133 年），秦桧已为仆射，高宗自金遁还，建都于临安。韩世忠、吴玠等与金人开战，屡次获胜，当时士气还很旺盛。放翁的父亲携家归山阴，一时的贤公卿都与他往来，他家便成了一个谈话的俱乐部。他们都身经丧乱，靖康北狩的印象，深印脑海，有时谈到国事便不觉哀恸。放翁后来跋傅给事帖、跋周侍郎奏稿，记载当时实情，颇为详细。我们读了那些帖，可以想象几个穿着便装的大人先生，聚集在一间屋子里，掀髯抵掌，纵论天下事。谈到内忧外患（时外有金人之患，内则江淮湖广盗贼纵横），国势阽危，人人眉峰紧锁，唉声叹气；谈到汴都沦陷，二帝蒙尘，又人人怒发上指，目眦欲裂，激昂慷慨之余，继之以痛哭流涕。摆了酒饭出来，他们相对不能下咽。人人心里塞满了无边的悲愤，燃烧着神圣的愤慨。"杀贼！杀贼！""誓以此身许国！"他们喊着，拳头拍在几子上，把茶杯震翻，茶流了一地。一间小屋的空气，紧张到万分！

十岁的小诗人侍立一旁，听了这样的话，看了这种景象，也不觉义愤填胸，擦掌摩拳的恨不得寻狗鞑子拼命。爱国的种子便在这时候深深种下心坎，永远拔不去，后来便开了无数美丽壮烈的爱国之花。

（二）

十二岁的陆游，诗文已斐然可诵了。以荫补登侍郎。十六岁赴举场。十九二十之间，他新鲜热烈的生命，开始受了一个挫折。《癸辛杂识》说：放翁初娶唐闳的女儿，夫妇非常和睦。唐氏原是放翁母亲的内侄女，亲上加亲，本来应该加倍亲热才是，但不知为什么缘故，这位可怜的新妇，竟不中老太太的意思，结果便演了一幕《孔雀东南飞》的悲剧，将唐氏休归母家。

这真是爱情的悲剧，人伦的奇变，小夫妇满腔的委屈可想而知。我们的诗人原是多情的，而且又是明理的，明知他的妻子毫无罪过，家庭里的油盐酱醋，琐琐碎碎，恐怕还是母夫人不是居多，但见母夫人盛怒难回，他也就不敢明明去碰她的钉子。

他表面上虽遵从母命，将唐氏休归母家，却采取藕断丝连的办法，在外边赁一所房子，时时偷出去与爱人相会。久而久之，这事又被老太太知道，就去掩捉，生生要拆散这一对由家鸳鸯变成的野鸳鸯。老婆子真顽固，真残暴，不由得教人想到《聊斋志异》里的珊瑚，对于中国万恶的旧家庭制度，尤其是姑媳同居的制度，更引起无穷的愤惧。但老太太消息虽然灵通，小夫妇的消息，更为灵通，每回总是预先巧为躲避，没有一回着了她的道儿。只是纸团子包着火，终竟不是事，诗人只得忍泪吞声和他的爱人决绝。唐氏后来迫于父母之命，改嫁了同郡赵士程。

有一次放翁因春光明媚，游于禹迹寺南的沈氏园。唐氏和后夫恰巧也在那里。唐遂将放翁介绍与她的后夫相见，赵士程人颇圆通，不但和放翁不生芥蒂，反而邀他一同喝酒。诗人感伤之余，提起笔来，在沈家花园的壁上题了一首沉痛的词：

> 红酥手，黄藤酒，满城春色宫墙柳。东风恶，欢情薄，一杯愁绪，几年离索。
>
> 错！错！错！
>
> 春如旧，人空瘦，泪痕红浥鲛绡透。桃花落，闲池阁，山盟虽在，锦书难托。
>
> 莫！莫！莫！

据《癸辛杂识》说，这是绍兴乙亥（公元 1155 年）的事，放翁那时已经三十余岁了，而早已续配王氏，生儿育女，前妻又已适人，破镜更无重圆之望，沈园相遇，两情脉脉，多少伤心，付之无可奈何之一叹罢了。

《耆旧续闻》说：唐氏见放翁此词就和了一首有"人情恶，世情薄"

之句，没有多时便忧郁成病而卒，闻者皆为之怆然。几千年来中国无理的伦理教育，和畸形道德观念牺牲了恒河沙数的青年有为的男女，不幸的诗人和他的爱妻唐氏便是这种悲惨运命大的牺牲之一了。试想旁人听了这个悲剧，还要洒一掬同情之泪，那身为悲剧主角的陆放翁又将怎样？这事原怪他的太夫人不好，但他原是读书人，知晓纲常的重要，他哪敢对他母亲抱怨。别的痛苦还可以明言，这却不可以明言，别的悲伤还可以借文字发泄，有眼泪只好向心里倒流，无形的利刃攒刺他的肺肝，也只好咬紧牙关忍受。光阴如逝波，如掣电，一年一年过去了，美人早成了黄土了。他的头发也白了，国事已几度变迁，个人的身世也有了许多变幻，但诗人灵魂深处永久抱着这一层隐秘的创痛：春花秋月之昔，梦回酒醒之余，忽然想到少年时代这一段伤心史，他那哀怨万端，低徊欲绝的情况，我不能形容，请读者自己去想象吧。

相传放翁后住于镜湖之三山，每年岁晚必登禹迹寺眺望，尝赋二绝云：

梦断香消四十年，沈园柳老不飞绵。此身行作稽山土，犹吊遗踪一怅然！

城上斜阳画角哀，沈园无复旧池台。伤心桥下春波绿，曾是惊鸿照影来。

放翁六十三岁的那时，有《菊枕》诗云：

采得黄花作枕囊，曲屏深幌闷幽香。唤回四十三年梦，灯暗无人说断肠！

少日曾题菊枕诗，蠹编残稿锁蛛丝。人间万事消磨尽，只有清香似旧时！

这两首诗，放翁自序道："余年二十时常作《菊枕》诗，频传于人，今秋偶复采菊缝枕囊，凄然有感。"这当然不止是流光易逝的感慨，其中还和着别的情绪和别的原因，只想当时替你缝枕者为何人，共枕者为何人，我们便可知那"断肠"等字眼，不是过分的了。

（三）

二十九岁的那时，放翁进京应试，两浙转运使陈阜卿为考试官，那时朝中最有权力的大臣，也是我们所唾骂为卖国贼的秦桧，送他的孙子秦埙来考，他以为考官无不惧怕他炙手可热的势焰，他孙少爷的第一名，原稳稳拿到手的。偏偏那不懂世故的陈阜卿，不畏权势，只要以公平的眼光衡文，擢陆游为第一，屈秦埙为第二。秦桧大怒，第二年春天复试礼部，放翁竟被黜，他的主考官陈阜卿也几乎得祸。

三十四岁，到福建宁德县上主簿的任，诗人别了他故乡（山阴）到南方旅行去。福建风土未常不美，但我们的诗人却不大爱，好像有住不惯的样子。他自己说："自来福州，诗酒殆废。"那是他的真实话，他第一次到闽地，做诗的成绩很坏。大约我们的诗人天生是一个北方健儿——血本来极热，到了热带，所见的只是赫赫的太阳，艳艳如火的赪桐花和红蕉，累累如绛骊珠的荔枝，风过去像一天颤动星星的龙眼树，所闻的只是浓郁葱勃的草木香气，所听的只是洞猺山獠，蛮童蜑女的情歌，处处是强烈的光；鲜明的色彩，刺激五官的气味，反而使他恹恹不振。只有那长林丰草泉甘土厚的西北境与他适宜，一谈到废苑呼鹰，荒郊射虎的生活，他立刻精神勃勃，恨不得跳上马驰骋一回！

以后他做来做去，不出编修通判一类的小官，往来京口、豫章一带。后来通判夔州，诗人开始到四川。

四川，这个天府之国，西南的名都。以风土论，则山川奇丽，甲于宇内；以人物论，则历史上也出了不少的俊贤，奇杰，美人，名士。他从前读古人书，对于他们的高蹈，不胜企仰，他们的魁梧奇伟，芳馨凄艳的灵魂，早和他的人格结合而为一，只恨不能身临他们的生长地，访遗迹，临风洒泪和投诗凭吊。现在他的梦想可以实现，由京口一直向西南走去，经过瞿塘滟滪堆，入巫峡，渡过那一夫当关万夫莫开的剑阁，他的身子便算在四川了。以后便可以摩挲丞相祠前的老柏，吊那秋风五丈原的诸葛武侯，访落日中的琴台，缅怀司马相如卓文君的流风余韵，到浣花草堂寻杜子美的故居……这一趟旅行，是何等的有趣，何等的诗化。

——衣上征程杂酒痕，远游何处不消魂，此身合是诗人未？细雨骑驴入剑门！

这是我们诗人在剑门道上微雨中哼的。我们可以想见他当时洒然自得的风致。

（四）

夔州任满后，王炎宣抚川陕，辟为干办公事。我们读诗人的传记，到这里须用全神注意它。诗人现在去从军了，诗人的生活变换了，不但他的生活有了变换，他的诗风也起了一个大大的变换，这是他生活史里最可宝贵的一段纪念。

没有叙他生活变换之前，我们先要考察他在夔州经过。他在夔州做了几年通判后，态度渐趋消极，消极的原因，不在外界的刺激，却在内心自信力的失却。第一他相信自己没有什么作为了，守在斗大的山城里，官微俸薄，交游稀少，要办的公事又不多。客中的岁月，只是孤寂，只是单调，只是平凡，有才干的人，久处这种环境，也不免怀疑，怀疑自己的腐败和庸碌。久关在铁栅里的虎豹，不但不自忆深山大泽时

的雄姿，简直要自疑和犬羊一类。第二他自信现在他是老了，谁不知干
斡乾转坤的大业，震古铄今的奇迹，都靠人类的能力鼓铸成功的。我们
的青春，我们旺盛的血气，我们强壮的体魄，是能力的策源地。老便是
能力衰竭的预告。老的背影里没有事业，没有光荣，没有希望，只有一
片惨淡的黑暗的死影。一个人发现自己是老了，那真是最大的恐怖。从
古的英雄和美人都怕白发，诗人开始落了一颗牙齿，便要形之吟咏，再
三嗟叹，这原属人之常情，不足深怪的。况且未老先衰，又是中国文人
普遍的现象：陶渊明未到四十，便已白发垂两鬓，肌膏不复实；杜甫才
过四十便自称老夫，自称衰翁。放翁那时不是将近五十岁了？那一个照
例的老字，如何推辞的脱呢？所以他那时代的诗，不是"腐儒碌碌叹无
奇"、"随食江湖每自伤"，便是"衰发萧萧老郡丞"、"短发飕飕病骨轻"。
诗里充满了"飘零"、"憔悴"、"乡愁"、"客恨"字样，他对于自己的前
途，更没有什么野心，也没有什么奢望了。窥察他那时最大的志愿，无
非想积得一点俸钱，回到故乡买几亩田地，春雨扶犁，烟郊叱犊，画一
幅田家行乐图，娱其余年而已。对于国家，虽然有许多事使他煎心，使
他扼腕，但当他通判豫章时，曾力劝张浚用兵，被言官参了一本，虽然
没有生命的危险，却竟因此罢归。在蜀时曾有诗道："少年论与实狂妄，
谏官劾奏当审极"，大有自咎多事之意。总之，几年的州判生涯，使他
锐气消磨，暮境日深，那是不可讳言的事实。如果没有入王炎幕府的一
举，我们诗人的成功，决没有现在这样伟大。他原是一个文人，忽然置
身军中，军中生活的放荡，豪奢，自由，壮快，好像给了他一个新的生
命。那连云的栈道，插天的高山，"地连秦雍川原壮，永下荆扬日夜流"
的汉中境，那"土脉深原泉流清，季秋岭谷浩积雪"的梁州，又使生长
江南的他，置身于一个新天地。而从军之后，使他感到快意的，是感觉
自己的未老，他天天邀同伴到酒楼喝酒，到毬场踢毬，到深山大泽里打
猎，甚至独自刺杀一匹猛虎，这一团的兴致，这勃勃的雄心，这一副钢
筋铁肋，这浑身的劲，不但老人难比，青年也有所不及。他原来还可以

上马杀贼，还可以为国驰驱，还可以干一番烈烈轰轰的功业。他这时候的欣喜，是发现了"自我"的欣喜。

这才觉得从前叹老叹衰的可笑，以后他做诗追叙他从前从军的一段生活，总说那时代是他少年的时代，"圣朝不用征辽将，虚老龙门一少年"，"少年颇爱军中乐，铁衣不耐微官缚。"试问他有这许多少年的证据，谁又敢否认他的话？而且他还很骄傲的下了一个定理道："丈夫五十未称翁。"

（五）

至于他诗风的改变，也是值得一述的。放翁诗的源流，有人说他出于江西派，因为他学诗于曾几，曾几学于韩驹，韩驹是江西派里的脚色，所以说他的诗是江西一脉。赵庚夫《题曾茶山集》云："清于月白初三夜，淡似汤烹第二泉。呐呐逼人门弟子，剑南已见一灯传。"（见《诗人玉屑》）

放翁作《吕居仁集序》，又自称源出于居仁，论者遂谓放翁诗属江西嫡传，更属南山铁案。不知放翁少作虽多，六十三岁在严州刻诗已将旧稿严加删汰；六十六岁家居又删订诗稿，自跋道："此予丙戌（孝宗乾道二年，公元一一六六年）以前诗十之一也。"在严州再编自己的诗集，又淘汰了十分之九。少时的作品存者不多，面目如何，很难断定。我个人的意见：以为放翁少时虽出江西之门，以后一定变化了。江西派呆板的格律，那能缚住这样一个天才！

放翁的诗，可以分做三个时代，所谓初喜藻绩，中务闳肆，晚归恬淡（赵瓯北说）。实是确切的批评。放翁《示子遹》诗云：

"我初学诗日，但欲工藻绩，中年始稍悟，渐欲窥宏大。数仞李杜墙，常恨欠领会，元白才倚门，温李真自郐……"

也是指自己诗的变化而言。他的诗，中年时代最好，正如刘后村所谓："才思发越，气魄陵暴。"《四库提要》所谓"感激豪宕。"他的诗，何以这样一个大变换呢？这不能不感激他那趟从军了。请看他的《自述》一诗：

> 我昔学诗未有得，残余未免从人乞，力屝气馁心自知，妄取虚名有惭色。
>
> 四十从戎驻南郑，酣宴军中夜连日，打毬筑场一千步，阅马列厩三万匹。
>
> 华灯纵博声满楼，宝钗艳舞光照席，琵琶弦急冰雹乱，羯鼓手匀风雨疾。
>
> 诗家三昧忽见前，屈宋在眼元历历。天机云锦用在我，剪裁妙处非刀尺。
>
> 世间才杰固不乏，秋毫未合天地隔。放翁老死何足论，广陵散绝还堪惜！

读了他这段自白，谁不觉得奇怪？诗家的三昧，怎样会从华灯光里，羯鼓声中悟出来？文学史原非神异记，但放翁悟诗的情形，确有神秘的意味。现代的科学家听了也许要摇头，以为我们的诗人在那里信口胡说。其实这种情形，事实上原是有的。大抵诗家的妙语，有如释子的参禅，花的开谢，月的圆缺，空山的流水，夜半的江涛，不过自然界的现象，我们看了听了，无所动心，高僧却每因此而悟道。解牛和养生原是两件事，但惠文侯见庖丁解牛，竟悟养生之妙诣。舞剑和草书，也没关系，但张旭见了公孙大娘的舞剑，从此书法变动如鬼神，不可端倪。黄山谷自说在黔中时，字多随意曲折，意到字不到，及在夔道舟中，观长年荡桨群丁拨棹，乃觉少进，意之所到，辄能用笔。这也是一样的道理。

梁任公在《饮冰室文集上·论烟士披里纯》道："此心又有突如其来，莫之为而为，莫之致而致者，若是者我自忘其为我，无以名之，名之曰'烟士披里纯'。烟士披里纯者，发于思想感情最高潮之一刹那顷……故一刹那间不识不知之所成就，有远过于数年矜心作意以为之者。"读者读了他这一段解释，对于放翁所说的话，或者不曾更怀疑吧。

总之，到川陕去从军，是我们诗人诗风的"蜕化"，也可以说是生命的"复活"，英国诗圣弥尔敦（Milton，1608—1674）在他的 *Argopgitiaon* 论英国那时的民气道：

"脱去旧衣，回变青春，走入更伟大的有光荣的真理路上。好像从睡中醒过来的巨人，现在起来的样子；又像神鸶脱换了羽毛，炯炯眼光，照耀万里无云的青天，正要试一大雄飞的觉醒状态。"

我请拿这几句话赠给诗人陆放翁！当做他那时生活的批评。

（六）

川陕从军回来，摄蜀州、荣州事，范成大来帅蜀，又辟他为参议官。范氏也是南宋一个大诗人。他们以文字相交，不拘礼法，人讥他颓放，因自号放翁。杜甫在四川时虽和严武相好，但入他幕府之后，严武便摆出上司架子，连进出都不许他自由，喝醉了酒，登严武的床，同他开了一句"严挺之（武父字）乃有此儿"的玩笑，便几乎被杀。比较起来，范成大的风流，到底不是严武那样专横暴戾的军阀所及的了。

在成都的几年，放翁的生活也过得愉快，以后有许多追怀的作品，《怀成都十韵》说：

放翁五十犹豪纵，锦城一觉繁华梦。竹叶春醪碧玉壶，桃花骏马青丝鞚。

斗鸡南市各分朋，射雉西郊常命中。壮士臂立绿绦鹰，佳人袍画金泥凤。

椽烛那知夜漏残，银貂不管晨霜重。一梢红破海棠回，数蕊香新早梅动。

酒徒诗社朝暮忙，日月匆匆迭宾送。浮世堪惊老已成，虚名自笑今何用？

归来山舍万事空，听卧糟床酒鸣瓮。北窗风雨耿青灯，旧游欲说无人共。

《偶过浣花感旧游戏作》道：

> 忆昔初为锦城客，醉骑骏马桃花色。
> 玉人携手上江楼，一笑钩帘赏微雪。
> 宝钗换酒忽径去，三日楼中香未灭。
> 市人不识呼酒仙，异事争传一城说！
> 至今西壁余少草，过眼年光如电掣！
> 正月锦江春水生，花枝缺处山舟横。
> 闲倚胡床吹玉笛，春风千里断肠声！

替古人写传记，或做批评，抄录那古人的许多作品，原是一种填充篇幅的无聊办法。但我以为放翁这些诗，都是他生活的写实，我们替他记录，反不能记得这样周详，这样的淋漓尽致，而且这种好诗，多介绍给读者念念，免得去翻原诗，我想总不算什么罪过。现在爽性再多抄他几首，《花时遍游诸家园十首》，是在成都赏海棠做的，我极喜欢读它，想读者也同样的欢喜：

看花南陌复东阡，露晓初干日正妍。走马碧鸡坊里去，市人呼作海棠颠！

为爱名花抵死狂，只愁风日损红芳。绿章夜奏通明殿，乞借春阴护海棠。

翩翩马上帽檐斜，尽日寻春不到家。偏爱张园好风景，半天高柳卧溪花。

花阴扫地识清尊，烂醉归来夜已分。欲睡未成倚倦枕，轮囷帐底见红云。

宣华无树著啼莺，惟有摩诃春水生。故老能言当日事，直到宫锦裹宫城。

枝上猩猩血未晞，尊前红袖醉成围。应须直到三更看，画烛如椽为发辉。

重萼丹砂品最高，可怜寂寞弃蓬蒿。会当车载金钱去，买取春归亦足豪。

丝丝红萼弄春柔，不似疏梅只惯愁。常恐夜寒花索寞，锦茵银烛按梁州。

飞花尽逐五更风，不照先生社酒中。输与新来双燕子，衔泥犹得带残红。

海棠已过不成春，丝竹凄凉锁暗尘。眼看燕脂吹作雪，不须零落始愁人。

这些诗和前面那两首歌行所表现的人格，风流铁岩，放浪豪迈，像火，像春，像飞雪，像弄姿的流水，像出匣的宝刀，像脱鞍的骏马，像芳醇的酒，像十七八岁小女郎，执红牙拍唱杨柳岸晓风残月，读之教我们为之色舞，为之眉飞，为之兴高采烈，说这是五十岁老翁的诗，我想谁都要表示疑惑。幸亏我早在前而说过，我们的诗人，那时并没有老，不但没有老，而且比任何青年还要年青，他的幻梦，他的狂欢，他的情热，他强烈的冲动，他刹那的灵感，都像火焰似的从字里行间迸射出来！青春，美丽的青春，宝贵的青春，永久的青春，你充满于诗人的生命里，洋溢于他的文字里，是怎样的使人可羡！

但是，若说我们的特人像雕鞍骏马的五陵年少，过着豪放浪漫的生活，更不思其他，或者像个堕落儿一样，沉溺于酒色之中，忘记了爱国忧时的大心事，那就猜度错了。他的微歌迈舞，赏花游宴，无非是借酒浇愁，无非是用麻醉剂暂时来麻醉自己，一到酒阑人散之后，或闲居独处之时，他的悲哀的影子便涌现于他的心灵上了。读他《合江夜宴归马上作》七律，我们便可以知道。

零露中宵湿绿苔，江郊纵饮亦荒哉！引杯快似黄河泻，落笔声如白雨来。纤指醉听筝柱促，长檠时看烛花摧。头颅自揣应虚死，马上长歌寄此哀！

又《病起书怀二首》，也是在成都时所作。

病骨支离纱帽宽，孤臣万里客江干。位卑未敢忘忧国，事定犹须待阖棺。天地神灵扶庙社，京华父老望和銮。出师一表通今古，夜半批灯更细看。

酒酣看剑凛生风，身是天涯一秃翁。扪虱剧谈空自许，闻鸡浩叹与谁同？玉关岁晚无来使，沙苑春生有去鸿。人寿定非金石永，可说虚死蜀山中！

这两首诗，词气悲壮，声调铿锵，高声吟之，觉有一股浩然之气，生于心中。读之而不激发爱国思想者，其人必无心肝，其人必无血气！

（七）

五十四岁后离蜀东归，据他的《乞祠》诗"圣君终有记，万里忽来驿。"《谢王枢密启》"斐然妄作，本以自娱，流传偶至于东都，鉴赏遂尘于乙览"，大约因孝宗读了他的作品，特别将他召还的。召还之后，不多时又通判建安，这是诗人第二次入闽。入闽之后，郁郁不得志，其牢骚一发于诗，《建安遣兴》写道：

> 建安酒薄客愁浓，除却哦诗事事慵；不许今年头不白，城楼残角寺楼钟。绿沉金锁少时狂，几度秋风古战场；梦里都忘闽峤远，万人鼓吹入平凉。

我们诗人只忆念着他军中的生活。

以后又在抚州、严州任上混了几年，他的暮年还做检讨官，又领了几次祠禄。他全家的生活，全仗祠禄维持。但祠禄之后，不再乞取。《居室记》说："旧食祠禄，秩满不敢请，又二年请老，法当得祠禄，亦不敢言。"七十八岁时有《食不足》诗自注："卿监致仕，当得分祠禄，然须自请，今置之。"我们须知道诗人归耕陇亩后，生计颇为艰难：《食晚》的"半饥半饱过残冬"；《对食戏作》的"白盐赤米了朝餔"；《太息》的"春忧水潦秋防旱，左右枝梧且过年"；《贫甚戏作绝句》的"血肠雷动寻常事"、"家人窃悯乃翁饥"等句。可怜老来的放翁，竟常常有饿肚皮的时候。陶渊明穷得至于乞食，杜甫"朝叩富儿门，暮随肥马尘。残杯与冷炙，到处潜悲辛。"千千万万的大诗人，穷饿者居其多数，"诗穷而后工"，这条定例恐怕就由此生出来的吧。

我们诗人归老之后，生活又改了一个局面。庆元六年，他有《居室记》一篇，现在我即抄几段，使关心诗人家居岁者，知道一个大概：

"陆子治室于所居之堂北，其南北二十有八尺；东西十有七尺，东，西，北，皆为窗，窗皆设帘障；视晦明寒燠，为舒卷启闭之节。南为大门，西南小门，冬则析堂与室为二，而通其小门，以为奥室；夏则合二为一，而辟大门以受凉风。岁暮，必易腐瓦，补罅隙，以避霜露之气。朝晡夕饮，丰约惟其力。少饱则止，不必尽器。休息，取调节气血，不必成寐。读书，取畅适性灵，不必终卷。衣加损视气候，或一日屡变。行不过数十步，意倦则止。虽有所期处，亦不复问。客至，或见，或不能见。间与人论说古事，或共杯酒，倦则亟舍而起。四方书疏，略不复遣，有来者或报，或守累月不能报，皆适逢其会，无贵，贱，亲，疏之间。足迹不至城市者率累年……舍后及旁皆有隙地，莳花百余本。当敷荣时或至其下，方羊坐起；亦或零落已尽，终不一往。有疾亦不汲汲近药石，久多自平。"

他还有一篇《东篱记》，中间有一段说他自己读书作文的景况说："盖非独娱身目，遣暇日而已。"又有诗道："文章排闷不求名"，都可以与《居室记》互通。《小园》诗云：

　　小园烟草接邻家，桑柘阴阴一径斜。卧读陶诗未终卷，又乘微雨去锄瓜。

　　历历危机歇尽狂，残年惟有付耕桑。麦秋天气朝朝变，蚕月人家处处忙。

　　村南村北鹁鸪声，水剌新秧漫漫平。行遍天涯千万里，却从邻父学春耕。

《夏初湖村杂题》云：

嫩日轻风夏未深，曲廊仗杖得闲吟。地偏草茂无人迹，一对
荳鸡下绿阴。

日落溪南生暮烟，幅巾萧散立桥边。听残赛庙咚咚鼓，数尽
归村只只鸡。

幽禽两两已成巢，新竹森森渐放梢。稻垄作坡先蓄水，野堂
防漏却添茅。

《秋兴》云：

晨兴秋色已凄念，咿喔犹闻隔浦鸡。说与膺门谢来客，要乘
微雨理蔬畦。

村酒甜酸市酒浑，犹胜终日对空樽。茅斋不奈秋萧瑟，踏雨
来敲野店门。

莫笑门庭草棘荒，也能随事答年光。半瓶野店沽醇碧，一畚
邻园饷稏黄。

白头韭美腌齑熟，赪尾鱼鲜斫脍成。却对盘飧三太息，老年
一饱费经营。

淹速从来但信缘，襟怀无日不超然。唤船渡口因闲立，待饭
僧床得暂眠。

春天他锄瓜，从邻父学春耕，夏天日长无事，他到溪畔萧散萧散，
秋天他到野店去沽酒，或者在家里种菜，冬天农务完毕，他做什么呢？
这时候他可以读书，尽量的读书。你看他的《寒夜读书》诗："北窗暖焰
满炉红，夜半涛翻古桧风。老死爱书心不厌，来生恐堕蠹鱼中。"《读书》
道："面骨峥嵘鬓欲疏，退藏只合卧蜗庐。自嫌尚有人间意，射雉归来
夜读书"（按：此诗当是归耕以前作）。又"灯前目力今非昔，犹课蝇头
二万言。"目力差减，还每夜要读二万言的书，目力好的时候，不知更要

读多少？据他的笔记说，自己寝室并不宽，却庋藏了许多书，在室中几乎回旋不得。可见他竟在图书堆里过了一世，无怪他要自命为蠹鱼了。

放翁描写乡村生活的诗，在中国诗界里是一特色。躬耕的诗人，除了陶渊明之外，放翁也算得一个。他在剡溪之曲，住了十几年，对之如画的湖山，诗料是取之不尽，用之不竭。他的诗笔既健，诗意又丰富，他有"三日无诗自怪衰"之句，可见他竟没有一天不做诗，无怪农村诗大量的生产出来了。那"隔篱犬吠窥人过，满箔蚕饥待叶归"、"药苗自采盘蔬美，菰米新春钵饭香"、"红颗带芒收晚稻，绿苞和叶摘新橙"。像这类作品，在他诗集里竟不下数百首。

（八）

在故乡过着耕读生涯，忽忽几年，诗人是真个成了一个白发皤皤的老翁了。那时和议久成，小朝廷偏安一隅，无志进取。半壁湖山，酣嬉歌舞，中兴的梦想，在宋朝君臣脑筋里早化云烟。"诸公尚守和戎策，志士虚捐少壮年！""关河可使成南北，豪杰谁堪共死生？"诗人壮年时代，对于报国两字，真是每饭不忘，现在虽然老迈，而烈士暮年，壮心不已，还想从军塞外，为国杀贼。这希望一世不能实现，他也一世为这个痛苦着，甚至梦寐之间，也忘不了恢复。他有许多记梦的诗，如《五月十一日夜半，梦从大驾亲征，尽复汉唐故地，见城邑人物繁丽，云西凉府也，喜甚，马上作长句，未终篇而觉，乃足成之》，诗中有数句道：

"熊黑百万从銮驾，故地不劳传檄下。筑城绝塞进新图，排仗行宫宣大赦。冈峦极目汉山川，文书初用淳熙年。驾前六军错锦绣，秋风鼓角声满天。"

《九月三十日夜半作梦》道：

"一鼓邯郸亦壮哉！沙堤金辔络龙媒；两行画戟森朱户，十丈
平桥夹绿槐。东阁群英鸣佩集，北庭大战捷书来。太平事业方施
设，谁遣晨鸡苦唤回！"

他这类诗集中很不少。赵瓯北道："即如记梦诗核计，全集共
九十九首，人生安得有如许梦，此必有诗无题，遂记之于梦耳。"

其实放翁这些诗真与不真，并没有关系，梦不过是实际愿望的补
足，他既念念不忘恢复，则形之梦寐也是寻常的事。

宋宁宗开禧年间，韩侂胄因蒙古攻金，金边不宁，他想利用这个机
会，恢复中原，遣吴曦于蜀出兵攻金，宋金重新开战。那时放翁在故乡方
治东篱，日吟咏于其下，有诗云："不须强预国家忧，亦莫妄陈帷幄筹。"
这时候他优游自得过他陆地神仙的生涯，国家大事，像已不复萦于怀抱。
但一闻宣战的消息，八十一岁的老英雄热血又如潮腾沸，他又想请缨上
马，参与北伐的大军；他又想裹尸马革，为国捐躯，贯彻他少年时代的壮
志，《老马行》道："一闻战鼓意气生，犹能为国平燕赵。"《出塞曲》道：

秋风猎猎汉旗黄，晓陌霜清见太行。车载毡庐驼载酒，渔阳
城里作重阳。

将军许国不怀归，又见桑干木叶飞。要识君王念征戍，新秋
已报赐冬衣。

金鼓轰轰百里声，绣旗宝马照川明。王师仗义从天下，莫道
南兵夜斫营。

老矣犹思万里行，翩然上马始身轻。玉关去路心如铁，把酒
何妨听渭城！

读"玉关去路心如铁，把酒何妨听渭城"两句，何等叫人感动。爱
国尚不难，难在举国上下一个个偷安苟活，他始终抱着报国死虏的决

心；更难在八十高龄，还冷不了一腔热血，这样的爱国诗人，在中国几千年诗史里，恐怕再找不出第二位了。

韩侂胄虽与金人宣战，但他自己本不是一个办事的人。他所用的吴曦又卖国求荣，反将关外四川之地献之金人，后来虽被李好义、安丙等设计除掉，但北伐诸军屡次失利，金反发大兵陷蜀、汉、荆襄、两淮诸郡，东南为之震动。主张用兵的韩侂胄被宋廷所诛，函其首至金谢罪。一场恢复的梦，又成了泡影，真堪惋惜。老诗人听了这个消息，当时的扼腕更可想而知了。

而且诗人的悲愤尚不至此，当韩侂胄未失败时，他曾替他做过一篇《南园记》和《阅古泉记》，侂胄失败之后，一时士论也对放翁攻击起来，《宋史》遂有不能"全其晚节"之语。这种道学先生苛刻的论调，最为可恶。赵瓯北说"小人好议论，不乐成人之美"，袁子才在他的诗里也大替放翁辩护，可谓特识。

开禧用兵失败之后，宋金又立新和约，双方暂时相安无事。又过了几年，我们最可敬的诗人陆放翁，也就结束他八十五年壮丽光荣的文学生命。临死时尚有《示儿》一绝道：

"死去元知万事空，但悲不见九州同。王师北定中原日，家祭无忘告乃翁。"

我已经将诗人的小传介绍在前面了。现在我应当做一点"传后论"，发表我个人对于诗人的意见。但我这篇文字的题目是《爱国尚武的诗人陆放翁》，所以现在的"传后论"只好就这两点来发挥，不便另外牵扯到别的事上去。

第一，我要谈诗人的爱国的思想。

中国古代无所谓爱国主义，只有所谓忠君主义。国家是君主私产的代名词，尽忠于君，就是尽忠于国，这样的爱国主义和西洋的相较，当然有广狭之不同。但我们人类天性有两种性质：一是爱己，一是爱群。为了群众的爱，能牺牲一己的爱，那种人是高尚的，伟大的。所谓志士，仁人，大道德家，大宗教家都是如此。那些爱君呀，爱国家呀，爱全人类呀，表面上的名目虽然千变万化，内里的精神却是一样，无非是利群心的表现罢了。

所以那披发行吟，投汨罗江而死的屈灵均，那誓志灭贼，六出祁山，终于出师未捷身先死的诸葛孔明，那直捣黄龙奇功未就，冤死三字狱的岳飞，那扶大厦于将倾，挽狂澜于已倒的文天祥、史可法；诗人里面如那不事二姓的陶渊明，一饭不忘君的杜子美，以及现在我说的陆放翁。他们的事迹，是万古凭吊讴歌的材料，他们是我们中华民族的热和力，新鲜的血液，青春的生命。他们的躯壳虽然死了，他们的精神是永远不会磨灭。他们的时代已经过去了，他们的思想已和我们的不同了。但是，我还要对他们致敬礼，致我全心的敬礼！

未谈放翁爱国思想之前，我们须先研究他那时代的背景。宋自宣和之后，金人屡次入寇，那位昏庸懦弱的道君皇帝，一味主和，遂致事机坐失，后来想战也没有法子战了。靖康元年（公元 1126 年），金人大举袭来，汴都沦陷，徽宗与钦宗、太子、亲王、公主皇族等三千余人，一古脑儿被金人掳去。京城里的金帛、宝玩，图书，车服，都是中国的国粹，历代的宝藏，文化的精华，也被他们抢劫得干干净净。河北数百郡的锦绣江山，尽归异族的势力范围之下。金兵动不动要打到南方来，扰得宋朝举国上下，没有片刻安宁才罢。这种刻骨的深仇，弥天的奇辱，有一点血气的人都是不能忍受的。宋朝君臣上下，应如何的卧薪尝胆，发愤图强，期有一日之报复。想不到他们除隐忍之外无政策，除苟延之外无良图，主战的李纲早已罢免了，大呼过河杀贼的宗泽是宛转抱恨而死了。后来还有一个岳飞，略可替汉族争一口气，但又被主和的秦桧断送了。宋高宗建都临安之后，国家局面一天不像一天，朝廷呢，只要能买得暂时的安宁，什么卑躬屈节的事都可以干，甚至遣使于金，请去尊号，奉金正朔，自比屏藩：譬如送国书的时候，去皇字单称帝，有再拜字样；金使来时，宋朝皇帝要下座受书，每年贡献数百万金币，恳求金人笑纳。臣僚方面呢，武的像韩蕲王之流，知道天下事不可为，湖上骑驴，过他萧闲自得的生活去了。也有领军之际，发了财，快活下半世去了。文人喝喝酒，吟吟诗，做着他们玫瑰色的梦，学者如朱熹等却躲在紫阳洞里，大讲其理学。小百姓呢，某笔记说当时有这样几句流行的话道：金人有粘罕太子，我们有岳少保，金人有锁子甲，我们有神臂弓，金人有狼牙棒，我们有天灵盖（好像这样几句，记得不大清楚了）。这就是说金人杀来时，我们伸着脖子受斫，没有杀来时，我们还是要过着宴安的生活。

当时的士气和民气颓唐萎靡到这步田地，亡国的气象，早酝酿成功了。我们的诗人陆放翁看了这种局势，不禁忧心如灼，愤慨填胸，爱国之念，在他心里更像春天草木般蓬蓬勃勃地生长起来了。这虽然是他天性忠烈，但反面的刺激，也未常没有效果。

诗人自己是一介书生，纵有一腔热血，也无地可洒，所以只有激励别人，使他们奋发起来，好与他一同积极奋斗。"后生谁忆当年事，泪溅龙床请北征。"可见他为与金兵用兵的事，曾在殿上和皇帝争过。又《上殿札子》云："大抵边境之备，方无事之时观之，事事常有余，一旦有变，乃知不足，伏望陛下与腹心之臣力图大计，宵旰弗怠，缮修兵备，搜拔人材，明号令，行信赏，常如羽书狎至，兵锋已交之日，使虏果有便，大则扫清燕代，复列圣之仇，次则平定河洛，慰父老之望。"这是他对于前面讲过的皮下无血的朝廷的激励。通判京口时，张浚以督军过此，放翁常与他儿子敬夫同游，隆兴二年，言者论放翁交结党人，力说张浚用兵，遂免归（见本传，前已引）。可见他为爱国之故，竟遭人家的迫害。但他虽一时灰心，从军川陕时，又为王炎陈进取之策，以为经略中原必自长安始，取长安必自陇右始，当积粟练兵，有则衅攻，无则守。在蜀佐范成大，替他做了一篇《铜壶阁记》，中有句道："天子神圣英武，荡清中原。公以廊庙之重，出抚成师，北举燕赵，西略司并，挽天河之水，以洗五六十年腥膻之污，登高大会，劳将士，勒铭传示无极。则今日之事盖未足道，识者知公举大事不难矣。"《铜壶阁记》里的话，都是放翁一生的幻梦，自己无力实现，想借范成大来实现，因为他手无寸柄，范氏却握有强大兵力之故。这是他对于当时将帅的激励。当时朝士懦怯之习深入骨髓，对于国事，也许有痛哭流涕如贾生其人者，不过除了痛哭流涕之外，他们就没有别的办法了。放翁想鼓励他们的进取的勇气，常说道："老子尚堪绝大漠，诸公何致泣新亭？"又道："度兵大觊非无策，收泣新亭要有人。"《因王给事向使奉寄》道："汉虏不应常自守，期公决策画云台。"这是他对于朝士的激励。可惜朝士与他表同情的寥寥无几人。我们的诗人所以时常慨叹道："关河可使成南北，豪杰谁堪共死生。欲疏万言投魏阙，灯前揽笔涕先倾！"对于人民，则有《书渭桥事》，想利用中国人的迷信，激起他们的爱国观念。但他种种策略，没有一样成功。孟郊诗云："壮士心是剑，为君射斗牛。朝思报国仇，暮思报国仇。计尽山河画，意穷草木筹。"正可为他咏了。诗人以后的失望和无聊，只有借文字来表现，他有许多极感人的爱国诗，略抄几首于下：

    从军昔戍南山边，传烽直照东骆谷。军中罢战壮士闲，细草平郊恣驰逐。

    洮州骏马金络头，梁州毬场日打毬。玉杯传血和鹿酒，女真降虏弹箜篌。

    大呼拔帜思野战，杀气当年赤浮面！南游蜀道已低摧，犹据胡床飞百箭。

    岂知蹭蹬还江边，病臂不复能开弦。夜闻雁声起太息，来时应过桑干碛！

——《冬夜闻雁有感》

丈夫不虚生世间，本意灭胡收河山。岂知蹭蹬不称意，八年梁益凋朱颜。三更抚枕忽大叫，梦中夺得松亭关。中原机会嗟屡失，明日茵席留余潸！益州官楼酒如海，我来解旗论日买。酒酣博塞为欢娱，信手枭卢喝成采！牛背烂烂电自光，狂杀自谓原非狂。故都九庙臣敢望，祖宗神灵在帝旁！

——《楼上醉书》

昔者行省临秦中，我亦急服叨从戎。散关摩云俯贼垒，清渭如带陈军容。高旌缥缈严玉帐，画角悲壮传霜风。咸阳不劳三日到，幽州正可一炬空！意气已无鸡鹿塞，单于合入葡萄宫。灯前此图忽到眼，白首流落悲途穷。吾皇英武同世祖，诸将行策云台功。孤臣昧死欲自荐，君门万里无由通。正令选壮不为用，笔墨尚可输微忠。何常勒铭纪北伐，更拟草拟祈东封。

——《夜观秦蜀地图》

早岁那知世事艰，中原北望气如山。楼船夜雪瓜州渡，铁马秋风大散关。塞上长城空自许，镜中衰鬓已先斑。出师一表真名世，千载谁堪伯仲间。

——《书愤》

今皇神武是周宣，谁赋南征北伐篇。四海一家天历数，两河北郡宋山河。诸公尚守和戎策，志士虚捐少壮年。京洛雪消春又动，永昌陵上草芊芊。

——《感愤》

狂胆轮囷欲满躯，一麾谁悯滞江湖。青衫曾奏三千牍，白首犹思丈二殳。龙虎翔空瞻王气，犬羊度漠避天诛。何时冒雪趋行殿，香案前头进阵图。

——《雪夜有感》

孤灯耿霜夕，穷山读兵书。平生万里心，执戈王前驱。战死
士所有，耻复守妻孥。成功亦邂逅，逆料政自疏。陂泽号饥鸿，
岁月欺贫儒。叹息镜中面，安得长肤腴。

——《夜读兵书》

对于最后五古里"成功亦邂逅，逆料政自疏"二句，就是他"尝试
成功自古无"的注脚。这话胡适之先生曾反对过，他的新诗集就取相反
的意义，题为《尝试集》，而且他的尝试居然成功了。不过放翁说这话
也有他的意思，他以为打仗的事好像投机事业，带着几分冒险性质，有
时放胆干去，反而可以得到意外的大成功。要是思前进后，定要筹得万
全之策方敢下手，那事成功与否不能知，开始先就不能开始了。再者南
宋道学之风甚盛，道学的结果，是养成了一班空谈性理，昧于世务的废
物，不然也养成了一群战战兢兢，如临深渊，如履薄冰的迂儒，试问这
种人才，那能干得大事？放翁有句道："人材政要越拘挛。"陈同甫不赞
成朱子一派的学说，持论每与相左。又《上孝宗书》云："今世之儒士，
自谓得正心诚意之学者，皆风痹不知痛痒之人也。举一世安于君父之大
仇，而且方扬眉拱手，以谈性命，不知何者谓之性命乎？"我们便可以
知道放翁这话是有激之谈了。

第二，我要谈诗人的尚武精神。

中国民族是全世界第一等懦弱的民族，同异族相争，没有一次不失
败，历史早就告诉我们了。自周以来，即被戎祸。一见迫于猃狁，再见
辱于犬戎。秦汉而还，匈奴凶悍，秦始皇虽然怀抱囊括六合，席卷天下
的大雄心，但他的武力，仅能烹灭六国，见了那枭鸷轻剽的游牧民族，
也就无可奈何，只有建筑万里长城，讲究消极的抵御政策罢了。汉高祖

亲自统军出塞，想与匈奴决一个雌雄，但被困白登七日，用了陈平的美人计方得生还。吕后当国又被冒顿单于贻书谩骂，吕后反而卑辞谢罪，丧尽国家的体面。汉武号称雄才大略的君主，欲大张兵力于国外，为中国争光。卫青、霍光，前后出塞，费了无限国帑，牺牲几万师徒，不过把个右贤王赶跑了几百里，到底不能收犁庭扫穴之功。匈奴之患，竟与汉代相终始。降及魏晋，五胡煽乱，鲜卑、羌、氐、胡羯等十余种族，盘踞黄河以北者二百五十余年，蛇豕横行，腥膻遍地，中原几无一片干净土。以后蒙古、女真两次入主中国，更是我们民族史上永远湔雪不去的污点。何以至此，这不是中国民族缺乏尚武精神的缘故吗？尚武精神的缺乏，当然与文化有密切的关系。中国文化以儒教为正统，骨子里又带着老庄的思想，《中庸》说："宽柔以教，不报无道，南方之强也。"《孝经》说："身体发肤，受之父母，不敢毁伤。"《孟子》说："好勇斗狠，以危父母，不孝也。"儒教在战国已有儒懦儒懦之诮，一做儒门子弟，一穿儒衣儒冠，便永远和尚武精神决别，更加老子齿刚舌柔，守雌伏下之戒，那就正合了梁任公先生的一番批评，他说："以强勇为喜事，以冒险为轻躁，以任侠为大戒，以柔弱为善人，惟以'忍'为无上法门，虽他人之凌逼欺胁，异族之蹴践斩刘，拒其权利，侮其国家，乃至掠其财产，辱其妻女，亦能俯首顺受，忍奴隶所不能忍之耻辱，忍牛马所不能忍之痛苦，曾不敢怒目攘臂而一与之争！"在这种柔脆无骨，颓惫无气，刀刺不伤，火爇不痛的民族里，在这种犯而不校，逆来顺受的儒教系统里，居然跳出一个慷慨激昂的热血男儿如陆放翁其人者，他崇拜心，崇拜力，崇拜铁血，讴歌骏马与宝刀，梦想故国的光荣与伟大，我们当然更觉得他可贵，"亘古男儿一放翁"这话的确不错。

　　放翁尚武精神的表现，可以分做三方面来说：

　　（A）从军乐的歌颂

　　诗人从军，唐代原很多，吟咏边塞风景的诗人也不少，高适，岑参，李颀，王昌龄，王翰，王之涣，都有著名的描写军中生活之作。瀚海的飞沙，天山的大雪，交河炙骨的炎风，热海崔嵬的火云，还有凉州的葡萄美酒，青冢的娟娟明月，胡女鲜红的胭脂，笳箫悲壮的曲调，都一齐搀入中国诗界。但这些作品，描写从军苦的多于从军乐的。"可怜无定河边骨，犹是春闺梦里人"、"醉卧沙场君莫笑，古来征战几人回！"读了都是教人丧气。我们的诗人陆放翁就不然，他的诗只一味歌颂从军的快乐，川陕从军的生活，是他生命中最丰富最瑰丽的一段，前面已经述及，他出了王炎幕府之后，对于军中岁月，还是不胜其恋恋，而且极端以出幕为悔，这种心境，屡见于其诗中，如：

鸡犬相闻三万里，迁都岂不有关中。广陵南幸雄图尽，泪眼山河夕照红。

渭上昼昏吹战尘，横戈慷慨欲忘身。东归却作渔村老，自误青春不怨人。

扪虱当时颇自奇，功名远付十年期。酒浇不下胸中恨，吐向青天未必知。

——《感事》

金樽翠杓犹能醉，狐帽貂裘不怕寒。安得骅骝三万匹，目中鼓吹渡桑干。

——《湖村月夕》

清梦初回秋夜阑，床头耿耿一灯残。忽闻雨掠蓬窗过，犹作当时铁马看。

——《秋雨新凉，有怀兴元》

狐裘卧载锦驼车，酒醒冰髭结乱珠。三尺马鞭装白玉，雪中画字草军书。

铁马渡河风破肉，云梯攻垒雪平壕。兽奔鸟散何劳逐，直斩单于衅宝刀。

十万貔貅出羽林，横空杀气结层阴。桑干沙土初飞血，未到幽州一丈深。

群胡束手仗天亡，弃甲纵横满战场。雪上急追奔马迹，官军夜半入辽阳。

——《雪中忽起从戎之兴戏作》

僵卧孤村不自哀，尚思为国戍轮台。夜阑卧听风吹雨，铁马冰河入梦来。

——《十一月四日风雨大作》

狼烟不举羽书稀，幕府相从日打围。最忆定军山下路，乱飘红叶满戎衣。

——《怀旧》

醉墨淋漓酒百杯，辕门山色碧崔嵬。打裘骏马千金买，切玉名刀万里来。结客渔阳时遣简，踏营渭北夜衔枚。十年一梦今谁记，闲置车中只自哀。

——《忆山南》

忆中嶓冢涉南沮，笳鼓声中醉胆粗。投笔书生古来有，从军乐事世间无。秋风逐虎花叱拨，大雪射熊金仆姑。白首功名原未晚，笑人四十叹头颅。

——《独酌有怀南郑》

诗人之歌颂从军乐，虽因军中生活豪壮痛快，与他个性相投，其实却是为了爱国。读"横戈慷慨欲忘身"、"尚思为国戍轮台"等句，便可以知道了。他还有《陇头水》七古一首，发挥此意，更为透辟。

> 陇头十月天雨霜，壮士夜枕绿沉枪。卧闻陇水思故乡，三更起坐泪数行。我语壮士勉自强，男儿堕地志四方。裹尸马革固其常，岂若妇女不下堂。生逢和亲最可伤，岁辇金絮输胡羌。夜视太白收光芒，报国欲死无战场！

中国非战文学原不缺乏，至于爱国尚武的作品，却始终找不出一首，所以放翁这一首长歌，价值最巨大。

（B）喜骑射

重文轻武本是中国从古以来的恶习，"开一石弓，不如识一丁字"，这种不通的话，居然有人奉为格言，无怪历代的文士，都成了手无缚鸡之力的懦夫。宋自高祖以杯酒释兵权，尚武之风，完全扫地，张载（学者称横渠先生）一讲兵法，即为范公所斥，有一个斩马的陈同甫略为儒门吐一口气，但当时道学先生还要痛骂他为异端呢。天然具有尚武精神的陆放翁，这种迂腐拘挛的礼法却缚他不住，他不但喜读兵书，而且还喜欢骑射，平生最慕李广之为人。有句道："生拟入山随李广，死当穿冢近要离。"又云："生希李广名飞将，死慕刘伶赠醉侯。"

他在四川的时候常常习骑射，《万里桥江上习射》道：

> 坡陇如涛东北倾，胡床看射及春晴。风和渐减雕弓力，野迥遥闻羽箭声。天上欃枪端可落，草间狐兔不须惊。丈夫未死谁能料，一笴他年下百城。

（C）打猎

骑射之外，打猎也是诗人特殊嗜好之一。《城东马上作》道：

割鲜藉草醉春醪，仰看鸿雕百尺高。杜老何妨希稷契，孔明本自陋袁曹。边头插羽无传檄，篚里盘鹏有旧袍。寄语长安众年少，妓围不似猎围豪！

《出塞曲》：

佩刀一刺山为开，壮士大呼城为摧。三身甲马不知数，但见动地银山来。长戈逐虎祁连北，马前曳来血丹臆。却回射雁鸭绿江，箭飞雁起连云黑。清泉茂草下程时，野帐牛酒争淋漓。不学京都贵公子，唾壶麈尾事儿嬉。

最有趣的，他和朋友游合江园对花饮酒，他忽然想到打猎的乐趣了，于是《戏题》道：

朱朱白白池台间，好风妍日开未残。我来觅醉苦草草，常恨不如花意间。山鸡飞起乱花落，下上青林穿翠巘。世间动步即有拘，常恨不如禽意乐。人言功名恐不免，我愿徜徉娱岁晚。熟计淫书理白鱼。何如纵猎牵黄犬？成都四郊如砥平，安得双鞯驰出城。鞿飞尘起望不见，从骑寻我鸣鹘声。

他从军川陕之际，曾独力刺杀一虎，所有各诗前面已引，现在从略。

嗜好运动的人，身体一定壮健。放翁虽然出身于南方民族，而体格之坚固胜过朔方健儿。我们只须从他不老这一点上观察，便可以得其大概。他四十八岁至五十之间从军川陕，作客锦城，兴致勃勃，宛同年少，足见他生活力是如何的活跃盛旺。年老之后如"八十老翁顽似铁，三更风雨采菱归"、"白头烂醉东吴市，自拔长刀割鲙肩"。激烈豪宕，气盖一世，决不是行将就木人的话。他的眼光明瞭，牙齿坚固，也是他体魄强健之征。《七十五岁》诗道："年过七十眼犹明"。《七十六岁》诗道："目光炯炯夜穿帐"，又"细书如蚁眼犹明。"《七十七岁》诗道："老夫垂八十，岩电尚烂烂。孤灯观细字，坚坐常夜半。"他的眼光不但与众不同，还曾显示过神迹哩。他有五古一首，序云："中夜睡觉，两目每有光如初日，历历照物，晁文元公自谓养生之验，予则偶然耳。"又八十二岁十一月九日记云："夜分披衣，神光自两眦出，若初日，室中皆明。"赵翼称为"神光涌现，不可思议"。其实这类的事，中国笔记所载甚多。作者还听见几个养生家自述这种经验，大约兽类如猫犬虎豹，黑暗中均能见物，人类体质退化，所以不能。不过暗中见物不奇，神光如初日能照物，能使室中洞明，则真是不可思议的事。

放翁到七十七岁始有一齿动摇，戏作道："病齿原知不更全，漂浮杌陧已三年。一朝正使终辞去，大爵犹能尽鲙肩。"但这类动摇的牙齿，不久又复坚固，诗人于是又喜而作诗道："摇齿复牢堪决肉。"他的头发落而复庄，白而复黑，有"白头渐觉黑丝多，造物将如此老何？""枯颅再茁已胜簪"等句以记之。

中国的学者文人，大都未到四十，就"而发苍苍，而视茫茫，而齿牙动摇"，比之放翁，哪能同日而语？健全之精神，宿于健全之身体，这是一句颠扑不破的定理。时人人格之高尚，成功之伟大（六十年中，成诗万首，打破有史以来诗界的纪录，不但空前，并且绝后），难道与他体质没有关系吗？

讲过诗人的体质，顺便再将诗人的情感分析一番吧。一个伟大的诗人，他的趣味一定是多方面的，情感也是复杂的，为不想轶出本文范围起见，我只谈诗人对于宇宙的一切壮美的爱好。

诗人都爱美，具有热情的诗人更爱壮美，自然界各种惊人的现象：像那轰天揭地的雷电，山崩海立的地震，千军万马似的奔云，漫漫一白的大雪，风，潮，暴雨，飞瀑，空江的月色，大风里扯起的十丈蒲帆，我们的持人都喜爱，都取来当做诗料。他的《夜闻松声甚壮感》、《风雨中雄峡口诸山奇甚，戏作短歌》、《弋阳道中遇大雪》、《大雨中作》这一类描写自然界壮美的作品，不胜枚举，请读者自己去读，现在我不再细细抄录了。

我们的诗人最爱冒险，最憎恶平凡的生活，他是一个永远的青年，当然有这种现象，现代某文豪有一段论青年的话道：

> 青年永远趋向反叛，爱好冒险；永远如初度航海者，幻想黄金的机缘于浩淼的烟波之外，想割断系岸缆绳，扯起风帆、欣欣的投入无恨的怀抱。他厌恶的是平安，自喜的是放纵与豪迈。无颜色的生涯，是他目中的荆棘；绝海的凶与险，是他爱取由的途径。他爱折玫瑰，为她的色香，亦为她冷酷的刺毒。他爱搏狂澜：为他的庄严与伟大，亦为他吞没一切的天才，最是激发他探险与好奇的动机。他崇拜冲动：不可测，不可节，不可预逆，起，动，消，歇，皆在无形中，狂飙似的倏忽与猛烈及神秘。他崇拜斗争：从斗争中求剧烈的生命之意义，从斗争中求绝对的实在，在血染的战阵中，呼啸胜利之狂欢或歌败丧的哀曲。

这些话我极欣赏，虽然不完全与我们的诗人切合，但也未尝不可描写于一二，所以我不顾伤廉与否，将它整段抄在这里。

我在第一段里叙述诗人的刺虎，曾说："他出其不意地见了虎，也吓了一跳，想和他的同伴一路逃走，忽然他脑筋里闪电似的转了一个主意，他为什么要转主意，只有天知道，他自己不知，我们更个不能知……"这不是真话，这是向读者卖的解数。现在让我打开闷葫芦吧，把道理说出，我想这无非是诗人冒险性的满足，壮美爱的表现。大凡真正的诗人都是大赌徒，只要能换得一刹那的美感，他不惜拿世上一切来赌，甚至拿他自己贵重的生命来赌。

韩愈游华山，上到绝顶，不可下，发狂痛哭，投书诀妻子；苏东坡游素称险境的某名山，说："其奇值得一死！"李太白沉醉捉水中月，溺死采石江，有人说这话靠不住，但像太白那样浪漫的性格，这事又似乎可能。罗马庞贝城为爆发的火山淹没时，某诗人贪看那如火如荼的壮丽景致，舍不得逃走，竟致葬身火窟，像这类的大傻事，中国和外国书里都不乏。放翁刺虎北山，赌性命于一掷是这个缘故，志切从戎，捐躯报国也是这个缘故。不过这种心理状态，他当时自己不明白，只觉有一种强有力的冲动驱使着他，使他非这样干，便觉不痛快罢了。

我的"传后论"已经写得太长，应当趁此收束了。

未收束之前，我还有几句话，借此倾吐倾吐。

国家主义在中国曾风行一时，现在早消沉了。虽然中国人的思想进步得太快，但这个主义过于偏狭，每为野心政治家和资本家所利用，我们反对它，本来不错。不过当此国界尚未完全撤除，人种尚未完全平等，特别中国受欧日帝国主义者的压迫，非常厉害，对于爱国的热忱，似有鼓吹之必要。中国素来没有纯粹的爱国诗人，纯粹的爱国诗人只有陆放翁，爱国青年很可以拿他为模范，所以我愿意介绍他与青年相见。

一个民族受了外侮，能知道耻辱，能立志复仇，不惜抛无数头颅，洒无量热血拥护国家的权利和荣誉，这民族便是具有自尊心和伟大高贵品性的民族，他目前虽处于黑暗势力之下，前途总有光明之一日的。否则便要归于灭亡的一途。天演竞争的世界，决没有凉血、麻木不仁、猥贱无耻种族的立足地。

中国民族历来受外族压迫只知屈服退让，不知反抗是什么。更使人悲观的，异族压迫愈甚，民族堕落心理也愈为发达，两者成为反比例。东晋渡江时代，只有一个闻鸡起舞的刘琨，其余都是裙屐风流，沉湎酒色的废物。晚唐五代，割燕云十六州，称侄称孙献媚异族，而中国人士崇拜肉欲，放纵颓唐之风大盛，但读那些旖旎风流的小词便知一斑了。证以现代文坛种种卑陋污秽之恶习，先后同出一揆，这虽中国文化根本不良，但民族缺乏自尊心和伟大高贵的品性，恐怕也不能为讳吧！我于中国诗人中特爱陆放翁，就因为他怀抱芳馨，志趣高洁，如饥如渴地企慕美和光荣，不惜以生命拥护正义与真理。他的性格，他的思想，他的一举一动，都是优美诗情的流露，艺术冲动的表现。他的爱国，虽由天然同情心之所激发，其实是为殉他诗和艺术的美。拜伦怀慕希腊古代文明，做《哀希腊之歌》，希腊独立，他以一英人荷戈为希腊战死，诗人所为，俗子那能领会？何况我们陆放翁所爱的还是他的祖国，他愿意流最后一滴血为他争回自由，愿意用完全牺牲恢复他失去的荣耀，那又有什么奇怪呢？

我们的诗人虽始终未为他祖国死，但说他已为祖国死，也未为不可。宗教上说凡人蹈烈火、冒白刃以殉信仰者，谓之为"沫脱"（martgr），实际没有流血，但为信仰精神受了致命的伤痛，也可以谓之为"沫脱"，援这例而言，那么，执干戈以卫社稷死于疆场叫做国殇了。终身不忘死国，虽死于床笫，也可以叫做国殇了。我们的诗人便是这样一个精神的国殇！

崇拜国殇！

赞美国殇！

希望中国将来有无量数为祖国死的国殇！

选自《新月》第 2 卷第 2 号，1929 年 4 月出版

伟大的艺术家米开兰基罗

米开兰基罗像

[编者按]

    米开兰基罗（1475—1564），今通译为"米开朗琪罗"，意大利文艺复兴时期的巨匠，与达·芬奇、拉斐尔并称为世界级艺术家，对后世文学、艺术影响深远。米开兰基罗与达·芬奇一样是全能艺术家和诗人，尤其是米开兰基罗毕生坚持自己的艺术主张，呕心沥血追求艺术的尽善尽美，为后人留下宝贵的艺术遗产。翻译家傅雷先生译有《弥盖朗琪罗传》（商务印书馆 1947 年 1 月出版）。

    米开兰基罗（Buonarroti Michelangelo）在意大利文艺复兴时代，与达文西、拉斐尔，共称艺坛三杰。达文西是全能艺术家，米氏也是如此。他在绘画、雕刻、建筑三方面都有惊人的成就和伟大的贡献，又复了解哲理，能文工诗。他的诞生乃意大利无上的光荣，也是世界文化史上一座矗立云霄，万古长存的纪念塔。

米开兰基罗于一四七五年生于意大利的加百里斯（Caprese）。他的父母都是佛罗伦斯人，米氏出世时，母年仅十九，父则廿九，他生六岁而母死，稍长，决计学习艺术，又失欢其父。盖他家本贵族之后，至其父时，家势式微，其父在村镇做法官，后又在故乡做小公务员，但每以高贵血统自负，看见儿子要去做个"画匠"、"雕刻匠"一类的手艺人，认为有辱门楣，剧烈反对。甚至宣言欲与脱离父子关系。所以我们大艺术家的幼年时代，家庭里是实在没有什么温暖可以享受的。

米氏年十三，入多明我奇朗达若（Domenico Ghirlandojo）的绘画传习所学艺，对其师技术极所钦佩，所作绘画唯师法是遵。但他很快又显出雕刻方面的天才。在绘画传习所仅一年，其师将其介绍入美提契（Medici）宫廷雕刻学校。这雕刻学校设在老楞佐（Laurezt）花园里，其中古刻如林，像收罗宏富的博物馆，实在是个学习雕刻的理想地方。总教师是裴都尔杜（Bertollo），乃当时著名雕刻家。米氏于十五岁时便雕成了一件名作，名字是《桑都之战》（Lottadei Centauri）——桑都乃希腊神话里半人半马的种族（笔者注——人家承认他的才力胜过他老师裴都尔杜了）。

米氏生活在美提契宫廷里，终日和那些人文主义者、诗人、艺术家相周旋。这都是当时的名流，发狂般崇拜但丁和柏拉图，但同时又醉心于神通和巫术的研究。米氏即在这浓厚的学术气氛里，造成了他思想的方式。但影响米氏最大的尚不是柏拉图，而是当时一著名僧侣萨瓦那罗腊（Savonaroia），这人是圣马加修道院院长，是一个热情如焚，富于煽动力的大演讲家。也是喀尔文式的独裁领袖。到处演讲"基督的受难"和劝勉信友以基督为范模，轻视尘世的一切。他企图在佛罗伦斯建设一个半神权，半民主的政体。他宣言要与当时的虚伪浮华的艺术作战。有一次，他竟率领一群狂热的信徒，把佛罗伦斯所有纤巧的、华丽的、穷奢极侈的珍饰及装饰品均付之一炬，他又剧烈反对当时教皇亚历山大·波尔齐亚（Alexander Borgia），说他不惟不配做教皇，并且不配做基督徒。他写信对教皇说，我对于你已不存任何希望，我所信托者惟基督而已。以后这位有名僧人，竟以邪教徒的罪名，被幽禁被判焚刑而死。但其不肯妥协的精神使米开兰基罗深受感动，毕生不忘。他所作圣母抱耶稣尸体的石刻，也可以说是用来纪念这位名僧的。

一四九二年，美提契宫廷发生政变，改为共和政体。米开兰基罗在扰乱中，离开了佛罗伦斯，而逃到波罗尼（Bologna）。一年后，他又回到佛城，雕刻了一个《睡眠中的爱神》。第二年，他又到了罗马，以数年光阴，雕刻了一件充满古典精神的大理石刻《醉酒神》。

米氏著名的大卫像，是在萨瓦那罗腊死后，他回到佛罗伦斯，受民治大会主席彼多禄·沙提黎尼（Pietro Sodeini）的命令而雕刻的。当其开始施工时，凯撒·波齐亚（Cesar Borgia）和伯多禄·道美提契（Pietro del Medicis）曾起兵攻打佛罗伦斯，而未获成功。后来米氏受命绘西克斯丁教堂的天盖，又画了一幅大卫与非利士巨人歌利亚作战之图。画大卫用机弦掷石，将歌利亚打倒在地，而他跨在他背上，举刀切下巨人的头颅。米氏题此画为《上帝选民的解放》，实与他的大卫石像有着一贯的意义，即是纪念佛罗伦斯从横暴的执政者，和来侵略的军队力量下，解放出来，终于成立了共和政体。

教皇朱利阿斯二世（Julius II）于一五〇五年，将米开兰基罗召到罗马，要替他自己建筑座壮丽宏大的墓台，这墓台是刻有四十个以上石像的大纪念坊，和一大宗阴文雕刻。自从哈理加那斯（Halicarnosse）以后，好像再没人敢于拟定这样惊人的计划，并付之实现。摩西率领以色列民族横渡沙漠，足足费了四十年，米氏在这伟大工程上，所费时间和精力也差不多与之相等呢。

那时代正是一个战争时代。国家与国家战，城市与城市战，城市之中，街巷与街巷战。意大利不但内部战争无已时，并常常遭受外来军队的侵袭。米兰和那波里被西班牙占去，佛罗伦斯则一会儿落于西班牙人之手，一会儿又入于法兰西人的掌握。他们把朱利阿斯二世围困于天神堡，罗马也遭受了包围。但教皇究竟运用他的权谋，召唤外兵，将敌军打退。那时代所有教皇对于政治和艺术的注意比宗教胜过多多，朱利阿斯二世英武善用兵，是一位杰出的宗教领袖，也是一位意大利文化本位的急先锋。提倡文学艺术不遗余力，当时艺术家亦多由他保护，而得充分发展他们的天才。譬如改筑圣彼得大寺的布拉曼泰（Bramante）及替教皇宫廷作壁画的米开兰基罗和拉斐尔，都是朱利阿斯二世翼覆和鼓励出来的大艺术家。

这座教皇坟台何以竟建筑了四十年之久呢？原来工程是时断时续的。米开兰基罗的脾气很不好，并不把教皇的尊贵放在眼中，常为小小意见的不合，便和教皇冲突起来，而闹到绝裾而去。又为他事打岔，所以工程拖延到如此之久。

米开兰基罗终身不娶，所有时间和精力均用之于工作，偶有余暇，则与弟子通讯，讨论关于宗教上、哲学上、文艺上的许多问题。他最爱但丁《神曲》，曾手抄一帙，加以精细的插图，惜其后失去。他的诗篇模仿但丁和白脱拉克（Petrarch），善为 Canzon 体，更工商籁。其诗富于热烈的情感，尤善表现对宗教的虔滅。他的弟子贡蒂威（Condivi）曾将他的诗和通讯编成两集，但不知为什么现在都不传了。

由贡蒂威所述，我们知道了一点关于米氏生活情形。他早年受那高僧萨瓦那罗腊演讲的感化，故亦痛恶纷华，崇尚俭朴。他常说："我虽可以凭我艺术以致巨金，但我仍像个穷人一般，永远生活于贫窭之中。"他所食不多，很少为了口福的满足而去吃东西，不过取其果腹而已。当他爬上鹰架去作壁画之前，从口袋里掏出一块面包，草草咽下，便算了却一餐。有时为工作的热忱所支配，连饭都忘吃。睡眠的时候，只躺在靠椅上打个瞌睡，又算睡了一觉。他常接连十几天，在睡觉时忘记脱卸衣服和靴子，由于湿气的缘故，双脚发肿，极力脱靴，竟带下了一层皮。

他画西克斯丁经堂天盖板的时候，因脖子常向上仰着的缘故，颈部肌肉变成僵硬，画完后，有很长一段时光，看书要将书搁在头顶上才可以看。他在作画紧张的日子里，连睡眠都要牺牲，将一支蜡烛捆缚于前额，借那点光辉，照着工作。至于头脸手足衣服，满沾油漆的颜料，把自己的形容，弄得怪模怪样，那更不在话下。

米开兰基罗的寿数虽高，但健康却不甚佳。他的双腿有痉挛之病，使他一生在痛苦之中。以后又常以易于感冒而发烧为苦。晚年，又得了膀胱炎症。他以一生用目力过度，死前等于盲目者。他两手都能工作，而左手之灵便更胜于右。

米氏的容貌可说是相当的丑陋，照贡蒂威说，他有一颗圆形的头，甚大，耳朵半贴，耳际生了许多疱，额角甚方，天庭倒是饱满的，可惜鼻梁塌陷，山根中断，成了破相。原来他幼年时在学校习艺，因其秉性聪颖，进步神速，亟为师长所称。有一同学心怀嫉妒，故意向他挑衅，两人发生斗殴。该生气力颇大，出手一拳，竟将米氏鼻梁打断，成了他终身的遗憾。他虽有宽博的双肩，而整个身躯则颇为瘦弱，不能相称。

他既负盛名，请教他的人当然也就络绎不断，使他日常在忙碌之中。他死前的一周，患病已甚重，但人家尚看见他冒雨在街上匆忙奔走。"我病了，可是我找不到让我休息的地方！"他说。他于一五六四年二月十八日下午五时逝世，大家想将他的遗蜕，葬于罗马的宗教圣堂（Laelesia degli Apostoli），但他的朋友及弟子们则将其尸体偷去，运到他的故乡佛罗伦斯。意大利国家学院的艺术家全体参加他的葬仪。是年五月十二日傍晚，米氏棺材抬到圣老楞佐教堂（San Lorenzo）的地下层，人们重新打开棺盖，见米氏身穿黑色刺绣的衣服，头戴羊毛细织之冠，而脚上则穿着一双带有刺马距的长靴。脸部表情极为安详宁静，据目击者说：好似睡着的一般。

一代艺术巨人，就此寂然长眠了。但他的光芒却照耀着世界文化史，历久弥新，永不磨灭！

米开兰基罗的体气虽并非强健，但他有钢铁一般的意志，朝夕孜孜，永不疲乏的毅力，脑筋里又有无数伟大的计划，他的寿命也真长，活了差不多九十岁。以偌长的寿命，和持续不断的努力，他平生所完成的巨工当然是很多的了。现分绘画、雕刻、建筑分别介绍于次：

一、绘　画

一五〇八年，教皇朱利阿斯二世，命米氏为西克斯丁经堂（Chapella Seatina）绘制壁画。米氏断然加以拒绝，说自己原是个雕刻家，绘画对他是隔行，一定要画，叫拉斐尔来吧。但教皇强迫不已，米氏无奈，遂从他的故乡佛罗伦斯聘来好几位画家，叫他们遵照自己的草图和设计而从事工作。但画家们画了一部分以后，米氏又认为他们的成绩不能满意，将已画成的画涂去，那些饭桶都打发回家，他自己动手来干。

经堂的屋顶系作半穹形，有似中国船顶，也像剖开巨管的一半，中间平坦处，甚为仄狭，但需要画上去的人物有三百四十位之多，为避免混淆，及安排得有秩序起见，画家很巧抄地将画面分为若干格。那些格子并不是像一般人的画法，仅仅利用相交的横线竖线划分，他却画作许多古铜和云母石柱，界作一座座的龛，每柱前有方墩四座，上下相对；每墩各坐一人，也是上下相对。中间龛子里画着创世记故事，像造物主分明暗，造天地，创造日月星辰，分开水与地，创造树木禽兽，创造亚当夏娃，及魔蛇诱惑，人类始祖被逐出伊甸园，洪水方舟，挪亚燔祭与天主缔约，以及挪亚醉卧为止，全部《旧约·创世记》重要节目都在这里了。这算是主画，主画两边，又分为若干格，所绘多为《旧约·先知》的事实，如摩西铜蛇，大卫杀巨人等等。

这屋盖画，米开兰基罗足足工作四年有半，方得绘成。工作的艰苦情形，已见上述，不赘。

一七八六年，德国文豪歌德来西克斯丁经堂，瞻仰了这幅天盖画，及最后审判那幅大壁画，曾发为以下的赞词道：

"倘使人们不曾见过西克斯丁经堂，人们永远不会想到人类的创造力，其大至此……我主耶稣内在的宁静、力量及其伟大，超过一切的表现……米开兰基罗在这时候，整个地占据了我，从此以后，我再不能去欣赏大自然，因为我视察万汇时，哪能获得像他所有的这双炯炯巨眸呢。"

八十年后，法国大画家亨利·劳惹（Henri Regnanlt）来看过米氏的画，也说了一番话。这虽非歌德意见有力的证明，也是他那时代热烈的回响。他说道：

"我看见西克斯丁经堂的油画，不觉匍匐于地，自觉身体研成粉末相似。巨人米开兰基罗简直把我弄得半死了。这简直是从天盖板下来的一声巨雷呀！这是超过任何人所能发生的。对于油画、雕刻和诗歌想象力，其高深直到不可思议的程度。我承认，对着这个天盖板，美妙中的美妙，我不能再去谛视《最后审判》那一幅了。"

在英国，米氏的名誉由于国家学院里的黎诺尔德（Reynolds）和亨利·浮塞里（Henry Fuseli）等的介绍而更加广扬，黎诺尔德称米氏为"神明之舌"（La langue des dieux），盖言其能将神明的意思在其画笔及镌刀之下曲曲传出。浮塞里则说："在米氏腕下，一个乞儿成为贵人的族长，女人则成为肥沃女神，男人则都属于巨人族类。"

但对米氏描写人物筋肉之过分夸张，亦有持反对论调者。画家本约明·海顿（Benjamin Haydon）曾批评米氏的画道：

"他所画的女人一个个是肥沃女神，决非爱神之像。那些男人的轮廓使他们个个成为铁匠。他们都是揎着拳，掳着臂，他们的面貌都作着扮鬼脸的姿式，他们一只脚好像飓入空中，另一只也伸得离开身体够远，我们疑心这脚踏出去，再也收不回来。呀，这真是伟大的作风……他画里每个人都像被谁剧烈地侵犯过，而在准备同人家恶打一场，他的英雄们即使在睡眠中也像在顿着脚，醒着的呢，那更不停在动，人家好像听见他们肌肉的叩击作声。呀，这真是伟大的作风！"

现在我们要谈谈米氏的《最后审判》。

耶稣在世时，尝屡次对门徒说，世界末日到来时，人子将乘彩云降临，坐在荣耀的宝座上。万民聚集在他面前，他要把他们分开，像牧童分开绵羊和山羊一样。右边的义人则许其上升天国，左边的恶人加以叱责，叫他们入那永火的地狱。耶稣被钉十字架之前，在公会里受审。犹太大祭司问他是否曾自称为至圣天主的儿子，耶稣回答："是的，那一天你们将看见人子坐在全能者之右，驾云而降。"这便是《最后审判》一图的根据。此图自一五三六年开始，一五四一年竣工，足足画了五年。距离天盖板的那幅大画则为二十九年。

这幅画高二十米突，宽十米突，乃世界上绝无仅有的、最大最有气魄的作品。画面分为三层，但最上仍有一层。我们也可说以全图而论，实有四层。那最上一层画在壁间阻挡尘埃的覆盖部分。左边一群天使抬着耶稣在彼拉多衙中系在上面受鞭挞之刑的石柱。右边则有一群天使在扛他的十字架，及荆棘等物。天使们的神通应该是很大的，但他们在升举耶稣受难标志物时，大家翻滚云中，攒成一团，好像十分吃力的模样。盖经言末日审判时，十字架显现空中，恶人睹之，战栗欲绝，恨不能唤大山压己，以避天主之义怒，可见十字架比山还重。且此乃天主受难之物，当然其重无比。

天神之下，始为正画。上层末日降临时之耶稣坐在宝座之上，圣母偎依其旁。耶稣为一无须之壮年人，貌极庄严而威猛，因而他正在举手大声叱责那些恶人下地狱受罪。耶稣身边的人物，右边为我们人类始祖亚当，老迈龙钟，其子阿尔伯在旁扶持。又有证明耶稣确实复活的一群圣妇，如马尔大、马利亚等等。左边则为宗徒和致命各圣。致命圣人手中各执生前所受酷刑而死的刑具。圣彼得手持天堂钥匙，圣巴尔多·乐茂（Barthe Iemy）一手执剥皮小刀，一手持剥下的自己的人皮一副，仰视耶稣，若有所言。圣伯莱士（Blaise）拿着曾将他身体锯成烂布一团的利锯。圣喀瑟林（Catherine）拿着带有利刺的车轮——她即被这种车轮辗死。圣塞巴士先（Sebastien）手持箭一束。其他致命人死法不及尽绘，则以十字架总括之。圣人背后则万头攒动，隐约不辨，都是天主选民，他们因侥幸得逃严判，升天有望，正在那里互相拥抱，互相庆贺。

中层云气迷漫，启示录中所言主前七大天使，吹着长管金喇叭，唤醒那些已死的人们以便接受末日审判。天使们都是双颊鼓胀，似乎要将整个肺部的气力，自喇叭中吹出。另有几位天使则展开巨册数本，正在检查，据说这便是亡灵生前的功过录。

天使之左，有几个罪人被魔鬼拖下地狱。这几个罪人的面貌象征着天主教的七罪宗，即骄傲、悭吝、忿怒、贪饕、嫉妒、懒惰、淫欲。那第一个罪人的表情最为动人。也自死人中复活之后，本来希望升天享福，但以生前罪孽深重，一个魔鬼抱着他的腰，一个魔鬼在下面拉他双脚，另有毒龙一条，伸出利爪抓着他的身体，一边张口咬他大腿。这个罪人一手掩面，只露出一只眼睛，那眼睛里充满了恐怖、惶惑、悔恨、悲哀、绝望的各种表情，十分深刻。

记得嚣俄曾有长诗一首，咏亚当的长子该隐，为了嫉妒其弟，将其谋杀，后见天边显现巨睛一只，明灼灼地钉着他，他逃到任何地方，这只眼睛老是跟着不放他安静。我们看见了米氏的《最后审判》，这个罪人的一只眼睛，也会深深烙印在你的灵魂里，叫你毕生难忘。

那象征悭吝的罪人，虽被魔鬼倒曳下狱，手中仍坚持一串库藏的钥匙，死也不肯放松，形容吝人，令人失笑。其他嫉妒与懒惰，各有相当的表情，不必细述。

右边为复活升天的义人，其上升的迟速，系于他们生前罪案的重轻。罪案多的，身重千钧，罪案少者则较为便捷。亦有既上升之人，复俯身垂臂援助他人，有以一串念珠吊上数人者，有已既上升，复堕于地者。有三人面貌相似，是为"虔诚"、"慈悲"及"贞洁"的象征。

最下一层，右边表示亡人复活时自坟墓中爬出来的光景。有许多人已恢复了人形，有许多则尚为枯骨，纷纷藉藉，殊形异态，而炼狱状况亦见一斑。左边则为罪灵赴地狱受罪的景象。这里米氏似乎采取希腊神话里地府与基督教的地狱，杂糅合件而成。因为希腊神话说到达地府，必项渡过一条阴阳河，有舟子名曰侠洪（Charon）操舟载亡灵以渡。米氏此画中，侠洪头生双角，浑身黑色，立于舟之前端，挥桨逼迫罪灵上船。那些拥挤舟中的罪灵，正在觅机逃脱。但岸上则另有鬼卒操矛阻隔，不许他们再行上岸。罪灵走投无路的窘迫状况，使人不忍卒睹。岸上罪灵与鬼卒群中立一巨人，头耸驴耳，身绕大蛇一条，这是希腊地府主者弥诺（Minos），现在被米氏屈他来做魔鬼们的领袖。关于这个人物有一段佳话。据说其面貌取之于教皇御前典礼官俾雅爵·达·西那（Biagio da Cesena），米氏所作宗教画的人物多裸体，此公大不谓然，每在大庭广众中加以訾议，米氏遂在画中同他开了这样个玩笑，作为报复。此公见了以后，更为不快，到教皇前诉冤，教皇则以佛罗伦斯式的幽默答复他道："我对炼狱还有办法，地狱则实爱莫能助。算了吧，这是无从救赎的！"

这个典礼官以自己居然被米开兰基罗打入地狱，心有未甘，在历任教皇前控诉不已。及教皇伯多禄和葛理哥洼尔（Gregoue）在位时，曾拟下令将米氏这幅大画加以破坏。后觉其太可惜，乃令米氏弟子但尼尔道、伏劳拉（Daniéle de Voierra）修改。一六二五、一七一二、一七六二年，又修改三次。我们今日所见的《最后审判》和天盖画，已嫌其人物裸露太甚，但这还是经过多次修改过的，原画作风之泼辣大胆，更不知如何了。

教廷有一位枢机主教伯多禄·亚来丁（Pietro Aretin）亦常批评米氏之画，距离宗教精神太远，说他所绘人物多赤裸裸一丝不挂，哪里是在作圣画，简直是浴堂的写生。这样作品，怎能容它存在于神圣的寺院？即说这才算艺术吧，可是我们灵魂所需要的不是艺术，而是对神的虔诚。米氏答书云："尊见甚是，惜鄙人未能遵从，盖艺术总比较前进也。"米氏也曾把这位枢机的尊容，画入他的《最后审判》。他那剥皮致命的圣巴尔多·乐茂的面貌即肖似这位先生。他又把自己的状貌，画成一张剥下的脸皮，隐在那张血淋淋的人皮中间。这有什么寓意，颇难索解，我想这或者用以暗喻那些艺术的门外汉，乡愿式的卫道者，对艺术家苛刻的批评和指摘，等于在剥他们的皮吧。

这幅大壁画，将经书上所说和人们所能想象到的最后审判的景象，表现无遗，特别那高坐宝座上的判官，容貌威严，望而生畏。相传教皇保禄第三，见了此画，吓得跪伏于地，祈祷说："主啊，您在审判的那天降临，请不要计算我的罪过吧！"

怀司巴修（Weisbosh）评这幅大画，谓是一种英伟风格完全的喷发。德伏拉克（Dvorak）则从这幅画里，找到了新体裁的泉源。他接着又说道：自从《最后审判》画成以后，所有意大利的艺术都受了米开兰基罗作风的感染，而都成为米派。不但在他特殊的形式，而在他整个的思想。这种思想有一种关于"永远"的新意义，和一种更普遍化的情感，更具感动性的心灵，这都是米氏以前所没有的。倘使人们要说米开兰基罗是意大利艺术界的生命，最大理由便是为了他这幅《最后审判》。

二、雕　刻

第一期的作品：

米氏本来是雕刻家出身，绘画这门技术之磨炼成功，不过是由于他的主顾如教皇等之逼迫，他自己则实欢喜以雕刻家自命。他幼年时代在裴都尔杜学校学习雕刻，他曾在大理石上雕成两种浮雕，其一为圣母抱提小耶稣像。圣母将耶稣紧抱胸前，护以外衣，神态雍穆而活泼，栩栩欲活。其二即前文所提及的《桑都之战》，一大群半人半马者正在火辣辣地打成一团，筋骨肌肉极合于解剖之学，人物神情尤其富有生气。米氏多年之后，谈到这个雕刻，尚非常的得意，而叹息自己不能专心为雕刻家，认为可憾。

他又曾用大理石刻了个很大的希腊神话里的大力士海克士。好像曾置于法国枫丹白露离宫，惜后不知所在。他又为圣神堂（Santo Shirito）刻一耶稣钉十字架像，耶稣身体已从十字架卸下，是以他脸上没有剧烈痛苦的丧情，手和发刻得很仔细。《旷野中的施洗约翰》，旁有野蜂之窝，现在柏林。此像头部乃以活人作模范，身上线条，则模拟古刻，所以这是混合近代与古典作风的作品。

米氏又曾为多明我堂的圣龛刻了几个像。

他第一次赴罗马刻了那个《醉酒神》，乃他研究古典作风的结果，酒神之貌及其醉颓唐中的青春之美，非常值得赞美。尚有《圣安尼的诱惑》惜今已不见，仅存浮雕。

米氏重要的作品，当然要推《母爱》（Pieta），此像现置于罗马圣彼得大寺的法兰西经堂内，每年有数十万游客向此像投以惊异的眼光和寄以赞佩的心情。圣母坐着，置耶稣尸于膝上。头颅微俯，脸上有一神圣的悲哀。其肠断心碎之苦，则又从其似微颤的双唇及作无可奈何状的伸张之左手曲折达出。耶稣尸体似尚未僵硬，浑身肌理，透露饱受酷刑的痛苦，不过那种痛苦，仍蕴藏着圣洁的宁静。圣首下垂，表示他对天父之俯首顺命，完全承行其意旨，而甘心受死，完成救赎的奇工。看了此像，可以叫人感到一种神圣的感情，即天主救赎人类所付代价之巨，与母爱的伟大。米氏一生中所作 Pieta 大小甚多，圣彼得寺的这一座，则推第一。

当米氏十六岁时，便曾发愿要镌刻一座圣母抱耶稣尸像，这件杰作成于一四九九年，米氏年二十五岁。他作雕刻，从不镌刻自己姓名，这次破例，在圣母胸前带子上刻上了他的名字。

耶稣死时年三十三，圣母这时年龄也该在四五十之间，但米氏将圣母像雕刻得有如少女一般。有人批评他刻得太年轻了，米氏回答说，圣母是应该有权利保持她永久之青春的。

米氏又常想刻圣母和诸圣妇痛哭耶稣的像，置之自己坟墓之上。后来虽然动手，却未完工。这座像人物较多，但比上述的一座相差太远。耶稣的尸体过于弛软，圣妇马利亚、玛尔达林、尼阁得莫等表情又颇木强。米氏自己不满，椎而碎之，但不知道被谁将其粘合完整，今存佛罗伦斯中央大堂之内云。

米氏又有两圆形浮雕，名《圣贞女与圣婴》，其一现在伦敦，其一则在佛罗伦斯，亦米氏早年所作。

米氏所作圣母及圣婴刻像颇多，圣母神态端庄高贵，圣婴亦俨有所思，不类常儿。与拉斐尔所作圣像之偏重人情化者相反。因为米氏认为雕刻圣像应将其神圣的伟大表现出来，其悲哀也应比人类普通略异其趣。他之工作完全遵照他自己的理想，带有古典作风的"冷静"之美，与超越人类的力量。

第二期的作品：

米氏第二期的作品开始于一五〇九年。他为圣马利亚堂（San ta Maria）雕刻一具基督像。一五二一年由他一个助手送往罗马。当这圣像竖立之际，那助手还补刻了几刀。耶稣的脸向着罗马兵送上的醋海绵。那张脸表情极为热烈，侧向左边，似乎在说："我的人民，你们对我做的是什么事哟！"正言之，这不是救主受难时的神情，而是升天时的神情。耶稣全身是赤裸着的，乃由主顾的嘱咐而然。因为文艺复兴时代的人狂热于裸露，恬不为怪。虽耶稣之像亦不能免于此厄。稍晚，人们乃以铜片为衣，遮掩此像腰部，惜衣过长，观瞻欠美。

在这时期，米氏又雕刻了一个年轻的阿坡罗及一个死了的安东尼（菲尼基主神，见啮野猪而死——笔者注）。这两像都是充满了异教精神的杰作。

米氏的大卫像又是一件脍炙人口的伟构。此像受佛城某执政之命而刻，高十二呎又半，自一五〇一年开工，至一五〇三年底乃于成。材料是一块被人敲损，无人屑于一顾的大理石，米氏居然利用之，而成此奇工，更可钦佩。大卫身裁如古力士，面貌则如神话中的阿坡罗、赫梅士一类天神，英风飒爽，凛凛如生。像成，置之佛罗伦斯爵主宫殿的大门外。某执政来看时，嫌大卫的鼻子过高，要米氏修改。米氏故意爬上梯子，用刀在像的鼻子上装做琢磨了几下，然后撒下一撮预储囊中的石粉，然后回头对那执政者望着以取进止。耶执政者狂喜而喊道："好呀，现在这像才算十全十美了。你简直给了它一个生命啰！"

司白林吉（Springer）提到这座大卫像，曾说：

"所有古代和近代人像雕刻，必然推此大卫像最优美。这位大雕刻家泼辣奔放的刀法，更没有比此像之令人惊叹欲绝的了。不但命题不易，即像的全身比例，在事前也考虑过多次，而像的姿势的选择，也极费匠心。但刻成之后，只觉得十分自然，看不出以前惨淡经营的痕迹。因为这青年英雄（指大卫）的神态极其镇静，然他每一肌肉，每一筋络，都在偾张之中，促使全身准备动作。他的左手已握住了石弹，右手执着机弓带，我们知道攻击已迫在眉睫之间。"

米氏还有一座铜铸的大卫像。巨人哥利亚的头颅置其脚下，是写大卫胜利以后神情。此像曾送往法国，后失之。今巴黎鲁渥尔博物院尚保存米氏墨笔所画的本像草稿。

一五〇八年，米氏计划为费奥尔（Fiore）圣堂雕耶稣十二宗徒像，每像高九尺半，但后来只有圣马窦像粗枝大叶雕成，其余则均搁置。同样，他替教皇庇护第十纪念堂刻十二宗徒像，仅成其四。

一五〇五年，朱利阿斯二世，召米氏到罗马，教他为他自己建立一座墓台的纪念坊，已见上述。但教皇后来又改变宗旨，要他参加改建圣彼得大堂的计划。因罗马教廷嫉忌米氏的人太多，而教皇的主意又不定，一时要他着手这个大工程，一时又开始那个大建筑，米氏生了气，逃回佛罗伦斯。他说他愿意在佛城为教皇雕刻纪念坊。教皇当然不肯听他。米氏愤极，预备赴君士坦丁堡，教皇向他卑词道歉，再三求他回到罗马。一五〇六年，米氏替朱利阿斯二世铸了个很大的铜像，预备安置他的坟上。但在一五一一年间，被反对这位教皇的叛民所毁。

他为教皇筑坟时期内，又分出十年左右的光阴，替西克斯丁经堂绘制天盖和壁画。这二件事，朱利阿斯二世倒都目击其成功，但墓台之完工则在教皇逝世之后，这纪念坊并非独立的雕刻，而依旁一座圣堂之壁，成为圣堂的一部分（外国大人物死后，多葬身教堂之内，置棺石椁，外加雕刻，多立石像。工程大者，占教堂一壁全面。朱利阿斯教皇墓台即如此，与中国帝王陵寝及富贵人坟墓在野外者有别——笔者注）。雕刻是精细之极，可惜坊顶仍未完工，一则由于工程过大，二则由于其他各种阻碍。朱利阿斯二世崩后，继任教皇为良第十（Loe X），出于美提契族，乃米氏幼时之友，登位后，对米氏恩宠有加，坚邀他帮忙另做工作。米氏替朱利阿斯纪念坊工作连续二年，正十分起劲之际，良第十御驾亲到佛城拜访米氏，请他为老楞佐教堂雕刻壁画。米氏对于中断墓台伟大工程本不愿意，但迫于教皇之命，只有流着眼泪答应了。至一五二〇年，米氏又放下了壁画的工作而回到教皇墓台。

教皇良第十之后，亚特里盎第六（Adrian VI）继位了一个很短的时期，格勒门第七（Clement VII）登上教皇的宝座。他也出于佛罗伦斯美提契族，与米氏早年友谊亦笃。自从一五二〇年以来，他便想在老楞佐寺院内替自己家族建筑一个墓堂。做了教皇以后，即将这项工程委给米氏。米氏对于教皇们这种无尽止的轮流差遣和变动不定的计划，极感痛苦。况且高明之家，鬼瞰其室，各种毁谤，始终围绕着他，他故乡佛城政治上的扰乱亦从未停止过，也使他常感悲戚，他的身体本来孱弱，长年辛劳和忧郁，健康遂坏了。

前文既言，朱利阿斯教皇的墓台纪念坊成为教堂的一部分。这座教堂乃温奇里（Vincoli）地方的圣彼得寺。教皇坟下，置有一座极大的摩西像。摩西一手按腹，一手执着自西奈山所接受的天主十诫的两片版文，长髯飘拂胸前，含怒凝视着那当他离开几十日内，忽然变成了金牛的崇拜者的"强项人民"。他全身的筋肉，脸上的纹路，和即将离座而起的姿态，那表示他勃然大怒，而强自抑制的神气。这石像的脸，含有超人的威力，人立于像前，每有凛然之感。葛里戈维阿斯（Gregovius）批评道："自从希腊以来，不再有似这样好的雕刻，对于米开兰基罗的工夫，叹观止矣。我们可以说米氏雕刻此像实以隐喻教皇朱利阿斯的个性。盖这位教皇也像摩西一样，是兼立法者、祭司、战士于一身的。"

米氏自己于此像，亦得意非常。相传像将成时，他曾以雕琢用的铁锤在摩西膝盖上敲了一下，说道："倘你是活的，为什么不说话！"他在此像上并未签名，却把他自己的像巧妙地刻在摩西的胡子里，从侧面看去，那微带卷曲的长髯，隐约成一人形。

在佛罗伦斯城里有一座美提契经堂，即美提契族的墓堂，亦为米氏所建造。其中所葬该族名人之像及装饰亦为米氏所设计。有二位公爵的坟墓及其像均出米氏手。像下有象征性的人物各二，一像之下为"昼"与"夜"，一像为"黄昏"及"初晓"也是今日游览佛城者不可不一睹的名迹。

三、建　筑

米开兰基罗一生以雕刻家自居，每否认自己之能绘画与建筑，但他对于这三项艺术，其实兼擅其美，成功之大，尚没有人及得他的。教皇良第十曾请他建筑圣老楞佐教堂的墙面。他很快地起草了蓝图，打算开始第一步的工程。过了四年，合同作废，什么也没有完成。而教皇格勒门第七请他去建美提契家族墓堂，这个合同总算履行了，一五二四年完工。这是个相当简单的建筑，惟有一圆顶盖于堂巅而已，这圆顶是为了遮那些墓坊而用。米氏曾向教皇贡献意见，想将罗马的圣吉阿梵尼（San Giovanni）堂加以扩大，他虽画有图样，却始终未被采用。

他最大的贡献，当然是受教皇保禄第三（Paul Ⅲ）之命，改建罗马圣彼得大堂。在他之前，原有几个著名建筑家工作了十几年，米氏将他的计划略予变更，而圣彼得堂那个高矗云霄的圆顶则完全为米氏之所设计。许多建筑家都说这个圆顶无论如何建不起来。米氏发誓定要将它架在大堂之顶。"有志者事竟成"，居然贯彻了他的目标。

圣彼得最高处为四十四米突，这个圆顶架在它顶上，离地共一百十九米突。合中尺为四十余丈。圆顶为夹层。外部包了一层青蓝色的铅皮，以御风雨及日光，内部有螺旋石梯，盘旋以升顶巅。顶之上更有一顶，作圆锥形，有许多石柱撑住，俨然是座罗马式的万神庙。这顶上更有一铜球，其上可立十六人，也有螺梯可以通达。圆顶内部为嵌石细工的圆画。圣彼得大堂壮丽冠于全世界，但这个圆顶又成了圣堂的重心建筑。

米氏建筑这圆顶的泥质模型，今日尚保存于梵蒂冈。

米氏死后，他的高足弟子梵刹黎（Vasari）在他坟上刻了三个身着丧服的人，一象征"雕刻"，二象征"绘画"，三象征"建筑"，这三大艺术实为米氏所兼擅，故以为纪念。亦以喻米氏死后，三大艺术亦将不振。

罗马的使徒堂（Sami Apostoli）也有一座米氏的纪念碑，刻着米氏身穿工作服，正在忙碌地工作。上有拉丁文铭曰：

Tanto Nomini Nullum Par elogivm.

这句话译成中文，便是：

"对此伟人，无词足赞。"

略为研究过米开兰基罗作品的人，无论对于他的绘画也罢，雕刻也罢，建筑也罢，其中所蕴含的巨刃摩天的气魄；海涵地负的力量；独往独来，无今无古创造的神奇，对于这句词，一定是欣然首肯的吧！

选自《最古的人类故事》，台湾文星书店 1977 年 3 月出版

文坛巨星的陨落

——纪德病逝巴黎①

纪德

[编者按]

纪德（1869—1951），二十世纪法国著名作家。纪德的父亲是法国南方的清教徒和法学教授，母亲出身于法国北方信奉天主教的资产阶级家庭，但他童年不幸，十岁就丧父，在成长过程中，受宗教的影响至深。1909年与友人创办刊物《新法兰西评论》，那"青春的新鲜活力，富有感染力的生活"，对现代法国文学产生过巨大的影响。故法国文学家、诺贝尔文学奖得主帕特里克·莫里亚克说："纪德在世一天，法国便还有一种文学生活，一种思想交流生活，一种始终坦率的争论……而他的死，结束了最能激励心智的时代。"纪德于1947年获

---

① 此文为苏雪林1950—1952年第二次赴法留学时，为香港真理学会所办刊物撰写的"旅欧通讯"。作者后来将这一时期所写的文章结集出版，题为《归鸿集》，1955年8月，由《畅流》半月刊出版，本文即选自该书。

诺贝尔文学奖。

巴黎——这座欧洲文化的古城，由于法国当代大文学家安德来·纪德（André Gide）的逝世而罩上了淡淡的悲哀气氛。纪德是本月十九日（编者注：即1951年2月19日）晚十点三十分在他寓所逝世的，享年八十二岁。

一八六九年十一月二十二日，纪德诞生于巴黎梅蒂西路十九号，此街离法律专科学校不远，他的父亲保罗·纪德，即在该校教授罗马法。纪德的血统，一半属于法国北部诺门德（Normande）一半属于法国南部诸省，所以他的性格是刚强与温腻的混合，这话是他与名作家巴莱（Barr'es）等笔战时自己称述的。

一八九一年他匿名发表《怀尔台的簿子》、《遗作》，但他自己并不满意。没有多少时候，便将版本销毁了。同年，他发表《耐煞西施的条约》。一八九二年发表《安德来怀尔台的诗集》、《诱惑的爱人》，书中充满了轻松机敏的嘲谑，文学界受其影响，一时嘲讽成风。

即在这个时代，纪德开始到各处旅行，曾到非洲北部及中部，意大利及一切拉丁语文的国家。他对拉丁语的国家具有极大的好感，对于苏联亦然……不过他自从游历苏联以后，观念为之一变。归国后，发表《自苏联归来》（Retour de L'u. R.S.S.），轰动了整个世界。共产党当然对他大肆抨击，甚至罗曼·罗兰都替他大为惋惜，也作文责备他。但他那本书却得到广大读者的欢迎，一时译为十余国文字。以前苏联这个国家，本来隐藏在一圈黄金色的雾里，人家都把看她作无产阶级的乐土，人类最后救渡的慈航，纪德这书本出版，才把苏联哑谜戳穿一部分。这本书对苏联的观察，还只是属于表面的，并没有阿特来女士《失去的梦》那么深刻透彻，但纪德的书之问世，比《失去的梦》要早好多年。在他书中，早已料到斯大林要走到独裁的路上，要拿共产主义做幌子来实现他征服全世界的梦，他的观察力能说不强吗？本来文学家就是预言者，纪德的预言现在已一一应验了。所恨者眼睛被那一团黄金雾眩昏的人，还是很多，还是互相牵引甘心向那雾后万丈深渊下跃，纪德啊，你的预言是白说了！

一八九三年，纪德发表《叙利安的旅行记》，以后又发表了《土地的食料》、心理小说《松锁》等等。两年以后，又发表《不道德者》，这书颇可表现作者特殊的性格，一般研究纪德的人，说纪德在现代文学界所提出的驳诘辩论的问题最多云。

一九〇三年，纪德发表《借口》，第二年纪德在他一生著作生涯中展开了灿烂的一页，也在法国文学界展开一个光荣的时代。他发行《法兰西新刊》（*La Nouvelle Revue Frangaise*）他和 Jean Schlumberger，Jacques Copeau，Andre Ruytcrs 一群作家合作，希望对一种青年的运动，有所帮助。

一九〇九年，纪德发表《天才儿童的归来》，一般读者称这本书为我们作家最伟大的作品。他的作品以后源源不断产生，每年都有书出版。像《依撒培儿》、《新的借口》、《重罪法庭的回忆》、《牧歌的合奏》、《假如种子不死》、《妇女学校》等等。都是他一九〇九到一九二九这十年中的收获。

纪德也写过若干剧本，顶著名者为《沙尔》（Saiil）、《刚图和老蒂甫王》（*Le roi Candaule et OEdipe*），他对于 Dostoievski，Oscar Wilde 两位作家的研究是很有名的。他对于莎士比亚、公哈（Conrad）、华特曼（Whitman）、太戈尔和伯拉克（Blake）诸人作品的翻译，也比一切别人的工作更优美翔实。

他迁居里昂，将在费卡罗所著各论文，汇印成册，题为《想象的晤谈》（*Interviews Imaginaires*）。法国自由以后，纪德又在报纸撰著，作品均脍炙人口。

一九四七年，纪德荣膺世界文学奖诺贝尔奖金。同样获此奖项者，还有 1937 年得奖的马丁·卡儿（Roger Martin du Gard），此人也是法国当代有名作家。

纪德最后作品为《梵蒂冈的地窟》(*Caves du Vatican*)，乃系剧本，最近在法国剧院上演。

纪德曾说过这样的话："我爱《天方夜谭》、《旧约·圣经》、《天主的快乐和天国》。"这很可以说明他的性格和他的人生态度了。

——巴黎通讯之二

林琴南先生

林琴南像

[编者按]

　　林纾（1852—1924），原名群玉、秉辉，字琴南，号畏庐，别署冷红生，晚岁称蠹叟、践卓翁、春觉斋主人。我国近代著名的文学家、翻译家，福建闽县人。林氏虽不懂外语，却能靠懂外语的朋友讲述原著内容，他用文言进行翻译。他一生翻译英、美、法、俄、日、德、比利时、希腊、挪威等国作品170多种（270余册）。另有《畏庐文集》3卷、《畏庐诗存》、《巾帼阳秋》、《京华碧血录》等40余种著述存世。

　　当林琴南先生在世时，我从不曾当面领过他的教，不曾写过一封问候他的信，对他的道貌虽曾瞻仰过一次，也只好像古人所说的"半面之识"。所以假如有人要我替他撰什么传记之类，不问而知是缺少这项资格的。

不过，在文字上我和琴南先生的关系却很深。读他的作品我知道了他的家世行事；明了了他的性情、思想、癖好，甚至他整个的人格。读他的作品，我因之而了解文义，而能提笔写文章，他是我幼年时最佩服的一个文士，又是我最初的国文导师。

这话说来长了。只为出世早了几年，没有现在一般女孩子自由求学的福气和机会，在私塾混了二年，认识了一二千字，家长们不许我再上进了。只好把西游、封神一类东西，当课本自己研读。民国初年大哥从上海带来几本那时正在风行的林译小说，像什么《茶花女遗事》、《迦茵小传》、《橡湖仙影》、《红礁画桨录》等等，使我于中国旧小说之外，又发现了一个新天地。渐渐地我明白了之乎者也的用法，渐渐地能够用文言写一段写景或记事小文，并且摩拟林译笔调，居然很像。由读他的译本又发生读他创作的热望。当时出版的什么《畏庐文集》、《续集》、《三集》，还有笔记小说如《计击余闻》、《畏庐琐记》、《京华碧血录》，甚至他的山水画集之类，无一不勤加搜求。可惜十余年来东奔西走，散佚得一本不存了。不然我倒可以成立一个小型的"林琴南文库"哩。

民国八年升学北京女子高等师范，林先生的寓所，就在学校附近的绒线胡同。一天，我正打从他门口走过，看见一位须发苍然的老者送客出来，面貌宛似畏庐文集所载"畏庐六十小影"。我知道这就我私淑多年的国文老师了。当他转身入内时，很想跟进去与他谈谈，兼致我一片渴望和感激之意。但彼时究竟年轻胆小，又恐以无人介绍的缘故不能得他的款接，所以只得快快走开了。后来虽常从林寓门口往来，却再无碰见他的机会。

在五四前，我完全是一个林琴南的崇拜和模仿者，到北京后，才知道他所译小说，十九出于西洋第二流作家之手。而且他又不懂原文，工作靠朋友帮忙，所以译错的地方很不少。不过我终觉得琴南先生对于中国文学里的阴柔之美，似乎曾下过一番研究功夫，古文的造诣，也有独到处，其译笔或哀感顽艳，沁人心脾，或质朴古健，毕似史汉，与原文虽有出入，却很能传出原文的精神。这好像中国的山水画，说是取法自然，其实能够超越自然，我们批评时也不可拘拘以迹象求，而以其神韵的流动和气韵的清高为贵。现在许多逐字逐句的翻译，似西非西，似中非中，读之满口槎枒者，似乎还比它不上。要是肯离开翻译这一点来批评，那更能显出它的价值了。他在翻译西洋文艺作品时，有时文法上很不注意，致被人摭拾为攻击之资；他又好拿自己的主观，乱作评注，都有失翻译家严正的态度，不过这些原属小节，我们也不必过于求全责备。五四前的十几年，他译品的势力极其伟大，当时人下笔为文几乎都要受他几分影响。青年作家之极力描摹他的口吻，更不必说。近代史料有关系的文献，如革命先烈林觉民《与妻书》，岑春萱《遗蜀父老书》，笔调都逼肖林译。苏曼殊小说取林译笔调而变化之，遂能卓然自立一派。礼拜六一派滥恶文字也渊源于它，其流毒至今未已。有人引以林氏之过，我则以为不必；"学我者病，来者方多"，谁叫丑女人强效捧心的西子呢？

在创作里，我知道他姓林名纾，字琴南，号畏庐，福建籍。天性纯厚，事太夫人极孝，笃于家人骨肉的情谊。读他《先母行述》、《女雪墓志》一类文字，常使我幼稚的心灵受着极大的感动。他忠君，清朝亡后，居然做了遗老。前后谒德宗陵十次。至陵前，必伏地哭失声，引得守陵的侍卫们眙愕相顾。他在学校授课时，总勉励学生做一个爱国志士，说到恳切之际，每每声泪俱下。他以卫道者自居，五四运动时，他干了许多堂吉诃德先生的可笑的举动，因之失去了青年的信仰。他多才多艺，文字以外书画也著名。他死时寿七十余岁。

琴南先生在前清不过中过一名举人，并没有做过什么大官，受过皇家什么深恩厚泽，居然这样忠于清室，我起初也很引为奇怪，阅世渐深，人情物理参详渐透，对于他这类行为的动机才有几分了解。第一，一个人在世上不能没有一个信仰。这信仰就是他的思想的重心，就是他一生立身行事标准。旧时代读书人以忠孝为一生大节。帝制推翻后，一般读书人信仰起了动摇，换言之，便是失去了安身立命之地，他们的精神哪能不感到空虚和苦闷？如果有了新的信仰可以代替，他们也未尝不可以在新时代再做一次人。民国初建立时，一时气象很是发皇，似乎中国可以从此雄飞世界。琴南先生当时也曾对她表示热烈的爱和希望。我恍惚记得他在某篇文字的序里曾说过"天福我民国"的话。但是这新时代后来怎样？袁世凯想帝制自为了，内战一年一年不断了，什么寡廉鲜耻，狗苟蝇营，覆雨翻云，朝秦暮楚的丑态，都淋漓尽致地表演出来了。像林琴南先生一辈的人，不知道这是新旧递嬗之际不可避免的现象，只觉得新时代太丑恶，他们不能接受，不如还是站进旧信仰的破庐里安度余生为妙。在新旧过渡时代有最会投机取巧的人，也有顽固守旧的人，个中消息难道不可以猜测一二。第二，我们读史常见当风俗最混乱，道德最衰敝的时候，反往往有特立独行之士出于其间。譬如，举世皆欲帝秦而有宁蹈海的鲁仲连，旷达成风的东晋，而有槁饿牖下不仕刘宋的陶渊明，满朝愿为异族臣妾的南宋，而有孤军奋斗的文天祥，只知内阋其墙不知外侮的明末，而有力战淮扬的史可法，都可为例。我觉得他们这种人行事，如其用疾风知劲草，岁寒见松柏的话来解释，不如说这是一种反动，一种有激而为的心理表现。他们眼见同辈卑污龌龊的情形，心里必痛愤之极，由痛愤而转一念；你们以为人格果然可由利禄兑换么？正义果然可由强权压倒么？真理果然可由黑暗永远蒙蔽么？决不，决不！为了要证明这句话，他们不惜艰苦卓绝去斗争，不惜斩头流血，不惜一身死亡，九族覆灭，历史上还有许多讲德行讲到不近人情地步的故事，好像凿坏洗耳式的逃名，纳肝割股式的愚忠愚孝，饮水投钱临去留犊式的清廉，犯斋弹妻，纵恣劾师式的公正，如其不是出于沽名的卑劣动机，就是矫枉过正的结果。

还有一个原因比上述两点还重要的，就是林琴南先生想维持中国旧文化的苦心。中国文化之高，固不能称为世界第一，经过了四五千年长久时间，也自有他的精深宏大，沉博绝丽之处，可以教人惊喜赞叹，眩惑迷恋。所谓三纲五常的礼教，所谓孝悌忠信礼义廉耻的道德信条，所谓先王圣人的微言大义，所谓诸子百家思想的精髓，所谓典章文物的灿备，所谓文学艺术的典丽高华，无论如何抹不去它们的价值。况且法国吕滂说过，我们一切行事都要由死鬼来作主。因为死鬼的数目超过活人万万倍，支配我们意识的力量也超过活人万万倍。文化不过一个空洞的名词，它的体系却由过去无数圣贤名哲英雄名士的心思劳力一点一滴建造成功。这些可爱的灵魂，都在古书里生活着。翻开书卷，他们的音容笑貌，思想情感，也都栩栩如生，历历宛在。我们同他们周旋已久，就发生亲切的友谊，性情举止一切都与他们同化。对于他们遗留的创造物，即有缺点也不大看得出来，并且还要当作家传至宝，誓死卫护。我们不大读古书的人，不大受死鬼的影响，所以对于旧文化还没有什么眷念不舍之意；至于像琴南先生这类终日在故纸堆里讨生活的人，自然不能和我们相提并论了。他把尊君的思想当做旧文化的象征。不顾举世的讥嘲讪笑，抱着这五千年僵尸同入坟墓，那情绪的凄凉悲壮，我觉得是值得我们同情的。辜鸿铭说他之忠于清室，乃忠于中国之政教，即系忠于中国的文明——见林语堂《辜鸿铭》。王国维先生之投昆明湖也是一样，如其说他殉清，不如说他殉中国旧文化。

总之，林琴南先生可谓过去人物了，但我个人对他尊敬钦慕之心并不因此而改。他是一个典型的中国读书人，一个有品有行的文士，一个木强固执的老人，但又是一个有血性，有骨气，有操守的老人！

选自《人间世》1936年10月第14期

女词人吕碧城

[编者按]

吕碧城（1883—1943），原名贤锡，字圣因、兰清、遁夫，号宝莲，生于安徽旌德县书香之家（父吕凤岐光绪三年进士，母严士瑜，娴诗文）。因自幼受到国学涵养，故其诗词能镕铸古今，精彩绝艳，时人誉为"近三百年最后一位女词人"。她两度游历欧美，是一位社会活动家，同时也是我国现代女权运动的倡导者及动物保护主义者。一生著述有中英文单行本多种，逝世前，集而刊刻为《梦雨无华室丛书》行世。

吕碧城 1920 年摄于美国

在哥伦比亚留影

现住怡保市的朱昌云先生，是我一年前在通信里缔交的一位文友，他好读书，擅写作，曾以其大著数种惠赠。我来星洲后，他又寄来一本《晓珠词选》，这本集子是我乡先辈作家吕碧城女士的遗著，而经昌云先生的朋友程万鹏的注评，程君在扉页上签了名托朱君转给我的，是一本罕见的珍籍。

碧城女士家学渊深，才华艳发，清末民初，声华藉甚。我无缘识荆，但和她的大姊惠如女士倒见过一面。她于一九一五、六年间在南京任第一女子中学的校长，办学以严厉著称，学生毕业出校在社会上担任各种职务，衣饰行动，尚受校长干涉。一九一八年间，我已毕业于安徽省立第一女子师范，任教母校，有一次率领学生到南京参观，与几位同事去拜谒这位有名的教育家，请教一些治学做人之道。吕校长对我们发表许多意见，完全是一种训导式。她知道她学校有个毕业生在我母校教音乐体育，竟毫不客气地对我们说："你们是我学生的学生，那么，我便是你们的'太老师'了，太老师说的话都是一辈子的经验之谈，不会骗你们，你们应该遵守。"我们那时虽算当了师长，究竟还是几个"黄毛丫头"，平日震于吕惠如校长的威名，早已心存畏惮，现在当然只有唯唯称是，按照"徒孙"的辈分，向她恭敬行礼而别。

后来我在报纸上时常读到吕碧城女士的诗词，我那时也学着胡诌一些旧式诗歌，可是若和碧城相比，便成了山歌村谣了。有人劝我和碧城女士通信，请她收我于门下，有她指点，也许可以渐跻于大雅之堂。我想起她令姊吕校长的威棱，未敢尝试。因为在她作品里，我觉得这位女词人性情高傲，目无余子，哪里会瞧得起后生小辈像我这样的人？写了信去，她不理，岂非自讨没趣？一九二八、九年间，我的第一部著作《李义山恋爱事迹考》在上海北新书局出版。半年或一年以后吧，碧城女士自欧洲某处写了一封信，给北新书局的老板李小峰索阅此书。小峰把那封信转给我，意欲我自己寄书给她。我想碧城女士那封信并非是写给我的，何苦去献那种殷勤？最大原因，则因吕氏"碧城"二字之名，取自李义山《碧城》三律，"碧城"、"紫府"虽属神仙之居，但自从我在义山诗集里发现唐代女道士不守清规，惯与外间男子恋爱的事迹，便主张《碧城》这三首七律，是义山记述他恋人宋华阳所居寺观，及寺观中一切的诗。如此，则清高严洁，迥出尘外的仙居，一变为那些不端男女们密约幽期，藏垢纳污之所，对于吕氏那个美丽的名字，唐突未免太大了，所以更没胆量把那本小书献给她。小峰是否寄了，我不知道，但我想他一定没有寄。

因为不敢寄书，又一度失去与这位女词人通信的机会，引为终身之憾，至今尚懊悔不已。

碧城女士不但才调高绝，容貌亦极秀丽，樊樊山赠她的诗所谓"天然眉目含英气，到处湖山养性灵"。又说"十三娘与无双女，知是诗仙是剑仙"。又赠她的词"冰雪聪明芙蓉色，不栉明经进士，算兼有韦经曹史"。都批评得极其确切。我记得曾从某杂志剪下她一幅玉照，着黑色发薄纱的舞衫，胸前及腰以下绣孔雀翎，头上插翠羽数支，美艳有如仙子。此像曾供养多年，抗战发生，入蜀始失，可见我对这位女词人如何钦慕了。

选自 1964 年新加坡《恒光月刊》

女教育家杨荫榆先生

中年杨荫榆

[编者按]

　　杨荫榆（1884—1938），江苏吴县人，幼名申官。1907年赴日本东京留学，归国后任江苏省立第二女子师范教务主任。1914年调任北京女子师范学监，1918年赴美国哥伦比亚大学留学，获教育学硕士学位。1922年回国后，在上海教书。1924年被北洋政府教育部任命为北京女子师范大学校长。

　　数月前一位旧同学从桂林来信告诉我说："女教育家杨荫榆先生已于苏州沦陷时殉难了。"死的情况，她没有说明白，因为这消息也不过从苏州逃难出来的朋友口中听来。只说荫榆先生办了一个女子补习学校，苏州危急时，有家的女生都随父母逃走了，还有五六个远方来的学生为了归路已断，只好寄居校中，荫榆先生本可以随其亲属向上海走的，因要保护这几个学生，竟也留下了。"皇军"进城，当然要照例表演他们那一套烧杀淫掳的拿手戏，有数兵闯入杨校，见女生欲行非礼，荫榆先生正言厉色责以大义，敌人老羞成怒，将她乱刀刺死，所有女生仍不免受了污辱云云。那位同学知道我是一

114

个荫榆先生的同情者，信尾又赘上几句道："时局极端混乱中，音讯断绝，关于社会上有名望的人士，讹传是很多的。像前些日子报载吴门名绅张一麐先生已投井殉节，旋又传他落发为僧，即其一例。荫榆先生的死耗也许同样的不确，劝你不要过于伤感。"前日高君珊先生来嘉定看朋友，谈起荫榆先生，才知道她是真死了。不过并非死于乱刀之下，而是死于水中。是被敌军踢下桥去，又加上一枪致命的。她的尸首随流漂去，至今还没有寻获。死状之惨烈，我想谁听了都要为之发指，为之心痛的吧。

我与荫榆先生相识，系在民国十七、八年间。关于她的平生，我曾在一篇《几个女教育家的速写像》中介绍一二。……

自十九年滥竽安徽大学和武汉大学讲席以来，接连六七年没有回过苏州，同荫榆先生也没有通过一封信。去年四月间，忽接她一函，说她想办一个女子补习学校，定名二乐学社，招收已经服务社会而学问上尚想更求精进的或有志读书而无力入校的女子，授以国文、英文、算学、家事等有用学问，请我也签名于发起人之列。七月间我回苏州度夏，会见了我最为钦佩的女教育家王季玉先生，才知道二乐学社系荫榆先生私资所创办。因经费支绌，无法租赁校舍，校址就设在她盘门小新桥巷十一号住宅里。过了几天，我特赴杨宅拜访荫榆先生。正值暑假期内，学生留校者不过寥寥数人，一切规模果然简陋。她虽然想同教育当局接洽一所校址并津贴，但未能如愿。谈起女师大那场风潮，她源源本本的告诉了我。……不过所可恨者，她挥斥私财办理二乐学社，而竟有某大师私淑弟子们故意同她捣乱，像苏州某报的文艺副刊编辑某君，就曾屡次在报纸上散布关于她不利的谣言。将女师大旧事重提，指她为专制魔君、女性压迫者、教育界蟊贼，甚至还有什么反革命分子。一部分无识女生受其蛊惑，竟致退学，所聘教员也有不敢与她合作者，致校务进行大受妨碍。荫榆先生言及此事时颇为愤愤，我亦深为不平。

女师大教职员工合影（前排右六为杨荫榆）

咳！荫榆先生死了，她竟遭大日本的"皇军"惨杀了，谁能料到呢？她若不办二乐补习社，则无女生寄居，无女生寄居则她可以轻身遁往安全地点，她的死是为了保护女生而死，为了热心教育事业而死。记得我从前那篇《几个女教育家速写像》，写到荫榆先生时，曾引了她侄女寿康女士①写给我的信几句话来安慰她道："我们只须凭着良心，干我们认为应当干的事业，一切对于我们的恶视、冤枉、压迫，都由它去，须知爱的牺牲，纯正的牺牲，在永久的未来中，是永远有它的地位，永远流溢着芬芳的。"当时用这"牺牲"字眼，原属无心，谁知今日竟成谶语。她的牺牲，自有其价值，中国一日不亡，她一日不会被忘记的。

---

① 编者注：杨寿康（1899—1995），江苏无锡人，翻译家杨绛的大姐。杨荫榆是杨寿康的三姑母。苏雪林与杨家关系亲密，杨绛在东吴大学时，曾为苏的学生，杨寿康翻译法国作家波尔才《死亡的意义》，苏有专文评介。此外杨寿康与苏雪林皆是天主教的教友，在沪时经常在教堂见面。

现在我们一面要学荫榆先生这纯正的爱的牺牲的精神，一面也要永永记住敌人这一篇血账，努力达到那清算的一天！

选自《归鸿集》，台湾《畅流》半月刊社 1955 年 8 月出版

几个女教育家的速写像

草木有本心，不求美人折；谁知林栖者，闻风坐相悦！

　　画家替人画像，有时要费去几月几年的功夫，但作速写（sketch）只需几条直线和曲线，数分钟间便可以描摹得神情逼肖。这很像文学里的小传，会作小传的人，寥寥数百字，足以概括一人的生平，而她动人的力，她给人印象的明晰，反在洋洋万言的大传之上。这里几个女教育家都是我稔熟的师友，虽非中外闻名的大人物，也算得女界的先觉者。她们抱着献身于社会事业的热忱，以育英才为己任，直接培植中国的元气，间接便在促进中国的文化。有的艰难奋斗十余年，已经收获了良好的果实；有的还在不声不响地向前干，于今社会风气太浇薄，自私自利的人太多，介绍她们的芳型，也许可以收获激励的功效。不过本刊篇幅宝贵，容不了我笔尖儿跑野马，只好先替她们作一个小传，也可说速写的肖像，详细的写真或者要待之将来。但这几位女教育家都有爱因斯坦的癖性，生怕人家画她们的像，更怕人家拿她们的像到处披露。这几张"拙稿"都是偷偷摸摸临摹来的，假如有失庐山面目，虽然要怪我的艺术过于拙劣，也请恕我没有端详审视的机会。开场引了张九龄的几句诗，就是要表白我从事于这工作的微忱。

一、苏州振华女学的创始者——王氏母女

荙门之西，带城桥畔，有一座宏大的旧式建筑，这便是前清苏州织造府，而现在的振华女学。这学校的精神，非常齐整肃穆，师生的关系好像家人母女般的亲切，对于学生的学业采取严格主义，而品行则采取感化态度。校内教职员大都为欧美留学生或社会知名之士，学识经验都很丰富，常按照最新的方法，改良校务，务使振华在不断的进步之中，绝不因她在社会已经得到好的批评而遂满足。卒业于此校者成绩都很优美，升学于国内外大学者十九录取，前后造就人才，不可胜计。虽然是个私立学校，隐然成了苏州女学的中心，可称难得。此校为王氏一姓所创办，筚路蓝缕以启山林者为王谢长达女士，而发挥光大之者则为王季玉女士。

（一）王谢长达女士

[编者按]

王谢长达（1848—1934），字铭才，安徽人，婚后随夫姓。早年随夫内阁侍读学士王芾卿在京居住，清帝逊位后，迁至苏州居住。1905年，与友人筹款千余元，以"振兴中华"为宗旨，创办"振华女校"。1906年该校又增开师范科，培养小学师资。她一生致力女子教育，呕心沥血。七十寿辰时，将亲友所赠寿仪，悉数捐作振华学校办学费用。

王谢长达（1848—1934）与丈夫王芾卿

王谢长达女士是逊清记名御史王芾卿先生的夫人。性情豪放，素抱大志，清季外交屡次失败，民气激昂，变法自强的呼声洋溢全国，这时候几千年死气沉沉的女界也有了相当的觉悟：她们一面要求新知识以为自立的张本；一面蹭弃不良旧习惯，以为解放的先声。那时沪上人士创立天足会，加入的很是踊跃。长达女士在苏州闻风响应，也在本地创立了一个分会，极力劝人入会实行放足。一般无识的人们很瞧不过眼，公然出来反对，女士毅然不为动，更加热心宣传。每逢开会，演说放足的利益和放足的方法，舌敝唇焦，不惮辛苦，妇女听她劝告而放足者极多。民国初年办"女界公益团"，集合缙绅家的妇女为有秩序的讨论，如烟、酒、虐婢，以及家庭一切恶习，都相诫严厉禁绝。对于妇女应入学读书一端更是她宣传的主要点。苏州女界风气素来闭塞，现在才算有了一线光明的希望。振华女学是她在民元前五年创办的，初赁严衙前顾氏房屋为校舍，设高小部，继设师范班，后迁学校于十全街王氏余屋，添设幼儿园与小学衔接，这是前期振华的情形。

长达女生办事精明干练，尤有刚强不屈的精神，兴办教育十余年，所遇的挫折不一而足，而她从来不出一失望语，从没有一点消极态度。于今高龄已八十一岁，身体康健，精神矍铄，奔驰京沪等处不以为劳。于今，振华虽已归女公子季玉女士管理，但每逢大事她老人家还要操一点子心呢！听见朋友说女士早年时代办事不畏强御，百折不回，一班顽固党便给她取了一个"母老虎"的诨名，这在从前当然是一种刻薄的讥讽，而现在却算成了光荣的徽号了。法国新近逝世的内阁总理克莱蒙梭不是被人叫做老虎吗？中国旧时代的女性都是不禁风日的娇花，养在雕笼中的小鸟，新时代的多数女性，也不过是《娜拉》剧本中小松鼠儿、小洋团团，所以只好依人生活，供人娱乐，虽然同样是人，而谈不上做人的资格。如果多出几只像长达女士般的母老虎，中国女界的情况绝不像现在一样。

（二）王季玉女士

[编者按]

王季玉（1885—1967），王带卿与王谢长达的三女儿，毕业于振华女校师范科后，即赴日本补习英文及数理。后又赴美修文学，并考入伊利诺伊大学，获生物学硕士。1916年回国后，继承母志，出任振华女子中学校长。王季玉为了教育事业，终身未嫁。

王季玉女士是长达女士的第三（位）女公子。早岁失父，太夫人家

校长王季玉先生（1885—1967）

教严肃，子女数人都使入学校受新式教育。当时风气虽略开，而士大夫还抱一种夜郎自大的见解，鄙西学为夷狄产，以为不足学。像那些主张中学为体，西学为用的人，还算庸中佼佼的呢。长达女士思想素来新颖，知道中国处此时代，非变法不足自存，而变法须先从培植西学人才入手。她因子女当时在国内受不到高深教育，便把他们一个个送出洋。季玉女士先赴日，继游美国，在美五年，得蒙脱霍里尤克大学文学士，伊利诺大学理科硕士学位。女士志在教育，又赴哥伦比亚师范大学院研究若干时。

1917年回国，由她母亲手里接办振华学校。民国七年裁撤幼稚园，创设旧制中学。那时苏州已有第二女子师范，一般人的论调，都说女子的天职不过贤母良妻而已，否则教育儿童也还不算逾越分际，至于什么专门学问，那都是男子特享的利权，女子是不应当过问的。中学本来是大学和专门学校的预备所，现在女子居然有了什么中学，老先生们当然又有些异视。所以振华中学办的第一年，只收到一个学生，别人处此境地，早已心灰意冷，将学校关门大吉，而季玉女士不然，她说：
"无论什么事业，创始的时候总是困难的，我认定了这项事业有正当
的理由，便须聚精会神地干下去，从盘根错节的环境中奋斗出一道路
来。若因挫折而便气沮，遇反对而改变自己的方针，天下还有什么事可
办呢？"

她苦心孤诣，一意要办她的中学，一年之后，学生渐渐增加了，几
年之后，远在数百里外的学生也负笈而来了。于今振华已有三四百名学
生，百余间广厦，很完全的设备，算已有了一个光荣的局面，但回想当
年创始时的艰难，想办事人还不免要洒一掬辛酸之泪吧。

季玉女士之办学不求名，不求利，完全以办学目的而办学。别的学
校慕她才学，要聘她为教授，她不去，革命军到苏州的时候，第二女中
校长辞职，教育当局再三要她兼任，她说："我不能因别项事业分了我
照顾振华的精神。"振华好像是她的亲生儿女，她以全副心力灌活着她；
又好像是她整个的生命，一刻也不能和她相离。一般教职员受了她的感
化，也都把振华当做自己的家庭一样，轻易不肯离弃。前之张镜欧女
士，现在之沈骊英女士，许多大学欲聘之而不可得，而她们甘心过母校
简单的生活，帮助季玉办事。甚至外国人亦闻风而来，本刊前所介绍过
的两位雷女士即其一例。

季玉女士在振华除校长职务外，又兼教许多功课，每星期要批改数
百本课卷，学生开什么会，必定要她到场，研究什么学说，又必请她指
导。此外则校务会议，款待宾客，接洽外间杂务，都是她亲自出马。每
天二十四小时除吃饭睡觉，几乎一刻也不得空闲。

她自奉极其俭朴。身上所穿的不过布衣一袭，寝室中几榻数件外，
萧然别无陈设，严冬之际也不御火炉。我常说她所过的是宗教家苦行的
生涯。如今的留学生，到外洋逛几年，学问没有学得，奢华的习气却沾
染不少。回国之后，食必大菜，居必洋楼，出必汽车，居移气，养移
体，居然成了贵族阶级。但这种生活是不易维持的，于是不得意的怨天

尤人，骂祖国待遇他太薄，得意的不惜牺牲自己的人格和良心，干种种罪恶来赚钱了。我以为季玉先生的模样，值得留学生注意，更值得一般青年的仿效。

此外季玉先生种种私德之高尚，凡与她相处的人都知道，不必多述。总之这样一个教育家，我们应向她表示诚恳的敬意；这样一个学校，我们应当尽力爱护。

二、杨荫榆女士

我同杨荫榆先生本来不相认识，近来由她侄女寿康女士的介绍，才和她谈过几回话。但杨先生的性情以及她过去的事迹，几年前早在我脑筋中留下许多印象了。杨先生在民国八年前曾为北平女子师范的教务长，我赴北平投考女高师时，她已由教育部派送美国留学。有几位同学很钦佩她，常常向我谈起她。我很有些不修边幅的脾气，朋友们常拿我开玩笑。见我书籍用品随处乱抛，她们便说假如杨荫榆先生在此，你便要吃亏了。见我衣履不大整饬，又笑道，给

年轻时代的杨荫榆女士
（**1884.9.7—1938.1.1**）

杨荫榆先生看见，你可要受她一顿严厉的教训了。听了她们的这些话，我想象里便虚构了一个满面冰霜，严肃可恨的师长影子。

朋友高晓岚女士同我谈杨先生的身世，我又觉得这种勇敢坚决的女性，实属不可多得，实值得我们的尊敬。高君说，杨先生在前清时代便是一个先觉的、富有新思想的女子。初求学于苏州景海女学，卒业后由旧家庭强迫的命令，与某君结婚。某君本来是个纨绔子，思想非常腐

败，荫榆女士新婚的第二晚便同丈夫侃侃而谈，既披露了自己平生的抱负，又劝丈夫洗涤旧染，力求新知，做一个有益于社会与国家的人物。她愿意和他携手走向光明的道路，创造有希望的将来。丈夫见他新婚的妻子毫无娇羞之态，反而口若悬河讲出一番爱国做人的大道理，不禁闷了一肚子气，但没有发作。第三晚荫榆女士又发她的议论，那位没有知识性情又粗暴的丈夫便跳起来给她一个耳光！说道："牝鸡司晨，惟家之索，女人家想干预起国家大事来，那还了得？趁早闭了你的口吧。"

荫榆女士受丈夫的侮辱，毫无怒色，只庄严地问道："你是一定不能和我合作了么？"

"——去你的！"她丈夫说，"你去服务社会，做你理想中的新人物，我改不了我的旧习惯，你说我不配做你的丈夫，你就请便！"

荫榆女士听了再不回答，第二天晨间便回母亲家去了。两家家长以事出非常，大为失措，再三设法调和，丈夫也表示悔意，她一概置之不理。不久便独往日本留学去了。她丈夫随即娶了几个姨太太，捐了一个官，造了不少祸国殃民的罪孽。荫榆女士是早洞察了他的性格，断定他之不可救药，才毅然出于决绝之一途的。

自日本回后，服务教育界多年，勇往直前，不畏艰难。她常说，我自从脱离家庭，便立志将我的全生命贡献给中国了。她游美数年，得教育科硕士学位，回国即被任为女师大校长。听说她起先办事尚得学生的信任，后来不知为什么得罪了几个学生，一部分教职员又从中捣乱，于是激起空前大学潮。结果杨先生不但在这学潮中辞了职，还被一般舆论攻击得体无完肤。听说某评论社与某派对骂，某教授与某新文学领袖结了不解的冤仇，还是这场学潮的尾声呢。

这场风潮的发生和进展时期里，我恰不在女师大。双方的是非曲直，不敢轻易评断，但当时北平学风之过于嚣张，学校秩序之凌杂混乱，都是事实。荫榆女士素性严肃，又新从条理井然的新大陆社会中回来，对于这种现象，有些瞧不过去，便想彻底整理一下。不过她不明白当时的情形，未免操之过急，所以酿成这种不幸的结果吧。

荫榆女士受此重大刺激后，颇觉灰心，隐居苏州数年，不问世事。于今典某家园林为怡养之所。我有一次去访她，见她独坐于阴沉深闷的中国式厅堂中，陪伴她的不过是满架图书，和两猫一狗。这种生活是很孤寂的，然而孤寂中未尝没有趣味。

她同我谈话时，精明强毅之气犹溢于眉宇，"难怪她能做那样大学潮中的主动人，她果然是个充满魄力女子。"认识她的人都异口同声地这样说。

她于今不过四十几岁，筋骨犹强，神明未衰，还可以替社会干一番事业，发展她的志愿，就此退隐，我以为极可惜。千里霜蹄不能因历块一蹶，遂甘心伏枥以终生。我希望荫榆先生卷土重来，再创造她的新世界。

本来是非是没有标准的，舆论有时是靠不住的，何况是在这杂乱无章的过渡时代。杨寿康女士有一回写信给我道："我们立身行事，一味迎合潮流，投世俗之好，那是不对的。我们只须凭着良心，干我们认为应当干的事业，一切对于我们的恶视、冤枉、压迫，都由它去，须知爱的牺牲，在永久的未来中，是永远有它的地位，永远流溢着芬芳。"我请将这几句话转慰杨荫榆先生。

三、金陵女大校长吴贻芳博士

[编者按]

吴贻芳（1893—1985），号冬生，江苏泰兴人。1904 年入杭州弘道女学堂读书，1906 年就读上海启明女校，1907 年考入苏州景海女子学校。后因家庭遭难，中断学业，在北京女子师范附小任英文教员。1916年经外籍教师推荐，入金陵女大读书。1919 年自金陵女大毕业，受聘

吴贻芳（1893—1985）

北京女高师英文教员。1922年赴美国密歇根大学攻读生物学，1928年获生物学博士回国。1930年金陵女大更名金陵女子文理学院，吴贻芳任院长。

我们中学时代的学生都有一种罗曼思想，同学和同学会像一对情人似的相爱，对于好的教员，也每每由敬生爱，由爱生慕，陷于恋的状态之中。我在本省女师范读书的时候，有许多同学爱恋一个美丽的体操教员，为她争风吃醋，闹了许多笑话。但我要在这里解释一句，我们的爱情都是纯洁的、天真的，绝不带丝毫性的色彩。现在一些无聊文人，指此为同性爱的表现，又拿些什么弗洛伊德的学说来说明，我们当时实不了解。

我平生也曾爱一个教员，不过始终是单恋的，这就是现任金陵女大校长吴贻芳博士。民国八年，我负笈于北平女子高等师范，吴先生是我们的英文教员。她授课之认真、讲解之明晰，无人比得上她。她上课时能使学生既爱她又怕她，对于她的功课，没有一个敢不用心学习。我由内地学校出身，英文程度很浅薄，但自得吴先生指导之后，进步便很快。于今在女高所学别样功课早付遗忘，英文虽然荒疏，脑筋里还有些影响，这是不能不感谢吴先生的。而且我因此明白了教师以严格的为良，严格的教师，虽使学生当时多吃些苦头，以后便见益处，现在一般学生对于愈撒烂污的教员愈欢迎，不过害了他们自己罢了。

我天天上吴先生的课，对于吴先生爱慕的热度，也一天天深起来。后来知道吴先生身世极不幸，她的父母姐弟差不多都是社会不良制度压迫死的（事见林纾《畏庐续集·吴孝女传》），对她更发生无限的同情。她长长的清秀面庞，高高的额角，明亮眼睛里含着的忧郁表情，尤其她那一种从忧患烈火里锻炼出来潭粹的道气，更深深叩动我的心弦，引起我极端的敬爱。不过我虽然如此敬爱她，却不敢和她有亲近的表示，一则我在她班上读书，免得引起同学的误会，二则吴先生性情虽然温和，而除功课校务外，与学生从无感情上的联络，我们也不好同她兜搭。记得我在女高师二年，英文屡次升班，但升班后不过几天我又自动的退下来，虽然为了高级的英文教法不如吴先生，但一半也为了我舍不得离开吴先生。又记得她的住室和我们朝西的课堂相对，我每每从窗子口偷偷地看她，站个一两点钟不忍去，对于她真像一本奇书，百读不厌似的。古有"东墙窥画"，今有"西窗窥师"，可谓无独有偶，这虽然是我当时的孩子气太重，但吴先生之如何令我倾倒，也可见一斑了。

我在女高师的第二年，学校添设英文部，吴先生为该部主任。有几个程度很低的学生，教员讲深了她们不懂，迁就她们，又妨碍了优秀分子的进步。吴先生想叫她们暂时退学，第二学期再来考。但她们的父兄在政界有些势力，同校长又相好，极力反对吴先生的计划。吴先生最后与校长约：这几个学生大考及格则留，否则非令其退学不可，学校如阻挠，她愿意辞去英文部主任。大考时那几个学生果不及格，吴先生以有约在前，不肯让步，结果她毅然辞职。

学生的家长虽然胜利了，还是怀憾，到各报纸遍布流言，捏造吴先生许多劣迹，甚至说她以学生贿赂的多寡，为考试升降之标准。曾参杀人，三人市虎，居然说得若有其事。全校教职员和学生平日虽钦佩吴先生，但以学校当局关系，此时都噤若寒蝉，不肯出来替她说一句公道话。"老恋"的我，听见这件事，气得眠食不宁，立即写了一封极长的匿名信安慰吴先生，又写了几篇文字替吴先生洗刷。然而各报馆存了先入为主的观念，不肯登载。那时我在北京《益世报》副刊撰稿，与该刊编辑成舍我先生相熟，写了许多信，打了无数次电话，要求他帮忙，成先生被我缠不过，将我那几篇文字在副刊上发表出来①。英文部学生好像有些问心过不去，也用全级名义发表一篇宣言，拥护吴先生。不过那篇宣言只登了一半，次日竟无嗣响，大约是学校当局取缔的缘故。

吴先生虽受一时的诬蔑，而认识吴先生者，都能信任她的人格。而且于今吴先生道德学问，为中外人士所仰慕，那些反对她的人早已无声无臭了。可见真理永远不变，正义也不是恶势力所能颠仆的，我们只须打起精神，立定脚跟，堂堂地做人，管他外界纷纷的是非毁誉！

这件事已隔八九年，我现在旧事重提，并非想对吴先生卖什么人情，也不是要借此表白我什么侠义的举动。不过，我敬重吴先生，居然有机会能替吴先生出这一点力，至今犹有余快，所以顺便提出来一谈。

吴先生于一九二二年留学美国密西根大学专研生物学。听说她常驾汽车，独行数日的长途，采集植物标本。刻苦勤学之风，大为全校师友所倾服。她又曾为"中国学生会"会长，办事一毫不肯苟且，同学个个怕她。得博士学位后，回国任金陵女大校长，改良校务不遗余力，金大有了吴先生这样人做校长，她的前途当然是不可限量的。

我所认识的师友之中，吴先生是我最不能忘记的一个。她到于今还不知道我是谁，然而我却时常想念她，和朋友谈论她的为人，遇见由她那边来的人必详细询问她的近况。吴先生对于我好像有一种特殊魔力，能够吸住我的心灵，这是她高尚的思想、正直的人格、诚恳的态度、渊博的学问，使我如此。假如吴先生有机会读到这篇文字，知道自己芳洁的仪型，曾惹得一个学生发狂般崇拜，想必要为之一笑的吧！

---

① 编者检索《益世报·女子周刊》，在 1921 年 1 月 29 日第 3 版上，发现苏雪林以"不平"为笔名，发表《女高师英文部主任吴贻芳先生的辞职》的白话长诗，为吴先生鸣不平。

四、陈鸿璧女士

[编者按]

陈鸿璧（1884—1966），原名陈碧珍，广东新会人。幼年就读上海中西女塾。民国初年，在沪创办幼稚园，培养学龄前儿童。1917年又在幼稚园基础上开办广东旅沪小学。陈鸿璧擅英文，任校长期间还兼教英文，并自编高小至初中英语教材。她最早提出"以兴趣教学为中心，使儿童乐于就学"的教育理念。

陈鸿璧（1884—1966）

著述家的生活和事业家的生活，好像是完全相反的。著述家好静，事业家要动；著述家的世界不过他一间小小的书斋，事业家的活动区域则常扩充至全社会；著述家穷年矻矻，爱惜寸阴，惟恐外来事务纷扰了他的心志，事业家则奔走游说，常致突不得黔，席不得暖。严格说起来，著述家带点独善其身的性质，事业家则更富有牺牲一己的精神。我有一个朋友素想在事业上有所成就，而他不幸爱艺术如性命，左牵右掣，两样都弄不好，结果他只得放弃事业，专心一意地去伺候他那位美丽而善妒的"太太"（英国王尔德说艺术是个难伺候的太太）。以我个人而论，也算得师范出身，本应当服务于教育界，但为了想写点不相干的文章，不得不和神圣的教育业诀别，言之实有余慨。将这两种截然不同的生活合而一之，又都获到相当的成功者，女界中我仅见之于陈鸿璧女士，所以我个人对她更有特殊的钦佩和爱慕。

陈鸿璧女士，广东新会人，生于一八八四年，为招商轮船局总办陈兆桐先生的女公子，自幼倜傥不群，志趣超卓。初入上海中西女塾及圣若瑟学校肄业，一九○七年又读书于宏文馆，成绩均极优异。一九一七年任教职于上海民立女子中学和育贤女学。读书任事之余，女士又投身于报界，为广州七十二行《商报》、《长沙日报》的通信员。一九一二年，她又在江苏《大汉日报》撰稿，这本是一个革命言论机关，女士以她如火如荼的热忱，明白爽利的文笔，鼓舞老大民族的热血，催促汉族觉悟和从事革命的决心。霹雳一声，武昌举义，三百年的满洲政府土崩瓦解，空前的共和竟以成立。这虽是无量数革命志士眼泪和鲜血的代价，然而女士一支笔确也曾贡献过不少的力量。"三千毛瑟枪，不如三寸管城子"，女士殆可谓中国的罗兰夫人了。

革命后，她还做过多时《时报·妇女周刊》的主笔，译著书籍已出版者有《苏格兰独立记》、《一百十三案》、《女儿镜》、《新押衙》、《盗面》、《电冠》、《桐荫簃译丛》。当时林琴南翻译的小说风行一时，女士译品颇能保存原有的句法和风格，而又曲折委婉，善能达意，于林译之外别树一帜。这因她中英文均有深潜的修养，所以翻译时有游刃有余之乐，读者亦不致有诘屈聱牙之苦。此外关于教育的论文尚有多篇，兹不具述。

女士于民国元年与表妹唐关素梅女士在上海创办幼儿园，专收粤籍的幼儿。那时粤侨多未明幼稚教育的重要，开办伊始，只收到幼生七人。开学日，那班小孩子见了面生人啼哭叫嚣，娇痴畏怯，闹得不亦乐乎。女士等左抚右慰，费尽心机，一连数日，群儿乃渐就范，对于保姆始生依恋心，女士乃相顾而说道："教育虽云乐事，却原来也是苦事！"

女士办学信用渐孚，幼生来者渐多，原有园地不敷应用，于是搬了一次场。并从家属之请，增设初级小学，俾幼生的姐妹有求学之所。校舍既扩充，经费渐形拮据，女士与热心同事典钗质裙而继之，犹苦不足，幸后来得几位关心教育的乐助，学校生命才得苟延。

以后由初等小学变为高等小学，由男学而增办女学，由男女距离的两校合并为一，由租赁的房屋而变为自造的校舍。女士无日不在惨淡经营、废寝忘食之中。经历无数的挫折，耗费几多心血，过了十余年的时间，始有今日美轮美奂，誉满全沪的旅沪广东公学出现。

管子说："一年之计树谷，十年之计树木，百年之计树人。"可见材料的价值愈高，需用愈大的，其所需要之培养时期也愈长。鸿璧女士常把她办的学校比为"人圃"，而自喻为园丁。这个园丁不期近功，不求速成，只是极力讲求她的灌溉培植的方法，园中果然有一甲之坼、一华之荣、一苗之结实、一树之成荫，当然是她无上的慰安，无上的欢喜。将来千红万紫，春色满园，园丁或者要一笑说道："教育虽然是苦事，到底是乐事啊！"

选自《生活周刊》1930 年第 5 卷第 11 期、

12 期、13 期、14 期、15 期的连载

《海滨故人》的作者庐隐女士①

[编者按]

庐隐（1898—1934），福建闽侯人，原名黄淑仪，又名黄英，取笔名"庐隐"，有隐去庐山真面目的意思。"五四"时期与冰心、林徽因齐名，被誉为"福州三大才女"，同时也是新文学第一个十年知名的女作家之一。主要作品有中篇小说《海滨故人》、《女人的心》、《灵海潮汐》、《地上的乐园》，长篇小说《火焰》，以及《东京小品》、《庐隐自传》等。

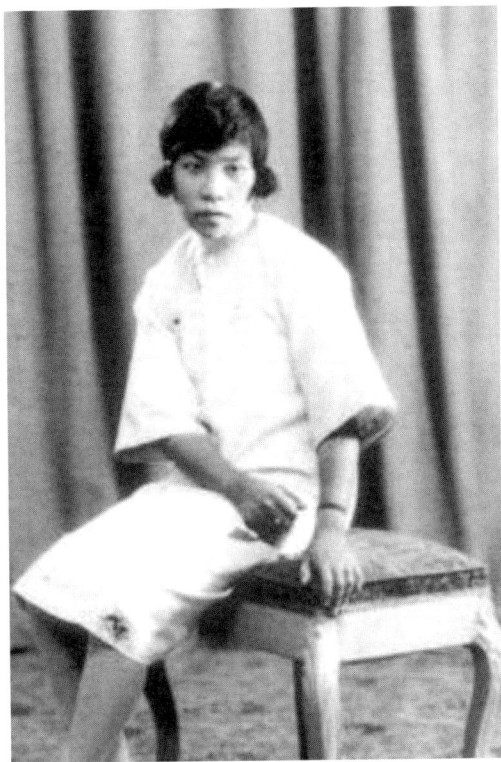

庐隐（1898—1934）

五四运动初起之际，人们都知道谢冰心是当时文坛一颗乍升起的光芒四射的明星，却不知还有个庐隐女士，与冰心同时崭露头

---

① 编者注：原文中的纪年，今改为公元纪年。

角。庐隐享名之盛，虽不如冰心，不过我们要谈五四时代最早的女作家，冰心之外，不得不推庐隐了。

五四是一个新旧颓变时代，一般作家大都受过多年旧文学的陶冶，写作起来，不易摆脱旧文学的窠臼，因此那时的小说、诗歌，很难表现出新的意境，更创造不出新的体裁。冰心的小诗虽说模仿泰戈尔，但富有哲理，文笔又那么新颖超脱，卓尔不群，可说完全以崭新姿态出现，无怪当她那些小诗在晨报副刊连续发表后，便一鸣惊人，群相刮目，女诗人的桂冠便落在她的头上了。庐隐并不会作诗，一开笔便写小说，虽不及冰心《超人》那些篇章那样格调之高，她那《海滨故人》的短篇小说集，也曾获得当时女中学生狂热的爱好。于今从大陆来台年在四五十岁以上的知识女性，很少没有读到这本书的，也很少不留下深刻印象的。庐隐在当日文坛既有这样的地位，我又安可不谈她一谈。

庐隐本姓黄名英，庐隐是她笔名，取隐去庐山真面目之意。她原籍福建闽侯，自幼随家庭住在北平，以此讲得一口纯粹"京片子"，而且也以风土关系，以一个南方人，具燕赵慷慨悲歌之气。她的中学教育，受之于教会所办的慕贞学院。她也和冰心一样，饱读当时风行一时的林译小说及礼拜六派的文章，也曾试用文言写过一些章回及短篇小说之类。她以家境清寒，中学卒业后即须自谋生活。1917、1918 年间，她的慕贞同学舒畹荪女士在安庆当小学校长，聘庐隐来教体育课程，笔者即于那个时候，与她相识。因为我亦在该校兼了几小时的功课，我们算是同事。

庐隐脸色颇黄，额角高突，脸型微凹，相貌说不上美，但双眸炯炯有神，腰背挺直，浑身像装有弹簧，是一团儿的劲，是一股蓬勃的精神，可说是短小精悍。她的性情也豪爽磊落，说干就干，从不沾泥带水。不过她和朋友相处之际，虽爱说爱笑爱胡闹，眉宇间却常带隐忧，有如所谓"伤心人别有怀抱"似的。以前我们也不解这种乐观悲观截然相反的性格何以竟赋于一人之身，后来才知道她幼年时代家庭环境不佳，失爱于母，寄养外家长大，她的心灵曾受过创伤，这也无怪其如此了。

民国八年，即五四运动发生的那一年，笔者与庐隐同时升学于北京女子高等师范，庐隐"骛外"的天性，在这种环境里，充分得以发展。她加入了"文学研究会"，作品则常在当时大型文艺刊物《小说月报》上发表，当时能在那个刊物露脸，颇不容易，故此她短期内居然成为作家了。她一面试行写作新文艺，一面参加当时种种社会运动，每日忙进忙出，忙个不停，成了我们国文系里一个风云人物。

她和北大高才生郭梦良也是那时开始认识的。郭讲社会主义中之虚无主义，办有《奋斗》杂志，宣传其主张。他们恋爱了好几年，然后男方与故妻离婚，女方与原来家庭主婚的未婚夫解除婚约，结为夫妇。这美满姻缘经过仅仅二年有余，郭即一病而死，遗一女，庐隐带在身边，教书以维持生活。她教过的学校颇多，以北京师范大学附属中学及上海工部局女子中学二处教得较为长久。

庐隐丧夫后，一段光阴过得极为苦闷，生活倾向于颓废，常常喝酒喝得大醉，追求她的男友颇众，她一个也不放在眼里，高兴的时候，对于这些人亦稍稍假以辞色，与其宴游，若他们开口求婚，庐隐必将他们大大排揎一顿，把他们轰出去。这时候的庐隐似微有点玩弄男性的倾向，大概是由于心理过于郁结使然。这话是一个接近庐隐的朋友告诉我的，也许不甚可靠，然读庐隐那个时候所著《灵海潮汐》、《玫瑰的刺》等书，言之历历，毫不隐讳。

当她在师大附中教书时，认识了清华大学学生李唯建，唯建年龄比她要轻十几岁，负异才，当时号青年诗人，他与庐隐开始也不过研讨文学上的问题，通信甚密，感情俨如姊弟。后来不知怎样两人都中了邱比德的金头箭。男方头脑冷静时，自揣"齐大非偶"，想拔脚逃出情场，女方倒表示追求之意。这事又可以在他们合著的《云鸥情书集》里看出，于是他们终于结婚了。英国萧伯纳曾说："我们认男人追求女人，不如说女人追求男人，从前大家都以为女人怕羞，在恋爱上她永远处于被动地位，这是错误的，应该说女人主动才对。"萧伯纳的话不知是否有某项学术上的根据，我们也不能立即予以承认。不过女人在恋爱上为什么不能采取主动呢？她为什么定要以一切由人不能自主的弱者自居呢？庐隐一生英风飒爽，在恋爱上表现这种不平凡的举动，我倒觉得她很可羡慕哩。

庐隐自与李唯建偕伉俪后，共居上海，李在中华书局当编辑，她则在工部局女中教书。1934年怀孕将产，为节省费用计没有进医院，仅以十数元代价雇一助产女士来家伺候，以手术欠佳，流血不止，送入医院，终于不救，享年三十有七。闻者莫不为之惋惜不置。认为是文人的悲哀！

庐隐五四后的思想，受郭梦良的影响，倾向于社会主义，后来忽主张国家主义，并正式加入曾琦、李璜所倡导的国家主义集团。记得1933年间，笔者曾赴庐隐寓所相访，见她正在忙碌写稿，问写的是什么性质的稿件，她说她将用小说体裁，将那惊天动地的淞沪之战写述出来，激发国人爱国思潮，共同奋起，作救亡图存的壮举。这本小说已写了一半光景，写完即付某书局出版云云。

文人们聚在一起谈到各人的写作计划，总不免兴高采烈，色舞眉飞，将作品内容倾筐倒箧相告，惟恐其不详不尽。但庐隐对于她这个表扬淞沪之战的文学作品，却有点讳莫如深。题材是我问之再三才肯宣布的，言语间又往往支吾其词，只想将话题牵扯到别件事上去。当我到她写字桌上强去翻看那些原稿时，她劈手夺去，笑着说："咖啡香了，咱们到客厅喝去，这稿子留着到出版后再读吧。难道怕我不送你一本不成？"

庐隐是个爽快人，这回为什么如此？事后我才想起，那个时代的中国新文坛正陷溺于一股奔腾澎湃的共产主义文艺怒潮里，谈爱国便是思想落伍，甚至可说反动，不惟听者不能入耳，自己也羞于出口。庐隐大约因自己过去也曾主张社会主义及国际主义，现忽来了一个大转变，写起爱国文艺来，怕我笑她，所以要这样遮遮掩掩的了，她哪知我正是她的同调呢？

庐隐死后，听说她生前曾著《庐隐自传》，我意欲买一本来作为纪念。跑遍四马路、棋盘街一带书铺，都说没有。即如庐隐的《海滨故人》、《象牙戒指》那一类出版较早的书，也只能求之于旧书铺，新版也缺乏。一个尚有名望的文人，当活着的时候，哪怕生了病连医院都住不起，为节省几十元钱而断送了宝贵的生命；死了以后，总有短时期的轰动，善讲生意眼的书店老板，定要抢着替她出书，借此捞它一笔。庐隐得名与冰心同样之早，自五四以来，她的文坛活动，始终没有停止过，现在何以又这样寂寞呢？后来我在某一书店和一店员闲谈，才知道其中缘故。

当我在那书店访求《庐隐自传》，那个接待我的，年约十六七岁的店员，面露不屑之色，回答我道：

"庐隐女士吗？她的书我们店里没有，我们是不卖这类作家的著作的！"

"什么缘故？庐隐不是很有名气的女作家吗？"

"她的时代究竟是过去了，她的名气也不过是过去那点子浮名罢了，目前这个时代是不需要她了。"

"我们不说需要不需要，只谈作品有没有价值，我觉得庐隐写得很不坏。"

"管她写得怎样好，思想不前进，便一文钱也不值！庐隐的书，现在没有青年爱看，因此本店也不卖。客人倘欢喜女作家，本店丁玲作品有的是，你只管选购好了。"

于是那少年店员从书架上取下了几本丁玲的著作，送到我面前，我只有强作笑容，谢谢他的好意，踏出了那间书店。

选自 1959 年 5 月 16 日《中华日报》副刊第 21 卷第 10 期

关于庐隐的回忆[①]

　　本年 5 月 16 日，袁昌英女士在电话里用感伤的音调报告我说庐隐死了。问她消息从何得来，则说得自《武汉日报》专电。死的原因是难产，详细情形她也不能知道。我当时虽很为惊讶，但还不相信，因为数年前也曾一度谣传冰心女士难产亡故，害得我的侄女大掉其泪；后来才知冰心虽然添了一个麒儿，自己依然健在，我们才把心放下，也许女人与生产原不能脱离关系，所以人们谣传女作家的死，也喜欢用难产这类题目吧。不过谣言自谣言，事实自事实，庐隐的死究竟在几天以后确实证明了。这几年以来，新文学作家得了不幸遭遇的很有几个，以我所认识的而论，则徐志摩死于飞机，朱湘死于江；闻名而尚未见面者而论，则丁玲失踪，梁遇春、彭家煌病死。现在谁想到生龙活虎般的庐隐也舍弃我们而去呢？我与庐隐曾同事半年，同学二年，虽然没有何等亲切的友谊，却很爱重她的为人。所以现在除了分担文学界一份公共损失之

庐隐女士遗像

---

① 编者注：文中纪年，今改为公元纪年。

外，私人情感上，我的凄凉惋惜的情绪，也不是一时所能消释的。

我与庐隐的认识远在1917、1918年间。那时候我正在母校服务，同事舒畹荪女士（即《海滨故人》中之兰馨）被委为安庆实验小学校长，约我去她校教一两点钟的功课。她有一天介绍一个姓黄名英的体操教员与我相见，说是北京女子师范的旧同学，这就是后来蜚声文坛的庐隐第一次给我的印象，似乎不怎样动人，身材短小，脸孔瘦而且黄，而且身在客中，常有抑郁无欢之色，与我们谈话时态度也很拘束，我们钟点不同，同事半年，相见不过两三次，所以我们并不如何亲热。

1919年秋季，我升学北京女子高等师范，庐隐与我同为错过考期的旁听生，不过经过学期考试以后，我们便都升为正班生了。庐隐到了北京以后好像换了一个人，走路时跳跳蹦蹦永远带着孩子的高兴。谈笑时气高声朗，隔了几间房子，还可以听见。进出时身边总围绕着一群福建同乡，叽叽呱呱，讲着我所不懂的福建话。她对于同学常戏谑狎侮。于我们古书读得略多的人更视为冬烘先生，不愿亲近。她同舒畹荪一样，说话时总要夹几句骂人的话，"屁"字整天挂在口边。这个极不雅驯的字由她说出来竟变得很有趣。五四运动后与社会运动关系最密切的男学校以北京大学为代表，女学校以女高师为代表。庐隐"骛外"的天性这时候好像得了正当的发展，每日见她忙出忙进，预备什么会的章程，什么演讲的草稿，坐下来用功的时候很少。说也奇怪，我平生最瞧不起锋芒外露或浮而不实的人，对于庐隐不仅不讨厌，竟反十分欢喜。这中间有两种原因：一则佩服她敏捷的天才。我本来有爱慕与自己性格相反的人的癖性，自己口才涩讷，便爱人家词锋的锐利，自己举动沾滞，见了豪放洒脱的人物，愈觉其不可及。庐隐虽然不大用功，功课成绩却常列优等。她的座位恰在我前面，每遇作文时，先生发下题目，我们咿唔苦吟，或终日不能成一字。庐隐坐椅子上低着头，按着纸，笔不停挥地写下去，顷刻一篇脱稿。她的笔记从不誊录第二遍，反比我们的齐整完全。她写得一笔颜体大字，虽然无甚功夫，却也劲拔可爱。她爱演说，每次登台侃侃而谈，旁若无人，本来操得一口极其漂亮流利的京话，加之口才敏捷，若有开会的事，她十次有九次被公推为主席或代表。二则庐隐外表虽然飞扬跋扈，不可一世，甚或骄傲得难以教人亲近，其实是一个胸无城府，光明磊落的人。她虽然有许多行动不检点处，始终能得朋友们原谅与爱护，也无非为了这一点。

她在同班中结识了三个人，号为"四公子"。一个是王世瑛，一个是陈定秀，一个是程俊英。她的《海滨故人》露沙系自指，云青、玲玉、宗莹似乎是分指她们三人。我当时曾有《戏赠本级诸同学》长歌一首，将同级 30 余人，中国文学成绩较为优异的十余人写入。说到她们四人时有这样几句话：

> 子昂翩翩号才子，目光点漆容颜美。圆如明珠走玉盘，清似芙蓉出秋水（陈定秀）。亚洲侠少气更雄，巨刃直欲摩苍穹。夜雨春雷苗新笋，霜天秋隼挟长风（黄英君自号亚洲侠少）。横渠（张雪聪）肃静伊川少（程俊英），晦庵（朱学静）从容阳明峭（王世瑛）。闽水湘烟聚一堂，怪底文章尽清妙。

这首诗既是游戏之作，所以每个人的好处都加了百倍的渲染，百倍的夸张。"夜雨"、"霜天"两句形容庐隐文章也觉溢美，不过她那一股纵横挥斥，一往无前的才气如何使我倾心，也可以想见了。

我们进女高师的时候，正当五四运动发生的那一年。时势所趋，我们都抛开了之乎也者，做起白话文来。庐隐与新文学发生关系比较我早。她先在《京报副刊》投稿，后来上海《小说月报》也有她的文字。"庐隐"的笔名，便在这时候采用的。她做小说也像窗课一般从不起草，一支自来水笔在纸上飕飕写去，两小时内可以写二三千字。但她的小说虽然气机流畅，笔致爽利，而结构不甚曲折，意境也不甚深沉。我论文本有眼高手低之病，读过她的小说，口里虽不能说什么，心里总有些不大满意。记得她第一篇小说《一个著作家》写好后，她的朋友郭梦良邀集一班爱好文艺的朋友在中央公园来今雨轩开讨论的茶会，我也在被邀之列。我看过稿子后默默不作一语，郭君征求我的意见，我只好说："游夏不能赞一辞！"座中王品青忍不住一笑，庐隐怫然变色，好像受了什么打击似的，这情景我记得很清楚，好像是昨天才发生的一样。现在我还很懊悔，觉得不应当拿这句轻薄话，伤了她的自尊心。

1921 年春，我和易家钺、罗敦伟诸君打了一场很无聊的笔墨官司。罗、易原与郭梦良君相厚，庐隐也就左袒着他们，与我颇生了些意见。从此在班上不大说话。那年的秋天我跑到国外去，庐隐的大文虽然常在报纸杂志露面，我已不大有机缘拜读。回国以后，听说庐隐小说已出了好几本单行集，接着又听说她爱人郭梦良已病死，她带着一个女孩子到处漂流，身世很是悲惨。后来又读到她编辑的《华严半月刊》，和小说集《归雁》等，我才知道从前意气凌云的庐隐于今正在感伤颓废的道路上徘徊。读到她那些饮酒抽烟，高歌痛哭的记述，我心里也很不好过。想写封信去安慰她一下，只为了不知她确实通信地址没有实行。前几年听见她和李唯建先生恋爱，同渡扶桑，不久有结婚之说。又听说李君比她年轻，一时"庐隐的小情人"传为佳话。1930 年我到安庆安徽大学教书，会见舒畹苏女士和吴婉贞女士（《海滨故人》中之朱心悟），谈到庐隐近况。二人异口同声地批评她太浪漫，并说她从前与使君有妇的郭君结婚已是大错特错；现在又与年龄相差甚远的李君恋爱，更不应该了。我也知道她两人的批评是善意的，便是我也觉得庐隐这种行为太出奇。不过我当时竟替她着实辩护了一场。怪她们不应当拿平凡的尺，衡量一个不平凡的文学家。十年前庐隐给我的一点吸引力，好像这时候还没有消失呢。

1932 年暑假返上海，友人周莲溪告诉我庐隐已与李君结婚，现与中华书局总编辑舒新城夫妇同住英租界愚园路某寓。我听这话不胜快乐，便与周君同去拜访。记得庐隐那一天穿一件淡绿色撒花印度绸旗袍，淡黄色高跟皮鞋，脸庞虽比十年前消瘦，还不如我想象中的老苍，只觉得气质比从前沉潜了些，谈吐也不如从前的爽快罢了。李唯建先生那天也见着了，一个口角常含微笑的忠厚青年，庐隐饱经忧患的寂寞心灵，是应当有这样个人给她以温柔安慰的。我听他们曾发表一本《云鸥情书集》，想讨取做纪念。庐隐随手取了一本，签了几个字赠送给我。那天我们在她们家吃了午饭。我们谈了十年来别后一切，谈到现代文坛的种种问题；又谈到政治上见解，庐隐对于某种正为青年所欢迎，认为中国唯一出路的政治主张似乎不大赞成。我问她自己有什么主张，她却不肯说了。她那时正写一本淞沪血战故事，布满蝇头细字的原稿，一张张摆在写字台上，为了匆忙未及细阅。后在武汉大学遇见她夫兄李唯果先生谈到这本书，说拟译为英文表扬中国民族的光荣，但不知为什么缘故，至今尚未见出版。我辞别她夫妇回家时忘记携带《云鸥情书集》，写信去讨，杳无复音，大约是我将她们门牌号数写错的缘故。假满赴鄂，接到她一封信，要我替中华书局中学教科书撰一篇《云》的教材。我既懒于做文章，也就懒于复她的信，本来打算今年暑假返沪时，再去拜访她们夫妇，作整日之谈，谁知她已辞别这污浊人寰，还归清净了。说起来我真抱憾无穷呵！

关于庐隐的死，大家同声叹息。有人说庐隐若不再嫁，何致有生产的事，没有生产的事，何至于死亡。萧伯纳《人与超人》曾说男女恋爱是受"生命力"的压迫，无论你什么英雄豪杰逃不出这一关。我们在社会上本来可以做出一番轰轰烈烈的事业，不过排斥不了生命力的牵掣，许多志大心雄的人物都化为碌碌庸夫了。像庐隐在文坛上已算有了相当地位，生活也可以自己维持，实在没有再行结婚的必要，而她竟非结婚不可，岂非生命力的作祟么？这话也未尝说得不是。不过我们若了解庐隐的性格和平生便不忍如此说了。庐隐性格极其热烈，而据她自传，少时既失父母之爱，长大后又常受命运的播弄，一个热情人处于这样冷酷环境，好像一株玫瑰花种在冰天雪窖，叫它怎样可以蓓蕾？她创痛的心灵要求爱情的慰藉，正等于花之需要阳光的温煦呢。在庐隐一切作品中,尤其是《象牙戒指》,我们可以看出她矛盾的性格。《象牙戒指》主人公沁珠说:"在我心底有凄美静穆的幻梦,这是由先天而带来的根性。但同时我又听见人群的呼喊,催促我走上时代的道路,绝大的眩惑,我将怎样解决呢?"又说:"从前我是决意把自己变成一股静波一直向死的渊里流去。而现在我觉得这是太愚笨的勾当,这一池死水,我要把它变活,兴风作浪。"最后她说:"事实上我是生于矛盾,死于矛盾,

庐隐与李唯建合影

我的痛苦永不能免除。"生在20世纪写实的时代,却憬憧于中世纪浪漫时代幻梦的美丽,很少不痛苦的,更很少不失败。庐隐的苦闷,现代有几个人不曾感觉到?经验过?但别人讳莫如深,唯恐人知,庐隐却很坦白地暴露出来,又能在世俗非笑中毅然决然找寻她苦闷的出路。这就是她的天真可爱和伟大处。

对于庐隐的创作小说,我还改不了那"眼高手低"的老毛病,不敢故作违心之论的夸奖。至于她的小品文则颇为我所爱读。《地上的乐园》更可算一首哀感顽艳的散文诗,文笔进步之速,很值得教人惊异。我本来更爱童话和神话体的小说,这篇文字竟使我接连读了三遍。她若能像她自传里所说再活二三十年,她的前途是不可限量的。西洋哲学家说,自然的惰力是天才的阻碍,我们很有希望的女作家竟在这样一个无端灾祸里夭折了。咳!我们还有什么话可说。

选自《文学》第3卷第2号(1934年8月1日出版)

记画家孙多慈女士

[编者按]

孙多慈（1912—1975），原名孙韵君，安徽寿县人。1931年考取南京中央大学美术系，为徐悲鸿先生的高足。抗战时，一度避居浙江南部山区教书、绘画。1949年去台后，任台湾师范大学美术系教授兼系主任。中国画及西画（油画）造诣颇深，是现代著名的画家与美术教育家。

孙多慈在画室

我并不是画家，自来台湾，却交结了许多画家朋友，孙多慈女士也是其中之一。我与多慈虽十余年前便已闻名，建立友谊则是最近一两年内的事。现在请谈谈我和多慈相识的始末。我的文字虽无价值，多慈之画则将来必传，那么这篇小文或可成为将来画坛上的韵事，我又何乐不为呢？

我是安徽省立第一女子师范卒业的。1930年到安大教书，又回到安庆，母校此时已改为省立第一女子中学了。常听朋友们谈起：母校出了一个聪明学生孙多慈，国文根底甚深，善于写作，尤擅长绘画，所有教师都刮目相看，认为前途远大，不可限量。安庆本来是个斗大的江城，风气僿陋，科举余毒之中于人心者尚深，学校里偶然出了个成绩优越的学生，全城便歆慕欲狂，揄扬不已。想起过去在母校时期的自己，也曾被人捧凤凰似的捧了几年，这只足以看出安庆人的眼界太低，并非自己真有什么了不起。今日安庆知识界之捧孙多慈，想亦不过尔尔，所以我当时并没有将这些话放在心上。

1936 年夏，我和几个老同学避暑黄山，听说孙多慈女士正由其尊翁陪伴着在黄山写生——那时她肄业国立中央大学艺术系，将毕业了——游历黄山的同乡颇多，见了面总要提起她，好像整座黄山都响彻了"孙多慈"三个字。我奇怪这个青年画家何以竟这样的声名藉藉，也许她真有点什么，很想识荆一下。一日和那几个朋友到了狮子林——她的寄寓处，开始同她见了面。她第一次给我的印象很不错：一个青年女学生，二十左右的年纪，白皙细嫩的脸庞，漆黑的双瞳，童式的短发，穿一身工装衣裤，秀美温文，笑时尤甜蜜可爱，我同她似有夙缘，一见便很欢喜，觉得自己若有这样个妹妹，那应该是多么的好！房间里满列着她黄山写生的成绩，都是油画，桌上堆着的只是几张未成的国画山水。我也曾去法国学过画，但只学到炭画半身人像为止，油画半笔也没画过，所以对于油画不敢批评。多慈那时的国画是她老师徐悲鸿一路，我对悲鸿颇有成见，以为不值得学；并且觉得西画国画截然两道，兼擅二者殆不可能。多慈既是学西画的，专精这一门得了，又何必贪多务博来学什么国画，因之对于她所作的国画也未甚措意。我当时只觉得这青年画家气魄不小，黄山的雄奇幽丽，甲于中国，也是宇内罕见的美景，多少画家诗人到此都要搁笔，而她居然敢把这一座名山的秀色，一一摄于尺幅之内。我避暑黄山月余，所居系在一个陷于深谷之中的庙宇，名字现已不忆，好像是什么掷钵庵吧，地幽势静自是幽静，可惜没法看到云海。到黄山而不看云海，那是多么的煞风景！多慈有一张大油画是写狮子林云海之景的，一层层的银涛雪浪，翻滚于三十六峰之间，气势浩瀚之极，景色也变幻之极。后来我写了一篇历史小说，其中曾谈到黄山的云海，多慈这幅画多少曾给我以灵感。

1949年，我自大陆来港，供职香港真理学会，隔壁有个思豪饭店，隔不上三天便有一个书画展览，我常溜出参观。虽然也有几个画展不大像样，但大多数很好。这是我在大陆时所难餍足的眼福，也是流亡生活中意外的奇趣。1950年春间，多慈自台湾来香港，举行画展，也以思豪饭店为会场。这一次她展出国画五十余幅，油画水彩二三十幅，素描十余幅，还有若干幅的书法。我可说这是思豪饭店自有画展以来，最为热闹的一个，整个港九都轰动了，每日来参观者络绎不绝，几乎踏破了饭店的大门；也是最为成功的一个，展出的百余幅作品，除了非卖品以外，都被订购一空。

回忆黄山狮子林的相见，前后相隔已十四年，我们画家的天才已到完全成熟之境。西画造诣固高，国画的笔法也已脱离了她老师窠臼，而独树一帜，并能作多方面的发展：山水、人物、花卉、翎毛、虫鸟，无一不能；工笔与写意，也兼擅其妙。书法摹王右军，及怀素四十二章经，刚健婀娜，富于神味。动物中她最喜画鹅，有一幅非卖品的"芊芊牧鹅图"，乃一小横幅，鹅十余只排队前行，伸颈舒翼，顾盼长鸣，姿态各异，栩栩欲活，其后一小儿挥鞭赶之。芊芊乃画家长子小名，牧鹅大约是当时的一桩实事。图后有画家之父所题小词数首，而由画家手书，家庭乐事，令人欣羡。今日台湾梁鼎铭三兄弟以善画马、羊、猴著名，林玉山善鹤，林中行善猫，多慈之鹅亦称一绝。我常援诗人"郑鹧鸪"、"崔黄叶"之例，戏呼之为"孙鹅儿"，多慈亦笑受不以为忤。她现在又喜画台湾名卉蝴蝶兰了，我或者会再送她一个美丽的名号"蝶兰"。

多慈听说那时我亦在港，画展完毕后，本想和我一见，不知为什么耽搁了下来，及我多方探听到她的住处，想去拜访时，则她已返台多时。我心常惓惓不释，深以失去那一晤面的机会为憾。

1952 年，我自巴黎回到台湾，应省立师范学院之聘，多慈那时正忙于赴美观光。她在本院第六宿舍楼下有一间画室，学校本派我住楼上，我因不便，托人与多慈相商，暂将这间画室让我，等她回国再迁。蒙她慨然允诺，因来交钥匙，于百忙中尚来访我一次。这回她已不再是黄山的女学生，而是一个盛名之下的画家了。但她还是那么年轻，那么漂亮，那么甜蜜。光阴和频年战乱的忧患，似乎没有在她身上留下什么痕迹。艺术家烟云供养，善葆天和，每多克享期颐之寿，驻颜亦其自然结果。那些终日追逐声名利禄的人，膏火熬煎，自戕年命，同陆地神仙一般的艺术家比较起来，未免太可怜可笑了。

多慈出国年余，及其归来，我楼上的那间房子已被别的同事搬入，我所许归还画室之语，竟成虚话。她家人口众多，住所逼仄，无处可以作画，但她对我从无怨言。她对待朋友之宽宏厚道，也是天生美德之一端，至足令人感念。现在第六宿舍有一家同事搬出，剩下两间房子，我们向学校当局申请到手，我住了朝南的一间，她以北房为其画室，每天都来作画，杰作源源产生。我本爱画，每天看她挥洒，精神至感愉快，并且愿意从她学习，她也乐意收我这个笨拙的弟子。但所恨者我每天杂碎文债，打发不开，虽然有这样一个好艺术家住在对面，荏苒数月，尚未开始画得一笔。何时我才能摆脱这被动的膏火熬煎之苦，而分享点陆地神仙的乐趣呢？说来惟有长叹而已！

多慈本是学西画出身的人，素描称国内第一手。她的西画是纯粹的正统派，赋色沉着，笔法细腻，给人以一种庄严深邃的感觉。游历欧美时，看了不少现代画家作品，她当然不免受了若干感染。在巴黎时她喜去的地方是巴黎印象画派的陈列所。印象派大师蒙逊（Monet）、台卡（Degos）、雷诺霭（Renoir）的作品，尤为她所心折，常徘徊其下，久不能去。她对毕迦索仅欣赏他某一时期的作风，至于毕氏最近十余年之矜奇吊诡，走入魔道，则为她所深恶。意大利邦贝依古城的壁画给她的启示最为重大，这在她前冬返国时对各报记者发表的谈话已经提及，现不赘叙。

她目前作的西画，奔放的笔意，多于矜严的设色，作风显有改变。但她艺术修养既有相当的高深，也决不至因步趋时尚，迎合庸俗之故，而走到那卤莽灭裂的道路上去。她以后的路线，大约是要以国画空灵的意境，渗入西画质实的造型，而又以西画写生的技巧，补救国画过于象征，脱离现实之弊。似她这样对于国画西画均曾下过功夫，天资又如此高朗，将来一定可以融汇中西，产生一种新艺术，为祖国的光荣，供国际的取法。

拉杂写来，不觉写满了六张稿纸，可以向《幼狮》编者交代了。至于读者们或者批评我：所见浮浅，不足以尽这一画家之美；或者骂我：狃于私交，阿其所好，胡乱替人捧场，我一概不管，我只把我所感受于多慈者，如实写出，便于愿已足了。

选自《归鸿集》，台湾《畅流》半月刊社 1955 年 8 月出版

珠 沉 月 冷

——悼多慈①

　　阅报孙多慈女士在美逝世，震惊之余，想痛哭一场，而年来眼泪已枯，又哭不出，只觉一股酸楚之情，填胸塞臆，反复地自语："怎么会呢，像多慈这样一个好人，一个比我年轻一大截的人，竟会先我而去吗？"问天，天无语；问命运，命运又本难知，只知道可爱的多慈是真的离我们而去了，像一片彩云，瞬息消失于天际，像一颗明珠，倏忽永沉于碧海，像一朵奇光照眼的名花，忽然萎谢于晚风夕露之下，人世从此再不见她的踪迹了。整天里，我满脑子活动的都是多慈的声音笑貌，忆念的多是我和她几年相处的前尘影事，寻出她的玉照和手札，看了又看，读了又读，那一夜当然翻来覆去，通宵无眠。

　　多慈死于癌症，而一次公交车上的意外，使她对其身罹的这一重症之发现与治疗延迟了许久，终而至于不治。她虽是一个如花如玉娇嫩非常的人，却颇强健，从来没听说她有何病痛。三年前，为了搭公共汽车，因人多拥挤，被推倒受磕伤胸。

　　台北公交车秩序之乱，令人谈虎色变。当车子一到站，尚未停妥，乘客便争先恐后，一涌而前，抢上车去。本来是站在前面的，别人可以将你一把推开；本来已上车的，那汹涌而来的人潮，也会将你冲得晕头

---

① 编者注：文中纪年，今改为公元纪年。

转向，立脚不稳。乘客抢车的那种穷凶极恶、如狼似虎的情况，可说是天下奇观，为其他地方所未有！

多慈就是有一次搭公共汽车，被多人自她背后猛力推搡而跌仆，胸部重磕于座椅边沿，极痛，回家后还痛了几天，自觉胸部皮肤内似结一硬块，手抚可移动，以为乃是淤血，久之自消，并不在意。多慈长子尔羊在美患病，母子情深，她急于赴美探视，于办理退休手续后，一切出国手续亦已办妥，不能延期，所以在国内未赴医院检视胸部的硬块，即行赴美。抵美后亲为儿子烹煮饭菜，督责就医服药，着意照料，细心调护，辛劳了几个月，儿子健康恢复，她自己身体却觉得有点不舒适起来。此时其尊翁孙养癯先生在台寿终，乃回国料理丧葬。不久觉胸部那个硬块愈来愈不对劲，始赴医院动用手术将其取出，并连左胁的淋巴腺一并割除。医生对她说是良性瘤，割除后，即无大碍。不过台北友好间相传，说良性瘤是医生安慰病人的话，多慈患的其实是那可怕的癌症，前途颇难乐观。

1973年六月间，我有事北上，特到新店五峰路许寓探望她。她出院尚未久，神态虽似疲倦，但容貌还是那么丰腴，气色还是那么红润，告诉我是良性瘤，手术后创口已结合，左胁因割除淋巴腺故，开始左臂不能抬举，现在也可平抬，医言再过几时便可运动自如了。我们谈得颇久，她留我吃晚餐，并亲自下厨房，为我弄了几色菜。

我问她年龄未到，为什么便办退休？她说她本是学艺术的，以艺术为生命，十余年来以功课太繁重，耽误了作画的光阴，早办退休，是为了好专心作画。她又说她本已拟好了几个巨幅画题，将仿张大千《长江万里图》，也来个横贯公路的山水画。以前她游这个公路，曾拟有草稿，想将之画成。又记忆中的黄山、九华、天台等也有待于慢慢画出。我听了极其高兴，对她说我也是爱画的，现在也已办了退休，将来打算搬来台北，以便可以时常向她请教。以前在师大教书时，我的寝室便和她的画室相对，曾戏言请她收录我这个老不成材的弟子，一直因循未果，于今拜门之愿，想必可以实现了。多慈听了十分高兴，她欢迎我迁回台北，并谦逊地说愿与我互相切磋，同时介绍几种便于作画的绵纸并画笔。我南旋后，也真发愤画了一段时光。

十一月间，再度北上，又去看望多慈，值她外出，由许绍棣先生招待。畅谈多慈病况，许先生说她胸部仍然作麻作痒，旧创口且有少许黄水流出，似乎病症又趋活动，赴医院照过几次钴60，并没有进步，她对西医似失去信心，正在找中医治疗。我自从听说多慈患癌，也常留心治法，逢人即打听。朋友告诉我有几个患此病的人，西医已放弃治疗，却由中医治愈，也曾热心抄了药方，并记录了那中医的诊所所在地，意欲介绍给多慈。我将医方及医寓，写信通知多慈，并函请同乡苏淑年用电话告诉她去找。淑年说电话打过无数次，总不通。多慈接了我的信也未复。

去冬忽闻多慈以美国居留证届期，兼闻美国已发明一种治癌新药，欲往一试。亲友皆为之危，纷纷谏阻，我也去信劝过她。不过我内心则以多慈赴美为是，美国已有新药，她一去也许药到病除，是以多慈之逝，他人皆以为在意中，我则出意外。

多慈和我乃系皖籍同乡，又是安庆第一女中前后毕业的同学。1936年，即对日抗战爆发的前一年，我曾在黄山与她相见一面，和她真正建立友谊则在1954年以后。我是1952年自法返台，任教师范大学的，多慈正要出国到欧美考察艺术，曾把师大第六宿舍画室供我。年余后，她回来，师大另配一间房子当她画室。我新搬的寝室正和她的画室对面。她一下课就来画室用功，并收了几个外面慕名来学画的学生，同时也为校内功课赶不上的学生补习。于是我们差不多每天见面，友谊日益增进，竟亲密得像姊妹一般。

可惜这种相处的快乐日子仅有两年，我便接受成功大学的聘约，南下任教。她后来又应美国国务院之聘，到北卡罗莱纳州立大学担任客座教授，一去便是两年多。她返国后我虽有时北上，仅能到她家中短晤，旧时乐趣，已不能再得。

多慈这个人既生有冰雪聪明，性格又温柔婉约，正如我在另一文中所描写："与之相对，如沐春阳，如饮醇醪，无人不觉其可爱。"我又常说多慈是一个美的集合体，不但才能美，容貌美，风度尤美，言笑动履之间，都有美光的闪射，可说是上帝的杰作、艺苑的瑰宝，这样一个人正当大有为之年，却无端死了，岂不是我们文化界的损失！

近年来，国人对癌症已经颇具警觉性，多慈如果没有公共汽车上那次意外，当她发觉胸部有硬块时，必定会立即就医，及早治疗，然则其治愈的机会就会多得多。所以我认为

苏雪林与孙多慈（右）留影

那次公交车上的意外，也可以说是多慈间接的死因。说到公交车上因秩序太乱而发生意外的事，我所认识朋友中好多人都曾身受其苦，我也有过一次经验：一脚才跨入车门，便被多人挤倒，虽未受伤，但眼镜落地，立刻被乱脚踩得粉碎，手提包的带子也不知被谁拉断，受过这一场惊心动魄的教训后，宁可多花钱乘出租车，再也不向公交车领教了。最近女词人尉素秋，也为搭公交车被多人猛推，头颅撞及车门，晕厥在地，腿被扭伤，几乎断骨。

排队的事宣传已久，总未实现。设大家遵守秩序，排队上车，依次就座，岂不是大家都省力，大家都安全？历年来因公交车机乱挤，直接间接伤亡的人数，必甚可观，我以沉痛的心情呼吁大家：切实注意公车的秩序，严格实行排队上车的规则，防止再有这类不幸事故发生。

选自1975年3月4日台湾《"中央日报"》副刊

敬悼曾宝荪①

曾宝荪晚年留影

[编者按]

　　曾宝荪（1893—1978），字平芳，别名浩如，湖南湘乡人，晚清重臣曾国藩的曾孙女，著名的教育家和社会活动家。幼时从祖母艺芳夫人（曾纪鸿的夫人）启蒙，后入上海务本女学。1912年赴英留学，本"科学救国"的理念，发奋攻读理科课程，1916年获伦敦大学理科学士学位。1917年回国后，在长沙创办艺芳女子学校，延揽名师，培养人才。

　　曾宝荪先生患病入医院，已在报上见过几次。我本想北上看她，无奈今年年初，跌断腿骨，治疗休养半年有余。走路仍不方便，生理状况也愈来愈坏，旅行的勇气完全缺乏，只有祈祷上苍保佑这位我平生最尊

---

① 编者注：曾宝荪于1978年7月27日病逝。此文原刊《文坛》1978年9月1日，选编时略有删节，并将纪年改为公元纪年。

敬的女界宗匠，善良老人，早日恢复健康。

宝荪先生和她介弟约农先生，在前几年已将他们家传的祖宗手迹，及珍籍数大箱捐献公家。这次台湾地区领导人选举前，她又将家传古玩四件捐出。有一次在电视上尚见宝荪先生为祝贺我们正副领导人当选，出席致辞，她慈祥的笑容和清朗的语调，似乎病已痊愈，不胜欣慰，谁知晴天霹雳，竟闻已不起。难道她那次出席电视台的行动是所谓回光返照吗？或者就为那次劳动了一下，病情因而加剧吗？

我在四十年前已认识宝荪先生了。那是在武昌珞珈山袁兰子的寓中，兰子事前告诉我：这是中国一位了不起的女界领袖，论家世，是前清中兴名臣曾国藩曾孙女，论学历，又是中国第一个出洋留学，获得伦敦大学数理学位的老留学生。她在长沙办了个艺芳女子中学，所有师资都是大学教授程度，对学生的教学和管理皆极其严格，历年造就人才不计其数。这位女士会到武昌，不可不见。我会见宝荪先生后，觉得她的气度果然不凡，谈吐尤其脱俗，在我所认识的几个女教育家中，她是最特出的一位。我的记忆力本来极差，见过的人总是记忆不住，但宝荪先生的印象一印入我的脑海，便始终未曾泯灭，莫非这就是所谓"缘分"吧！

1952 年，宝荪先生出席在瑞士召开的国际妇女地位委员会的会议，会议结束后，她拟赴英伦访旧，路过巴黎，陈西滢来告我，曾先生现在巴黎段茂澜处，你应该去见她一下，这是难得的机会呀！我去了，后来写了篇文章，对于她在国际妇女会议中力挫苏俄代表锋芒的谈吐，及屡次赢得全场热烈的掌声的盛况，对于宝荪先生高贵的家世，渊深的学问，及其毕生不婚，献身教育高行义举，也颇多介绍。该文寄回台湾发表，

曾宝荪中年玉照

现收畅流社发行的《归鸿集》。

是年秋，我即由巴黎返台，任教师范学院，宝荪先生与其介弟约农先生、表姊萧孝微女士共住青田街一幢小屋里，距师院我所住的第六宿舍不远，冰莹带我去了一次，我以后便常去。那幢屋子虽小，却有个庭院，有些花木，环境幽静，休养最宜，不过宝荪先生是有才能的人，政府不会放她清闲，每有遇到关于妇女、教育、政治和宗教的会议，必派她出席，或赴欧，或赴美，仆仆道路之时为多，每次都替政府争取许多荣誉。

1956 年，我赴台南省立成功大学任教，就不能常见宝荪先生了，她家也由青田街迁居和平东路二段的现址。我有事北上总要到她家拜访，宝荪先生有时在客厅接待我，有时特别延入一小室，点心清茶，娓娓以谈。我那时患目疾，西医屡诊不愈，中医说要吃人参培补元气，但韩国来的那些白参不济事，一定要带些黄褐色的，那才是真正的人参。宝荪先生听说，便翻箱倒柜，找出几支珍藏已久的真参来赠我。后来还托人带了几支送到我台南寓所，这种深挚的情谊，真叫我毕世难忘。

我每次出版著作必寄她一本请教，她必亲用毛笔写信来道谢，并致嘉许。她有著作发表也必寄我一份。我知宝荪先生家学渊深，旧诗词极有功力，请她将诗集借我抄录，她谦退为怀，总是不许。但 1974 年，她重刊其祖母郭筠太夫人的诗集曰《艺芳馆诗存》，附其尊翁广钧先生《环夫室诗集》者，惠赠我一册，卷首的《前言》是宝荪先生自己亲撰而亲写的，字作恭楷，十分秀挺。宝荪先生病目已久，还能写出这样工整的字来，若非孝思肫笃，志切于宣扬祖芬，何能如此？我也因这本诗集得知她在长沙办的学校命名"艺芳"二字的由来，原来是为以纪念祖母郭太夫人的。

在此之前，她介弟约农先生曾将他曾祖父文正公所收藏太平天国忠王李秀成亲笔写的供状，予以影印发表。记得抗战期间，什么"忠王李秀成"什么"太平天国",在重庆等大后方,以话剧形式不断上演,我也曾经看过。那些剧本都把李秀成渲染成一个大英雄,他面对着曾氏兄弟慷慨陈辞,力阐种族大义和爱国真谛,斥曾氏甘为满清鹰犬,残杀同胞之非。及约农先生将李秀成亲笔供状印出,原来李秀成被俘后,为了想保全生命,曾想向清廷投诚。平心而论,李秀成不失为一个人物,他之被擒乞降,当另有原因,这话非片言可罄,我当另为文以论。

1957年间,宝荪先生患了癌症,经手术将胸前病块割除

曾宝荪晚年玉照

后,又用钴-60灸了十次以上,左胸肌肉一片焦黑,连左边颊颧都波及了,受苦相当大。宝荪先生曾亲对我说:她的病因发现太迟,癌细胞已蔓延到身体各处,手术也不过尽尽人事而已,并不能保险。癌症手术后经过五年不复发,始可无事,所以我们时常替她担心,可是天佑善人,她自手术后又活了差不多二十年,这次她的弃世,系由心脏和肠胃之病,并不是癌。

我对宝荪先生崇敬爱慕逾于恒情,自己也不知其所以然。自到台南任教后,不能常和她见面,但若北上,拜访宝荪先生列为一定节目,好像宗教信徒之朝圣,总是抱着绝大的虔诚和欢悦的心情去的。记得去年五月间为友人顾如女士之丧到台北,冒雨赴她寓所。宝荪先生久病后,身体相当衰弱,但那天她兴致特高,谈锋甚健。她那时不知何故特别怀

念大陆，同我们谈了若干她曾经游览的大陆美丽风景区，并说假如于有生之年回去，不拟再住长沙，有几个地方，景物幽美，交通便利，人情又温厚，拟择一处卜居其间以终老云云。我说过我一向有追陪先生杖履之心，先生若有中意的福地，我也愿意在尊居附近购地数弓，筑一茅茨和您结邻而居如何？她笑答道："那敢情好，不知你家人同意吗？"我说："我已没有家了，正如友人尉素秋女士赠诗'七十无家何所似，茫茫天地一沙鸥'，既是无家，当然无处不可以为家的了。"先生听我念完那两句诗说，好像有关于我飘零的身世，颇有怃然之容，但旋又带笑说道："遭此大乱，谁又有什么家？我还不是同你一样。我们将来若真能结邻那就合上老杜两句诗：'与子成二老，来往亦风流'。只望这愿望能早日实现，我已不能再等待了。"于是一笑而别。谁知那一别，便与先生成了最后的一面。

听说先生弥留时，神志清明，语不及私，惟以未能回大陆为念。

选自《苏雪林作品集·短篇文章卷》第 3 册，
台湾成功大学出版社 2007 年 10 月出版

看了潘玉良女士绘画展以后

[编者按]

潘玉良（1895—1977），现代中国旅法著名画家，原名杨秀清，江苏扬州人。自幼父母双亡，由舅舅收养，遂改姓名作张玉良。1913 年被潘赞化纳妾，改姓潘。1918 年考入上海美专，从刘海粟习画，1921 年考入里昂中法大学赴法留学，与苏雪林同入里昂国立艺术学院学习西画。1923 年入巴黎国立美术学院，1925 年考入意大利罗马皇家艺术画院，为东方

潘玉良在巴黎工作室中留影

考入该画院的第一人。1929 年潘玉良回国后，任上海美专西画系主任、南京中央大学艺术系教授。1937 年再度赴法参加巴黎万国艺术博览会及筹办个人画展，1977 年 7 月 22 日，逝于巴黎。

洋画家潘玉良女士将她的绘画成绩八十点（件）借西藏路宁波同乡会开了一个展览会。我在事前早已接着玉良的通知，但因学校功课忙，

直到今天下午，才得到会场一饱我的眼福。我也不必套什么"琳琅满目，美不胜收""如入山阴道上应接不暇"等等滥调，来形容我到玉良成绩展览馆会后的感想。总之，回国后所见的绘画展，除了林风眠先生的外，玉良的是使我满意的了。

她的绘画，可分为木炭、粉笔、油画三种。有几幅是罗马展览会的出品，中国女画家的作品，够得上在那里陈列，以玉良为第一人，真可以算得是国际的光荣。连日报纸对于玉良的画，已有不少的良好批评，像那一幅《老人》，几乎成了赞美箭鹄。那幅画果然是玉良最得意的作品，我也和别人一样喜欢它，现在要批评玉良的画，就先从这一幅批评起。

这幅画原名《酒仙》，玉良恐怕中国一般社会不了解，所以改题为《老人》，其实不如原来名之雅。我们知道希腊神话有个半人半羊的怪物，头束长春藤，有蹄有角，整天沉浸在酒里，用中国话翻译便是酒仙。西洋画家常用之为题材，名画家 Ludmig Rnaus 也曾画过这一幅。酒仙踞坐在一株大树上，捧着一大串葡萄在吃，膝上又放了一堆葡萄。一刹那的肉的陶醉，现世的享受，颓唐放纵的欢乐，都在他那酣畅的笔致中充分表现，是一幅充满异教思想的画。玉良的这一幅虽然比不过（Rnaus），而表现的方法，却很不同，酒仙虽抱着酒瓮，醉颜酡然，但头颈微俯，神情严肃，又像沉思的一位哲学家。他在酊酪中有些清醒了吧？他想的是什么，生之谜，还是死之神秘？黄金色的梦幻中透露灰色的消息，浓郁的肉香里表示灵的觉醒，作者意像的深刻真可赞叹。

以艺术论，这幅画是玉良初到意大利的作品，虽然磅礴的魄力，从酒仙浑身突露的筋肉里喷溢出来，但笔法到底是庄严稳重的一派。以后几年的作品，便不同了，大刀阔斧的自由挥斥起来了，有几张画气韵的流动，笔势的豪放，虽然还没有达于神化之境，但已经不仅以功夫见长了。如：

第二号《猎罢》，画中一猎夫，负枪独立，手持一烟管，含于口而吸之，悠然而有远意。我见了这幅画，便联想起许多异国之梦来：这苍古的面目，这黯淡的背影，这蒙茸而臃肿的羊皮袴，使我想到法国西日耳曼北部，那里有郁郁的林木，漠漠的天空，还有万仞戴雪的高峰，终古喧闹的飞瀑，其中有刚健朴野的民族，与野羊苍狐追逐于深山绝壑之中。我没有看到过那些地方，也没有见过那样的民族，然而我曾于文学作品中稔熟了他们的生活，我血管里有野蛮人的血液吧，我爱这自由，爱这活泼自然野蛮人的生活。

第三号《病乳》，画一妇人颦眉而坐，大有痛楚不胜之态。《疲乏》共有两幅，一是粉笔画，一是油画，两者线条极有力，后者光线异常柔和，作者于这两幅相同的题材中，教我们以不同的表现法。

第七十一号《女音乐家》，也是罗马艺术展览会出品。这幅画，陈列于会场进门处，观客一进门视线便被它吸引。这位女音乐家的父亲是日本人，自己则为意大利籍，所以她的面貌颇有东方情趣，衣浅紫色满印水仙花的长衣，赤脚，手撩锦幕，姿态婀娜而流丽。玉良作品中融汇东西方艺术意味的，要推这幅为巨擘，这也是题材取得好的缘故。还有几幅小画，如第十一号的《安眠》，画一青年男子阖眼酣眠，神情极其恬适，也许他梦中见着安琪儿吧。玉良说，这幅本是大画，因为她觉得全部精力集中于头部，所以将它裁小了。《闲钓》和《海岸》是两幅极小的画，配以灰色呢框，色调更觉和谐可爱，可见画的装潢方法，是不可不讲究的。回国后的作品，如《玉泉》，除几笔朱鱼外，全用翠蓝和深绿两色组成，光线极其奇幻，富有神秘的意味，可以算得一张印象派的画。《刘庄晓秋》丹枫黄叶，萧寥有诗意。《海宁观潮》和《早潮》两幅也不坏。

玉良的画优点极多，我不及一一讨论。我对于她成绩的总批评，只有两点，第一"气魄雄浑"，第二"用笔精确"。

女性文艺的作品，大都偏于细腻，温柔，幽丽，秀韵，魄力两字是谈不到的。虽然这是女性作品的特别美点，不必矫揉造作，勉强去学男子，但女性的作品，丝毫不露女性，也不能不说是难能可贵的。玉良的画，色调沉深，气魄雄浑，表现力极强，大幅的画，充满了生命的跳动，热烈情绪的奔放，万不像是纤纤弱女子的手笔。

"元气淋漓障犹湿，真宰上诉天应泣"，我看玉良的作品时，杜少陵这两句诗，无端地涌上我的脑海里。

第二点用笔的精确，这正是我要趁批评玉良作品的机会提出一说的。西洋画最讲究精密与准确，所以最重基本的练习。学生入艺术学校，一天到晚，练习木炭画。先画石膏模型的人手足，渐而头颅，渐而半身，渐而全身，以后换活人做的模特儿，画的都是人体画。最后升到油画班，还是人体画。朝于斯，夕于斯，今年明年只此一看，别无他味。你要嫌他枯燥，或者嫌他单调，就请不要来学。你要写静物，要画风景，你自己课外自由行动，教授批评指导可以，与学校功课不相干。课外别的画练习多了，教授还要骂，说太骛外，分了人体练习的注意力。

这真是笨功夫呵，但是要求用笔的精确，不能不这样。人体的曲线最难画，肢体筋肉的配置，不能有半毫差错，曲线描写的圆熟，筋骨的配称，练习得准确了，那些花鸟烟云是不成问题的。中国人是世界最聪明的民族，人家是一步一步地在地上走，我们却要向天空里飞，对于艺术也取这样的态度。东坡早就说过，"论画以形似，见与儿童邻，作诗即此诗，定知非诗人。"好，排斥形似论，打倒形似论，我们要自由发展我们的天才，于是画美人，个个变成大头鬼，画男子，人人成为郭橐驼，雪里有芭蕉，仙鹤大于屋，这怕是不合事实吧？你懂，这是诗人的画！

从前诗人的画，我不懂，现在诗人的画，更教我糊涂了。我在他们的画里找不出半句诗，但看见乱七横八的条线，大红大绿的颜色。

走开！画家嗔喝了。这是未来派，你知道什么？

十余年前，我还是一个小孩，在旧书堆里发现了几本父亲买来日俄战争的写真帖，都是日本艺术学院学生画的。画里的故事，记不得许多，只记得炮火连天，人马冲锋，无不须眉活现，生气勃勃。我那时虽然不懂什么是画，但因为它画得逼真，便爱得什么似的。我对于艺术的趣味，也可以说是从这本画帖引起来的呢。后来进了学校，很喜欢练习画，只苦没有良教师，又没有相当的环境，所以终于成为一个艺术界的落伍者，这真是我生命的极大损失呵。别的闲话不多说了，还是来批评批评中国过去几年的西洋画界吧。每年春秋两季，各学校开绘画或各种艺术的展览会，我有机会，总要去观光，虽然所谓西洋画不外乎是由画帖上勾勒下来的图案画，由美术明信片放大人像或风景，像日俄战争帖里的作品，还没有看见一张，但大家总算努力向着西洋画的道路上走，即说我们的西洋画比日本落后十几年，但肯不断的前进，将来终有追上的一日。

想不到这几年来的中国的西洋画，不但没有进步，反而变成乱七八糟大红大绿的一团了。一变再变，或者要变成黑漆一团，那才叫做归真返朴，未来派的未来，无论那一国也不及我们这种向后要求的精神的。

咳，未来派，你真误尽苍生！

玉良对于艺术，确用过一番苦功夫，也可以说是一番笨功夫。记得她在里昂国立艺术学校学画时，课余之后，另外租赁石膏人体模型来练习，整天在屋里，对着模型眯着眼，侧着头，用一支笔横量竖量，口中念念有词，"头等于胸的几分之几，手臂等于腿的几分之几……"打一个草稿，或者要费去几天光阴，必定要弄到没有半丝半毫的差讹，才肯罢手。有一回，她写生一枝菊花，因为是在晨曦影里画的，每天只好等晨曦来时画一点。一天不能画完，分做几天画。恐怕菊花于画成前枯萎了，半夜里还起来用冷水喷它，要取那一刹间的正确的光影。

她对于绘画所下的艰苦卓绝的功夫，何止这一点，我也不及细细叙述了。这一点力求精密准确的精神，我以为十分值得介绍给现代中国青年画家的。

其实未来派，表现派，象征派，西洋都已成为一派，在艺术上也有相当的价值，不过要等到艺术功夫到家之后，然后再谈这些。表面上的线条颜色，无论它怎样杂乱，内中仍有深湛的意味，才称得起艺术，不问理由，一味乱涂乱抹，自称为未来派等，正恐要被真正的未来派笑掉了牙。袁子才论诗，有一句话很有意味，他说做诗功夫纯熟老到时，偶尔做一点颓放，怪僻，出于绳墨之外的诗，自然可爱，但初学诗的人却万万不可这样做，否则，终身没有出息了。我以为这几句可以做得我们青年文艺家的座右铭。

1928 年 12 月 1 日深夜写

选自《青鸟集》，商务印书馆 1938 年 7 月出版

潘玉良的悲剧

风尘中打过滚的人

我读了两遍大陆作家石楠女士所写的《潘玉良传》，太使人感动了。早在 1921 年我与北京女高师同学林宝权、罗振英考上了里昂中法学院，即与同学百五十余人赴法留学，潘玉良是与我们同乘法国邮轮博多士（Porthors）号同行的。她是考上里昂中法学院的学生，才有资格与我们一同赴法留学。

中法学院第一期的学生仅一百五十余名，女生则仅十三名，同住在学院大门口一座小楼里。房子由抽签决定，玉良与林宝权、杨润余（杨端六的妹子）三人一室，我幸运抽得一间单独的小室，与她们三人相邻，故此常到她们屋里玩，交情便特别好。我们那时年龄都不算轻，都有二十好几，但都天真未凿、不知世事，玉良则人情世故甚为娴熟，好像是一个从风尘中打滚过来的人。

她身裁中等，但很壮硕，脸稍长，容貌并不甚美，肤色微褐，她的神情则刚强傲慢，言语举止与我们都不同，另具一格。她对我们说她是结过婚的，丈夫名叫潘赞化。所以我们就沿袭法国习惯，称她为"马丹潘"。马丹二字是法文 Madome 的译音，即是潘太太或潘夫人。

当时我们学生经济都不宽裕，马丹潘却像颇有钱，秉性又慷慨大方，常常买些水果饼饵，请众同享，因此大家也很欢喜她。在海轮上，同学背面便传说她的出身不正，曾堕落青楼几时，潘赞化好像是个富商，赎她出来，两人由是结婚。

潘见她姿质聪颖，教她读书识字，因她性好艺术，便使她进入上海刘海粟所办的艺术专校肄业，学了几时，报纸揭破她的底子，校誉受影响，艺校遂将她开除，她遂来法国学画。当时我们所知于她者仅此。

同学们虽都对她轻视，不过时当五四之后，民主自由之声高唱入云，况她又是正式考取中法学院的学生，连校长吴稚晖先生都能承认她，同学当然不敢有什么话说。玉良也知人的嘴最可怕，她过去的历史是瞒不住的。只须人们不当面揭穿它，她自己只好默认。记得有一回，我到她房里谈天，杨润余忽然对玉良说宋朝有个力抗金人的女英雄，叫做梁红玉，你的大名叫玉良，字不同音同，虽二字颠倒，你是有慕于这位女英雄，才取这个名字吧？这当然是以梁红玉的出身来隐讽她，我以为玉良听了，必怫然不悦，谁知她只有笑笑了事。又有一回，同学开了个同乐会，约她唱几出京戏，她慨然答应，指导胡琴师音阶的高下，手法极其熟练，那晚她唱了几出黑头戏，音调雄浑悲壮、中气极足，非常动听。同学们约她唱京戏便是说你是那种地方出来的人，一定会唱这种戏，她并不推辞，也就是默认。

我才知她神情的傲慢刚强及言谈举止的与众不同，是她自卫政策。她若表现得过分卑逾委缩，可怜兮兮地过日子，身世的秘密未必能保持，人们更要爬上她的头来欺侮她了。玉良似颇有权谋，能硬能软，若形势直对她不利，她便立刻采取低姿态，使出她另一套手段，哄得人团团转，人家再也不忍对她苛求。

画笔能夺造化玄机

玉良一到里昂，便到城里里昂大学附属的艺术院上课。她在上海艺专原已学过数年素描，具有根柢，一进去便升入最高班。她又租赁了几座石膏模型，下课回校，便在卧室里用炭笔描绘，直到深夜始睡。不久便升入油画班，曾画一幅老人的半身油画像，老人浑身肌肉凸凹，线条有力，色泽则温和。她对我们说，教师见她初次作油画便有这样成绩，知道这个中国学生是有前途的，对她非常嘉许呢！

玉良课外自己也买些水果花卉来画，记得她画了一幅葡萄，颗颗晶莹透明，并画出葡萄所蒙的一层薄粉，看去画布上的与盘中所置的竟无分别，真的飞鸟进来还想在画布啄几口呢！她又画一撮菊花，就窗间射进来晨曦取影。晨曦一霎那便过去，她也仅画几笔，要等次日晨曦再临时始画，务要采取那一霎那的光晕。怕菊花枯萎，夜间起来喷水几次，画成以后，果然活色生香，盈盈可爱，尤其那一痕淡淡的阳光，更极其灵幻，真是笔夺造化的玄机了。

玉良在中法学院也仅待了年余，便转学巴黎艺术院，只见她头戴宽裔帽，胸前结了一枚大领结，脚下一双皮靴，完全一副法国时下艺术家的打扮。意气扬扬，真是春风得意。她告诉我们：巴黎艺术院也和里昂艺术院一般，学习有成，也无毕业的证书和文凭，只有意大利艺校有，她将赴意深造二年，取得文凭即回国。

火神收去心血结晶

我留法三年半，因慈母病重，于一九二五年返国。过了二年，邱代明与未婚妻林宝权也回来了。玉良将她留学法意数年大小油画数百幅托林、邱二人先携带回来。所有图画置货舱中，预付了一笔很重的运费，不意那条邮轮驶到半途，货舱忽然失火，不敢开舱灌救，唯恐火焰一接触空气，便蓬然一声将船炸毁，只有将货舱更行封固，听舱中一点残余空气，慢慢燃烧，东西烧尽，火亦自熄。那时船上数百客人性命都在旦夕之间，大海茫茫，谁来援救，只有听之而已。

在巴黎潘玉良寓所留影（右一为苏雪林，右三为潘玉良）

船行十余日，幸未爆炸，抵达上海吴淞口，始开货舱检视，百物一空，玉良数百幅心血结晶，均被火神收去了。

第二年，即一九二八年，玉良果然返国了。她于一九二一年和我们一同赴法，至是年返国，留学海外，七年不到，她数年的画作虽被焚毁，她在迟归的一年乃画了不少幅，回国后又拼命趱赶了许多幅，打算开个展览会。想我替她写篇评介文字，邀我到她住处先看一下。

玉良与潘赞化的爱巢好像是在苏州河边，面积不大，但颇幽静，那天我看了她的画，又看见了许多画框，所雕刻的图案极艺术化之能事，每框图案都不同，都是玉良亲自设计的。原来她养了个木匠在家里，替她家做各种家具兼雕镂各种油画架。这些架子现想都不存了，若存，应摄影为一书，公之于世，因为这也是玉良的一绝。

展览会是在西藏路宁波会馆举行的，展出她的作品八十幅，来参观者络绎不绝，盛况空前，看了画无不啧啧赞叹，认为前所未见，我想这几天当是玉良最所高兴之日了。我写的评介文也极口替她揄扬，此文收入现已绝版的《青鸟集》。

我住上海一年，写成《棘心》一书，连同前一年所写的《绿天》，都在北新书局出版。《棘心》第十一章"中秋夜"里秦国夫人，指的是玉良，《绿天·银翅蝴蝶故事》里的螳螂夫人指的也是她。为什么将她比作螳螂呢？因此虫是昆虫界厉害角色，玉良性情豪迈、言谈痛快，有点像黑旋风，我所以把有两柄板斧的螳螂来象征她。

以后我到安大、武大任教，离开上海，与玉良便不能常见面了，只知她回国后，初任教于刘海粟的艺术专科学校，后任教于南京国立中央大学的艺术系，遍游东南名胜，画了许多风景，也在各大城市开展览。

我想玉良素来好胜好强，这几年她在画坛上占尽风光，当然快乐之极。我功课忙，未曾与她通过一次音讯。

艺术海洋里求生

对日抗战将爆发那一年，忽听见人说玉良又到法国去了。我想她或者去参加什么艺术会议，不久就会回来，后来并未听见回来的消息，我也不在意，我确是把她忘了。

抗战胜利后，武大复员，我也回到珞珈山。不久我到了香港，服务真理学会一年，为要赴罗马圣年朝圣兼访求解决屈赋的资料又赴了法国，住在巴黎一个国际学生寄宿的宿舍里。我的朋友方君璧已于半年前先到巴黎，告诉我潘玉良也在，她来法国已十来年了，要不要会会？这时潘玉良三字才猛然浮上我的脑海："她还在法国吗？我以为她早回国了。""她是对日抗战前就出来的，一直没回去，于今已十几年了。我看她对法国已有终焉之志。"我听了君璧的答复，心里也茫茫然不得其解，只好不再问。带来邮轮上免税香烟分送玉良两条，托君璧先带去，作为见面礼，玉良遂约定日子请我和君璧到她家吃饭。

玉良住的地方，距离我住的寄宿舍及君璧所住的旅馆都很远，要搭几道电车才能到。她住的房子在三层楼上，没电梯，靠两条腿硬撑着上下。几排高楼建筑在巴黎比较僻的野外，非常敝旧，是法国政府专为穷艺术家兴建的，住入其中不取赁费，水电则自行负担。玉良说她第二次初到法国是租屋子住的，好容易申请到这幢屋子，住入不过几年。

我们吃饭间，同声问她："在法国住这么久，靠什么生活？"她说："初出来时尚带了一点积蓄，积蓄用完，便卖画。不过法国经纳粹统治数年，又经二次世界大战，也很穷，买不起我的画。我有时作雕塑，比卖画所得略多。大陆政权更迭后，潘赞化被斗争清算。本靠一个儿子教书中学，得点薪水赡家，现在儿子以反动罪名，被捉去劳改，家里尚有几个人要吃饭，要我不时汇款救济。我不久前好容易张罗了一百美金汇去，赞化又来信告急，叫我怎办！"她说话时，摊开两手，作无可奈何状，我们也为之愀然。

巴黎天气渐冷，有一回我与君璧到玉良寓所，只见她画室中间新安置了一具煤炭炉，烟囱弯曲到卧室，又弯出来，由天花板通出屋顶。我以为她是雇工人来装的，她说不是，乃她自己所装。"叫煤炉店将炉和烟囱送来，我一节一节接好，爬上两脚梯，用铅丝挂在天花板上，再在天花板上打洞，把烟囱通出去，我又爬上屋顶，再加几节，加以固定，工程才告毕，于今工人工资太贵，哪里请得起，只好自己来干了。"

我大骇道："你也上点年纪，爬两脚梯已甚危险，为何更爬上屋顶，摔下去如何是好？"她慨然叹道："我十几年来同生活搏斗，什么苦没吃过，何止这区区装煤炉一事？这是我的命，一个人对命运是没法抵抗的，我只有认了！认了！"

她的生活果然俭朴，吃的荤菜是鸡头鸡脚（请客当然不是），素菜也捡店家卖不出的剩菜买。我在国内时好吃鸡头，听玉良常吃，便买了十几只，回家烹煮，谁知再也煮不烂，勉强尝尝看，一点味道都没有。原来那些鸡头鸡脚，都是陈搁多日之物，只能喂狗，人是不吃的，只有抛弃。我以为"人弃我取",大占便宜,谁知白白牺牲了几个法郎。我问玉良这种东西你怎样能下咽,她说:"此物有鲜有陈,鲜者价略贵,你不会选择,能怪谁?"才知玉良第二度赴法后,常以无钱买面包而挨饿,有时饿得晕死过去,人家出钱帮她,她又坚不接受,倔强得真可怕!当我们问她:"你来巴黎这许多年,生活也未见得如意,为什么不回去?"她笑道:"巴黎是个艺术之海,世界无数艺术家到了此邦,便舍不得回去,想在这艺术海洋里挹取几勺甘醇的点滴,或采取几枝红耀的珊瑚,拣拾几个珍贵的贝壳,我也不过是这类艺术家之一罢了,你们何必问呢?"

我知道她这段话无非是饰辞,她甘心忍冻挨饿,流留此邦者,实有难言之隐。这难言之隐是什么?必因她过去那段不甚光荣的历史,遭受种种刺激,使她不能忍受才自我放逐,远来此邦,所图的是此邦人都不知她过去的事,则精神上较得安宁而已。我与玉良虽在里昂中法学院同学三年又半,同处仅年余,她即转学巴黎,后又转学罗马,不能时常见而,实无感情可言。隔别十余年,又在巴黎聚首,况君璧与我都是因种种原因被迫出来,都成了无家可归的穷途之客,和玉良比起来,不是"同是天涯沦落人"吗?所以我们的友谊突然增厚了几倍。我更爱玉良的艺术,恨不得天天到她画室看她作画和雕塑。只恨相距过远,不能常去。而且我也有我的工作,也无暇常去。看了她的雕塑,我才知玉良除绘画之外,还有这种才能。她那时正为某夫塑半身像,说:"塑成之后,连翻铜,材料费和工作的酬劳,共计五万佛郎。若在别的有名的雕塑师,开价十万廿万也不止,我只为需要钱,才这样便宜卖。就是这样便宜卖,这种生意也不易上门,十余年才碰到一两次。"说时叹了一口气。我初以为玉良的雕塑,不过绘画余技及之而已,并非专精,现读《画魂》才知,在意大利她曾从名师学习过此道两三年,雕塑和她的绘画一般优异,这样双艺人才,实不可多得。

我寄仙草给她　她买画纸赠我

第二次赴法，原想寻觅解决屈赋问题的材料，既不可得，只有返国，君璧也携三子赴美，玉良的音讯便少有所知了。记得六十年代中，她忽从巴黎来了一封信说她年来高血压甚重，百药罔效，遇见自台去的盛成先生告诉她，台湾有种草药，名叫"仙草"，治此病神效，请我代买若干寄去。我立刻去中药铺买了一包，航空寄她。不久她来信说此药果然灵验，她仅服了一服，血压果然骤行降低，医生替她检查，都怪诧不置，正不知她服了什么仙丹妙药，能够如此。我读了她的信，不胜之喜。横竖那种草药价格极其低廉，便买两斤寄她备用，她又来信，原来这种草药仅能一次见效，再服便不灵，且有不良反应了。没法，只有眼看她饱受病魔的磨折，无法救援。

我在巴黎时，曾用法国各种水彩画纸画中国山水，颇得心应手。返台后，手边已无存货，写信给玉良托她购买某种牌子的纸若干张寄来。玉良马上寄来了一大叠，我试用之下，并不如前之吸墨，回信向她道谢后，又同她打趣道：寄来的纸牌子虽同，功效且非一样，想也像那"仙草"治高血压般，只有一次见效。玉良写信来叫我将纸的各种牌子都写给她，她将踏遍巴黎文具店，寻来供给我。我知她抱病未痊，经济也不宽，何忍再麻烦她，买纸的事，从此作罢。

有一回，我在美工作的侄子寄我百元美金钞票一张，我即以寄给玉良，知她性格高傲，不受人怜，恐伤她的自尊心，附信对她恳切地说："这笔小款是你老同学苏梅对你崇高艺术成就的一点敬意，你一定接受，否则苏梅要伤心的。"（第二度赴法，恢复了苏梅的名字）谁知狷介异常的玉良，仍把那张美钞寄还了。说台湾教育界清苦，她也知道。她近来做了几笔艺术交易，用度有余，决不以生活累知交，请我以后万勿寄钱给她。

以后，我因工作太忙，玉良又有病，懒于写信，我们的通信便稀了，甚至断绝了。一九七七年忽得巴黎一份法文讣闻，是玉良治丧会寄来的，说玉良病重已于某月某日逝世，我甚悲痛，即以她的噩音遍告在美的方君璧、林宝权。并复函巴黎治丧会，应改组为潘玉良遗作保存会，收集玉良生前绘画、雕塑，成立一个小规模"潘玉良艺术纪念馆"，使她的艺术保存于永久。

不过这话谈何容易呢？她的作品均已卖出，没法赎回，即能赎回也要找费一笔大钱，请问何人负担得起？她在大陆的作品，遭红卫兵十年大乱，恐已片楮无存了！不过，我当时写信与君璧、宝权，实在忙碌了一阵，惜都是白忙，此事只有寄望于将来政府或社会上有力者了。

《画魂》钩出悲惨身世

自一九二一年到一九五〇年，我和玉良相识卅几载。所知玉良身世仅如上述。读了石楠女士的《画魂》才知她之堕落风尘，是被一个丧尽天良的娘舅所卖。潘赞化也并非什么富商，却是开国倒袁有功于国的革命同志。她肄业上海艺专，校长刘海粟"巨眼识英雄"对她极有同情，并未因报纸造谣，便将她开革，但观当玉良学成归国，刘氏即聘她为艺专艺术主任，玉良一直认刘氏为恩师，便可见之。她与潘赞化并非正式夫妇，赞化本有元配李氏，玉良的身份，仅是赞化的侍妾，这是我读《画魂》才知道的。玉良于对日抗战前，再度赴法，而且决定了永远不再返国之计，原因就是赞化元配定要争大小名份，强要一位大学教授、知名的艺术家，对她下跪磕头，自居妾侍地位，她实在受不了，才出走的。

我以为这就是潘赞化的不是了，你既将玉良救出火坑，送她出洋数年，使她学有所成，你为何不同玉良正式结婚呢？就说他元配知识低下、不明大义，会将那些事掀腾到社会上来，使你身败名裂，玉良的羞耻更不能洗涤，可是中国不有"两头大"的办法吗？你平日对元配多多沟通，并说明种种利害关系，你的元配也许能曲从的。

这是玉良最大的悲剧，她生性刚强总想出人头地，在社会上做一个顶尖人物，她的艺术天才又足以相副，无奈过去那段不光荣的历史，总是洗涤不了，她的心灵永远受着极端的痛苦。但我要问：她这段不光荣的历史是她自己心甘情愿招致的？还是黑暗腐败的社会逼迫而成的？人们总是不肯原谅她，总要每次揭她疮疤，故意加她以刺激，无非见她的艺术成就太崇高、太优美，遂妒火中烧，刻难容忍，这原是小人卑鄙心理的常态，玉良是忍受惯了的，尚可不予计较，惟潘赞化元配李氏所加于玉良那一记沉重的打击，如钢刀之割心肝、如烙铁之烙肺腑，其痛苦之大，任何人类都不能忍受。她的命运真太悲惨了！

总之，潘玉良是个传奇人物，是个正宗西画家，其成就实在当时所有西画家之上。她学成回国，她的恩师刘海粟批评她的画太求形似，不能表现个性，我觉得这话未必是对的。西洋画家数十年的苦练，原在求准确，也就是求形似，难道都没有个性吗？

玉良的画作，轮廓极正确，线条极遒劲，每一幅都魄力磅礴、元气淋漓，极阳刚之美，正是表现她整个人格，也就是表现了她的个性了。她听了她恩师的话去拜张大千为师，反而弄得不中不西，幸而她自知所长，没有完全为人同化，乃保持她的特色。

玉良不幸幼年被人阬陷，有了那段不光荣的历史，她毕生奋斗，只想在社会上取得一个平等的人格，恢复她的人性的尊严，无奈总不能如愿，惨淡地死去，是个失败的女英雄！

选自台湾《中外杂志》第 50 卷第 2 期 1991 年 8 月出版

反传统文化的文人

——刘复　刘大白　钱玄同

刘复的"作揖主义"及其他

[编者按]

刘复（1891—1934），江苏江阴人，原名寿彭，后改名复，字半侬、半农，号曲庵。早年赴欧洲留学，获法国国家文学博士。中国新文化运动的先驱，著名的语言学家、教育家。主要著作有《中国文法通论》、《四声实验录》、《国语运动略史》、《中国俗曲总目稿》、《国外民歌译》及新诗《瓦釜集》、《扬鞭集》。

刘复

幽默风趣半路出家

自 1919 年五四以后，新诗方面有几个半路出家的诗人，散文方面当然也有。大凡半路出家的人，旧文学的根柢总是比较深厚，人生阅历也比较丰富，写出来的文章内容当然充实，而文笔也当然洗炼苍劲，和青年人不同。再者以年龄关系，既不写风花雪月浮泛景色，更不写干啼湿哭男女恋情，所论大都是关于文化，学术、国家、社会的问题，以犀利深刻的笔墨，将他们警辟卓荦的见解，表达出来。涂上一层幽默风趣的香膏，使呆板枯燥的问题变得活泼生动，耐人寻味。

这一班半路出家的作者，我们第一个要提到的便是刘复。他写文章时常署名半农，我们就这样称呼他吧。散文方面，他有《半农杂文》二本，他尚有谈自己风格的话，我们便可知他文学路数如何；刘氏秉性滑稽，说话每诙谐杂出，谈笑风生，令人忍俊不禁，比幽默大师林语堂更胜一筹。他前半生也是上海滩上的文人，常在《礼拜六》上投稿，而他国学渊深，五四后即转变而赞成白话文学，曾说道：

> "我以为文章是代表语言的，语言是代表个人思想感情的，所以要做文章，就该赤裸裸地把个人思想传达出来，我是怎样一个人，所谓'手写口'，所谓'心手相应'，实在是做文章的第一个条件。因此，我做文章，只是努力把我口里所要说的话译成了文字。什么'结构'，'章法'，'阴阳顿挫'，'起转承合'的话头，我都置之不问，然而亦许反能得其自然。所以看我的文章，也就同我面对面谈话一样。我从来不会说叫人听不懂的话，所以我的文章也没有叫人看不懂的地方。"

五四初期，新青年一派学者主张以白话代替文言，怀疑者极多，激烈反对者也不少。刘半农与钱玄同两人伪造了一个王敬轩的角色，写了一封信给《新青年》，刘、钱以该杂志名义，答复了一篇文章把那个代表守旧派的王敬轩嬉笑怒骂，淋漓尽致地挖苦了一大顿。文中则抨击古文的弊端，揄扬语体的优美，学问笃实，笔力万钧。文学革命起——好像那时五四运动尚未产生——一般中老年人对于这个运动当然顽固地反对到底，青年们曾在家庭私塾受过几年教育，国学尚有点根柢者，也豫犹不决，徘徊观望，读了《新青年》上刊出的双方书信，思想都改变了，都站到新文学这一边阵营中来了（新诗人朱湘自白即如此，还有许多人感悟而转变者，不具述）。

钱、刘二人之所为诚不足为训，不过当一般人群疑满腹，众难塞胸之际，服下了这一颗强力定心丸，新文学革命的成功，便提早了好多年。所以钱、刘的贡献是非常之大的，是新文学决不可少的一笔。听说这封信是刘半农执笔，玄同不过贡献了一些文字学的知识，功勋本该归刘，唯有存钱玄问参与其间，功劳便不便教半农独得了。

游戏笔墨作揖主义

刘半农因懒得再同那些执迷不悟而喜与他辩论的人纠缠下去，他写了篇《作揖主义》的小文，说的话非常有趣。又不满青年人一味借新文学写些男女浮滥的爱情文字及欢喜乱骂人，也有文评之。关于"作揖主义"，他说：

"我对托尔斯泰不抵抗主义甚为赞成，因为不抵抗主义表面上是消极，骨子里还是最经济的积极。我们办事须有成效，假使不实行这主义，就不免消费精神于无用之地。我们要保存精神在正常地方用，就不得不在可以不必的事上省些，这就是以消极为积极；既如此，我也要用些游戏笔墨，造出一个'作揖主义'的新名词来。每天来客甚多，第一位是前清遗老、第二位是孔教会会长、第三位是京官老爷、第四位北京剧评家和上海剧评家、第五位是玄之又玄的鬼学家，最后者则为王敬轩先生，这些客人对自己主张个个有番大道理，同他们纠缠下来将无了期，只好于听完他们高论之后，对他们作个大揖，说'老先生说的话，很对，很对，领教了，再会吧？'将他们送出门，然后忙自己所做的事。"

半农对于那时代的青年写文章总是谈情说爱，也颇不以为然，又说了一番话：

> "……功是不肯用的，换句话说，无论何种严重的工作都是做不来的，旧的一些学问么，那是国渣，因该扔进毛厕，那么新一些的罢，先说外国文，德、法文当然没学过，英文呢？似乎识得几句，但要整本书看下去，可就要他的小命，至于专门的学问那就不用提了。连做敲门砖的外国文都弄不来，还要说学问的本身么？"

文坛通病大肆谩骂

刘半农在《老实说了吧》一文中，对文坛的谩骂之风，有辛辣讥讽：

> "事实是如此，而事业却不可以不做，于是轰轰烈烈的事业就做出来了，文句可以不通，别字不妨连篇，而发表则不以须臾缓。

> 有什么了不得的东西可以发表呢，有……悲哀、苦闷、无聊、沉寂、心绞，密吻、A姊、B妹，我的爱、死般的、火热的、热烈的、温温的、颠而倒之，倒而颠之，写了一篇又一篇，写了一本又一本。

> 再写一些，好了！悲哀、苦闷、无聊、一凑一凑又是一大本。

> 然而终于自己也觉得有些单调了，于足乎为骂人。

> 骂人最好不要在人家学问上骂，因为要骂人家的学问不好，自己先要有学问，自己去读书，那就费事了。最好是说这人如何腐败，如何开倒车，或者补足一笔，这人的学问简直值不得什么，不必理会。这样如人家有文章答辩，那自然是最好，如人家不睬，却又可以说：瞧，不是这人给我骂服了。总而言之，骂一个有名的，可以抵骂一百个无名的。因为骂人的本意，只是要使社会知道我比他好。我来教训他，我来带他上好的路上去。所以他若是

个有名的人，我一骂即跳过他的头顶！

哎哟，算了吧，我对于此等诸公，只有'呜呼哀哉'四字奉敬"（下略）。

半农发表此文后，反对文字有十几篇，因此文揭了他们的疮疤，群起对他大肆谩骂，这是中国文坛的通病，不去说它了。

以古文为鬼话文的刘大白

[编者按]

刘大白（1880—1932），浙江绍兴人，原名金庆棪，字伯贞，后改姓名为刘靖裔，字大白，号白屋，清末举人。1913年赴日本留学，后又至新加坡、马来西亚教授华文。辛亥革命后，尝试用白话写诗，是新文化运动中新诗的倡导者、著名诗人、文史学家。主要著述有新诗集《旧梦》、《邮吻》等。诗歌理论著作有《旧诗新话》、《白屋说诗》、《白屋文话》及《中国文学史》。

刘大白

反对古文的刘大白

刘半农虽算半路出家的文人，当五四时代，年龄究竟还不算太大，现在再来介绍一个真正半路出家的，那就刘大白先生。

刘大白是前清举人（一说优贡），游过日本，历任大专教授、系主任，也做过民国教育部次长，以他国学根柢之优厚，从事语体文当然会拥护古文，反对语体，他偏偏赞成语体，视古文如寇仇。他的工具既犀利而丰富，从事语体文当然轻而易举，游刃有余。

他以旧体诗话，作诗评极见功力，有《旧诗新话》、《白屋说诗》等著作，比一般旧文人所写的诗话诗评之类，炯眼独具，见解不凡。

他反对古文，态度非常激烈，皆见所著《白屋文话》一书，称之为"鬼话文"，想他以过来人的缘故，深知个中利弊之故。他有《对付鬼话文的态度》一篇，说："鬼话文是历史上的遗物，它与西洋的拉丁文一样，已成过去。但自周秦以前直到现代，用这鬼话写文章的极多，我们不能斩断历史，隔绝社会，还有懂得历史上有鬼思想的活死人心里的必要。所以我们不能不对鬼话文决定一个态度。这所谓态度就是人话文。革命成功以后，对于这些鬼话文俘虏的态度不是坑杀，不是遣散，也不是改编，是要审问它，求得它们的鬼话招供。是为现在同一社会里那些活死人心理的需要。既要逼取他们的招供，我们对鬼话仍是要读到懂得的程度。"胡适认为我国散文文体唐以后颇有进步，宋之欧苏胜唐之韩柳；宋明之朱熹、王阳明又胜欧苏；清之顾炎武、崔述、高邮王氏父子的文章又胜宋明。刘大白则持相反的意见而有蓝青鬼话一代不如一代之说。所谓蓝青，即不纯粹之谓。谓二千年前人用人话写文章，等于现代人用白话文写文章，本甚自然，至于两汉则周秦文已成鬼话而强学之，则必成为蓝青鬼话了。以后各代类推，时代越后，鬼话便越蓝青，一代蓝青过一代，鬼话文便一代不如一代了。

刘大白所谓要明白鬼招供，必须读懂周秦以前的鬼话文章。他说：

"我们想学好英国语文，在国内靠几本英文教科书或几本英会话书是不够的，必须到英国去留学，找英国教授直接教诲始可。我们想把文章做得合周秦死鬼们一样好，那就须到周秦死国去留学了。我们备足了冥用钞票的留学经费，请城隍神签了护照，搭着黄泉路上倒开的火车，通过鬼门关，一直到周秦的死国，这才能把鬼话文学好。一直捧着周秦时代留下的鬼话文死模仿，我们所作的鬼话文，当然要一代比一代蓝青了。"

刘氏又有《桐城派的鬼话文合八股文的关系》及《检书换易法的鬼话作文秘诀》，均极精彩。

主张"桐城谬种"、"选学妖孽"的钱玄同

[编者按]

钱玄同（1887—1939），浙江吴兴人。原名钱夏，字德潜，号疑古。早年曾留学日本，后参加辛亥革命，任北京大学、北京师范大学教授，鼓吹五四新文化运动，倡导文字改革，并参与拟制国语罗马拼音方案。著有《文字学音篇》、《重论经今古文问题》、《中国文字学说略》。

钱玄同

拥护语体反对文言

我们都知五四新文学运动时有"桐城谬种"、"文选妖孽"的两句话，却不知这两句话的由来，原来这是反对文言拥护语体态度最热烈的钱玄同先生说的。

钱氏曾为章太炎弟子，精通文字之学，其他部门国学也甚湛深，他是个理论家，所作文章都属于理论一类。他的思想非常激烈而执着，在五四运动尚未发生前，他在陈独秀所编《新青年》上便发表了许多篇文

章，这个"桐城谬种"、"选学妖孽"两句传诵一时的口号尚未正式提出，只极力反对桐成文派及文选文派，为这两句口号的先河（这篇序以后出版的《尝试集》似乎删去了）洋洋洒洒，大发议论。所论无一语及于胡诗，只表达他自己的意见。那些议论是论旧文学的弊端及其应该改革之道。

钱氏认为：古诗语文是合一的。这是表明言文，应该一致，什么时代的人，使用什么时代的话。不料西汉末年，出了一个扬雄，做文妖的原始家。这个文妖的文章，学问，摹拟古人，一部《法言》，看了真叫人恶心；他的辞赋，又异常雕琢，东汉一代颇受他的影响。到了建安七子，连写封信都要装模作样，安上许多浮词。六朝的骈文满纸堆垛词藻，毫无真实的情感。甚至用了典故来代替事实，割裂他人的名号去就他的文章的对偶，打开《文选》一看，这种拙劣的文章触目皆是。直到现在还有一种妄人说文章应该照这样做。"文选文章，乃为千古文章之正宗"，这是第一种弄坏古语文章的文妖。

唐朝的韩愈、柳宗元矫正文选派的弊病，所做文章很有近于言语之自然的。假如继起的人能够认韩柳矫弊的宗旨，渐渐的回到白话路上来，岂不甚好。无如宋朝的欧阳修、苏洵这些人，名为学韩学柳，却不知韩柳的矫弊，但学韩学柳的句调间架，无论什么文章那起承转合都有一定的部位，却不知这种可笑的文章，和那文选派相比，真如二五一十，半斤八两的比例。

钱氏又说：明清以来，归有光、方苞、姚鼐、曾国藩这些人，拼命做韩、欧、苏的死奴隶，立了什么"桐城派"的名目，还有什么义法的话，搅得昏天黑地！也不看看周秦以前的文章是个什么样子？分明是自己做的，偏要叫做"古文"，但看这两个字的名目，便知其人一窍不通，毫无常识。曾国藩更妙，他道："古文无施不宜，但不宜说理耳欤"，这真是自画自供，表明这种古文是最没有价值的文章了。这是第二种弄坏白话文章的文妖。

桐城谬种　选学妖孽

钱氏此文既称扬雄及六朝文人为第一类文妖，又称学韩柳而不其矫弊之道，徒学其间架腔调，起承转合及桐城派之倡学古文，言古文无施不可，惟不宜说理之作家为第二类文妖，尚未确定把"桐城谬种，选学妖孽"两句口号的提出。

两句口号之提出，见于他的《应用文之亟宜改良》一文。此文论学校教科书选读前人文学问题云："明白之周秦文，堂皇之两汉文，淫靡之六朝文以及摇头摆尾之唐宋八大家文，当然不必选读（此不过言其大概，其实所谓说理精粹，行文平易者固未尝不在周秦六朝唐宋文中也）。惟选学妖孽所尊崇之六朝文，桐城谬种所尊崇之唐宋文，则实不必选读。学周泰两汉者，其人尚少，间或有之，亦必无选学妖孽、桐城谬种之臭架子，故尚不甚讨厌也。"此系钱氏自注，下略。

现在我们不妨再把钱氏反对中国旧文化及其主张以世界语代替中国语文的事附此一述。

中国旧文化诚然以儒教混同道教为主体，儒教中心人物是孔子，道教中心人物是老庄。钱氏反对孔子传下之经籍则怪它帮助民贼说话，并不顾及人民大众；反对道教，并不反对老聃和庄周等人，却是那时假道士们所创立的道教，借老庄之名而行其丹药符咒，欺骗人民的野蛮迷信思想。陈独秀办《新青年》常有反孔言论，尚未及于道教，钱氏则合并二家而反对之，他曾说道：

"除儒教以外，还有一个道教。这两种思想控制中国人的头脑。二千年来，所谓学问，所谓道德，所谓政治，无非推衍孔二先生一家之学说，所谓《四库全书》除晚周几部非儒家的子书外，其余则十分之八，都是教忠教孝之书。'经'不待论；'史'者，不是大民贼的家谱，就是小民贼杀人故火的账簿，为什么平定什么方略之类；'子'集的书，大多数都是'王道圣功'、'文以载道'的妄谈。还有那十分之二的道教家言，更荒谬绝伦，说什么'关帝显圣'、'纯阳降坛'、'九天玄女'、'黎山老母'的鬼话。其尤甚者，则有'婴儿姹女'、'丹田泥丸宫'等说，发挥那原始人'生殖器崇拜的思想'。所以二千年来用汉字写的书籍，无论那一部，打开一看，不到半页，必有发昏做梦的话。此等书籍若使知识正确，头脑清晰的人看了，自然不致落其玄中，若令初学之童子读之，必致终身蒙其大害而不可救药。"他又说："欲祛除三纲五伦之奴隶道德，当然以废孔为唯一之办法。欲废弃孔学，欲剿灭道教，唯有将中国书籍一概束之高阁之一法。何以故？因中国书籍十分之九百九十九，都是这两类书故；中国文字自来即专发挥孔门学说及道教妖言故。"

爱国志士郁郁而死

钱氏为了反对中国旧文化，竟主张灭绝中国一切古书。中国古书皆以方块字写成，他又进一步欲灭绝中国文字而代之以英法文字，又谓最简便的方法，采取取英法文字，不如采取世界语（Esperants）。这种惊世骇俗的议论说出以后，当然引起许多人的反对，连孙中山先生都为这个问题说话了。孙先生说：夫包牺画卦，以迄于今，文字递进，逾五千年。今日中国人口逾四万万，其间不尽能读书，而率受中国文字直接间接之陶冶。外至日本、高丽、安南、交趾之族而率皆号曰同文。以文字实用久远言，则远甚于巴比伦、埃及、希腊、罗马之死语言。以文字流通言，则虽已今人之英语号称流布最广，而用之者不过二万万人，皆未及中国之半也。虽今日新学之中，间有倡废中国文字之议，而以作者观之，中国文字实所不当废也。必欲废中国文字，则安得古代思想而研究之？抑自人类有史以来，能记四五千年之事翔实而无断者，亦惟中国文字所独者，则学者正宜宝贵此资料思所以利用之。但中国语文殊非一致，文字之源本书于古经籍，言语则随时代以变迁，至于文体虽有今古之殊，要不能随言语之俱化……这是极有力量的反对论。钱玄同废除中国文字，代以世界语当然是断断不能行的。因为，文言可改成白话，而方块字则不可废。五四后，许多人试用拼音文字，无一成功者，就可明其理。若我们废了中国文字改用他国文字，则我们也脱胎换骨，成了他国人民。我们成了别国人民，则中国也消灭于天地之间了。钱氏谓周秦时代原是言文合一，也非事实。周秦以前是商代，盘庚大诰，佶屈聱牙，或是言文合一，周秦则早不合一了（语见拙著《二三十年代作家与作品》第一章，我称之为第一标准语。不赘述）。

钱氏谓中国的经史子集都是民贼家谱和杀人放火的记录，或烧丹炼汞婴儿妲女的妖言。钱氏若能读外文书，则知外国的经史子集也充满了愚与昧与罪，与中国无异。世上哪有地上天堂般国家？则废弃自己的语文，改而从他又有何益。

不过一种文化革命初起时，革命家的言语举措非过份激烈，则不能震撼人心使之成功。成功之后那文化惰性自会潜移默化，使之趋于平衡状态。我们今日正处这种平衡状态之中，所以觉得这几个半路出家的文士言论过于偏颇，有不能入耳之感。

抗战发生，北京陷于日军之手，钱氏未及逃出，其后想投奔大后方又已无法。不甘心做日本顺民，终日漫游各街市，有如疯狂者然，终至郁郁而死，也算是一位爱国志士，故大后方闻其死耗，无不惋惜。

选自台湾《中外杂志》第 55 卷第 2 期（1994 年 2 月出版）

我所见于诗人朱湘者

朱湘遗像

[编者按]

朱湘（1904—1933），字子沅，笔名天用，生于湖南沅陵，祖籍安徽太湖弥陀镇。幼年不幸，父母早亡，兄长抚育其成长。1919年考入清华学校（留美预备班），读书期间，痴迷写作及翻译，并在报刊上发表作品。他特立独行，我行我素，1923年，因不满学校只注重分数的种种清规戒律，又不守校规，遭学校开除。离校后，创作热情高涨，1925年出版诗集《夏天》，声名大著。1926年在好友的斡旋下，朱湘重回清华读书，成为闻名遐迩的"清华四子"——即饶孟侃（子理）、孙大雨（子潜）、杨世恩（子惠）、朱湘（子沅）。1927年出版《草莽集》，并赴美国劳伦斯大学、芝加哥大学留学。朱湘去世后，诗友文友搜集其遗稿，出版诗集《石门集》、《永言集》，散文《中书集》、评论《文学闲谈》及《朱湘书信集》、《海外寄霓君》等遗著。

184

听说一切诗人的性情总是奇奇怪怪，不可捉摸的，诗人朱湘所给予我的印象也始终是神秘两个字。天才是疯癫，我想这话并不是完全没有理由。

记得 1930 年我到安徽大学教书，开始认识这位《草莽集》的作者。一个常常穿着西服颀长清瘦神情傲慢见人不打招呼的人。那时安大教授多知名之士，旧派有桐城泰斗姚永朴；新派有何鲁，陆侃如，冯沅君，饶孟侃，但似乎谁也没有诗人架子大。听见学生谈起他，我才知道他住在教会旧培媛女校里，有一个美丽太太作伴，架上书籍很多；又听见说他正计划着写这个写那个。斗大的安庆城，只有百花亭圣公会有点西洋风味，绿阴一派，猩红万点，衬托出一座座白石玲珑的洋楼。诗人住在这样理想的读书与写作的环境中间，身边还有添香的红袖，清才秋福，兼而有之，这生活我觉得很值得人歆羡。

但是，没有过得几时，我便发见诗人性情的乖僻了。他对于我们女同事好像抱有一种轻视的态度。每逢学校聚会，总要无端投我们以几句不轻不重的讽嘲。记得有一次，学校想派教职员四名到省政府请求拨发积欠经费。已经举出了两个人，有人偶然提到冯沅君和我的名字，忽然我听见同席上有人嘻笑着大声说：

——请女同事去当代表，我极赞成。这样经费一定下来得快些。

这人便是诗人朱湘。沅君和我气得面面相觑。我想起来质问他这话怎样解说，但生来口才笨拙的我终于没有立起来的勇气。后来我问沅君为什么也不响，她说这人是个疯子，我们犯不着同他去呕气。

1932 年十月间我在武大。有一天接到一封朱诗人由汉口某旅社寄来的信，信里说他要赴长沙不幸途中被窃，旅费无着，想问我通融数十元。这信突如其来，颇觉不近情理；况且武大里也有他清华旧同学，何以偏偏寻着我？但转念一想，诗人的思想与行动本不可以寻常尺度相衡，他既不以世俗人待我，我又何必以世俗人自居呢？那天我恰有事要到汉口，便带了他所需要的钱数寻到他的寓所。那旅馆靠近一码头，湫隘不堪，不像中上阶级落脚之所，粉牌上标着"朱子沅"。茶房一听说我是武大来的，便立刻带着我向他房间里走。他说姓朱的客人问武大有没有人来访已有几次了。他真落了难么？我心里想，看他望救如此之切，幸而我没有怕嫌疑而不来，不然，岂不害他搁浅在这里。上了楼，在一间黑暗狭小的边房里会见了诗人，容貌比在安大所见憔悴得多了，身上一件赭黄格子哔叽的洋服，满是皱纹，好像长久没有熨过，皮鞋上也积满尘土。寒暄之下，才知道他久已离开安大。路费交去之后，他说还不够，因为他还要在汉口赎取什么。我约他明日自到武大来拿，顺便引他参观珞珈全景。问他近来做诗没有？他从小桌上拿起一叠诗稿，约有十来首光景。我随意接着看了一下：他的作风近来似乎改变了，很晦涩，有点像闻一多先生的《死水》。而且诗人说话老是吞吞吐吐，有头没尾的，同他的诗一样不容易了解，一样充满了神秘性。我闷得发慌，没有谈得三句话便辞别了他回山了。

第二天诗人到了珞珈山，仍旧那副憔悴的容颜，那套敝旧的衣服，而且外套也没有，帽子也不戴。我引他参观了文学院，又引他参观图书馆，走过阅览室时，我指着装新文学参考书的玻璃柜对他说：

——您的大作也在这里面，但只有《夏天》和《草莽集》两种。您还有新出版的著作么？告诉我，让我好叫图书馆去购置。诗人忽然若有所感似的在柜边立住了脚，脸上露出悲凉的表情，本来凄黯的眼光更加凄黯了，答道："这两本诗是我出国前写的，我自己也很不满意。新著诗稿数种现在长沙我妻子的身边，还没有接洽到出版处呢？"他说着又微微一笑。我不知这笑是轻蔑，还是感慨，只觉得这笑里蕴藏着千古才人怀才不遇的辛酸与悲愤，直到于今只须眼睛一闭，这笑容还在我面前荡漾着。

我们行到理学院，恰遇着王抚五先生迎面而来。我因为他们曾在安大共事，便介绍相见。诗人神情之落寞，与谈话之所答非所问，使抚五先生也觉惊疑。

　　诗人去了的第四天，忽有投朱刘霓君名片来访我者。相见似甚面善，问之才知就是朱湘夫人。据朱夫人说，她接丈夫的信说在汉口失窃被旅馆扣留，她今日从长沙早车赶来，则他已于先一天走了。临走时告诉茶房说他到珞珈山访苏某人，所以赶到我这里来。茶房又说诗人落到旅馆里时，仅有一床薄薄的毡子，一只小小手提箱，每天除起来吃两碗面之外只拥着毡子睡觉，他们都说这是个仅见的行踪诡秘的客人。

　　我将一切经过报告朱夫人，并说他此刻大约已返长沙，回去一定可以寻着。和朱夫人一番谈话之后，才知道他们夫妇感情从前极好，现在则已破裂，这些时正在闹着离婚。朱夫人又说她丈夫在安大颇得学生敬仰，他要是好好干下去，他那外国文学系主任的位置，一辈子也不得动摇，无奈他性情过于狂傲，屡因细故与学校当局冲突，结果被辞退了。失业以后，南北飘流，行踪靡定，家庭赡养，绝对置之不问。朱夫人说到这里伸出她的一双手说："苏先生，你看，我现在带着两个小孩寄居母家，自己做工维持生活，弄得十个指头这样粗糙，我境况之痛苦，可想而知，而他一概不管，这也是有良心的男人干的么？"我劝她道："大凡诗人的性情，总有些随随便便，否则也不成其为诗人了，我劝您还是担待些他吧？"朱夫人又诉说她丈夫种种古怪脾气和行径，我愈觉得诗人不是寻常的人，至少也有点神经变态。朱夫人

朱湘与夫人霓君

说当她和丈夫同住在安庆时，有一次她因事归宁，寓中儿女托丈夫管理。某儿大病新愈，他每日强迫他吃香蕉一枚，孩子吃不下也要填鸭子似的填下去，不到几天，这断乳未久的婴儿竟得了消化不良的病而夭亡了。安庆城里没有自流井，人家用的水都由大江挑来。某年夏季，朱夫人觉得挑水夫太辛苦，每桶多给工资数十文，诗人就同她大吵，说她这样优待挑水夫，一定同他有什么关系。他领到学校薪俸，便尽数供给他那闲住北平的哥嫂。他自幼没有父母，由哥哥抚养大，所以怕哥哥比父亲还甚，哥哥有一天打得他满屋乱钻，躲到夫人绣房里，哥哥还追进来揍了他十几拳，他竟不敢还一下手，但对夫人却很暴戾，动不动以声色相加，所以家庭空气很不平静。我才知道从前以为他们是一对神仙伴侣，这猜测竟错了。天下事外面看来如花似锦，里面一团糟的，往往而有，这就是一个好例吧。

朱夫人回长沙后，诗人陆续寄了许多诗来，好像他有了新作品总要抄一份给我看似的。信上地址与朱夫人留下的不同，我才知道他回去并非住在丈人家里。

诗人的行动对我本已是一个闷葫芦，自从听见他们琴瑟不调的消息，我的态度愈加慎重，他由长沙赴了北平，不多时又南下而至上海，来信报告行踪，我均置之不复。来信常请我代他的作品介绍发表的地方，好像他在文艺界没有什么熟人；又好像他是个新出茅庐的作家非有人担保则作品无人接受。起先我觉得他过谦，有时甚至疑他故意同人开玩笑。后来听见他似乎患着一种神经过敏的病，总觉得世界上所有的人都在轻视他，欺侮他，迫害他，不赏识他作品的好处，不肯让他的天才有充分的发展的机会，才知道他写信同我那样说，倒是由衷之谈。

大约是三个月以后吧，朱夫人第二次到珞珈山来找我，身边带着一个五六岁的男孩——后来我知道就是小沅。她说诗人近来要实行同她离婚，她生活可以独立，离婚后倒没有什么，只是孩子失了教养太可怜，假如有人能够替他在武大找个教书的位置，解决了生活问题，则夫妇的感情或者可以恢复。她并说武大从前曾有聘请诗人来教书的意思，现在假如去见见王抚五先生，也许有成功的希望，我知道武大教授由教授委员会聘请，私人荐引没有多大用处；况且现在也不是更换教授的时候，但朱夫人既这样说，我也不便阻挡，当时就替她打电话给王先生。恰值王先生因公外出，约有几天才得回山，朱夫人等不得只好悒悒而去，听说诗人有一个哥哥在武昌做官，她想去找找他。

1933 年的十月，诗人又到了武昌。这一次穿的是灰色条子土布长袍，头发梳得颇光滑，言语举止也比较第一次镇静，他说自于安大失业后就没有找着事，现在生活恐慌得很，不知武大有没有相当功课让他担任，我教他去寻他清华旧同学时、方、高诸先生也许有办法。他临去时，又嗫嚅地说武大的事假如不成，他要到安大去索欠薪，但可恨途中又被小偷光顾……我明白了他的意思，便又拿了一笔钱给他。又请他到本校消费合作社吃了一碗面，替他买了一包白金龙的烟，一盒火柴，他以一种几乎近于抢的姿势，将烟往怀中一藏，吸的时候很郑重地取出一支来，仍旧将烟包藏入怀里，好像怕人从旁夺了去。我看了不禁暗暗好笑，可怜的诗人，一定长久没有嗅着烟的香味了。

听说诗人果然找到方先生家里要他为曹丘生，果然没有希望。三天后他又来访我一次，恰值我进城去了，他坐等了两个钟头才走。自从这次走后，我再也没有看见他了。

他究竟为什么要自杀呢？社会虽然善于压迫天才，但已从许多艰难挫折中奋斗出来的他，不见得还会遭着青年诗人 Chatterton 同样惨澹的失败。他，正像他夫人所说只要肯好好干下去，安大的教席是可以与学校相终始的，而他居然为了一点芥子般的小事与学校决裂。大学里虽站不住，难道中小学不能暂时混混？清高的教授地位虽失去了，难道机关小职员的职分不可以勉强俯就一下？他同他夫人从前爱情如此浓厚，后来变得如此之冷淡，这中间又有什么缘故？听他夫人所述种种，似乎家庭之失和，他负的责任较多。一个人为什么要把自己的幸福，一下捣得粉碎？为什么要脱离安适的环境，甜蜜的家庭，走上饥饿寒冷、耻辱误解的道路上去？这个谜我以前总猜不透，现在读了他死后出版的《石门集》才恍有所悟，他有一首诗曾这样说道：

> 只要一个浪漫事，给我，好阻挡这现实，戕害生机的；我好宣扬这勇气，这感情的块垒，这纠纷！
>
> 树木，空虚了，还是紧抓着大地，盲目的等候着一声雷，一片热给与它们以蓬勃。给与以春天……

他回国以来的沉默，证明了他灵感泉源之枯竭与创作力之消沉。太美满的生活环境从来不是诗人之福，"诗穷而后工"不是吗？他觉得有一种飘忽的玄妙的憧憬，永远在他眼前飘漾，好像美人的手招着：来呀。但是你要想得到我，须抛弃你现在所有的一切，好像富人进天国必须舍施他的全部财产。这就是那美丽魅人的诗神的声音。

于是他将那足以戕害他生机的现实像敝屣一样抛掷了。饥饿，寒冷，耻辱，误解，还有足以使得一个敏感的诗人感到彻骨痛伤的种种，果然像一声雷一片热催发他埋藏心底的青春，生命中的火焰，性灵中的虹彩，使它们一一变成了永垂不朽的诗篇。谁说一部《石门集》不是诗人拿性命兑换来的？不信，你看诗人怎样对诗神说：

> 我的诗神，我弃了世界，世界也弃了我……给我诗，鼓我的气，替我消忧。我的诗神！这样你也是应该看一看我的牺牲罢。那么多！醒、睡与动、静，就只有你在怀；为了你，我牺牲一切，牺牲我！全是自取的；我决不发怨声。

这是他对诗神发的誓，这誓何等的悲壮热烈。怪不得诗神果然接受了他，教他的诗篇先在这荒凉枯寂的世界开了几百朵的奇葩，又把他的灵魂带到美丽、光明的永恒里去！

生命于我们虽然宝贵，比起艺术却又不值什么，不过谁能力殉艺术，像诗人朱湘这样呢？我仿佛看见诗人悬崖撒手之顷，顶上晕着一道金色灿烂的圣者的圆光，有说不出的庄严，说不出的瑰丽。

但是，偏重物质生活的中国人对于这个是难以了解的，所以诗人朱湘生时寂寞，死后也还是寂寞！

选自《青鸟集》，1938 年 7 月商务印书馆出版

我所认识的诗人徐志摩①

[编者按]

徐志摩年轻时留影

徐志摩（1897—1931），浙江海宁人，原名徐章垿，笔名南湖、海谷、云中鹤等，现代著名诗人及散文家。1915年毕业于杭州一中，旋即赴美国克拉克大学留学，1921年被英国剑桥大学录取为特别生，习政治经济学。1923年回国成立新月诗社，1924年任北京大学、北京女子师范大学教授。代表作有小说《轮盘》，散文《自剖》、《巴黎的鳞爪》，诗歌《再别康桥》、《翡冷翠的一夜》等。1931年因飞机失事罹难。

徐志摩，这位才气横溢，有如天马行空的诗人；这位活动文坛，不过十年，竟留下许多永难磨灭的瑰丽果实的诗人，这位性情特别温厚，所到处，人们便被他吸引、胶固、凝结在一起，像一块大引铁磁石的诗

---

① 编者注：文中纪年，今改为公元纪年。

人，竟于民国二十年十一月间，以所乘飞机失事，横死于泰山南面开山的高峰下，享年不过三十六岁。

当诗人的噩音传出，大江南北，皆为震动。他的朋友痛哭流涕，如丧至亲，固不必说；即仅读了点诗人作品而和他未谋一面者咨嗟太息，泪下不能自已。一个人的死亡能引起这样重大的反应，倒也是很少有的。虽比不上1962年大家痛悼胡适之先生之丧的普遍与绵长，可是我们心中另有一种凄美的情绪，好像我们惋惜一朵正在盛开的奇葩忽被暴风雨所摧残、一颗光华四射的明珠，忽然沉沦碧海，永难再见。

记得我那时正就聘国立武汉大学不久，我的朋友袁兰子教授和诗人原有多年的友谊，以万分沉痛的心情写了篇悼文。我也写了一篇，文中曾以雪莱、拜伦、济慈，来比拟这位天才的诗人，并套外国某诗人的话，说徐志摩这位诗哲，活着时像天空一道灿烂的长虹，死，则像平地一声春雷。

不过，我不比袁兰子与诗人相知之厚。我认识诗哲并不深，他在世时，我只见过他两面，而且也并未交谈一句话。1925年间，我在上海，与袁兰子攀上了交情，在她家里也偶尔认识了几个兰子留英时所结纳的朋友。记得有一次，那些留英学在某高级酒店宴会，座中有诗哲徐志摩，兰子约我去瞻仰瞻仰。那一晚我才认识了钦羡已久的诗人的庐山真面。他的形貌大概很像梁实秋先生所形容：身躯是颀长的，脸儿也是长长的，额角则高而广，皮肤白皙，鼻子颇大，嘴亦稍阔，但搭配在一起，却异常的和谐。那双炯炯发光的大眼，却好像蒙着一层朦胧的轻雾，永远带着迷离恍惚的神态。这正是一双诗人的眼。诗人虽生活于这个尘世里，他的灵魂却栖迟于我们永远不知道的梦幻之乡，或什么华严世界，所以如此吧。

诗人既禀赋着极高的文才，加之以这样矫矫出尘的外表，不知多少女郎为他倾心，视之为最高的择偶对象。记得女高师同学陈健吾女士自视至高，征婚条件非常苛刻，替她做媒而遭碰壁的朋友常愤愤地对她说："你想必要像徐志摩一样的男人才能满意吗？可是徐志摩只有一个，爱慕他的女孩子却是不计其数，况且闻他现在已有了意中人，我看你将来只好以'丫角'终老了，那时可不要懊悔！"这话是民国十三年间，我尚在法国里昂，健吾来法留学，亲自对我说的，我们当时笑了一场。1922、1923年间，志摩才返国，在北京大学、清华大学、平民大学授课，兼主编晨报副刊，发表了许多诗作，才名藉甚。印度诗人泰戈尔来华讲演，又由他当翻译，在全国各地露面，真是红透了半边天。他那时虽已与原配张幼仪女士离婚，对陆小曼却尚未开始追求，或虽已追求，而形迹尚未外露，所以这个新诗坛的美男子，竟成了北京少女界的"大众情人"。读梁实秋的《谈徐志摩》，志摩给实秋的亲笔信件竟有某小姐为了这位诗人，单恋成疾，几离倩女之魂。诗人以"淑女枉自多情，使君既已有妇"谢之。也可见他当时魔力如何之大了。

第二次我得晤诗人是在苏州某女子中学。校长陈淑女士与志摩有点内亲关系，邀他来校讲演。我那时正在苏州教授于东吴大学兼景海女师，陈校长先期约我去听。记得那天天气极冷，诗人穿了一件灰色绸子的棉袍，外罩一件深灰色外套，戴着阔边眼镜，风度翩翩，自有一种玉树临风之致。听说诗人讲演习惯，是挟着讲稿当众宣读的。平常人不会讲演，才照本宣科，诗人却说自己是模仿牛津大学的方式。他那天演讲是什么题目，事隔多年，今已不忆，横竖不出文学范围。诗人宣读讲稿时，有一种特别音调，好像是一阕旋律非常优美的音乐，不疾不徐，琮琤顿挫，有似风来林下，泉流石上，实在悦耳极了。

记得胡适之先生也擅长讲演，据他自己说对于此道者实下过一番苦功。我想徐志摩对于歌唱的原理，大概也曾苦心揣摩过，否则不会有那样突出的表现的。近年来，我也参加过几个文艺讲习会或诗歌朗诵会，一定要在夜间始能举行。讲演到中间，电灯忽然关熄，全场一片漆黑，然后点燃起幽幽的烛光，作家朗诵时，还要不时去弹一阕钢琴，几个女郎在旁歌唱。作家表演到热情处，还不时搓手顿脚，取巾频频拭泪。听说这个叫做"艺术的整体"。其实，演讲者口才若真的好，是用不着玩这许多花样的。

志摩和原配张幼仪离异，而与有夫之妇陆小曼结婚，在今日原是司空见惯，在1926、1927年间却算一件不平常的大事。老一辈的人对他们固深恶痛绝，青年人也不见得个个赞成。听说当志摩与小曼在北京举行婚礼之际，曾请他老师梁启超先生证婚，却被老师当着大众，给了他们一顿严厉的教训。任公事后写信与其女令娴，对于他心爱的门徒徐志摩尚系出于怜悯的善意，对于小曼则竟以"祸水"、"妖妇"看待。你看他说："我看他（指志摩）找得这样一个人做伴侣，怕他将来痛苦更无限，所以对于那个人（指小曼），当头给了一棒，免得将来把志摩弄死。"又说他爱志摩，怕他将遭灭顶之凶，要拉他一把。任公并说小曼离婚再嫁，为"不道德之极"。（见《梁任公年谱长编初稿》）

后来徐志摩飞机失事死于泰山附近的高峰下，大家痛惜之余，又将这件事归罪于陆小曼。据我所听到的纷绘的传说：小曼本来是阔小姐出身，嫁了第一任丈夫王赓后，在北京是有名的交际花，挥金如土。嫁志摩后，为了有心跳头晕之症，每发或至昏厥，人劝她抽几筒鸦片，果稍愈，久之竟尔上瘾。而且跳舞、喝酒、唱戏，出入大公司购买东西，对于用钱还是不知节俭的。志摩为供奉这位娇妻起见，既在上海光华大学教书，又撰写诗文，翻译西洋名著，一月所获，据说也有千元上下（均见梁实秋谈志摩所引磊庵在《联合报》副刊所发表的谈徐、陆的文章）。千元，在那个时候，是抵三个大学教授一月的收入三倍而有余。买米，以那时米价论，上好白米，也不过六元多一担，一千元便可买得一百五六十担，所以我以为这个数目恐有未确。不过他们家用若每月超过四五百元，也就不容易负荷了。胡适先生《追悼志摩》一文曾说志摩最近几年的生活，自己承认是失败的。又说他有《生活》一诗，以生活比做毒蛇脏腑所构成的冰冷、粘湿、黑暗无光的狭长甬道，你陷入以后，除了挣扎摸索着向前，更无退路。那时的情调果如胡先生所言"暗

浙江海宁市西山公园内徐志摩墓（墓碑上字为张宗祥题）

惨可怕"。

适之先生时已离开上海，到北京做北大文学院的院长，就劝志摩到北大兼点功课，借此换换空气，同时对他经济也不无小补，志摩月底领了薪金，正好送到上海家里。因朋友在航空公司做事送了张长期免票给他，谁知竟因此送了他宝贵的生命。假如他不为了家累太重，不致于这样南北奔波，不南北奔波，也不致有那次飞机之祸。而他家累之所以这样沉重，又为了陆小曼挥霍无度所致。幸而梁任公先生此时久归道山，否则老人家岂不以为"不幸而言中"了吗？

我和陆小曼也曾见过一面，那是1949年间战火烧近武汉，我避地上海，女作家赵清阁介绍我和小曼相见。她那时住在翁瑞午家里。志摩逝世后，小曼穷无所归，依瑞午为活。我也不知道翁瑞午是否有妻儿，总之，小曼住在他家里，发生同居关系是万难避免的事。小曼长年卧病，延见我们也是在病榻上。我记得她的脸色，白中泛青，头发也是蓬乱的，一口牙齿，脱落精光，也不另镶一副，牙龈也是黑黑的，可见毒瘾很深。不过病容虽这样憔悴，旧时丰韵，依稀尚在，款接我们，也颇温和有礼。翁瑞午站在她榻前，频频问茶问水，倒也像个痴情种子。听说瑞午系出世家，家中收藏古玩名书画甚富，拿点出去变卖变卖便是钱；同时还做点黑市生意，故此既供得起小曼的医药饮食，尚能替她缴付一笔很重的阿芙蓉税。

赵清阁于1948年间，编了一本《无题集》，所收均为当代女作家的文章，比张漱菡女士编《海燕集》还早五六年哩。那《无题集》收了我一篇《记战时一段可笑的幻想》（现收畅流社出版的《归鸿集》内）。又收了小曼一篇小说《皇家饭店》，约二万字上下。当时一般批评是"描写细腻，技巧新颖"，我读了也觉得很不错，觉得这个人是有相当文才。像陆小曼这样一个窈窕美艳的少妇，既熟娴英法语文，又能登台表演昆曲平剧，又能画点山水花卉，可说是多才多艺，玉貌兰心的人，怎能教人不爱；爱之而破坏中国风俗礼教的藩篱，非弄到手不可，也是势所必至，理有固然的；也是多少可以原谅的。

小曼后又出版《爱眉小札》，这是到台湾后所看见。其中都是志摩和小曼的情书。小曼的文字，虽似乎没有多少旧文学的根底，但清丽自然，别具一格。她虽以生活关系与翁瑞午同居，对志摩仍念念不忘。我和清阁去看望她的时候，见她桌上供着志摩遗照，前面摆着一小瓶鲜花。她一心想替志摩出个全集，许多书店都愿意为她发行。但以志摩尚有大批未曾发表的作品及日记等陷在某某几个人手里，无论如何，不肯归还，以致发行全集的事成为画饼。这几年，听说小曼也在上海病逝了，印全集的事当然更遥遥无期了。

现在以志摩表弟蒋复璁先生及老友梁实秋先生之努力，志摩全集即将在传记文学社发行，这真是文艺界的莫大喜讯。但不知那些勒扣在人手里的文件曾否合浦珠还，设其不然，则仍然是个缺憾。

我也不知志摩作品为什么会落入人家手中？人家又凭什么理由坚扣不还？若那些作品仍然尚在，则将来尚有面世之日，替志摩编全集的人来个"遗补"也就算事，只怕《幽闲鼓吹》所记一代鬼才李长吉大部分的诗歌被嫉恨他的人投诸溷厕，那就太煞风景，也太可惜了！

现在且来谈谈志摩的作品。志摩的第一部诗集名《志摩的诗》，出版于1925年间。我那时甫自法国里昂回到中国，阅报见此书在中华书局出版，写信去买了一部，那是一本中国书籍形式的出版物。深蓝色的封面和封底，丝线装订，白纸浮签写着"志摩的诗"四个字，想必出于志摩的亲笔。内部书页用的是上等连史纸，印的字是仿宋体，古雅大方，十分可爱。我在法国时也常从同学处借阅国内新文学书籍，《晨报》副刊也能经常入目。志摩有些诗，像《我所知道的康桥》等早已经在海外拜读过，现在能读到他全部的作品，当然欣慰。可惜这部诗集不久便被人借去，索回时，托言遗失，道歉一番了事。1928年，此书改付新月书店发行，改成洋装本，里面的诗也删去不少，想到从前那本古香古色的版本，至今尚令我怀念不已。后来他又出版《翡冷翠的一夜》、《猛虎集》、《云游》几个诗集，我都购备过。抗战随校入川，许多书籍带不了，只好寄存某处，八年后复至原来寄书处取归，有几箱已饱白蚁之腹，志摩的集子当然也是只字无存。

"徐志摩一手奠定了新诗坛的基础"，说话的人是志摩好友，但这句话以后却常常流露于反对派之口。这些反对派当然是所谓左派文人，于是本来是衷心的赞美，却变成了恶意的嘲讽。他们的意思是：哼，像徐志摩这样诗人，在诗坛上本来毫无地位，现在却说他是曾奠定诗坛的基础，岂非滑天下之大稽吗？但是，我们假如摒除任何成见，将志摩对于新诗坛的贡献一为检讨，便将承认这句话并非过分的恭维。

五四后新诗的试作者是胡适之，谢冰心，郭沫若三人较为突出。胡先生是个"但开风气不为师"的人，他的诗集名为《尝试》，无非是想替新诗开辟一条道路，引导人们向那个园囿走进，自己并不想做那园囿的主人。况且诗之为物，"感情"、"幻想"等等为唯一要素，像胡先生那样一个头脑冷静，理性过于发达的哲学家，做诗人是不合条件的。冰心深受印度泰戈尔的影响，《春水》、《繁星》两本诗集，以哲理融入诗中，句法又清隽可爱，难怪出版后风靡一时，不过她只能做十几字一首的小诗，而且千篇一体，从无变化，取径又未免太狭。郭沫若的《女神》，一意模仿西洋，并且不但多用西洋词汇，字里行间又嵌满了外国字，满纸饾饤，非驴非马。而且他的诗大都是自由诗，自命豪雄，实则过于粗犷，至于那些二流以下的诗人像俞平伯、康白情、汪静之、成仿吾、王独清、钱杏邨……虽努力作诗，却都没有什么可观的成绩。直到 1922、1923 年间，徐志摩自英伦返国，发表《康桥再会吧》、《哀曼殊斐尔》等篇，其雄奇的气势，奢侈的想象，曼妙的情调，华丽的辞藻，既盖过了当时一般诗作，而且体裁又是崭新崭新的。既不像《尝试集》那种不脱旧诗词格调的窠臼，也不像《女神》之剽窃惠特曼（Whitman，1819—1892，美国倡自由体的诗人）余绪，弄得卤莽决裂，不可向迩，这当然要引起大家的惊奇，而产生中国新诗今日才真正诞生的感想。说"徐志摩一手奠定新诗坛的基础"，这句话是一毫也不错的。

志摩诗的体裁变化多而极速。他今日发表一首诗是一种格式，明日又是一种了，后日又是一种了，你想模仿他已模仿不了，所以我曾戏说别人是用两只脚走路，他却是长着翅膀飞的。据他的朋友陈西滢替他第一部诗集《志摩的诗》的体制做过一种统计：计有"散文诗"、"自由诗"、"无韵体诗"、"骈句韵体"、"奇偶韵体"、"章韵体"等等（这里所谓"骈句韵"、"奇偶韵"都是西洋诗的用韵法，与我国旧诗骈句对偶不同）。

志摩后来成为新月诗派的台柱。他以前虽也做些散文诗，自由诗，后来却倡议新诗须有格律，大家讥笑说这是豆腐干块，遂名之为"方块诗"；又说新诗正从格律谨严的旧诗体中解放出来而获得自由，现在又讲什么格律，不是又给自己加上脚镣手铐吗？新月派却回答说："我们正要戴着镣铐跳舞，戴着镣铐跳舞而能跳得好，那才显出诗人的本领！"

志摩的散文我也异常欢喜。第一部散文集子《自剖》里面便有许多令人百读不厌的好文章。还有《落叶》、《轮盘》、《巴黎鳞爪》我也曾拥有过，可惜也和志摩那些诗集一样，喂了那可恶的瞎眼虫子！

志摩是个写散文的能手。我曾说过：写新诗态度谨严自闻一多始，写散文态度谨严的自徐志摩始。志摩在《轮盘》集里自序说："我敢说我确是有愿心想把文章当文章写的一个人。"他又提出西洋散文家如G. Moor、W. H. Hudson 等人的作品，说道："这才是文章，文章要这样写，完美的字句，表达完美的意境。高抑列奇界说诗是'Best words in best order'，但那样的散文，何尝不是'Best words in best order'。他们把散文做成一种独立的艺术，他们是魔术家。在他们的笔下，没有一个字不活的。他们能把古奥的字变成新鲜、粗俗的雅驯，生硬的灵活。"这话正可说是志摩的自赞。

志摩唯一的戏剧集《卞昆冈》，听说是和陆小曼合著的。据说全戏结构虽出之志摩之手，故事大纲则出于小曼，对话之国语化，也是小曼的功劳，因此此剧就等于他夫妇合作的产品了。这剧据余上沅的批评，谓富于意大利的戏剧氛围。他说道："从近代意大利戏剧里，我们看得见诗同戏剧的密切关系，我们看得出他们能够领略人生的奥秘，并且火焰般把它宣达出来……在有意无意之间，作者怕免不了'死城'和'海市蜃楼'一类的影响罢……其实志摩根本上是个诗人，这也是在《卞昆冈》里处处流露出来的，我们且看它字句的工整，看它音节的自然，看它想象的丰富，看它人物的选择……"

不过，我承认我对戏剧的低能，对于《卞昆冈》这个戏剧实不知欣赏。其缘故便是诗人不该处处把诗放在粗人口中来说。像剧中主角卞昆冈是个石工，老周是个算命瞎子，而他们说的话居然诗趣洋溢，哲理高深，甚至高级知识分子都无法说得出，只有志摩这样的诗人才能，这不是太不自然吗？

诗人以三十六岁之盛年而竟以一场横祸脱离人世，原是文艺界莫大的损失。但是早死在他个人也未始竟为不幸，因为人们对他的惋惜与哀悼，反会因此而加深。前日读到一篇题为《夭亡》的文章，早死的诗人如雪莱、拜伦，在人们记忆里永远是个年轻的影子，悼惜之情比对头童齿豁者自然不同。我以为这话也颇有道理。况且"世间好物不坚牢，彩云易散琉璃脆"，一个天才诗人在这红尘世界本来难于久留，他留下那一闪光亮，便适照耀永世的人心了。记得诗人有这样一首诗道：

> 我是天空里的一片云，
>
> 偶尔投影在你的波心——
>
> 你不必讶异，
>
> 更无须欢喜，
>
> 在转瞬间消灭了踪影。
>
> 你我相逢在黑暗的海上，
>
> 你有你的，我有我的方向；
>
> 你记得也好，
>
> 最好你忘掉，
>
> 在这交会时互放的光亮！

选自《苏雪林自选集》，台湾黎明文化事业公司 1975 年出版

陈独秀先生印象记①

[编者按]

陈独秀（1879—1942），原名陈乾生，字仲甫，号实庵，安徽怀宁人。1915年自日本留学归国后，创办《青年杂志》（第2期改为《新青年》），鼓吹新文化运动，是新文化运动的倡导者，同时也是中国共产党的创始者之一，并在1921年当选为中国共产党的总书记。有《独秀文存》、《陈独秀先生讲演录》、《字义类例》、《实庵字说》、《抗日战争之意义》等著述存世。

陈独秀

　　五四运动对中国新文化的贡献颇多，文学革命尤为其成功之最大者。谁都知道五四元勋是陈独秀、胡适二位。笔者有幸，五四后，曾亲列胡氏门墙，北面受教者一载，与陈则仅有两面之识。而且还一直迟到1938年，即对日抗战发生的第二年，才瞻仰到他的丰采，聆悉到他的

---

① 编者注：原题为《我认识陈独秀的前前后后》。文中的纪年已改成公元纪年，并对原稿排印中个别衍生不通文字予以改正，特作说明。

言论的。

但我认识陈氏实际的岁月虽迟，精神上则1916、1917年间便开始和这位先生有一段不算太浅的交涉了。那段交涉，是对他的"私淑"、"心仪"吗？不是，是对他的"憎恶"、"仇恨"，是欲杀之而甘心的"憎恶和仇恨"！

这话说来颇为可笑，无非是受我少年时代顽固僿陋的"卫道精神"的支配。这卫道精神怎样养成的呢？那又不得不说实拜一位国文老师之赐。

我的中学教育受之于安徽省会安庆，这个斗大江城，风气闭塞，文化落后，我所负笈的那个省立第一女师，历史又不甚久，一切设备和师资都谈不上。但国文教员陈慎登先生词章之学，荦卓不群，我们对他当然非常敬爱。这位老师极崇拜孔孟，又最热心卫护中国传统文化，每次上课，必将这些思想拼命对我们灌输，谆谆如传教士之传教。1916年间，慎登师忽然对我们说，现有一种杂志名《新青年》，是你们一位贵同乡怀宁陈独秀者所编，该志诋毁孔孟，反对纲常，诐词邪说，层出不穷，实为世道人心之大忧，将来必酿神州陆沉之祸。他说时感情非常激动，大有气得胡子发抖之概。以后他每次上课，必大骂《新青年》，五十分钟上课时间，骂《新青年》几乎去了半句钟以上。

有一次，他又对我们说：陈独秀愈搞愈不成话了。有一个什么美国留学生名胡适者，写了一篇什么《文学改良刍议》寄回国中，陈氏居然为之发表，自己也写了一篇什么《文学革

潘兰珍（1908—1949）

命论》来附和他朋友的意见。还说他甘冒全国学究之敌，要拖二十一生的大炮来轰击旧文学的堡垒，这话说得太荒谬，太好笑，非丧心病狂何致如此？我一夜不睡，写了一封数千言的长信驳他，托程演生先生转去，看他怎样回我的话？但慎登师那封长信转到《新青年》竟遭"留中"的处分，他愈加愤恨，将信的底稿用油印印出，发给我们当国文讲义，足足讲了两星期。

慎登师卫道的热忱果然可佩，他好像已预料到中国文化将来的危机，每日愁眉不展，人一天一天消瘦下去。一日在《新青年》上读到一篇很激烈抨击孔子的文章。他复述了几段给我们听，一面讲，一面连声骂"谬论"，因气得太厉害，脸色变成苍白，声音也嘶哑了，几乎晕倒在讲坛上。

《新青年》的"谬论"愈来愈多，慎登师的忧愤也愈积愈重，几乎超过他健康的负荷。他的卫道精神则愈来愈烈，整个上课时间都用在阐扬孔孟遗教和赞美旧文化上，而于中国文字构造之合理（陈氏本深于许氏说文之学），文学内容之富赡，外型之美丽多变化，更推为世界第一，要我们注意研究，努力保存。我们一向敬爱这位老师，眼看他样痛苦，同情心更油然莫遏，因之对他所痛恨的异端陈独秀也切齿仇视起来。说来真好笑，我们那时并不知陈独秀是何等样人，对他所编的《新青年》也一字未见。

同学们下了课便谈论陈独秀，有人主张大家联名写封信寄给他，表示对他谬论的抗议，有人主张召开怀宁同乡会开除陈独秀的省籍。我少年时天性颇带几分野蛮，我想这都不是办法，顶好带柄手枪上北京，找到陈独秀和胡适，教他们每人吃我一颗子弹，什么问题都解决了。虽杀人不免要偿命，惟替中国除了大害，牺牲一命不值得吗？我把这话说给同学们听，大家都拍掌叫好，并提议组织除奸团，用抽签方法，选出暗杀陈、胡的英雄和保维中国文化的烈士，别让这份光荣由我一人独得！

我又写了一首五古，题曰《异学》，现且将它发表在这里，以觇当时我的思想之一斑：

  大雅久不作，国粹日沉沦。横流决沧海，故道谁留存？缅昔造字日，雨粟泣鬼神。缥笔订六经，天未丧斯文。战国逮秦汉，玉石杂然陈。魏晋至六朝，摛华忘根本。昌黎扬巨刃，云汉抉天阍。欧王及三苏，浩气塞乾坤。上下数千年，灿若星罗昊。国魂此所系，寿世到于今。孰知吾道衰，异学日寖淫。争习蟹行字，竟效缺舌音。之无虽不识，恬然无耻心。稂莠乱嘉谷，鶗鴂吓文禽。更复唱邪说，惑世复诬民。纲常恣毁裂，坟典委灰尘。呜呼孔与孟，九原涕沾巾！安得两观诛，肆此枭獍伦。津桥闻杜宇，谁识我悲辛！

这首诗既酸且腐，今日自读，尚不得不扪着鼻头，当时呈给慎登师看，却蒙他一圈到底，大赞特赞，而于"安得两观诛，肆此枭獍伦"两句，更用了双层密圈，批语大加嘉许，希望我将来能做一个"圣教干城"。

1919 年秋，我升学北京女子高等师范，五四运动的怒潮过去仅数月，一种大蜕变后新生命的活跃气象，弥漫于那个文化古城，一个人投入这种氛围里，思想自然会起变化。事实上两年之前，即我卒业后任职母校附属小学的时候，思想已在潜移默化之中了。我对文化问题本来无甚兴趣，多感陈慎登师的反宣传，倒引起我对新派议论的注意。多方设法，弄到廿几本《新青年》及一大堆《每周评论》，又借到一些傅斯年、罗家伦合编的《新潮》，渐渐地觉得陈独秀诸人的意见不算怎样过激，像我们这样腐败落后的中国，不革命是不成的。及五四前夕，安福部的武人政客想用暴力来压制新文化运动；我平素服膺的林琴南先生又居然写《妖梦》、《荆生》来骂陈、胡、蔡元培、钱玄同，骂的话又很下流（譬如他用"元绪"来影射蔡先生），青年人富于天然的正义感，我便不知不觉地跑到新派阵营那边去了。加之刘半农、钱玄同在《新青年》所假造的王敬轩信件，刺激我更深。民国八年，升学北京以后，我的头脑当然更完全变换过来，不但没有做慎登师所希冀的"圣教干城"，竟变成一个百分之百的异端分子了。说起来真对他老人家不住呀！

我于今对于顽固分子每矜怜而不鄙视，因为自己亦是过来人，且回忆慎登师的情况，知道他们卫道之念实出真诚，他们所感刺激原亦难于忍受。我对五四后新文化的信仰之所以坚定不移，则又为过去所注射的防疫针太多，它已在我血液里发生了很强的免疫作用之故。

以上所叙的，便是我和陈独秀先生见面前的一段交涉。

我到北京的那一年，陈氏已辞去北大文科学长（等于今日大学文学院长）离开北京了。听说他办有马克思主义研究会，1921年，中国共产党成立，他正式加入共产党，成为政党领袖。后又听说他漫游南北，被人诬栽曾唱"万恶孝为首，百行淫我先"两句口号，以致到处被人指摘，闹得没有容身之地。在香港、广州且为这两句话，屡次上公堂，花了许多冤钱，几乎破产。后来又听说他在上海领导暴动，他的两个儿子陈延年、乔年，因而送命。以后陈独秀又曾游历苏俄，回国后发表苏俄游记，大赞苏俄人民的"贫而乐"，一时亦颇使我们这些对共产主义抱保留意见者，为之悠然神往。"不思贫而患不均"，这句话本属至理名言。我们中国也以贫穷为苦，我们的老百姓怨气满腹，苏俄人民贫而能乐，那一定是经济平等的好处吧？

1932年间，又听说陈独秀在上海租界被捕，解到南京，关入牢狱。为了过去对这位新文化元勋的敬仰，我倒颇为关心。不过陈西滢先生告诉我，陈不见得会有生命危险的。我始释念。

1937年对日全面抗战展开，在各党各派团结一致对外的口号下，陈独秀是被释出狱了。及京沪相继沦陷，武汉成了抗战的重心。陈氏也到了武汉。武汉大学学生会请他来校演说，我想认识陈氏为时已久，现在不可放过这样一个机会，所以也决定前去参加，目标不在听他的说论，而在看着他究竟是什么样的一个人。

陈独秀要来武大演讲的消息，早几天便由学生会公布。有一个姓韦的女生，与我侄女是中学的同班同学，考入武大后，因同乡关系，常来我家走动。那时学校预备迁川，已无形停课，她正住在我家里。该生家境贫苦，为反对父母包办的婚姻制，又与家庭失和，我侄女告诉我，她的思想大有问题，并已正式隶名共籍。当时青年思想每多左倾，故我亦不以为异。陈氏来校前夕，有许多武大学生来找韦生，喳喳喊喊喊了一阵，好像商议什秘密问题。到了陈氏演讲的那一晚，会场已挤得人山人海。韦生和那来我家的十几个男女学生，揎拳掳臂，环抱着那座讲台席地而坐，那神气非常奇怪。当陈氏步上讲坛，一眼看到这种情况，他亦颇有疑讶之色，不过一瞬间，也即坦然了。

我那天才算认识了陈独秀的形貌。他那时大概有五十几岁，身上穿了一起皱的蓝布大褂，脚曳一双积满灰尘的布鞋，服装非常平民化，人颇清瘦，头发灰秃，一脸风尘之色。但他那双眼睛却的确与众不同，开阖间，精光四射，透露着"刚强"、"孤傲"、"坚决"、"自信"。这正是一个典型的思想革命家的仪表；却也像金圣叹批评林冲：是说得到，做得彻，令人可佩，也令人可怕的善能斫伤天地元气的人物。

陈氏那天演讲的话题，是《动员民众》。他说我们想抗战胜利，必须全民动员，全民动员便是争取老百姓的合作；想老百姓与你合作，又非绝对信任他们不可。他言语间颇怪责政府不知动员民众之道，致有淞沪的失败，首都的撤退，他提供了几个动员民众的方法，便于掌声中结束了他的演讲。

我后来戏问韦生，为什么那天他们十几个人做出那种"打手"的姿态，难道你们想打陈独秀吗？韦生微笑说：那天我们果然是监视着他，听他的话一不对，便要揍他个半死。但他那天说的话却很平常，所以我们也就不动了。

"他的话怎样才算不对？为什么你们又可以随意揍他？难道陈独秀

会宣传什么'汉奸理论'吗?"我对她的话大有莫名其妙之感。

"他当然不会宣传汉奸理论,可是有些话比汉奸理论还可恶,还富于危险性呢!"韦生回答。

我仍然想不通,仍然絮絮究问,韦生不答腔,托故走开了,她显然已提高了警觉性。

当大家等船入川的时候,陈氏夫妇住汉口一个同乡家里。武大另有一女与陈氏有亲谊,常去看他,我因这位女生的介绍,赴汉口拜访过一次。座中客多,未能深谈。我以乡先辈之礼待他,对他很恭敬,他对我的印象似乎也不坏。记得陈氏被捕后,在南京等法院受鞫,法官曾问他中国托派与史派内讧及他被共党开除的情形,陈俯首不答,颜色戚然。章行严南来替他当义务律师,代他辩护,曾在报纸特别提到这件事,责备政府不该那样不近人情,问人以难以回答的话。

胜利后,《独立评论》社曾刊行一个小册,题目是《陈独秀及其最后见解》,此书蒙适之师赠我一册,频年迁徙,早抛掷得不知去向了。

陈氏入川后,卜居江津白沙,究心文字学,替国立编译馆编了一部稿子,博少许稿费以维持生活。朋友中若有赠金救助者,他一概不受。

一九四二年五月廿七日,陈氏病逝白沙。临终,嘱咐他的太太,"决不可拿我遗体卖钱",他的太太乃南洋烟草公司一名女工,果能承行其夫遗志,各方人士寄来赙仪,一一璧还,分文不留。葬夫后,即入工厂再做女工以糊口,亦一奇女子也!

选自《文坛话旧》,台湾文星书局 1967 年 3 月出版

胡适之先生给我两项最深的印象[①]

[编者按]

胡适（1891—1962），幼名嗣穈，学名洪骍，字希疆，后改名胡适，字适之，安徽绩溪人。以倡导白话文，鼓吹新文化运动而闻名于世，为现代著名学者和思想家。20岁赴美留学，先后在康奈尔、哥伦比亚等多所大学获博士学位，回国后，曾任北京大学校长。1949年去美国，1958年回台湾担任"中央研究院"院长，1962年2月，在"中央研究院"酒会上因心脏病逝世。

胡适 1960 年留影

本年十二月十七日[②]，是故"中央研究院"院长胡适之先生的七十六岁冥寿，"中研院"将有种种纪念，我也想写一篇。但若写胡先生的做人、为学及对文化界的贡献，对国家民族的牺牲，则千端万

---

① 编者注：文中除纪年改为公元纪年外，个别文字作了调整。
② 编者注：指 1966 年 12 月 17 日。

绪，有不知从何说起之苦，现在仅提出胡先生给我的印象来说，就比较简单。

我虽然算是个胡先生的学生，但仅受过他一年的教诲，以后同他见面，严格算起来也不过十次左右。但胡先生给我的印象则非常深刻，而最深刻的印象则有两端：其一是胡先生讲演之美妙动人，其二是胡先生逝世所引起的悲痛之深切。

五十四年前，我原在安庆第一女师肄业，为了一位热心卫道的国文老师的反宣传，我在 1917 年左右便耳闻陈独秀、胡适的大名了。不过我那位老师所剧烈抨击的是陈独秀，胡适名字是他偶尔提及而已。

1919 年秋季，我升学于北京女子高等师范国文系，我们的系主任陈锺凡先生本来是个旧式学者，但他头脑灵活，吸收思想最为迅速，五四运动发生不久，他便彻头彻尾成了一个新文化阵营中人了。他要我们也接受新文化的洗礼，从北京大学拉了好几位新学者来本校兼课，其中最获我们欢迎的便是胡适之先生。

我们国文系的教室本与我们的图书室毗连，中间有可以自由开阖的扇榈门隔开为两下。每逢胡先生来上课，不但本班同学从不缺席，别班学生师长也都来听。一间教室容纳不下，图书室榈门打开使两室合并为一。甚至两间大教室都容纳不下，走廊里也挤满了人，黑压压地都是人头，大家屏声静气，鸦雀无声，倾听这位大师的讲解。这个印象留在我脑子里真是永不漶灭的。

胡先生上课时，从来没有冷场，总会吸引好多人来听。记得 1950 年 1 月间，香港《星岛晚报》有一位署名靖宇的先生，发表一文，说胡先生在北大上课的时候，总要在红楼才行，因为红楼是北大最大的教室。除了本校文理法三院的学生外，外面来的有大学教授、中学教员、中学生、住在沙滩公寓考不取北大而在北大旁听的人、家庭主妇、洋鬼子等。

抗战胜利后，胡先生自美返国，任北大校长，那时左派势力正当蓬勃之际，北大有百十种壁报，天天痛骂胡适。可是他上课时的盛况并不因此而减色，和十六七年前一样。偶尔史学会或中国文学会、哲学会请他在北楼容五百人的大讲堂讲上一个钟头，本校学生连饭也不吃，课也不上，早几小时跑去占座位，弄得窗台上也爬满了人，除了他站立的方尺之地以外，讲台上席地而坐的全是自家的学生。远在西城上学的农院学生也会赶来沙滩，来听"胡校长"的"宋朝理学的源流"……靖宇先生又说胡先生讲演时，"字正腔圆，考据博洽，还带上许多幽默，弄得人人叫好，个个满意，原来他就是隔壁壁报上天天在受攻击的校长，魔力却也真够瞧的！"

又说胡先生公开讲演时，"即使所讲的是极平凡的题目，也是人山人海，万头攒动。上海的青年会，南京中大的大礼堂全因他而挤得东倒西歪"云云。我以为这话恐怕言过其实，讲堂又不是纸糊竹搭的东西，挤得容纳不下是常见的事，挤得东倒西歪，则岂不发生危险吗？

当我在国立武汉大学教书时，胡先生共来讲演两次，第一次是1932、1933年间。第二次是胜利以后，即1948年的春间。关于这，我在《悼大师话往事》第四篇已曾叙及，不必在这里重复。我只记得珞珈山武汉大学足容三千人的大礼堂，那一天都被听众挤得插针不下。在本校里的平日从来不听什么演讲的教职员家眷也一齐露了脸，武汉军政首长，各机关派来的代表，各报馆特派记者更不知来了多少人，想必至少也有几百。当胡先站在讲坛上时，记者们都在抢镜头，镁光灯闪耀不停，开麦拉此起彼落，全堂听众眼睛都闪着奋兴的光芒，脸上都绽出满意的微笑，每当胡先生讲到一段精彩处，掌声便像雷般爆发开来，几乎掀翻了屋顶。

当胡先生讲演完毕，听众陆续散去，我走到大礼堂外，凭着石栏，向下一望，只见暮色苍茫中，汽车奔驰如织，都是回武昌城去的。一条大学路全是甲虫般驶行的车子和蚂蚁般络绎的人群。我想从前朱元晦、陆象山鹅湖论学，有这种盛况吗？恐怕未必。王阳明也常常聚徒讲学，有这种盛况吗？恐怕也没有。记得徐志摩有首长诗，题目是《爱的灵感》，其中有许多评论胡先生的话。可惜原诗不在手边，记不清楚了。只记得开端一段有春雷振动，万物萌芽，龙蛇起蛰诸语，是颂扬胡先生提倡新文化的功勋。又有两句话：

"你高坐在光荣的顶颠，有千万人迎着你鼓掌！"

我想这不正是足以形容今日胡先生讲演的景况吗？

一个高踞光荣顶颠的人，每易流于傲慢，而胡先生则一辈子和气近人，虚怀若谷，这种"谦谦君子"哪里去找第二人！

胡先生到台湾后，各大专学院、各文化机构也不肯放过他，定要请他讲演一次两次，胡先生来者不拒，总是答应着去。我因生性懒惰，不爱奔走，除非胡先生到我授课的学校来讲，我才去听，因此只听过一二次。地点大概都是在师范大学大礼堂。每次讲演时，也给师生挤得水泄不通。窗台上站满人不必说。有的人竟连汽窗都攀缘上去，以致礼堂空气不能流通，幸而时非盛夏，否则真将闷出人命来！

胡先生讲话之如此吸引人，口才太好为其基本因素。这是天生的，不是学习所能至的。好像诗人、文豪、音乐师、绘画师、体育家等。先天的秉赋与后天的训练各居其半。缺少那种秉赋，辛苦练习，固亦有成功之望，究竟是事倍功半了。胡先生所用的言语并非纯粹的国语，却略带川音，这是他少年时代在上海所学。在他《四十自述》第四编里说，当他到上海读书时，上海还是一个"上海话"的世界，教员上课都用上海话教，学生也不得不努力学上海话以便可以听懂，惟有他所肄业的中国公学教学则用普通话，也可算第一个用普通话的学校。他那时的同学、湖南、河南、广东人最多，别省人也有。胡先生的相厚的同学多为川人，他觉得川语清楚干净，最爱学着说，所以他说"我的普通话近于四川话"。

抗战时，笔者曾在川西乐山县住过八年，我觉得胡先生的说话虽有点四川音，其实是以国语及长江流域的官话糅合在一起，造成了一种发音清晰，语调和谐，而又含着说服人力量的特殊言语。假如写文章有所谓"胡适之体"，那么他说的话也可称为"胡适之语"。

记得从前读过一段记载，胡先生对人说他对于讲演的技术曾下过一番工夫，语气的缓急，声音的高下，调子的抑扬顿挫，都要合乎科学原理。就是怎样说才能使听众的耳鼓膜得到适度的震动，听起来才觉得舒适，才能扣动心弦。

但假如说话徒然音调好而缺乏内容，那则不如去听音乐。胡先生每次演讲，即席发言，出口成章的时候因所常有，作比较正式的讲演，则都要充分准备而后登台，是以每篇讲辞都是一篇蕴藏充实，引证广博，具有极大的启发性的学术论文。尤其不易者，幽默趣味非常浓厚，每于适当时间，插入几句笑话，引起听众哄堂。听胡先生的讲演，只有心灵愉快的享受，从来不感沉闷，这又是胡先生不易企及的天才之一端。

至于胡先逝世后在整个台湾及全世界所引起的哀痛，大家脑海里所铭刻的印象，应该还是十分清楚。自1962年二月二十四日胡先生在"中央研究院"第四届院士酒会上心脏病发，突然逝世的噩音自电台广播播出，到他出殡的那一天，为期约有一周之久。整个台湾，哭成了一座"泪海"。顶使人感动的是一个军官，闻胡先生的死讯，哭得眼中出血；一个平日与胡先生毫不相识的商店店员，每日哭悼胡先生，耽误生意，竟被老板辞退了，一位女学校校长带领她千余学生来公祭，那校长一进灵堂便涕泗滂沱，号啕痛哭，一直不能住声，学生莫不泣不可抑，司仪者咽喉也为之梗住，不能发声，连换数人，始得成礼。大家对于胡先生之逝，这么深哀极恸，难道是为了对胡先生的私人情感？又难道是出于偶然？实是为了胡先生是历史上少有的一位"完人"，他学问方面卓绝的造诣，固不必说，道德方面的修养，更达到最高的境界。台大教授及"中研院"院士陈槃先生曾说胡先生是一个圣人。我也曾在某篇文章里说，胡先生有温良恭俭让的德性及休休有容的气度。现在我更说胡先生是一个"德行的宝藏"，在这个天良泯灭，人欲横流的时代，在这个自私自利，连国家民族都可出卖的时代，胡先生的人格更放出白日经天一般的光芒。我们之所以痛哭他，无非是为了痛惜这个"德行宝藏"之损失罢了。

不过全台湾男女老幼为胡先生这么悲哭，全世界的文化界为胡先生这么伤悼，究竟是历史少有的一件大事，一件人间少见的事。我只有称之为"奇迹"，这个奇迹壮丽非常，玄妙无比，万不可任其湮没。

胡先生七六冥寿，我写了这篇小文。现在他逝世五周年又将届临，胡先生的友好及文化界必将举行纪念，我打算出本集子，将我个人悼念胡先生各篇文字一一收入。并将当时报刊所记各界人士哀痛的情形，加以汇集编排，撰写了一篇长达一万三千字的《眼泪的海》加入该集之中。

我为什么要撰写这篇文章呢？第一原因，是知道人性善忘，当时大家哀痛胡先生的情况固非常清晰地留在"记域"里，再过几年，便模糊而至淡忘了。第二原因，远居海外与胡先生不大认识的知识分子，当闻胡先生之死，虽然也惊动了一下，究竟隔膜得很。记得前年笔者赴南洋教书，和一个先去数年的同事谈起这个奇迹来，他似信非信，以为恐不可能。第三原因，将来中华民族的子孙，对这奇迹以未曾躬逢其盛的缘故，说起来恐他们也将以神话看待。第四原因，大陆十几年以来，发起几次大规模的"清算胡适运动"，批判文字达三四百万言。综此数因，我这篇《眼泪的海》好像在抄报纸，没有意义，实则意义很大。我要把这份宝贵的资料，保存起来，当做一宗档案，留给将来人看。

总之一人之死，使得千万人为他如此惋惜，如此悲痛，为他流出如此之多的出于肺腑的眼泪，实足以证明胡先生的伟大。顽固分子对他的作为不能了解，因而对他有所毁谤；但这些毁谤，这些打击，当面对这个壮丽玄妙的"奇迹"时，都将如残雪遇太阳，立刻消归乌有！

胡先生学识的渊深，德行的完备，及其影响力之远且大，我们平时对他虽钦敬有加，对他价值的认识，究嫌不足，胡先生死了，大家才出乎常情之外惊痛起来。正如家传一件异宝，因其日在眼前，未免视同常物，一旦失去，始觉其可惜。所以，这个"奇迹"使大家对于胡先生的认识，可以更深一层。

我们的良心平日被自私自利的观念弄麻痹了，我们的灵魂，平日被声色货利染得污浊不堪了，在痛哭这位圣者之死的泪海里浸渍一下；良心可以复醒，灵魂可以涤清，利益倒是很大的。只怕时过境迁，旧病又将复发，若能时常记住当时泪海的情况，觉得我当日也曾为这位圣者流出大量的眼泪，我应该力争上游，好好做人，才不辜负那时候的眼泪，才对得起这位圣者，则我撰写这篇《眼泪的海》，多少可发生提撕警觉之功，不算浪费笔墨了。

选自 1966 年 11 月 16 日《自由青年》第 36 卷第 12 期

与胡适之先生的谈话

——由徽州的"国宝"谈到文学

1920 年，我在北京女子高等师范国文系肄业，胡适之先生那时在本系讲授《西洋哲学史》，可惜半年之后，先生因他方面的课务太忙，将女高师的兼课辞去，以后我们便没有听受先生教训的机会了。今春友人冯沅君来沪，我们谈起胡先生，她说她常到他那里，如果我要去见他，她愿相陪。上星期日大家闲着没事，天气又很好，便一同动身往极司菲尔路访问胡先生。

九句钟由北四川路和沅君、陆侃如君搭电车到静安寺路，陆君于中途又邀了南通陶君，因为他也是要去见胡先生的。十里洋场，车龙马水，本不宜于学者著述，但胡先生所住的地方倒比较的僻静。我们到了胡先生的寓所，凑巧先生在家，他对我们说：两天以来，左脚背上——（或者是右脚，我记不清了，好在这篇记不是为胡先生的脚做考据材料的，缠错了也不要紧）忽然肿起两块，怕是肿毒，行动很不便，所以不能出门。前几天买了许多旧西文书，看得很有趣，今天星期日无事，打算躺他一整天，看书消遣，但一早电话连续不断，家人闹不清楚，我怕耽搁了什么要紧的事，所以只好从书堆里爬起身来了。

仆人送上一杯咖啡调的牛乳和一盘切开的烤面饼，先生说我今天起身迟了，所以到此刻才用早点。我是徽州人，用的也是徽州点心，请你们不要见笑，我还愿意将这东西介绍给你们呢！这烤面饼是面做的，馅子是香椿、萝卜干，不易霉坏的材料，这是我们徽州人的"国宝"。我们徽州人在商业上的成功，都要归功于这"国宝"。

我们听了先生的话都不禁暗暗纳罕，看不出这一片小小面饼，竟和徽州人在商业上伟大的成功，有密切的关系。如有人指着一个中国旧式罗盘，说和哥伦布发现新大陆惊天动地的事业有关，我们是可以立刻想出他的理由的，至于烤面饼和徽州人商业的关系，那就非听先生解释不能了解的了。

先生拈起一片面饼对我们说道：我们徽州是多山的地方，大凡山国的出产都是很微薄的，不足供居民生活的需要，于是居民不得不冒险到外边求谋生之道了。我们徽州人的习惯，一家若有两个或三个以的男孩，把一个留在家里耕种田地，其余的孩子，到了十四岁便打发出门学生意。出门时不要带多少川资，只用几尺蓝老布做成一个袋，两端缝合，中间开一个口，每袋一端，装进五个这样的"国宝"，就算孩子长途的粮食了。好在这"国宝"的馅子都是干材料，过上十天八天也是不要紧的。到宿店的时候，讨一点火，袋里掏出一个"国宝"在火上烘烤一会，吃下去就算一顿饭；至于宿费，每夜只需大钱二十一文，由徽州走到杭州，二百文川资，绰有余裕。徽州人穷得不能聊生的时候，有句安慰自己的口号，说是"不要慌，十天到余杭！"徽州人因为有这样"国宝"，所以能走遍天下而无一点困难。徽州朝奉的脚迹遍国内，是不能不感谢这个"国宝"的。

我问先生说：江浙人民，也是很聪明能干的，为什么让徽州人在他们商业上占了胜利呢？先生答道：江浙一带，土地腴沃、出产富饶，居民安土重迁，故富于保守性，而且因为生活过于丰裕的缘故，不免流于懒惰。徽州人非冒险进取，不足自存，故拼命地向外发展；向外发展，若没有特别优点，也不能得人欢迎的，于是对于商业上必需的美德如勤俭、耐劳苦、守信实……不得不加意讲求。他们与江浙人两相比较之下，优劣自见，各店铺之乐用徽州人，就是这个道理。

谈过徽州"国宝"问题之后，我们又谈到文艺问题。先生说文艺的创作要凭借经验，凡于人生的滋味尝得透彻的、人生的经验丰富的，能够忠实地写出来，便是好文学。不过单靠经验也不妥的，一个著作家，老是写他自己的经验，结果他的作品将流于单调，最好于经验之外，更加以事实上可能的想象力。譬如描写强盗的生活和心理，不必亲自去做强盗，描写娼妓的生活和心理，又何必自己去做娼妓呢？只要有事实上可能的想象力就够了。我平生不作小说，唯一的短篇小说，就要数那《一个问题》的一篇了。当我听人说了那朋友的故事作成小说发表后，书中的主人翁夫妇读了，很是疑讶，太太说这篇小说写的是我们的事，老爷说不对，有许多话我从来没有对人说起过，譬如我深夜作文章，你来禁止我，以及为了贫困的缘故，死了一个孩子……都不是作者所能知道的，为什么写得这样真切呢？作者所写的人物，定然不是我们，是另外一对处境与我们相同的人吧！后来书中主人翁到底怀疑不过了，走来问我，我说这又有什么奇怪呢？你们生活的情况，我虽然不能完全知道，但有些事是事实上可能，不难想象而得的。夜深了还带着疲劳作文章，夫人不忍自然要来干涉，这是我们自己的经验；生活艰难的一年，糟蹋了个把孩子，也是情理中的事，我并非有"未卜先知"的法术，不过在事实可能的范围内，略微用了一点想象力罢了。我对于胡先生这一番话，十分赞成。文学固然要客观的、写实的、凭经

胡适在名片上给苏雪林的留言
（1961 年 9 月 22 日）

验的，但也要有想象力，譬如莫泊桑的《一生》，写一个妇人自孩提至于老死的经历，以及她心理上的变迁，何等的细腻，何等的深刻，只要人类的感情不变，这部伟大的著作，是有它永久的价值的。又如俄国的柴霍甫书中的主人翁也是多方面的，如《无名故事》中那位圣彼得堡官员私奔他的伯爵夫人，及别篇里的老教授、棺材匠、没有才能偏偏好管闲事的退伍军官……他们的性格、态度、心理状态，都写得十分透彻、十分精细。莫氏并不是妇女，柴霍甫也不会化身千万为他书中的主角，不过凭借他们精细的观察力和丰富的想象力而已。样样事都要作家经验过了而后能写，则世间哪会有那么多的文章呢？

我们还谈了些别的事，因为知道胡先生是忙人，不敢过于耽搁他宝贵的时间，遂与沅君一同辞先生，各自回寓。

选自《生活》周刊第 3 卷第 20 期（1928 年 4 月 1 日出版）

悼梁实秋先生①

[编者按]

梁实秋

梁实秋（1903—1987），原名梁治华，笔名子佳、秋郎、程淑等，浙江杭州人，著名学者、散文家、翻译家。梁实秋先生被公认为我国研究莎士比亚的权威，他用 40 年时间完成 40 册《莎士比亚全集》（剧本 37 册，诗歌 3 册）的浩大工程。

本月四日阅读《中华日报》，忽见梁实秋先生和他夫人韩菁清的玉照，梁夫人怀中抱着他们的白猫王子，好像是他们"合家欢"照片，梁家不是把这只猫当儿子看待吗？我阅读时还以为他们这只幸运的猫儿又有什么新闻上报，及看到照片的标题，不禁大吃一惊，梁实秋先生昨日逝世了，他的逝世是由于心肌梗塞。前几天并未听说他有什么病痛，我还在《华副》上读到他一篇文章：《关于布普德斯》，是介绍今年

---

① 编者注：文中有个别文字作了调整。

诺贝尔文学奖奖金得主的。他于最近写出这篇文章，可见精神甚好，健康也甚佳，怎么一下子便走了呢？

我对梁实秋先生的倾慕之情及与他精神上的契合，并不始于今日，可说差不多有一甲子之久。就是1930、1931年间，鲁迅被左派拥上金交椅，成了文坛盟主，领导所谓普罗文学者。他们说文学是有阶级性的，由于无产阶级写出来的才是真正的文学，那些布尔乔亚写的都是虚伪、矫揉造作，毫无价值的东西，将来一定被时代抛撇，成为渣屑，青年们想有出路，非研究普罗文学不可。那些左派文人把普罗文学鼓吹得号角喧天、风云变色，整个文坛被烧炙得火光乱迸，红成一片。梁实秋先生自美返国未久，与徐志摩等主持《新月》月刊，独独反对这种论调。梁氏在《新月》二卷第五、六两期发表了一篇长文，题目是《文学有阶级性吗?》，大意说社会制度容或有阶级的存在，文学则没有。文学所表现者为人性，人性则为人所共有。一个布尔乔亚和一个劳动者同有生老病死无常的感想，同有怜悯恐惧的情绪，同有伦常的观念，同有爱情的要求，同想保持身心愉快，同有安全的顾虑，他们写成表现恰当的文章，便是文学，文学所代表的是基本的人性。因此，代表无产阶级的文学是文学，其他则不是，这种理论是万难成立的。

……

拜读梁实秋先生这篇大文以后，我也写了篇《文学有否阶级性的讨论》，其中多引梁氏的警句，敷衍为数万字的长文，文成无处可以发表，后来才在武汉大学学生所办的一个刊物上刊出，现收于我的《风雨鸡鸣》的集子里。此文是响应梁先生《文学有阶级性吗?》那篇文章的。

1952年我自法兰西返至台湾，任教于省立师范学院（后改师范大学）中文系，梁实秋先生时为外文系主任，我们的系主任则为高鸿缙，本不同系，惟梁先生……为我私衷仰慕已久之人，理应拜谒。所以常和同事兼好友谢冰莹到梁府相访，梁先生那时忙于编纂他的英汉字典和辞典，已久不写政治性、文学性理论文字。我原是个秉性内向，口又讷于言的人，虽有些问题想向梁先生请教，总苦于说不出，因之双方也并无多话可谈。

后来，梁氏由外文系主任改任师范大学文学院院长，师大要出学报，征稿于我，我以《论九歌少司命》一篇送去。学报稿件例由院长审定，我以自己的屈赋研究立论新奇，惴惴然不当梁氏意，至院长室询问该稿是否可刊学报，否则请掷还。梁先生说："你的稿我已仔细读过，的确写得不错，一定付刊，请勿虑。"他一面说，一面以充满好奇的眼光向我全身上下，望了几眼，意思是我久闻你研究屈赋，屈赋这门学问岂是轻易可问津的，也不知你究竟胡说八道些什么，今读你此文，才知你确有见地，也不知这条新路径你从何得来，我倒有些奇怪。

我研究屈赋，虽自信颇坚，一般人不能了解，总说我"野狐禅"，我也只好以"野狐禅"自居，现在梁实秋先生的法眼许我写得的确不错，他是不轻许人者，居然这么赞我，我当然大喜过望，自信力为之增强不少。

我到南部就成功大学教席，梁先生不久也提早退休，辞去师大文学院长职，举家赴美，不幸他夫人遭祸而死①，他觉得留美没意思，又返台定居。他这个决策一点不错，返台不久即将《莎士比亚全集》译出来。这是当时学术界一件大事。各界名流为他大事庆祝，这也真是值得庆祝。莎氏剧作我们仅耳其盛名，无人作翻译之想。林畏庐（纾）翻译了一本《英国诗人吟边燕语》，那是英国某文人所撰写的莎氏各剧本的本事，并非莎剧，但已有浅学之流误认那便是莎剧了，实为可笑。其后有译《汉姆莱特》者、《仲夏夜之梦》者，也不过一二本而已。朱生豪立志译莎氏全集，他的文才学力也足以副之，惜早死未竟全功，现在梁实秋先生竟将莎氏剧本全部译出，这是梁氏个人一生最辉煌的功勋，也是对学术界最伟大的贡献，我们对他是应该永远不忘记的。

---

① 编者注：1972 年 5 月，梁实秋决定全家赴美定居。不幸在 1974 年 4 月 30 日上午 10 时，夫妇牵手至住家附近商店购物，夫人程季淑被商店门前铁梯砸中头部，救治无效而逝，终年 74 岁。

　　这几年他从事名山事业之余，常为报刊撰写文字，我最喜读他的《雅舍小品》和续集。我们中国人是缺乏幽默气质的民族，故此视林语堂先生为国之瑰宝，梁实秋先生之幽默也不在林大师之下，也是国之瑰宝。林大师早逝了，现在梁先生也突然走了，我们又安得不为国失瑰宝痛惜！

选自 1987 年 11 月 9 日台湾《新闻报·副刊》

悼念方豪神父

方豪神父遗像

[编者按]

方豪（1910—1980），字杰人，笔名芳庐、绝尘、圣老，杭州人。出生于基督教家庭，自幼受到宗教的熏陶，而且勤奋好学，自修文史。1929年入宁波圣保罗哲学院研究神学、哲学，1935年晋铎为神父。抗战期间，曾受聘为复旦大学文学院院长。去台后，在台湾大学、辅仁大学任教，毕生从事宗教史、中外交通史的研究，有《中西交通史》、《中外文化交通史论丛》等著作闻名宇内。

听见方豪神父逝世的消息，非常痛悼。这是两年前于野声枢机猝逝罗马的噩音所给我心灵震撼的第二次。宗教界、学术界一颗巨星又收敛了它的光芒，顿觉天宇沉沉，一片漆黑。海内外认识方豪神父的人，闻悉此事，当无不抚膺悲惜，并不止我个人为然。

我和方豪神父的友谊建立甚早，到今已将近半个世纪之久。这就是说当1933、1934年间，他尚在宁波神哲学院当修士时，先写信给我，后便以他所著的杨琪园（廷筠）、李振之（之藻）的传记寄给我，考证精详，文笔流畅，实为不可多得的传记文学。我对于这位少年修士便敬佩有加，知道他前途浩瀚无涯，必成学术界的重镇。1935年，他升任铎职，主教派他在金华、永康、武义、汤池四个县境作传教工作。他一面传教，一面写作，又有多本著作出来，但多偏于天主教名流的传记，尚未及中西交通史的问题。1937年抗战爆发，我于次年随国立武汉大学迁往四川乐山，方神父在浙江金华任天主堂本堂职务。忽一日来信说：敌氛日急，沿江一带陷落，浙省全境将入敌手。现在金华县城里，稍有能力者纷纷逃亡，形势混乱。主教连生活费都不汇来，教友也大都走避，没个人可以商量，我若困守原堂，不为敌杀亦将饿死。想投奔大后方，但旅费筹不出，奈何！奈何！那时候汇兑幸而尚通，我立刻汇了一笔钱去，并寄了一封快信，嘱咐立刻动身，不可迟延。

方神父接到我的信和汇款后，取道江西、广西、贵州，辗转而达云南。那时天津《益世报》已在昆明复刊，他就在报社里任总主笔及副社长，生活才安定下来。方氏自浙抵滇，走的都是旱路，绕了那样一个弯，真可谓"万里长征"，辛苦可想，他沿途常有信给我。桂林十万大山和漓江风景片也附寄来几张，尤其宝贵的是贵州某处宋代党人碑（就是所谓"元祐党碑"）拓片，可惜这些纪念品都在我后来屡次搬迁中散佚了。

方氏后来又到遵义浙江大学迁校和重庆复旦大学任教，在重庆时，也兼在《益世报》当编辑。胜利后，他应田耕莘枢机主教之聘，到北平主编公教文化机构各种刊物，同时在辅仁大学教书。1952年，我自巴黎回台，教书于省立师范学院，方则在台大教书，我和他通讯垂及20年，这一次才得晤面。

方神父那次若不能逃出金华，饿死倒也未必，不过后来交通断绝，他想撤退到大后方已无可能，为他设想，只有两条路可走：第一条，仍留金华原堂执行他司铎的职务，日本人虽凶恶，对于宗教倒并不排斥，况日军中信仰天主教的也不少，常要来堂望祭和告解。许多天主教神职迫于情势，也只好学习日文日语，虚与委蛇，以求保全教产。再者天主教视救灵为唯一大事，不能有敌我之分。方神父又何妨如法炮制。不过他是爱国心极端强烈的人，决不肯在敌伪枪尖下屈身抑志，以图苟延的；那么，他将加入我方游击队和敌人拼命了。他是个神职，于律不能杀人，只好做做救死扶伤的工作，兼为队员尽尽拯救灵魂的义务。游击生活本多艰险，他是个文人，也许饥寒劳顿，会损害他的健康，遇着敌伪"围剿"时，也许一颗枪弹会夺去他的生命。我说这些话，也非纯出虚构，因为方神父以后于偶然间对我说：假如他当时陷身金华，无法出奔，就上山打游击，决不与敌伪合作。倘若他那时不幸牺牲了，那么，以后《益世报》和其他报刊上许多慷慨激昂，有光有热，足以激民心而厉士气的佳篇，便不会有了。他来台后，所撰写数百万言煌煌学术巨著，也不会有了。请问这是何等的可惜！我今日说这话，并不敢说方神父的性命是我所援救的。他那时若干苦作已相继问世，声名已盛，教会已认定他是个"青年才俊"，定必多方设法，将他接出沦陷区，不过没有这样快，未免要让他多吃些苦头而已。我这样说，实所谓"贪天之功，以为己功"，实甚可笑。这也由于我器小易盈，不能守"右手行善，勿使左手知"之训。总自觉生平所为事，只有这一件为最有意义，每忍不住沾沾自得——这也难怪呀，这样一个高贵而伟大的灵魂，世上能有几呢？

方豪神父"是一个成功的学者，也是一个成功的宗教家"，这话好像是他同乡阮毅成先生所说，我极以为然。他的关于中国天主教史资料的整理，他的中西交通史、宋史、台湾史的研究，都是不朽之作。听说尚有许多遗书，未曾付刊，希望将来有人整理刊行，庶不辜他一生的苦志。

方豪神父学问基础，实在坚实。他国学的根底，半得之父授，半得之自己修习，文笔之简洁优美，有如精金百炼，一字不能多，也一字不能少。公教教士无不娴习拉丁，由这拉丁一系，自然通达意大利、西班牙、葡萄牙……诸国语文，而法文则更所擅长，他又自修英文、日文，还有若干国的语文，不及备述，有了这多犀利的工具在手，以攻学术堡垒，何城不摧？何险不下？又记忆力天生极强，悟性亦极高，故博闻强记，腹笥渊博。他研究学问所做的工夫，是扎实而又扎实，从来不说一句空话。

胡适先生教学人有一分证据，说一分话，而方神父恐怕要有十分证据，才说一分话。所以他的朋友某神职说：别人所写文章，每觉肉多于骨，你的则全是骨头，简直教人嚼不动。他着手考证一件事，必先到处访求珍本、孤本、手迹，跑遍中国图书馆，也跑遍外国图书馆，摄影、摄制显微胶片，若受访者是活人，则用录音机将谈话的音录下来。傅斯年教人做学问，必须"上穷碧落下黄泉，动手动脚找东西"，我看只有方豪神父能将这两句话完全做到。胡适之先生又有"为学要如金字塔，既能广大又精深"，方神父也把这两句话完全做到了。

至于说他也是个成功的宗教家，我虽忝为教友，却非神职，对于神职界人士的修为，所知实在有限。只知方豪神父教书著作与传道爱人，并行不悖。当我在台北时，每见他穿着破旧单薄的衣服，腋下夹着一个沉重的书包，冒着大风寒去讲道。受他感召而皈依圣教的名流甚多，像香港故徐诚斌主教就其一例。患了脑中风住在医院里，躺在病榻上，不能读日课，就请别的神职读给他听。稍能起立，就在病房里举行献祭。病愈回寓，所有神业未尝有一日之辍。即如去年圣诞夜，他在寓中连续举行三台子夜弥撒，几至晕倒。他之屡次发病，与过于好学，不遵守医诫，常偷着在病床间看书，与爱主心过于炽烈，严格履行他身为神职应尽的职责，或者也有关系——这些话我是不该说的。因为我究竟是个世俗人，宗教家许多作为，我是不大懂的。

我生性奇懒，在方豪神父病前与他不通音信者竟达十余年之久，他受教廷晋封名誉主教并蒙席名号和他之膺选为"中院"院士，我都未去信道贺。直到去年听说他中风住院才去信慰问。对他说脑中风这种病是不当玩的，这或者是他平日过度用功所致。劝他将书本放下，以侍花养鸟自娱，并养几只小动物陪伴。又劝他既然身体有病，神业也该放松。像他每日念日课，举行献祭，何妨减轻分量，天主是仁慈的，哪会计较呢？这当然又是世俗人的意见，方豪神父只有置之一笑，不会听从的。因在《"中央日报"》副刊上读他自述，养病乡下，我既不知其通讯地址又希望不致过分扰他的精神，有好几个月未写信去了。不过总是关心他，总希望得他讯息，常常在有关方面探听他的病情，是否有进步，就在他去世的前两日，我还写信给台北某主教问到他，谁知所得的竟是这样一个大不幸的消息，方神父已走完了他七十一年的旅程，安息天乡了！

"人生七十古来稀"，是古人成语，于今医药卫生进步，这句话早推翻了。现代人又说"七十是人生的开始"，我以为这要等数百年后始能实现，现在则未免言之过早。不过像方豪神父的生理状况，若非患有这种危险症候，再活一二十年是不成问题的。他对宗教对学术都有许多辉煌的贡献，也是意料中的事。他说做学问要"富贵寿考"，前二字他已做到了，可恨后二字则付之缺欠，我现在只有为教会人才惜，为学术界人才惜，尚复何言！

写于 1980 年圣诞之夕

选自台湾《新闻报》副刊 1980 年 12 月 31 日

悼念凌叔华

[编者按]

凌叔华（1900—1990），原名瑞棠，笔名瑞唐、素华、素心，祖籍广东番禺，生于北京官宦家庭，自幼即受到良好的传统文化教育。1922年考入燕京大学外文系，1924年以"瑞唐"笔名，在《晨报》副刊上发表处女作《女儿身世太凄凉》。1928年出版短篇小说集《花之寺》，蜚声文坛，与谢冰心、苏雪林、冯沅君、黄庐隐齐名，成为五四后著名五大女性作家。

中年的凌叔华

　　五月廿六日上午，奉苏伟贞女士限时信说凌叔华于北京逝世了，享年八十六岁①。说我与叔华交游甚久，要我于数日内即写一篇与她往还及回忆之文。我因事出突然，正在疑讶和感伤之际，有个朋友手持廿五

---

① 编者按：苏雪林记忆有误，应为九十岁。

日的《联合报》来说道："你已得闻这不幸消息吗？你们'珞珈三杰'，袁昌英十余年前已死了，现在凌叔华又离开这污浊尘寰了，硕果仅存的仅有你一个。想你必会写篇悼念她的文章，也教我们知悉一点凌叔华其人其事。"

我接过报纸来一看，叔华果于五月廿二日在北京病故了。文中叙述叔华诸事，虽简短却甚详确，深佩今日报馆于社会上知名之士的传记资料及照片等搜罗的完备，一遇变故，一查档案便知，为以前所不及。

前年，叔华自英伦给我的信，便说她因摔跤而损及脊椎骨，幸摔得不甚重，脊骨未断，仅算受伤。凡脊椎骨折断者，下半身便完全瘫痪，不能行动；她撑着手杖，尚能弓身行走，所以她对人总说那只是腰部受伤而已。我去信劝她入医院诊治，她说英伦医院价昂，住不起，想到北京治疗，以后便无信来了。上月赵清阁自上海来信说凌叔华卧病北京医院，我正函托清阁打听叔华住何医院，拟去函慰问，清阁复信尚未到来，谁知叔华已经走了！

回忆我与叔华初次相晤是在袁昌英（兰子）家，袁与她丈夫杨端六先生时住上海。我常在《现代评论》上读到叔华的小说，甚佩其文笔之轻隽美妙，袁也常对我谈及叔华之为人。有一次叔华偕她新婚的夫婿陈源（通伯，笔名西滢）同到袁家。我见叔华果然面貌秀丽、举止高雅，可谓文如其人，名不虚传。我同叔华初晤的日期已记不得，好像是1926年吧！次年，国立武汉大学成立，杨端六夫妇及陈源先生均聘去教书。端六职为训导长，袁兰子为外文系教授，陈源则为文学院院长。那时珞珈校舍尚未建成，教职员学生均住在城里，上课则在武大前身武昌高级师范学校里。我那时住在苏州，在东吴大学及景海女中任教。1931年，我才入国立武大。珞珈校舍的建筑已大部分就绪，所以我在东厂口武大校舍住未几时便上珞珈山了。叔华彼时已诞生一女名小莹。人说叔华曾为武大教授，那是不确的。叔华随夫住武大十余年，未尝一日任教职。论学历，她是燕京大学外文系毕业，可教英文；她既能撰写相当好的小说，在中文系也可教中文。不过她丈夫陈源先生身为文学院院长怕人闲话，说他任用私人，便始终不使叔华在武大教书。因为袁兰子、叔华与我常在报刊发表文字，外间便戏称我们为"珞珈三杰"，论"杰"，袁、凌二人或足当之，我则凑数罢了。

我们三人居住并不在一处。袁、凌居一区，我居三区，距离相当远。袁昌英家我是常去的，叔华家则否，但春秋佳日，我们常连袂出游，洪山、蛇山、黄鹤楼等武汉名胜之区，常有我们的脚迹，数年岁月，倒过得蛮愉快。

对日抗战爆发，武大迁四川乐山，我们也随校入川。学校不再供教职员以宿舍，各人自己赁居。1939 年，敌机大轰炸并投烧夷弹，乐山全城灰烬，人民死者数千。兰子居市中心，屋子付之焚如，我居城中陕西街，叔华居西门外，地点均较偏僻，并未波及。以后敌机时常来扰，大家日以逃警报为事，及关心柴米油盐一日数涨的问题，说不上有暇时谈创作文艺及学术研究了。

叔华所赁西门外那幢房子甚幽蒨，后屋主将屋转让别人，新屋主自己要住，她不得不迁。我所住陕西街的房子名"让庐"，对面有一丈许高的山丘，丘上有一佛寺，寺前有旷地数亩，武大教职员数人与寺僧相商，借其地建屋，将来胜利复员，屋即无条件地归寺所有，寺僧当然乐从。叔华也在该地建简陋的屋子数间，并建一小楼，楼之小仅堪容膝，但布置精洁，我们几个好友，常常在那楼中茗话，开窗凭眺，远处山光水色，葱茏扑人而来，别有一番风味。那时候，陈纳德飞虎队屡挫敌锋，日本的军刀也势成弩末，敌机已不常来，我们客中岁月倒过得安闲宁谧。叔华趁此大作其画，在成都、在乐山，接连开了几次画展，颇获好评。

胜利前一年，叔华的母亲在北平逝世，她携幼女小莹赴平奔丧。彼时陈源已辞去武大文学院长职，赴欧任职于联合国。大陆易帜前数年，北平物价飞涨，一袋白米竟需黄金一两，叔华实在住不下去了，只好赴欧寻找她的丈夫陈通伯。叔华自北平赴欧洲，这趟旅行，真是艰苦万状，各种交通工具均非常缺乏，道路阻滞而壅塞，常要绕几个弯子，又要耐着性子等待动身的机会，劫难重重，千辛万苦，足足走了几个月，才抵达英伦，与夫重聚。我常取笑她，这一次"万里寻夫"的事，也像流俗所传孟姜女赴长城送寒衣，可称同样的壮举。

我于 1949 年离开大陆，在香港真理学会服务一年，次年再度赴法，这次住在巴黎而非里昂。陈通伯先生常因公务来巴黎，我们时得相见。询知叔华母女在伦敦甚安，其女已嫁，育有一女，我有时也问及兰子在大陆的近况，因为我初到法邦，尚与兰子通过几封信，后来她的信便断绝了。

我住巴黎共留两年。第一年秋，叔华来信，伦敦举行一个建国一千年的博览会，香港、狮城及南洋一带有钱人多搭飞机来参观，邀我也去伦敦看看，即以她家为东道主。二次世界大战后，欧洲各大国都穷困不堪，元气未复。那个博览会的建筑极其潦草，但内部陈列之物则极其丰富，尤其天文部最能吸引我，竟去参观了两次。那是一间象征天宇的圆顶屋，蔚蓝的天空，异星无数，灿烂夺目，除我们的银河系外，还有无数银河系而且都在那里移动，一刻也不停止，始知宇宙是无边无际的，我们人类真正渺小。但以我们这样渺小的人类，竟能测知宇宙的广大，可见人类为万物之灵的一句话并非太夸诞吧！我们又去到西敏寺大教堂，每一英皇加冕礼都在此寺举行，皇家婚丧事也在此寺办。更有许多英国历史伟人也葬于此中，陈通

1926 年凌叔华与夫君陈源新婚留影

伯先生总把他们的名姓及一生事迹都告诉我。

我们又到剑桥、伦敦各大学参观。诗人徐志摩《再别康桥》那首诗所描绘的溪流也看见了，又在白金汉皇宫墙外看到禁卫兵的换班。那些兵都头戴又高又大的熊皮帽，身穿深红色的制服，军容极壮。又看了许多皇家建筑物，虽不能进宫觐见伊莉莎白女皇，看了这些建筑物中的皇家珍宝，于愿斯足。

我最难忘的是大英博物馆，这是与巴黎罗威尔齐名的一所博物馆。其中埃及部收藏木乃伊之多，及埃及棺椁之富，则为法国所无。曾见一室陈列一座用水泥仿造的埃及金字塔前的狮身人面像，长有六七华丈，高两丈以上。我问其中看守职员，这样长大的狮像怎样搬进屋子里来呢？她笑而不答。我才自悟所问实为不智，这当然先塑像，塑成后再在像上面盖房子的。记得听人传说，有一书呆入人居室，见室中有一大炕床，他就奇怪室门这样窄狭，这样大的炕床怎能抬进？人家送他几个有豆沙馅的饼，他又奇怪饼子周围密密无缝，馅子怎会钻进去，而不悟炕床是先拆开后安装的，饼馅也是饼未做成前放进去的。我那次之问岂非也像这个书呆？

我在英伦痛快玩了几天，然后回巴黎，不久回到台湾，那是 1952 年夏秋间之事，省立师范学院聘我任教，我遂在台北居住。第二年，新加坡南洋大学成立，初聘林语堂先生当校长，因与创办人意见不合，带着若干教职员走了。南大又到台湾聘人，聘了许多人，其中有我。我不愿去，荐叔华自代，写信到英伦征求她的意见，她很乐意地答应了。她到南大，教的是中文，就是我应该教的功课。也不知为什么与中文系主任闹得极不愉快，来信不断对我诉苦。教了一年，即回英伦。人家替她写传记，说她教南大共"四年"，她自己也说四年，那也是像说她在武汉大学当教授，同样是错误的。说她在南大所任是"客座教授"，也不确。南大聘我时，给我的名义是教授，我让给了她，应该也是一个普通的教授，怎么会一下子提升她为"客座教授"呢？叔华后来又应美国某大学之聘，去教中国五四后的新文学。写信来向我索取新文学的资料，因她知我在武大教过新文学，总有些资料，我寄了去，并寄她《文坛话旧》一册，谁知她也仅教一年，人家便不予续聘了。可见叔华虽有才华，教书似非所长，无怪她丈夫陈通伯在武大当文学院长，始终不叫她在武大教一点钟的书。其实尺有寸短，一个人只须他方面有所成就，不会教书又有什么关系。

叔华也曾来台湾数次。一次是台北故宫博物院供给她来去的飞机票，请她来参观故宫的画展。一次是她女儿小莹与洋丈夫在台湾"教育部"当顾问，叔华来看女儿与女婿。一次，也是最后的一次，即一九七〇年，陈通伯逝世，台湾文化界为陈举行追悼会，叔华也应邀来台出席。她还到台南，在我家住了一夜，以后回英伦便没有再来了。

谈到叔华的晚景也够凄凉的，女儿小莹嫁了一个英国教授，远住爱丁堡，不能依偎膝下侍奉；即说能在膝下，只能受她的气，莫想她一丝一毫孝敬之心。一个外孙女，是她夫妇养育大的，我以为她总可侍奉叔华，以报鞠养之恩吧，谁知那外孙女羽毛丰满后也远远飞走了，让一个年逾耄耋的老婆子孤苦零仃地独自生活着。

她住英伦一座楼房，住了三四十年，忽被迫出售，搬到另外一个地方居住。她善于收藏古玩，家藏珍品甚多，搬家都被人顺手牵羊捞去。她说是代她搬家的学生干的，称之为"小贼"，实际我疑心是"家贼"所为——就是逼她搬家的那个家贼。她以前与家贼同居一屋，她出门买菜，或外出有所勾当，家贼便大肆偷窃，谁又知道。

1987 年五月六日联合报有一篇《如梦如歌》，子题是《英伦八访文坛耆宿凌叔华》，郑丽园女士撰，那篇文章写得极仔细也富文学趣味。时间距今未及九年，而斯人已渺，人生真是如梦而未必如歌！

1990 年 5 月 27 日于古都①

选自 1990 年 6 月 6 日《联合报》副刊

---

① 编者注：古都指台南，因台湾开埠以台南为最早。

悼 顾 如

[编者按]

　　顾如（1906—1977），字友如，浙江绍兴人。毕业于天津南开大学外文系，活泼美丽，为南开大学校花，有"南开皇后"之美誉。曾留学美国，获加州大学历史学硕士。1935年回国后，受聘为武汉大学文学院讲师兼女生指导，与苏雪林有四十多年的深厚友谊。

　　"顾友如先生去世了！"听到这个消息，朋友间都大吃一惊，武汉大学寓台同人惊悼尤甚。她病了很久，自1973年五月间得中风之病起，至今年四月二十二日溘逝，共历四年，缠绵病榻，诸苦备尝。不过最后一年，她已大有起色，以前虽扶掖而不能步，现携杖也能随意逍遥于园庭了，我们都代她欣喜，以为她将从此步入佳境，恢复以前健康，忽闻此变，当然大感意外。

　　1935年春，友如应武汉大学校长王世杰先生聘，就任文学院讲师兼女生指导。她为人极其热心，对待朋友尤其慷慨，与袁昌英兰子交谊甚笃，我与兰子也忝交末，因之与友如也建立了相当深厚的友谊。我们授课之余，游宴总在一起，所谓"珞珈三剑客"袁兰子、凌叔华和我，加上周鲠生夫人及其女公子，珞珈东湖山光水色之间，常留下我们联袂偕行的影子，春秋佳日，赏心乐事，几个册子也记述不完。那时我与兰子虽已入中年，兴致仍高，友如则尚未满三十，我们当时就喊她"小顾"。她头脑既明敏，才干又优长，且身体强健，浑身充满了精力，做起事来，每每勇往直前，任何难题，到她手里总是迎刃而解。听说上海沪江大学校长刘湛恩有"卡司林"之称，我常对兰子说：这个称呼，移赠友如，也很恰当。

1937 年对日抗战军兴，政府迁来武汉，共产党宣言与国府携手合作，那些共产党巨头如周恩来等，也来到这个临时政府所在地，周的太太邓颖超也偕来。友如与兰子相商，为联络感情起见，可设宴款待，叫我也列名其间。就用妇女抗日联谊名义，单请邓颖超。我们在汉口一个最豪华的餐馆设下盛宴，请邓赴席。

邓那天果然来了。记得她是瘦瘦小小的一个中年妇人，未施脂粉，衣服也颇朴素，但也穿了一件薄纱旗袍，高跟鞋，一洗陕北窑洞寒伧气。

席间我们请她谈话，无非是针对当前局势的话题。她说共产党既宣言与国民政府合作抗日，当然会信守不渝。中国人民这样众多，土地这样广大，虽在军备方面准备不太充足，以我们潜力而论，却具有持久战的资格，终久会把日本小鬼拖垮的。

我插嘴道："对，我们正规军就是打垮了，还可以打游击。听说贵党最擅此道，不知有何奥妙，深望您有所赐示。"

邓笑答道："游击战要因时因地以制机宜，没有呆板的成法，这个恕我不能奉告。"

兰子道："作战有两种军队，一种是用枪的，驰驱于疆场上；一种是用笔的，纵横于文场上。两种力量必须搭配得宜，始可发生作用。我们以前文坛分为左右两派，互相对垒，把力都抵消了，实在可叹。现国共既合作，文坛成见好像仍未消除，不知您，周夫人，能在这事上用点工夫吗？"

邓又微笑道："我不是文艺界人，关于文艺的事实不清楚。不过现在我们政治方面的意见已完全消融，文艺方面的意见，岂有化解不了之理？否则左派文人就不是中国人了。"

我们还谈了些别的话，时日过久，今已不忆。

过了几天，中华全国文艺界抗敌协会成立，第一次开会，我和兰子被邀出席，兰子临时有事，去的只有我一个。会场在汉口什么地方，于今已记不得了，只记得开会时间在晚上，主席是老舍，我对老舍闻名已久，首次见面则是那晚。他也是瘦瘦小小一个人，穿着一件长衫，看面貌似颇年轻。和我接座的都是些不知名的左派作家。当老舍介绍我，提到我姓名时，他们立刻横眉怒目，现出极端仇视的表情。因为半年前鲁迅在上海病逝，我发表了几篇文章，惹起了很大一场波澜，所以这时候他们把我当作比日本人更可恨的敌人看待。这才知道左右两派永远隔着一条鸿沟，不可跨越，这些左派或者就如邓颖超所说不算是中国人吧？

老舍本是幽默作家，在这种尴尬气氛之下，他也未便多说话，只微笑而已。

我今日追述此事，无非是记顾友如先生的爱国精神。她提议我们自己掏腰包在最豪华的餐馆宴请共产党巨头的太太，无非在拉拢国共关系，俾能有利于抗战，至于是否能达到目的，那就不是我们的事。

为了长期抗战，各机关学校都迁后方。武汉大学则迁四川乐山县。学校不能再供教职员的宿舍，我们只好各自赁屋而居。友如既当女生指导，所赁之屋距女生宿舍不远。乐山自 1939 年八月间经敌机大轰炸，全城毁去四分之三。武大同人受祸者亦有二十余家。好多人只好选择近郊建筑茅舍栖止，不敢再住城中。友如寓所并未遭受轰炸，但她却在西城靠城门一座山坡上赁了一块地，造了一栋木屋，与助教陆维亚女士同住。那座木屋虽未加油漆，精致坚固，非常合用。她所赁那块地皮很大，建屋之外，尚有余地，可以种菜莳花，畜养鸡鸭。空袭警报一来，立刻出城疏散，比别人少受奔波之苦。

那时多数同仁还是在城里赁屋居住，为了物价激涨，屋租也屡次增加，饱受房东之气，不得不屡次迁居，我便是其中的一个。友如以自己建屋之故，免受此厄，这也可见友如眼光之远，才能之高，同人言及，无不啧啧称羡。

大概是抗战末期吧，友如改任三民主义青年团中央干事会女青年处秘书之职，辞去武汉大学教职和女生指导，离开乐山而赴重庆。1945年抗战胜利，武汉大学复员武汉原址，她又来武大，仍任女生指导兼文学院教授。教的是西洋史课程，因为她在美国莲柯米及加州大学学的原是史学。她与陆维亚女士仍同居一寓，住处离我寓和袁兰子寓都不远。经过八年抗战，我们都弄得身心交疲，为收拾一个家，每日琐碎事务也搞不完，抗战前宴游之乐，不过聊一为之，已不像以前那么的兴高采烈。

为了她的才干优长，受了蒋夫人特别赏识，一定要她去担任政治和党部的工作。她又应三民主义青年团之邀，出任中央干事会第二处副处长（次年改任第一处副处长）。友如本不愿离开珞珈东湖，为了国事颠危，不能作独善其身的打算，所以所以也只有慨然应命，挑起这副艰巨担子。

1949年，她奉命经梧州只身来台，与胞姊顾娽女士及姊丈王蔼云先生一家重聚，即与姊等共住杭州南路一段。辞去公职，从事国际贸易。她本是个学历史的，从事商业居然类似斫轮老手，游刃有余，贸易公司得她相助，业务大振，收入也较丰厚，比我们这些寒酸教书匠，不可同日而语了。

1952年，我自巴黎返台，舍侄经书及妹婿施元炎迎我于基隆码头，友如与几个武大同学也赶到基隆，坚邀我到她家便饭。所以我抵台第一顿饭是在她家吃的。我问友如何以得知我来台消息呢？她笑着答道："你是一个有名的作家，台湾正需要你。你的到达，应该发个路透电，告知天下人，我们老朋友岂有不知之理？"

我抵台北的当夕，便有好几批报馆记者来顾家访问，这都是友如预先用电话通知他们而致然的。那晚我系住在妹婿家里，该地系在兴宁街的某一段，距今日圣女小德肋撒朝地不远。在二十余年前则算是台北最为荒凉僻远的角落，深夜一二时许，居然还有两个女记者来敲门，她们说先找到友如处，友如开了施家地址才找了来。

第二天，好几家报纸都刊出了我来台的消息和访问记。

我在台北师范大学教了三年书，友如在家宴客每不忘我一个。友如是个美食家，精于辨味，自己却不善下厨，她的胞姊顾娆女士则有一手好烹调。她虽是南方人，包的饺子，蒸的馒头，都是道地北方口味，做的肴膳，也极可口。三年中，我叨扰郇厨，不知多少次，食和饱德，至今感念不忘。1956 年，我改应成功大学之聘，到了台南，便不能常享这种口福了。

友如在国立武汉大学教了十几年书，与武大感情特厚。寓台武大同学也拥戴她。俨然像个精神领导。她常常参加武大同学的团体活动：郊游野餐，从不缺席。同学们有什么创办的事业，她出钱出力，总是一马当先。她患重病四年，或住医院，或回家中，消息对武大同学是严密封锁着的，不然，每日来探望的，大门也要被踏破。

友如才具既这样干练，人生经验丰富，似乎是个深于世故的人了。实则她颇天真，受朋友委托一件事，十回百折，必要贯彻目标。为了满足这个朋友的愿望，不免得罪那个朋友，人家初则怪她，后来想到她原是天生这样一种性格，也就原谅她。她为人又甚风趣，英文程度固佳，中文也擅长，尤其写得一手好字，古雅醇厚，饶有帖意。我因自己写的字好像鬼画符，爱友如书法，曾请她写字一张供我临摹，她谦谢未允。实际上我的杂务太忙，她就真写了来，我也不过随手搁置一边算事，不会认真学写的。

她在台北杭州南路，有座相当豪华的住宅，与胞姊一家毗邻而居，打通了，等于一家。为喘疾需要清洁新鲜空气，又在新店花园新城与胞姊购置一幢别墅。1973 年初夏，她不幸患中风，住中华开放医院治疗五个月，为生活上其姊照料方便，病稍愈，移回杭州南路原寓休养。最后一年，她遵医嘱，又迁到山上别墅。护士小姐二人日夜侍奉，病体日渐好转，可以在花园中弄花弄草。逝世前一日，尚能写长信与山下花圃主人，吩咐他携带花卉，来山种植，这样那样，写得条理分明，字迹也极工整，哪里像是个要死的人？所以她的死，实像其姊所言有所耽误，否则我相信她可以再活十几年。

近年亲友，逐渐调零，武大同人与我其同年辈者也日少一日，友如比我年轻得多，想她走必在我后，谁知竟尔相反，更所痛心。人生百年，终有一死，死而无憾，寿夭无别。友如善于治生，是个快活人，但亲爱的丈夫与两个儿子均在大陆，悠悠三十年，不能一面，知道她一日都不能安心。她这时死去，我知道她是有遗憾的，而且这份遗憾是大而且深的！

选自《珞珈》第 53 期，1977 年 7 月 1 日出版

记袁昌英女士

[编者按]

袁昌英（1894—1973），字兰紫，湖南醴陵人，民国时期武汉大学知名学者、翻译家、教授。1916年赴英国留学，1921年获爱丁堡大学英国文学硕士，回国后任教北京法政大学、北京女子高等师范。1926年赴法国巴黎大学研究法国文学，1928年回国后任教中国公学、武汉大学，与苏雪林、凌叔华并称"珞珈三女杰"。主要著述有剧本《孔雀东南飞及其他独幕剧》、《饮马长城窟》，散文《山居散墨》、《行年四十》，以及评论《法国文学》、《法兰西文学史》等。

袁昌英教授遗像

假如你还没有会过女作家袁昌英女士，我可以在这里给你介绍一下：

短小的身个儿，不苗条也不精悍。说她美，女作家容貌足称者本少，我们又何必诛求；说她不美，一双玲珑的大眼，配着一口洁白如玉的齿牙，笑时嫣然动人，给你一种端庄而流丽的感觉，但她的照片却往

241

往不及本人之可爱，可见风韵之为物，原是活的。它好像一首美妙的歌，只能唱在口边，不能写到纸上，难怪古诗人有"意态由来画不成"之说了。

人是聪明而且敏捷，你同她谈话，才说上半句，她便懂得下半句。读书也如此，艰深的意义，曲折的文句，只匆匆看一遍，便会涣然冰释怡然理顺地给你解释出来。这虽然得力于她平日学问的修养，资质的明敏，似乎占了更多的关系。

口才也很好，上课时口讲指画，精神奕奕，永远不会教学生瞌睡。数年前因为某种便利，我常去偷听她的（法文）课。我觉得听好口才的人演讲是一个愉快，同我所经验到的打球，游泳，驰骋自行车的愉快相同，有人以为我好学，谁知我在享乐。

假如你想同她辩论，你一定得不着便宜。辩论愈激烈，她的词锋也愈犀利。你明明觉得那是方的，然而她却会说成圆的。已故诗人徐志摩不曾这样说么：将方的变成圆的，有何难哉，铰去四只角，不就圆了？我们的昌英女士同人辩论的时候，便似乎善于利用这个"铰"字。像我这样口齿钝拙而又不肯服输的人，同她起了言语上的冲突，往往只有面红耳赤，一吵了事，然而十回倒有九回，她先到我的寓所，低声下气地同我讲和。经过她这样"义释"之后，我便不再坚持己见了。她对朋友的忠恳和仁慈，果然值得心折。

据说英国留学生都有点绅士淑女习气。昌英女士同她丈夫杨端六先生都在牛津、剑桥受过多年的教育，岂有不成为绅士淑女之理。但据我的观察：端六先生的性格是厚重，宽宏，心思尤其缜密，说话做事，都要经过几番考虑与打算，有一点害处，他都不干，必要时也能接受重大的牺牲，可谓百分之百的经济学家风度。无疑的，他是个"君子"，但他却是一个由四书五经陶冶出来的"君子"，并不是牛津、剑桥式的"尖头曼"。太太呢，那可是一位典型的英国式"淑女"了。听说英国上流社会最讲究礼貌，所以我们的昌英女士礼貌颇为周到，仪容的整饬更为注意，头发梳得一根不乱，衣服熨得平平正正，不容有一丝皱痕。有时候，她似乎想拿仪容之整饬与否判定人品之高下，这就苦了我这个不修边幅的人了。她一看见我，往往从头到脚打一番，忽然眉头一皱：雪林，你的领纽没有扣拢呢。或者：你穿的这件衣服材料太不行。穿了这样衣服去上课，是有损于你的威仪的。她常不惜送我几件珍贵的衣料，想替我装装门面。我有时也想打起精神，来充个"淑女"试试，无奈自己既未到牛津、剑桥，又洒脱已惯，画虎不成反类犬，何苦。所以我对于她的一番美意，总是辜负的时候多。

夏天，我们为了便利游泳，又讨厌长统袜的拘束，常赤着胫腿跑来跑去。这可害她眉头多打几个结。我又故意同她开玩笑，到别人家穿袜，到她家偏偏不穿。近年她已不再当我的新生活义务纠察员了，大约已感觉孺子之不可教吧。

她虽没有研究家谱学，对于遗传学说也似不感兴趣，但我觉得她的门第之见很深。某人品性如此优良，是因为他家世贵，某人习惯如此之好，是因为她出身高，都是她常放在口边的话。在中国，我以为根本没有阶级这回事，亭长、博徒、叫化子，一朝紫微照命，还不是俨然真命天子。十载鸡窗的寒士，题名金榜，不久便可以成为当朝一品贵人。就勉强说我们也有所谓贵族吧，那也是从下面爬上去的，只要你有能耐，你就爬得上。但不到两三代，便又堕落到原来地位，让别人来爬了。中国固没有像日本和阿比西尼亚一样的二千年一系相传的皇室，也何尝有像欧洲那样的子孙绳绳相继连血统都不与平民混杂的贵族阶级呢？记得十余年前，在里昂读书，曾戏言同乡某君的父亲是个乡党，曾亲担大粪灌园。事为某君所闻，认为奇辱，大兴问罪之师，意气汹汹，欲以老拳奉敬。幸而他也是个能说不能行的人，否则区区鸡肋，必碎无疑。其实，我说那句话并不是存心毁谤他，我就从没有将担粪这件事当作什么告诉不得人的贱务。寒家世代务农，至祖父才做官。家曾祖少年丧明，贫无以为生，代人舂米以糊一家之口。其躬亲担粪与否，家乘不载。以意度人，当时既无抽水马桶之类的设备，家贫又雇不起佣人，粪便不自己清出，难道可以让它积存屋里不成？旧读稗史：后唐韩淑妃为明帝所囚，守者索贿不遂，不为通粪。几积圊中十年成为一邱，土皆五色，生奇花异卉多种，芳馨异常云云。果能如此岂不省了许多事。但韩淑妃乃真仙谪降，才能有此奇迹，而我曾祖父一家大小则无非俗骨凡胎；如学淑妃办法，花香未必可闻，粪臭先不可耐了。所以他之曾亲自担粪，乃势所必然之事，我辈子孙虽欲为之讳亦不可得的。我之直书此事，并非醉心劳动神圣主义，谬托第四阶级以自炫。我觉得以前的人以高门世阀为荣，现在的人以农工大众为尚，我若这样存心，便成了攀附。攀附的对象虽不同，攀附的动机之可耻则一。我虽不肖，尚不至此，所以然者，无非证明我素无所谓阶级观念，并想借此向从前对我发生误会之同乡解释解释罢了，假如他能够读到此文的话。喔，我由袁昌英女士说到自己的祖父，由贵族说到大粪，又由大粪向某同乡补道十年之歉，野马未免跑得太远，再跑下去，不是要跑过希马拉亚山那头么？况且昌英女士虽与我相交多年，尚不深知我的家世，我现在将祖宗舂米担粪的话柄，一概宣扬出来，岂不累吾友面上无光？又听说英国上流社会谈人体有一定尺寸，粪便之类的字眼，当然更绝口不提，我今于此物偏津津乐道，恐十年老友将对我提出绝交书矣。奈何！还是赶紧自己喝一声"带住"吧。

话归本传，我愿意再来谈谈昌英女士的学问。她留学英法多年，研究希腊神话戏剧与其他文学，都有深湛心得。平日一编在手，孜孜不倦。每读一书，必提其要而钩其元，案头卡片不几日便是一叠。我们说她是个女作家无宁说她是个女学者。有人因她实力充足，将她归入陈衡哲，高君珊，方令孺诸女士一型，我亦承认。写作魄力磅礴，气象光明，满含乐观前进气氛，近于理想主义，她秉性原慷慨磊落，富于丈夫气，文亦如其人云。

选自《宇宙风》第36期，1937年3月出版

悼念一位纯真的艺术家方君璧

[编者按]

方君璧（1898—1986），福建闽侯人，黄花岗七十二烈士方声洞胞妹，现代著名的油画家。1912 年与胞姐方君瑛同往法国留学。1920 年考入巴黎高等美术学院，1924 年以布面油画《吹笛女》入选巴黎美术展览会，此为中国第一位女画家在该会露脸，引起轰动，誉为"东方杰出女画家"。

晚年方君璧

好久没接到好友方君璧来信，正在想念，前日忽得瑞士来函一封，看信封上的笔迹好像是君璧的，欣喜地以为她的信终于来了。拆开一看，我一颗心突然绞紧，又突然下沉，原来这信是她公子曾仲鲁写来的，报告她母亲因登山作画，跌断腿骨，送医三日，病情恶化已于上月十六日逝世。一个可爱的知心的朋友，一个真纯的艺术家，竟以一跌而永离人间了！

回忆 1921 年初冬，我们一行男女学生百十余人乘海轮到里昂上新建设的"中法学院"肄业，君璧是负责招待我们的一人，我们才开始相识。她是黄花冈七十二烈士方声洞的胞妹，比我们先到法国十年。她那时年龄也不过二十几岁，梳着左右分开的两个小髻，穿着一身朴素的洋装，面貌清秀，举止温文，说着一口流利的法语；但国语也说得极纯正，奉校方命辅助我们这群女生，譬如有病带领去看医生，或陪伴着上街购买必需品等等。我们饮食起居及各种生活琐节，觉得有不适合的地方，告诉她，她便透知校方改善。她并不居住校内，但每日必来，非常尽职。

辅助男生的是曾仲鸣。听说他是老革命党员曾醒女士（乃方声洞之嫂）的介弟，也是君璧青梅竹马之交，而现在的未婚夫。他常与君璧校门同进同出，倒是一对珠联璧合的爱侣。尤其叫我惊异的，他们两个都是髫龄来法的，法文优异是不必说，中文根柢也极优厚。曾见仲鸣翻译的一首法文长诗，笔法苍古，意义渊深，比之汉魏人诗作亦无多让。君璧也能韵语，虽不及她的未婚夫，而富有奇趣、妙趣（她暮年在香港为她丈夫及自己的诗词，出了一部《颉颃楼诗词稿》，读者当知其价值之为如何）。留学生中居然有此等人物，可称难得。听说他们的国学虽少年时期稍有根柢，做旧诗词，则都是法文学好之后再开始学的。蔡元培、李石曾、汪精卫都做过他们的老师；而汪氏教得又久一点。虽传授者得其人，若非他两人资质特殊颖异，不克有此。现君璧三位公子也是自幼被携带赴欧赴美者，在异邦个个学业有成，而写起中文信来，居然流畅自然，无一字龃龉。我曾问过君璧，是否是她所教，她笑而不答。你曾见带领幼年子弟出国之亲友，热切想实行"双语教育"，无不失败。中文实在难学，孩童到了异邦，学习了异邦的语文，再叫他们来学中文，真所谓"蜀道之难难于上青天"了。

话说回来，我在中法学院与君璧没有说上三句话。第二年即一九二二年，他和仲鸣到日内瓦亚尼西湖畔举行结婚典礼，后来听说都回了国，仲鸣从政，君璧则教书。我回国后，对留法同学的消息，颇为隔膜，于君璧夫妇的事更少有所知。只听说仲鸣做官已到铁道部的次长，君璧当然成了贵夫人，未知她还画画否？

我与君璧建立友谊，实开始于1949年，我任职香港真理学会，君璧那时正住在香港，间接得知我的踪迹，时来学会相访，并邀我到她家，两下遂时相往还。不过为时不久，她为避免许多穷亲友的缠纠，又举家赴法，我们鱼雁仍常通。我之决心再度赴法，实想到海外搜寻解决屈赋难题的资料，同时妄想再学绘画，完成第一次赴法的志愿。不过回国已将三十年，对法国生活情形已一无所识，不敢冒险。君璧来信鼓励我道："到法国若知窍门，生活并不比国内高，况现巴黎的老同学尚有潘玉良，她可指引你、教导你，我也可帮忙，你放心来吧。"于是我于一九五〇年公教所谓"圣年"，对真理学会负责人说："我要到罗马朝圣。"题目正大，学会不便挽留，我遂离开了香港，径往巴黎。到后住国际学生宿舍，君璧所住为一旅馆，距离并不远，玉良住处则不近，有君璧陪同，寻她也不难。我们三个里昂中法学院的老同学又得聚首一堂。虽此时我们都已入暮年，见面时，谈谈笑笑，打打闹闹，也恢复了许多少年乐趣。

我想继续入艺术学院竟不行。有人告诉我，学绘画要年轻，年龄大了，目力差，没法描准石膏塑像，手腕有些颤抖，学院虽不拒

曾仲鸣方君璧伉俪结婚照（1922年摄于法国）

收，教师却懒得教你这种前途无望的老学生，只让你冷冷清清地坐在角落里，从不过问。久之，也自觉无趣，惟有自动退出。我听了这话，只好作罢。君璧很想我做她艺术同志，倒为我惋惜了一阵。我每日只是徘徊各书店搜罗世界神话书籍，到巴大附设的法语学校补习法文。又在法兰西学院旁听"西亚神话"。君璧学习兴趣强，她的法语虽同法国人一样，仍然要求更精进。也进了这个学校，但比我高好几班。

我们为消遣光阴起见，又选了当时汉学权威戴密微的课，一共两班，一班仅有我和君璧两个学生，用的课本好像是佛经中之一种。有时他对那些中译文法弄不通，讲时连贯不下，君璧与我便加以指点，所以戴教授常指着我二人，笑对他另一班学生说："我还有两个中文老师，就是这两位。"戴先生所授另一班学生却甚多。所教是敦煌石窟某种俗文学。记得他有一回解释这类文学中的"变"字，譬如"目莲变"、"地狱变"之类。我们中国学者对于这个"变"字从未知是何意义，戴先生旁征博引，竟有十几种解释。虽然他也未下结论，究竟是哪种说法对，而其博览工夫，则至可惊。这才知道他这"汉学权威"的头衔不是幸得的。

我和君璧既一同上课，见面机会更多，友谊也日日增进。到了暑假，法国规矩所有寄宿舍寄居的人一概迁出，让出房子用来招待别处来巴黎观光的人，我们让出后各自另觅住处。那时候，各处风景优美，气候清凉的避暑别墅也相继成立登报招客，费用比之原住的寄宿舍并不会高出多少，只须多出一笔来往旅费而已。君璧打听到瑞士某山中有一处山庄可住，于是带了三个儿子和我同住，也有别处来的中国人，男女均有。在山中住了两个月，曾旅行到瑞士著名的雪峰及各名胜地游览，那个暑假过得愉快极了。

我在巴黎两年，资斧告竭，有人介绍我回台湾教书，遂于一九五二年摒挡来台。行前赴露德朝圣，君璧陪伴我同去，留露德三日，她陪我攀登露德之北的歌泰山，探山顶戈贝灵湖，又陪我去培丹伦钟乳岩穴，看见宇宙间许多奇景。君璧以前曾游过露德，歌泰山也曾与她丈夫住过一个暑假，这一次是完全陪伴我而去的，良友盛情岂不可感。三日期满，她顺道赴西班牙写生，我赴马赛，乘海轮赴港，然后至台。

我返台后，君璧尚在巴黎居住。一九五六年，她自巴黎来信说：她三个孩子所学都是英国语言和文字，现在他们学业已告一段落，她决定送他们去美国深造，她也要赴美长住，以便照料。不久，她的计划，果获实现，系赁屋居住美国波士顿。

十余年前，她来香港开了一个盛大画展，又来台湾开。蒋公介石，听知此事，甚为欣然，说以前政治恩怨，过去便已过去了，不必再提，知道君璧乃一个艺术家，与政治并不发生关系，况她又是方声洞烈士的胞妹，今以华侨身份来台展画，理应表示欢迎，并予以各种方便。遂命"行政院院长"张群主持其事，借"中国历史博物馆"为展览会场，君璧展出她新旧画作二百余幅，造成了一次轰动。她接着便来台南住在东宁路我家里。住了一个月的光景，每日上午出去写生，下午在家作画。她对我说，波士顿有个有钱的太太，见了她的画，非常欣赏，愿意资助美金三千元，请她再画些富有东方色彩和情调的画儿，她所以到台湾是来猎取画材，以便回美交账。台南名胜如文庙、郑成功祠堂、赤嵌楼、安平古堡及各佛寺、道院、人家的古厝，她都去拜访，每处各画几幅，果然积蓄了一大宗杰构。临返美时，又买了《故宫名画三百种》及台湾各名画家影印成的画册，又买了许多宣纸、颜料，各种画笔、归装非常丰富。

我觉得君璧一生所开画展次数之多，为历来画家所未有。论国内的，从前在北平、上海、南京、广州；论国外的，则新加坡、马来西亚、泰国、英伦、巴黎、巴西、阿根廷等处；香港便开过几次，日本也开过一次或两次，日本亲王贵族购藏其画着颇多。去年，即一九七四年的一月，她又接洽巴黎东方艺术馆为她举行一个"方君璧从画六十年回顾展"，她应该去做开幕主持人，那时她大病初愈，正需休养，我曾屡次劝她展期，不然，就派一个儿子或一个媳妇去做代表，自己不必亲自出席；她不肯听，仍然自己去了。画展结果，当然异常圆满，可是她的健康难道不受影响吗？

君璧原住美国波士顿，次子三子结婚就业，搬离了她，仅长子孟济和她同住。以后长子为就业，也离开了波士顿，一座大屋子仅她一人独住。她季子仲鲁就业瑞士，曾劝她迁去由他奉养，我也写信劝她去。她说瑞士屋宇仄狭，她波士顿地下室有她一生心血染成的画儿连框数百，迁季子家便无处存放。而且儿子处屋宇过狭，想作画也展施不开，竟不肯搬。她饮食方面，兴趣好的时候，上街买些鱼肉蔬菜，自烹自煮，享受一顿；意兴阑珊的时候，便啃干面包，喝冷牛奶，接连几天挨过去。试问老年人哪能久挨这种生活？她的健康当然日坏，后来她推却不过儿子们的恳求，还是迁瑞士了。迁去后，儿媳对她非常孝顺，但她终于病倒了，送入医院，医生觉她胃部似有异物，细查是癌，幸病菌尚未扩散，为她动手术割除。八十几岁的老年人患这样重症，治愈后，理应好好休养几个月，才能恢复元气，偏偏病前约定回顾展不能展期，她又一定要亲自赴巴黎出席。我不敢说她死是与这次回顾展有关，不过我终以她大手术后，不肯好好休养为憾。

我从未见过一个艺术家像君璧这样，对于绘画这么的热爱，这么的执着，这么竭忠尽智来从事，这么的视同第二生命不能片刻离的。里昂时代的君璧，我不深知。巴黎时代的君璧，则见她无冬无夏，无昼无夜，总是一笔在手，有机会便坐下来挥挥洒洒，好像饭可以不吃，画非画不可似的。我于西画并未入门，于国画也仅识皮毛，对于君璧的画作，实不敢批评她的造诣究达何等阶段。不过我总觉她是学西画出身的，她的油画也曾获法国某艺术大师的肯定，那么就一直从事西画好了，何必又来搞什么国画？这就像"教坊雷大使之舞，虽极天下之工，要非本色"。我也把这话对君璧说过，君璧回答说："我是想把西画解剖学、透视学等等原理，融合到国画里来，改正国画种种不合科学定律处，能否成功，我亦不计。"她究竟成功与否，世人自有定论，像我尚在法国时，她在巴黎开了个小规模画展，名艺术家葛洛赛、弥亚孟德及巴黎《每日邮报》均曾著论，极口颂扬，我曾为译出，现收拙著《归鸿集》。我现在乱说几句，也不过是我个人意见，希望故人地下有知，不要怪我。

君璧最可爱处，还是她的为人。她可说是个饱经忧患的人，丈夫在政界久居高位，她的地位当然连带不低，别人处她之境，养尊处优，定必骄蹇万状，或变成一个城府深沉、冷酷无情的人。她可是一点架子也没有，她腔子里仍保存一颗赤子之心，那颗心好像璞玉一般，清淳未琢，浑然可爱。她的性情是真挚、忠厚、爽朗、坦白，她同你谈话，可以把整个心灵向你披露，即她自认偶尔做了一件失败事或有什么缺点，也毫不掩饰地对你直说。整个的她，"纯真"二字可以尽之。这是个极可爱的朋友。这种性格半由天生，半由艺术的陶冶，凡是真正的艺术家，大都是如此。像潘玉良，她也算是久历风霜之人物，年龄比我和君璧都大，我们那时已逾知命，她则超过花甲。我返台后，出了几本小书，寄给君璧，没有给她，她竟对君璧大哭起来，说："雪林如何竟忘了我？想必不要我这个朋友了？"我知道此事，立刻寄书，并向她再三道歉。她从君璧手中得到书后，又即破涕为笑。这不像小孩争糖果么？凡此琐事，都可见艺术家真纯可爱处。

玉良前几年在巴黎去世了，于今一位可爱的朋友又离开了人间，剩下我这个老废物孤零零地尚苟延人世，抚今追昔，何以为情？唉！唉！

选自 1975 年 11 月 28 日台湾《新闻报》副刊

记戏剧家李曼瑰教授①

[编者按]

    李曼瑰（1907—1975），广东台山县人，著名剧作家。1926年保送进燕京大学，研读中国古典戏剧。1934年赴美入密歇根大学英文系研究戏剧，1940年与张道藩筹备"中央话剧运动委员会"，推动"新世界剧运"。1958年获联合国教科文组织奖学金，至美国耶鲁大学戏剧研究所研究。回台湾后成立"三一戏剧研究社"，倡导"小剧场运动"。1965年创立文化学院"戏剧电影研究所"，为全台第一个戏剧研究所，长期推动中国戏剧运动的发展。

    曼瑰走了，曼瑰终于走了！万恶的癌症，夺去了我的好友多慈，又夺去曼瑰！为什么全世界有这么多的名医，这么多的药物家，竟不能发明新药，让这种可恶的病，猖狂跋扈，害人无算，天，是什么道理！

    曼瑰是本年五月间发觉自己常患泄泻，消化不良，她肠胃本来不好，十二指肠有点毛病，所以她平时的饭菜是特别烹调的，有许多东西她不肯吃。这次之病，自以为又是十二指肠发炎，入三军总医院检查，医生告她，十二指肠不足为患，肠部似生一瘤，须剖腹验视是良性的抑是恶性。剖视结果是癌，而且已蔓延及于肝部，无法割治，草草将肚皮

---

① 编者注：略有改动。本文原题《曼瑰与我》。

缝合。虚言骗她肠瘤已割，无大碍，曼瑰亦信以为真。

我有一个武汉大学熟人理毓秀女士，七月底以心脏病入三军医院诊治，与曼瑰同住民众诊所。她和曼瑰也认识，到她病房探视，见曼瑰精神萎悴，私询护士所患何病，护士告她是癌。理毓秀知道我和曼瑰交好，特写信告诉我。不过她也以为肠癌已割去，不过肝部已有病菌蔓延现象，肝仅一只没法除去而已。我阅信大惊，急写信与曼瑰的堂姊李梓芳，告以美国有个治癌中心，已发明一种治癌新药，但尚未公世。多慈以迟去而不救，速叫她在美国的亲属打听中心所在，赴美检诊，不可再耽搁。同时写信与叶蝉贞女士，蝉贞早知曼瑰以肠胃宿疾住院，不以为意，得我信始知她患的是癌，于是常到三军医院探视。

我写信给曼瑰当然不敢提及"癌"之一字，只说闻她肠胃病复发，嘱她保重。曼瑰叫她小表侄女写信复我，说用了手术并无痛苦，现日在平复中，不久回家休养，嘱我勿急。从此我与曼瑰、毓秀、蝉贞三人间书信不断。写给曼瑰的是慰问，写给毓秀、蝉贞的是打听病情。后来曼瑰注射了朋友某太太一种中药，竟大有起色，能下床稍作行动，并能进少量饮食了。恐我焦灼，亲笔写了封信给我，字迹清楚，和她平时所写的一样。而且我以为肠部癌的大本营已因割而彻底毁灭，肝部那点子流窜的病菌，当因药物的克制而告肃清，是以颇为乐观。现在见曼瑰的亲笔信，不像病人写的，更安心了。

但曼瑰一日不出院，我一日不能释怀。八月份她和秀、蝉三人间通了几多信也记不清了。常见报刊有治痛方药，定必剪下寄给蝉贞，嘱秘密告其家人采用。

九月初，特赴台北探视。留五日，赴医院三次，第一次托公教虔诚信友邹曼支夫人到处营求，得露德圣水小半瓶，我带去医院，告诉曼瑰这种圣水曾显了无数灵迹，虽她信仰的是基督教，但上帝仅有一位，不会分彼此，何况像她这样一个好人，上帝岂有不救之理，劝她安心服用。曼瑰见我远来看她，神色间甚为感动，见了圣水，知其来不易，更喜，说一定服。因她刚注射一种治癌药剂，反应甚烈，不能多说话。我和蝉贞及苏淑年三人在她病房停留了个把钟头，便辞出了。第二、第三次去看她，她精神颇振作，握着我的手，说话比上次多。曼瑰是一向想我搬来台北的，我说等天气稍凉决定搬来。曼瑰说她已迁内湖"立委"住宅，将来我可以到她家住几天，她也来我处住住。又说她不久赴美检查，明春返台。

我又打听到一种治癌草药，闻已治愈多人，请淑年买了带来送给她，并说草药铺很远，她的女仆不会找，用完了打电话叫淑年买，我留下一点钱给淑年，用完了可续汇，请她千万勿见外。又说中国草药治病，每有说来叫人不信的灵验，所谓"草药一剂，气煞名医"，我这种草药是邹曼支夫人介绍的，药性和平，并无不良的副作用，可以放心试试。曼瑰很高兴地说："好，好，我会试的，我昨日注射过西药，好难过，几乎支持不住了。我想就此算了。"她说时把被单向上一掀，手臂一伸，做了个豁出去的姿势。我以前不知治癌西药药性之猛烈，读了刘咸思女士纪念其胞弟刘大中博士之文始得了解。可见曼瑰那一阵子所受痛苦之大。

我南旋后，隔两三天便写封信给曼瑰。曼瑰自己不提癌字，其家人也讳莫如深，我们当面说话及写信当然也不敢提，我信中只劝她速赴美诊治。又说了许多我将搬去台北以后和她常见面的快乐。曼瑰仍叫表侄女写信给我，说她好多了。我介绍的草药此时未用，等带回家当茶喝，要我勿念。淑年见我信太勤，并有再度北上看她之意。写信告我李教授的病近来颇有转机，要去看她，不如等她病愈出院，那时大家岂不更高兴。

我为人素来甚痴。多慈疾笃赴美，众皆为危，我还以为既有新药，她一定可以康复归来。

曼瑰的肠瘤并未割去，我还是在曼瑰去世前不久始从一友处听来。

听了后，心知不妙，不过总以为有奇迹出现，她可获救。况且多慈患此疾后，断断续续，拖了六年，曼瑰也许还可再拖个一年半载，谁知她竟这么快便撒手人寰呢？唉！唉！

我和曼瑰以前并不相识。1941年，她从美国学成返国，在成都女子金陵大学任教。不久到重庆，担任妇女指导委员会文化事业组组长，主编《妇女新运》，蒋夫人从昆明聘来谢冰心女士请编这个刊物。曼瑰原是冰心燕大学生，此时成了她的副手，写信索稿于我，于是我们常通信。那时她在重庆，我在乐山，并无见面机会。

1952年，我自海外返台，在"立法院"秘书包文同先生家里始和曼瑰第一次相晤。我任教师院中文系，曼瑰在师院英文系也有戏剧的课，我们常在教员休息室相聚，有时邀她到我住的第六宿舍寝室，喝茶聊天，从此友谊日益深厚。

1956年，成大改制，我为家姐不愿北来，我又渴想和她同住，遂应成大之聘而到台南。到台南后，偶因事赴台北，没有了落脚处。承曼瑰好意，邀我暂寓她家。她那时与堂姊粹芳同住在罗斯福路四段一所自建平房里，虽不宽阔，环境却十分幽静。曼瑰在她寝室里，给我铺了一张行军床，给我一张小书桌。我们上床后，相约都不说话，但我总听见她半夜咳嗽颇剧，天尚未大亮，她床头的电话分机铃子响个不绝。她所管领的各机构人员知道只有这个时候在家，各抓住机会或者请示某项指令如何办理？或者咨询某项事件如何安排？也有亲友借此通殷勤，致寒暄，总要闹上个把钟头才罢。她早餐后，便带着一个便当到对面台湾大学用功去了。原来她在台大教员研究室承继了一位朋友的单位，一间大屋子，排列几个书架，自己家里带去的，从台大图书馆借的书，中西文均有。她躲在这个小天地里，找她编写剧本的资料，到午餐时将便当用电炉热一下，吃了之后，在躺椅上躺半个小时，又用功了，一直到晚间五六点钟才回家。她这种生活一过便过了十几年。曼瑰教的大专学校很多，在文化学院还当过戏剧系主任，又导领了好几个戏剧讲习班、训练班等，既桃李满天下，人缘好，朋友也多；又有许多慕名来访者、各报刊主编登门索稿者、请去讲演者，假如她留在家里，每天定必宾客盈门，亲朋满座，便是像周公一饭三吐哺，一沐三握发，也应付不下，只有采取这样躲避之一法。也亏得她这样躲避，她许多伟大著作才能陆续产生出来。

为了曼瑰是这样个大忙人，我虽住她家多次，同她促膝谈心的时间还是相当少，不过为了常住她家，知道她的为人似乎要比别人要多要深一些。她为人极诚恳，从不说一句虚伪的话，行动纯任自然，从不矫揉造作。在事业上受了不公平的待遇，吃了人的亏，我们从侧面闻知，不免询问，这在别人定必借此大发牢骚，痛骂对方，她却说："算了，不必再提了。"像恳求似的，阻止我们不再追问下去。这种气度和品性，我觉得很少有，十分可爱。

曼瑰是个剧作人，对人心理似特有研究，善体人意。朋友都知我不喜充慷慨、乱花钱，但若我说这一次出去玩，一切由我作东。别人尚有异议，曼瑰便说："她是出于诚意的，你们违背了，反会叫她不高兴。"我喜得一拍曼瑰之肩，说道："我这条直肠子只有你明白。曼瑰，你真是我的知己！"

1963 年间，我遭了一个大横逆，曼瑰恐我郁闷特函约我到台北，住她家。拨出她宝贵的光阴，陪我看电影、郊游，晚上到圆环小吃摊吃各色各样的点心，百计想我高兴。曼瑰颇精于辨味，家里有个台山带出来一个女仆，名叫阿梅，善于烹饪。曼瑰待客若不在外面馆子请，便在家里弄满桌珍肴招待。知我欢喜吃点零食，每买些广制蜜饯品给我。记得有一回，她冒雨过街买这种东西，几乎给一辆三轮撞了。对朋友热诚，这虽一件小事，也许叫人永铭不忘。

曼瑰是学戏剧的。不但在学校教戏剧，并撰写剧本、导演，她编的剧本种类甚多，有文艺性的，如《女画家》、《天问》等，有教育性的，如《尽瘁留芳》等等。后来她兴趣虽集中于历史剧，写了《王莽篡汉》、

《光武中兴》，后将这两剧合并为《汉宫春秋》。上演后，轰动一时，不但台北观众来如潮涌，几乎把戏院大门挤破，连高、屏一带都有许多人包车赶来，以求一饱眼福。后来"立法院长"张道藩言于故领导人蒋公，蒋公也想亲临观赏，特在中山堂光复厅为他老人家演了一场。后来又有《楚汉风云》，演项羽、虞姬、张良、刘邦等人的故事。这件前一部汉史三部曲，共涵六剧。

曼瑰为了要编这些剧本，涉猎汉代史实极多，拟以汉武帝为题材，再来个三部曲。第一部《汉武帝》，1969年台、港戏剧界联合推出，借台北儿童剧院公演廿余场，也是盛况空前。第二部《瑶池仙梦》，是汉武帝与李夫人的故事。今年三月间在南海路"国立艺术馆"演出。第三部《望子成龙》，尚未脱稿而曼瑰已逝，深堪痛惜！

《瑶池仙梦》是公认的曼瑰所有历史剧中一部最好的戏，但曼瑰已死，也想与此剧有关。我只记得三月间此剧上演，特北上欣赏过两次。每次入场，总见曼瑰已先在，她正襟危坐，全神贯注，于台上演员的言语动作，点滴都不放过。下幕后，她又到后台，与他们商讨、指导、纠正，要求演出的水准达于十全十美无懈可击而后已。台湾今年雨水特多，那一阵子倾盆大雨，场外水深每至盈尺，她还要于深夜十一二小时远远回到新店中央新村去，其辛苦可想。

曼瑰十余年以来，每写一剧必搬上舞台，事前的奔走、接洽，演员的聘请，道具的张罗，场地的选择，以及广告、宣传、邀人、销票，差不多都由她独自一个在忙。从前有个得力助手，不幸死了，她也上了点年纪，这样劳碌便吃不消了。据叶蝉贞女士说曼瑰为《瑶》剧的上演，足足忙了大半年，寝食失常，昏昼颠倒，也曾发病一次，自以为是肠胃宿疾，不肯入院检查，若早发觉是癌，尚有救治之法，及癌菌蔓延全身，虽和缓复生，也回天乏术了！

总之，曼瑰之死，是为艺术而死的，是为剧运而死的。对于剧作，像她这样横溢的才华、磅礴的魄力、深厚的学识，那能再找出第二人。

对于剧运的推动，像她这样的锲而不舍，鞠躬尽瘁，在中国也难找出第二人了。她的逝世是文化界的莫大损失，而我个人失去这样一个知己朋友，痛惜伤感之情，也不是笔墨所能宣述于万一的！

1975 年 10 月 28 日于古都

选自 1975 年 11 月 13 日台湾《新闻报》副刊

陈西滢其人其事

[编者按]

陈西滢（1896—1970），江苏无锡人，原名陈源，笔名西滢。1917年赴英国读书，1922年获伦敦大学文学博士。回国先后任教北京大学外文系教授、武汉大学文学院院长。1946年出任国民政府驻巴黎联合国教科文组织首任常驻代表。

陈源著作有《说文古韵谱》、《小说札记》、《初文述谊》等有关方言考释的论著。

陈西滢晚年照片

自从知道陈源教授病逝英伦以后，我曾撰写了一篇悼文发表于四月七日的《中副》。《纯文学》主编来信要我再写一篇。本来是难乎为继，但一个在文坛上有名气有地位的人，总有多方面的角度可以供人测量、观察和摹写的。我那篇小文本来仅报告他病逝的经过，并未涉及其为人及其作品，因此也愿意再写一篇。

陈源教授字通伯，西滢是他的笔名。原籍江苏无锡，1917年即赴英留学，1922年学成返国。返国后，赴北平任教于北京大学，1929年国立武汉大学成立，他又到了武大，任文学院院长。抗战发生随校入川，在乐山数年。胜利前二三年，大概联合国中国代表一席需人，他离开武大而赴欧洲，在欧一住二十余年，直到今年病逝为止。这就是他一生简传。

陈通伯先生回国将就北大教职时，有人劝他说到北平教书很危险。北平那时正在军阀统治之下，剥削人民脂膏来培养自己的武力。各级学校教员的薪水，总是拖欠，偶然发一点，填饱一个人的肚子都难，别说养家活口了。北平有许多教师，白天上课，晚上便去拉洋车。你自问有拉洋车的气力便去，否则还得考虑考虑。那时东南一带大专学院并非缺乏，上海尤多，待遇都还过得去，但陈通伯先生考虑一番以后仍然到北平去。北平虽被军阀控制，究竟是个文化古都，领导新文化和语体文运动的胡适之在那里，《古史辨》领导人顾颉刚在那里，老一辈的辜鸿铭、王国维、梁启超也在那里，写《阿Q正传》的鲁迅和办趣味广博《语丝》杂志的周作人也在那里。还有个温如春阳、才华盖代，他多年留英好友徐志摩也到北平不久。这位诗人以富于吸引力出名，单是他一个也可以将陈通伯吸引去了。北平是个云龙风虎、人才荟萃之地；是个廿世纪与十七八世纪两股不同文化回旋荡激即将合并而流之地。黑暗虽然尚重，新的中国那个宁馨儿却早已诞生，海外回来的学人又安得不贡献他一份力量，让这个宁馨儿早日发育长大，成为一个头角峥嵘、光明俊伟的人物。况且物资的窘乏，哪里比得上精神的充实？君子忧道不忧贫，五十年前的留学生抱负的确比现代的高得多、远大得多。陈通伯到了北平以后，虽偶尔也叹息他距离上街拉洋车的日子恐已不远，但他还是舍不得离开这个古都，教书之余，总想在促进新文化上做点有意义的事。

1925年间，在北大教书的留英学者们发起办一个综合性的刊物，取名《现代评论》，经常撰稿者是王世杰、周鲠生、杨端六、皮宗石、唐钺、丁西林、袁昌英、杨振声等人。他们都是学有专长之士，虽以政治批评为主，也加入些文艺作品，借以调剂趣味。像沈从文、胡也频、凌叔华，便以作品时常露脸于《现评》，而取得了文坛的地位。特别是沈从文，本来是个当兵出身，又在某出版机构做个校对员的人，受了陈通伯和徐志摩的提拔，以后居然成了一个有名的作家。

凌叔华女士本是燕京大学的学生，为了投稿《现评》，与陈通伯相识，以后结为连理。他们是哪一年结婚的，我未曾考查清楚，大概总在通伯抵达北平几年以后。把一株盈盈解语的远山芙蓉，移栽到家徒四壁的相如宅，北平的穷教授虽不好当，这却是最大的收获。

陈氏以"西滢"的笔名，替《现评》每期撰一篇文章，就叫作《西滢闲话》。《现评》以态度公正、议论精辟出名，在当时一般刊物中，算是笃实而光辉的一种，虽然不过是薄薄一本十余页的周刊，却有"大报"之称。每期出版，立刻被抢买一空，但读者着急阅读的第一篇，却是那篇《西滢闲话》。

1929年，王世杰受政府任命为国立武汉大学校长，北京大学一部份留英学者都被他罗致到武大来。陈通伯也舍北大而到武大，被任为文学院的院长。一个院有许多系，每系都要整顿、充实，师资要严格甄别，学生程度要竭力提高。王校长办学宗旨，不但要使武汉大学成为华中最高学府，将来也可以和剑桥、哥大、柏大、巴大并驾齐驱。他鞠躬尽瘁，日夜不休地领导于上，全校教职负责人又安敢不使出吃奶力气来奉公于下。在这群留英学者和衷共济，群策群力推动之下，国立武汉大学短期内便表现出良好成绩，校誉日隆，成了全国第一流的大学。王世杰先生被政府任为教育部长后，武大这群人萧规曹随，遵循着已定方针进行，不敢有一刻的松懈。若非对日抗战及后来的内战，武大纵未能与历史悠久的世界各大学争一日之短长，在中国，至少可跃居首席。

在这十余年中，陈通伯把他全部的精力和时间都贡献给武汉大学，

胡适与武大教授合影
（陈西滢圈中，胡适前排右四，苏雪林右三，凌叔华右二，袁昌英右一）

所以写作甚少。除了新月书店替他发行的那部《西滢闲话》以外，我记得他还有几种翻译。有一本是小说体的一个母亲的自述，书名是什么，记性极坏的我早忘记了。还有一种，书名也记不得了，听说是本名著，国内已有译本，但错误甚多，通伯参考了好几种英法文本子方才弄成功，当然是最好的一种译本了。他到欧洲担任联合国文教组织的中国代表，也有二十多年，公务并不甚忙，或者又有些什么创作和翻译之类。希望他的家人拿出来，在台湾替他出版一本全集。

我和陈通伯先生在武大共事十余年，对他的认识即不能说甚深，也不能说太浅，我觉得他为了后天的教养或生来的天性，深蕴不露（他得有伦敦大学博士学位，我直到今日才知，因为从未听他自己说起，也未听见别人说起），但他实是一个外冷而内热的人，因口才蹇涩，说话困难，不善表达情感；又爱说俏皮话，惯于泼人冷水，许多人就误解他，一九三三年夏伯廬山芦林。一天我抱小螢立窗口，望見白雲一縷從對山飛出，转眼间满山满谷，遮蓋了一切。那時螢方三歲。她说：看不見对面的山了，只听见鳥的声音。而句話描写当時景象，非常貼切，而且是一首天地的無韻詩。雪林先生来欧洲三年，我们与小螢在正牵倫敦得重聚，旧遊。現在她要買舟东歸，出纪念册索書。寫她一个小朋友幼年的故事，以資談助。

陈源
一九三三·五·一五

1952年苏雪林离开法国到台湾，临行前陈源在苏雪林纪念册上题字

甚至怀怨他。通伯与鲁迅结仇，倒并不是为了俏皮话，和北大教授刘半农一度的芥蒂，却真的为了他口角的太不留情了。听说民国十年间，半农游历英国，由陈通伯介绍谒见英国一位名学者。

通伯介绍时笑着说："这是所谓教授的刘复先生（This is the so-caed professor Mr. Lui Fu. 原语是否如此，我已不忆），仰慕您的大名，特来拜见您。"他那"所谓"二字，异常刻薄，半农闻而大恨，返国后，曾站在鲁迅那方面，写了几篇文章攻击通伯，就是报复那一回通伯对他的"挖苦"。

通伯先生这个爱说俏皮话和泼人冷水的习惯，果然不大好，不但得罪敌人，也得罪朋友。原来他的心思很灵敏，感觉力又甚强，你和他说话稍涉浮夸、卖弄，或有自我标榜意，他便立刻觉察出来，就觉得好笑。觉得好笑也罢了，他却忍不住立刻要俏皮你几句，或兜头泼你一勺冷水。兰子（袁昌英）原是他留英同学，又有多年共事的情谊，也常被他弄得不痛快，对我诉苦不只一次，我也曾领教过他几次。记得有一次，武汉大学放春假，武昌农林厅长的郭有守，曾包小火轮一艘，邀请武大同仁共游赤壁、黄冈一带的名胜。郭知我为院人，舟中偶然问我与四川眉山苏氏有否关系？是否即东坡后裔？我回答不是，我系出小苏，即东坡之弟苏子由，明末张献忠之乱，祖上才播迁来安徽太平落籍的。这句话被陈通伯听了去，当我走出舱外，他便笑嘻嘻走到我面前说道："我今日才知你原来是个名符其实的苏小妹，一向失敬了！"原来我在中学时，学名叫做苏小梅，人家便戏呼我为苏小妹，通伯加"名符其实"四字，是讥笑我回答郭有守的话有点炫耀家世的意味。我当时觉得很是尴尬。不过我们太平苏家真是苏辙之后，有家谱可按，人家问我，据实回答，有何炫耀之处？通伯先生未免"谑而近虐"了！

陈通伯先生既喜说俏皮话得罪了好多朋友，有时尚不免流于冒失，替朋友得罪人。这里我又有一个亲自经验的故事，1933、1934 年间，我在武汉大学教新文学，讲到新诗部分，因听见诗刊派孙大雨有《自己写照》长诗一首，洋洋数百行，气魄异常雄伟。我从前曾在诗刊上读过，手边一时没有，便写了一信给陈通伯，说听说孙大雨自负为新诗坛大诗人（这话大概是从袁兰子处听来），盼望先生转请他将他作品借我几首拜读拜读。谁知那时孙大雨适游历外国，通伯竟不惮甚远将我的信寄给了他，惹得孙氏大生其气，复信道："我从来没有自负为新诗坛的大诗人，不知雪林女士从哪里听来？未免太好笑了。我那些不成东西的作品，随手丢弃，现在一篇也没有，不能答应她的要求。同时盼望你告诉那位名女作家莫在她的大作里齿及贱名，这份光荣我是承受不起的！"（大意）通伯又把大雨的信送给我看了，我当时不怪大雨而怨通伯，这不是恶作剧吗？但陈通伯有时的确喜欢玩这类促狭的事，也可说童心未泯吧！

陈氏到晚年，火气全消，说俏皮话、泼冷水、恶作剧种种习惯都改去了。事实上他是个忠厚诚实人，他在家庭骨肉间感情异常深厚，尤其作为一个最忠实的丈夫、一个最慈爱的父亲，可谓朋友少有。他对朋友不负责则已，既负责负到底，任何困难在所不顾。

选自台湾《纯文学》1970 年第 41 期

雪 公 与 我[①]

[编者按]

 王世杰（1891—1981），字
雪艇，湖北崇阳县人，著名的教
育家、法学家。早年就读湖北优
级师范理化专科学校，1911 年
肄业天津北洋大学，后赴西欧留
学。1917 年获伦敦大学政治经
济学学士，1920 年获巴黎大学
法学博士。1929 年出任武汉大
学第一任校长，后陆续担任国民
政府教育、宣传、外交部长，为
中央研究院第一届院士。

王世杰（1891—1981）

 本月廿一日晚，我正在家看
电视，忽闻门铃，启视则为《中
华日报》驻台南的记者林钊诚君，问其来意，他说适在台视电台听见王
世杰雪艇先生逝世消息，因我乃武大旧人，想来探询一些关于雪公的资

---

① 编者注：除纪年改为公元纪年外，个别词语作了调适，但不影响文意。

料。我闻言大惊，问这个消息是否确实？他说错不了，等会儿台视还有新闻报告，你看就是。我心里一阵悽楚，雪艇先生果然走了。上月廿日我为领取文艺奖事北上，到王府探视，曾见雪公一面，谁知这竟是最后的一面！

当下只好将所知于雪公的一些零碎故事，告诉林君。并对他说：我虽在雪公武汉大学校长任内教了两年书，他是校长，我仅是一个普通教员，除了公共场所，见面机会极少，所知于他的实在不多；况事隔多年，记忆模糊，说的话错误定然不免。雪公是政治界与学术界重要人物，明日报纸报导他的噩音，也必历述他的生平，请你据以补充改正吧。林君说他想探询的范围本来不大，只想知我和雪公一些私人事故或一点特别关系，这样他写起文章来，当更亲切有味。

在学校里，一个普通教师和校长有什么私人事故和特别关系呢？林君这话可把我难住了。一定要说有，那就是我之入武大教书，是雪公下聘书聘的。我任教武大中文系十八年，1949年间，为逃避战火，初至香港，继又重赴法邦。1952年因旅资已竭，想回台湾，又是雪公替我多方接洽，在师范学院谋到一席之地，我就回台了。我半生多蒙雪公爱护、照拂，可说我之得有今日，大半出于雪公维护之功，这一段"知遇之感"确乎不比寻常？我是没齿难忘的。说了这几节话，林君表示满意，就笔录了去。我并未订阅《中华日报》，不知他的文章发表了没有？

我和林君谈的不过是些粗枝大叶的叙述，现在就把这几个节目仔细推阐一下，算我纪念雪公的一篇小小文章。

1925年我自法邦返国，由业师陈斠玄先生的推荐，到苏州东吴大学教几小时的国文，后来又到上海沪江大学，教一年，又回东吴，前后八年。学校并不给我以任何名位，不过一名教师而已。不但"教授"、"讲师"没我的份，连一个正式"助教"的名义都不给，因教会学校多为外人所办，他们最讲究"学历"，我也糊里糊涂教下去，从未向学校谈判和要求。我自知毫无"学历"，怎可以向学校开口呢？

说起我的"学历"，我不怕人笑，也不怕人轻视，1914年到1917年肄业安庆女子师范学校，倒算拿到一张毕业文凭（这张文凭现已不知去向）。1919年，升学北京高等女师中文系，本三年卒业，我肄业仅二年，吴稚晖、李石曾在法国里昂办中法学院，在京沪招生，我和几个同学抱着姑且一试的心情，一考居然考上了。留学之梦本为每个青年所向往，于是放弃一年便可到手的毕业文凭，远赴海外。在那个海外中法学院学习一年的法国语文，粗可对付，便进了里昂国立艺术学院。这个学院非常自由，任何人不必考试，报了名便可入学，并无卒业期限，也没有什么毕业文凭和学位。我入学两年，又以母病辍学返国，竟没有半张学习证件可以带回。以后结了婚，便什么都谈不上了。现在北京女高师同学在台贵为"监委"、"立委"、"国代"者大有人在，对我态度大都冷漠，似不愿视为同学，大概是为了我没有女高师毕业文凭的缘故，这能怪谁呢？还不是为了自己生性太颟顸，总以为文凭学位之类，无足轻重，当时返国后，若向女高师申请复学，只须补读一年，文凭不就到手了吗？

1930年，安徽大学成立，校长杨亮功先生聘了陆侃如、冯沅君、朱湘、饶孟侃、刘英士一班新文艺知名之士，又聘了我，给的名义，竟为"教授"。我接到聘书后，心下踌躇，写信给安大教务长兼文学院院长程憬（仰之），告诉他我是没有学历的人，恐不克当教授之位，假如将来发生问题，不如现在慎重。仰之是陆侃如先生清华研究院同学，在上海我们曾见过几面，也算是个熟人，他回信说：在大专各院各系教书，学历诚然重要，中文系则例外。中文系的老师若在前清得过举人进士一类功名，当然可抵硕士博士，没有功名而有著作也是一样。你出版的《李义山恋爱事迹考》（后改题为《玉溪诗谜》）、《蠹鱼生活》等，我是读过的，这就可抵硕士博士学位而有余了。你不必太自谦，来安大包你没事。我于是就到了安大。

　　安大任教一年，武汉大学又来了聘书，这是由于好友袁昌英教授的推荐而为校长王雪艇先生所接受的，给我的名义是"特约讲师"。原来武大建校初期为慎予名位起见，教授一律称"副教授"，我这个"特约讲师"，就等于其他大专的副教授，只须积资数年，便可升任武大的副教授，也就等于他校正教授了。不过武大这个规则几年后便改了，所有副教授又都称为教授，等到我积资已满，也就成为正式的教授了。

　　武汉大学的中文系本是古典文学的大本营，那些老先生嫉新文学如寇仇，忽见一个从事引车卖浆者言如我者混了进来，当然像吴鲁芹先生所说以"局外人"相待。我教的《中国文学史》讲义系我自编，是从商代教起，所取教材是甲骨文字和《汤誓》、《盘庚》的几篇。《诗经》里的《商颂》，我便指为春秋时代宋襄公令正考父所作，并不出于商代。夏代前的《大禹谟》、《皋陶谟》及夏书的《禹贡》、《五子之歌》等等，我一概指为伪作，别说什么《尧典》、《舜典》，更别说尧舜以前什么葛天氏、伊耆氏、伏羲、神农时的作品了。这在那些老先生看来，我是深中"古史辨"一派学说之毒，这还能容吗？加之我兼教一年级基本国文时，有一个怀恨我给他分数太低的学生，既在外面小报上投书诬诋，又向系主任那里告状，除文学史编纂法外，又说我讲书时念别了某字之音，改作文时，写错了某字之体，学问实在浅陋，不足任国文教师之责。

　　武大学北大遗风，主张教授治校，每学年终了，便开一个教授会议，校长、院长、系主任列席。商酌学校各种兴革事宜，教师之进退，也由这个会议决定。我们的文学院院长陈源通伯先生思想倒很开明，一向赞同新文化运动，对"古史辨"一派的古史研究也极其钦佩，因而对于我的《中国文学史》的编写法，不但不反对而且认为应该。只是那个学生对我所诬告的念别音、写别字一端，却非常重视。他一向主张教初学，第一步就要正确，所谓"开口奶要吃得好"，否则贻患无穷。所以他也就站在那些老先生一边，要投我的反对票了。

雪公却极力为我辩护。他说苏××的著作我还没有阅读过，但她发表于武大《文哲季刊》上那篇《清代两大词人的恋史研究》，洋洋数万言，文笔优美，见解超卓，确是不同凡响。这个人在文学界和学术界是有着远大前途的，其成就绝不在今日在座诸公之下。至于说念错了音，写别了字，据那个学生所检举，也不过一二个。大凡自学成功的学者，皆所难免，慢慢的，她自会改正。何况发音有各地方言不同之问题；中国字别体又多，安知是她写别了，还是那个学生误认呢？就说是吧，我们也不能以一个小小蠹孔而舍弃合抱的巨材啊！

经校长先生这么一说，众人也就不敢更有异议，我的续聘问题遂得顺利通过。假如那一次我受排挤离开武大，只好仍旧回到东吴、沪江那一类教会学校，终身做个连"助教"名义都混不上的国文教师。

前面已说过，我一向视文凭学位为无足轻重，每见人名片上印着一大串学历头衔，便觉厌恶；看见学校里同事间，为着升等，不惜打破头，砸破脑出死力去争，也暗笑不已，觉得人若有真才实学，何在乎外表的名号，况这种烂羊头，灶下养一般的头衔，又有什么光彩（这里说的并非因自己缺乏足以炫耀人的"学历"，吃不到葡萄，便说葡萄酸，实出于我真实心理，而这种心理之形成，又与我天生颠顸气质有关）。现在以雪公一言，我得以保住武大的位置，以后滥竽大学讲席，便顺理成章，更无塞碍。我对雪公爱才之心与成全之德，又安得不深深感念？

雪公于1929年受命作国立武汉大学校长，1933年转任教育部长，我是1931年到武大的，在他骈幪之下，只有两年。1949年，战火逼近长江，我避到上海，京沪又告急，我又避到香港，任真理学会的编辑。一年后，以留法旧同学方君璧、潘玉良等人之劝，又赴法邦，这一回是在巴黎而非里昂，本意是想研究世界神话，用来解决我正在探索中的屈赋问题。一年后，旅费将竭，听说雪公任台湾省政府的秘书长，写信去求援，我的意思并非要雪公自己拿钱给我，只想他与教育部门相商，给流亡教职一点子救助。雪公言于蒋公，说苏××是个屡受左翼批判而毫不畏怯的作家，文笔的确不坏，于今流落异邦，穷饿可虑，似宜加以援手。蒋公听说遂以特别津贴名义，拨汇我六百美元，我得到这笔款子，得以再留巴黎一年，并用这笔钱之一部份，买了一批西亚、埃及、印度的神话图书（我以后屈赋研究之告成，便得力于这批书），钱又用光了。又闻家姐在台患病颇重，遂想作返台之计，但返台旅费却无着落。雪公言于张道藩、罗家伦诸先生，以中国文艺协会的名义，汇给我一张船票的钱，到了香港，又一文不名，雪公又写信给《香港时报》社长许孝炎先生，请他以预支稿费的办法，替我买张自港至台的船票。1952 年八月间，我就踏上祖国的国土。

我未返台以前，雪公与台湾省立师范学院（后改"国立"师范大学）院长刘真（白如）接洽，为我在该校中文系谋得一个教席。那时暑假开始未久，我想赴左营探视家姐，而贝丝台风闯下大祸，处处残破，家姐及另一从弟家中遭劫甚大，我极想救助而苦囊空，刘院长就预支我两个半月的薪水，新台币约一千余元，我以此款之大半，帮助了两家。那时家姐病已愈，我在左营遂度了一个愉快的暑假。

记得 1951 年间，大专教授月薪仅四百元。那时物价低廉，新台币信用又好，一个人度日，原绰绰有余，无奈我肩膀上永远有摆不脱的负担，也就常常弄得捉襟露肘，只好以千字三五十元的稿费，到处投稿，终日营营笔砚间，屈赋的研究只有束之高阁。

1958 年，胡适之先生自美返台，受任"中央研究院"的院长，鉴于那时台湾大专教授，为了补助家用，终日汲汲于兼课及各种杂务之间，不能专心教学，遑论研究？发起了一个"国家长期发展科学委员会"（简称"长科会"），加以辅助。这个会虽以科学为主，也设有"人文组"，接受文哲诸科论文的申请。我也想获得这种补助费，呈去关于屈赋研究的计划书，并写了封信给胡公，话不该说得太大，我说我的研究若告成，不仅屈原作品可获得正确的解释，中国古史和神话史都将为之重写，就是世界神话也将为之改观。胡先生与我私谊虽不薄，他治学精神却极其严肃与谨慎，读我的信，摇头不已，说苏某人研究屈赋恐怕是走火入魔了吧？又说苏女士只是个文人，只能写写风花雪月的文章，学术研究非其所长，意欲退回我的申请书，不予通过。雪公那时也是长科会发起人之一，和胡公力争。说学术研究太丘道广，不怕如何瞎说，只要它还出一个道理来，也可听其存在。何况苏女士对屈赋原别有会心，她从前在我们所办的《现代评论》上所发表的《屈原与河神祭典关系》（后改题为《九歌中人神恋爱问题》），确有见地，我颇钦佩，现在何妨让她试试看，假如她缴来的论文不合标准，再取消她的资格不迟。经雪公这样再三为我说项，胡公不便坚持，就答应了。第一年，我缴去八万字的《河伯》篇研究，胡公看了，觉得还有些价值，就让我继续申请下去。自 1959 年起，到 1973 年我在成功大学退休止，中间为赴新加坡南洋大学讲学，中断两年，我每年都得到一笔辅助费，《屈赋新探》一百八十万字就此撰写成功。否则在我有生之年，还是终日在文坛上干着劈柴担水的打杂工作，屈赋这个宝藏，是休想完全发掘的。这样看来，我在学术上之稍有成就，又是雪公所玉成的。

于今雪公去了，他是一个大人物，一生成就方面极广，有如泰岱华岳，高峻幽深，难于探究，像我这样一个渺小人物，何能赞一辞？于今只好以《雪公与我》为题，将这一段"知遇之感"写出来，聊为纪念而已。

苏雪林 1981 年 4 月 25 日于古都

选自《珞珈》第 68 期，1981 年 7 月出版

安那其主义作家巴金[①]

巴金先生

[编者按]

  巴金（1904—2005），原名
李尧棠，字芾甘，笔名有佩竿、
春风、余一、王文慧、欧阳镜蓉
等，四川成都人，是五四以来
最有影响的作家、翻译家之一。
主要作品有长篇小说爱情三部曲
《雾》、《雨》、《电》，激流三部曲
《家》、《春》、《秋》；中篇小说《寒
夜》、《憩园》，短篇小说《将军》
及散文集《随想录》等。1994
年人民文学出版社出版《巴金全
集》26 卷。

  法国小说家莫泊桑为了讲究写实主义，用完全冷静的客观来写，绝
对屏除主观，进一步连自己身份也严密地遮掩起来。他的写作均用笔

---

① 编者注：安那其主义，即无政府主义，是由英文 Anarchism 翻译过来的。在中国 20 世纪
  二三十年代苏雪林生活的时代，是称无政府主义的流行说法。原文过长，编者作了删削。

名，有一次被某编辑暴露他的真名姓，他愤怒得竟和该编辑法庭相见。现代中国作家巴金也是个神秘性人物，他用"巴金"笔名写文章始于1927年，但他的真姓名"李芾甘"则几乎直到抗战前才让人知道。作家相聚要摄影留念时，他总是走开了，他也从来不在报纸刊物披露照片，有时弄个侧面剪影代替，那剪影又全作黑色，更增加他的神秘气氛。

巴金生于四川成都一个旧家庭。五四后，四川有两个活跃学派，其一是曾琦、李璜所领导的国家主义派；其一是吴稚晖、李石曾所提倡的无政府主义派。吴、李并非川人，但他们的学说却在四川发生很大的影响。国家主义以拥护祖国的利益为宗旨，这个祖国，便是中国，据一般的看法是很偏狭的。无政府主义否认政府，以发展个人自由为原则，则又广泛到失去任何范围。这两个学派之对立可谓极其尖锐，但皆为四川青年所接受，大概川人头脑是欢喜趋极端的缘故吧？

据巴金的自白，他少时思想受旧俄克鲁泡克金（Kropotkin）和巴苦宁（Bakunin）二人影响最深。他后来写文章所用"巴金"这一笔名，便是采取巴苦宁译名的第一字和克鲁泡克金译名后一字合成。他十五岁时，读克氏《告少年》一书感动之大竟至无法形容。他把那本小书放在枕畔，每夜都以一颗颤抖的心去读，读完了流泪，流过泪又笑，他的泪水和笑以及爱和恨，被一种正义感调和起来，于是他脑中开始诞生了一个理想，这就是对人类要爱，为人类牺牲以求爱的实现。于是他也像旧俄文人一样鼓吹着"人道主义"。

那时四川的无政府主义的同志组织了一个"适社"，巴金也加入了。他替社中所出的一个半月刊写了不少的文章。后来他到上海进中学，翻译克氏《面包与自由》，并替一家书店编辑了一本《革命论丛》，鼓吹无政府思想。1927年赴法国留学，初习生物学，后觉本性不近，改了文学。他一面读书，一面写作。他的激动多数青年心理的《灭亡》，有一部份便是在留学时期写的。同时又翻译克氏著作。二年后回国，卜居上海，继续写作生涯。后赴华北旅行，且游日本。归来与郑振铎共编《文学季刊》，这是一个特大型的杂志，数万字中篇小说可一次刊出。后与靳以合编《文季月刊》，并主持"文化生活出版社"。抗战八年，巴金居桂林，胜利后，仍返上海，从事出版事业及写作。

巴金是近代中国有名的多产作家，倘把他一生的创作及翻译的书名原一一开列出来，可达六七十种，占篇幅未免太多，我不是他的义务书商，没有在这里替他唱书单的必要，不如省略了，谈谈他的作品思想是正经。

巴金作品主要思想第一是人道主义，前而已提及了。他是一个人类至上主义者，他常宣言说："我的上帝只有一个，就是人类。为了它，我预备贡献出我的一切。"有人说在这一点上，巴金很像法国的罗曼·罗兰。巴金又说道："我底生活是很可悲的。我和一般人一样是需要着休息，需要着活动的……然而我并不曾有过一个时候失掉了我底信仰……虽然我的小说里有时候因此含了深的忧郁性，但这忧郁性也并不曾掩蔽了那一线光明。我底对于人类的爱鼓舞着我，使我有力量和一切挣扎……我个人的痛苦那是不要紧的。当整个人类底黎明的未来，在我面前闪耀的时候，我底个人的痛苦算得什么？"

这种思想当然是值得歌颂的，但他并不像基督徒一样只讲绝对的"爱"而完全屏除"恨"，他竟想借恨的手段来达到爱的目的，由是他又鼓吹着憎恨的哲学了。近代没有第二个作家像巴金那么热情的，热情过度腾沸，失去了理性的控制，不免变成痉挛派（Spasmodis）。在《海行杂记》里，巴金宣言道："我现在的信条是爱那需要爱的，恨那摧残爱的。"《灭亡》里主角杜大心为了热爱人类，转而憎恨人类。杜大心对他女友李静淑说道："至少在这人掠人、人压迫人、人吃人、人骑人、人打人、人杀人的时候，我是不能爱谁的，我也不能叫人们彼此相爱的。凡是曾把自己底幸福建筑在别人底苦痛上面的人都应该灭亡。我发誓，我拿全个心灵来发誓，那般人是应该灭亡的。至少应该在他们灭亡之后，人们才能相爱，才配谈起爱来。在现在是不能够的……不，我是要叫那些被吃，快被吃的人不要像羔羊一般送到敌人底口里，就是死，也要像狼一般奋斗而死，总得把敌人咬几口的。"

杜大心又说："我不能爱，我只有憎。我憎恨一切的人，我憎恨我自己。"憎恨人类连自己都憎恨，这种心理能说不是病态？这种文章能说不是热情到痉挛的状况？所以杜大心为同志张为群的被杀，而单独一人去行刺戒严司令。那种举动完全是毫无结果的牺牲，暴露了极强烈的个人主义和罗曼蒂克的情调。

中国无政府主义祖师吴稚晖先生，曾宣言无政府是一个美丽的远景，要想它实现，至少要经过三十六场像第一次世界大战那么激烈的大战，七十二场仅次于那种大战的小战。我们便说这类大小战争平均三十年发生一次吧，至少也需要二三千年的光阴，吴先生的理想才能成为事实。所以吴先生虽自命为无政府主义的信徒，却仍然心安理得地做他三民主义的同志。年轻而热情的巴金却没有这种耐性，他恨不得明天早晨一爬起床，便见那颗光明炽热的太阳从东方升起。太阳不升，怎办？用人力去促成它，于是问题便落在暴力革命上了。

如前文所述，巴金是一个无政府主义者。这个主义原名安那其主义（Anarehism），它否认世间任何政治的权威，否认任何传统的原理和原则，主张依照各人的理性及情感，建设一个自由平等的新社会。这种思想天然易与所谓"虚无主义"接近。所谓虚无主义（Nihlism）在我们饱受一切皆空的佛教思想渍染的中国人看来，常易产生误会，以为它是消极的，其实恰恰相反，它竟非常积极，是一种极激烈的革命主义，主张打倒一切因袭的权威，彻底改变社会制度，使每个人均获得绝对的自由。旧俄时代，这一派人破坏政府组织，暗杀政府要人，甚至连俄皇亚历山大第二都给他们刺死了。因其否定一切，故有虚无之名。他们都是主张用暴力来革命的，巴金也在作品中，随时流露这种论论调，但仍以在《灭亡》里为多。"杜大心现在确实相信所有一些人都要灭亡。他底死，至少也带来全人类底死。一个破坏的激情在他底身体内发生了，他很想把一切人，一切建筑毁坏净尽！"《死去的太阳》的主角王学礼想到社会的不平，"夜里他往往不能安睡，因为一种无穷的憎恨，一种野蛮的复仇的欲望，不断地在他的心里燃烧着，使他不能够镇定自己的心。这时候他已经失掉了对于正义的信仰，他不再相信诉诸正义的手段，他不再追求正义了。他终日终夜所想的只是复仇，用一种狂暴的力量去毁坏敌人，不依赖别的人，专门用他们这般人底自己的力量来完成一件大的事业给别的人看。至于他自己或他们这一大群人会因此受何等的痛苦，他就不管了！"

哼！好一个"他自己或他们这一大群人会因此受着何等的痛苦，他就不管了！"更好一个"他的死，至少带来全人类的死！"尼采超人的诞生是个永久的幻象，但德皇威廉第二所点燃的第一次世界大战，希特勒所发动的第二次世界大战，涂炭数千万生灵，瓦解五六个强国，财产损失难以计算，这不是为这一幻象所欺骗吗？

一个疯狂哲学家如尼采者，对世界所引起的影响是这样的恶劣而巨大。

所以作为一个思想家，说话不可不深思熟虑而后发，要知道一言可以兴邦，一言也可以丧邦。我对于陈独秀的革命精神颇为佩服，但因辛亥革命后政治未上轨道，便断言是为了"未曾充份以鲜血涤清旧污"则认为极大的误解，非常替他惋惜。陈独秀对法兰西文物历史颇有研究，他大概认为法兰西革命的成功，是因为断头台汩汩长流贵族教士们的鲜血，洗净专制遗毒的缘故吧？不知法国革命所产生的"恐怖时代"是人类精神的一时失常，是人类的悲剧。推倒旧制度，方式尽多，流血固所难免，何必一定要流那么大量的血？

巴金为了自己感情过于热烈，天性太易激动，他那支笔又来得有力量，富于极大的鼓动性，自从他发表处女作《灭亡》以后，作品源源产生，他所创造的英雄，几乎都是同一典型的，即所谓人道主义和恐怖主义相结合的安那其志士；憎恨、复仇、破坏、暴力革命，这些恐怖的字眼，也不断从巴金笔尖涌出。巴金多年以来文字宣传与偏激个性所酿成的后果，是不可小觑的。

巴金有两部矿工小说，《砂丁》是写锡矿工人的苦境，《雪》是写煤矿工人的惨史。锡矿工人脚间戴着铁链，在野蛮横暴的矿警监视下，下坑挖锡，既得不到工资，吃穿又坏，一点休息时间都没有，他们从暗无天日的地洞里，一块一块地把锡从地下挖出来，无异于替自己掘坟墓。一天大水淹没了矿，工人们便都活活给淹死了。《雪》的煤矿伕在矿里日夜干着牛马不如的苦工，而矿主的骄奢淫逸与他们的生活成了极强烈极鲜明的对照。巴金用极端悲愤的心情，来叙述这种情况，任何麻木不仁的人读了都要为之激动，觉得资本主义果然万恶，非赶紧推倒不可，富于同情心正义感的青年当然更要热血腾沸，想立刻采取行动了。

......

选自《自由青年》第 22 卷第 6 期，1959 年 10 月 1 日出版

冰心与我的交往

冰心

[编者按]

冰心（1900—1999），原名谢婉莹，笔名冰心，福建长乐人。现代著名诗人、儿童文学作家和翻译家，为五四新文学运动初期著名五位女作家之一（其余四人是丁玲、苏绿漪、冯沅君、凌叔华）。早期作品有小说《超人》，诗集《繁星》、《春水》，散文《寄小读者》等。有《冰心文集》8卷存世。

看了这个题目，好像我与冰心过去有何深交，或者我因冰心是个名诗人与名作家而想攀援以自重，其实都不是。我与冰心交谊其实很浅，我虽无学，攀援名人自重的念头，从来没有。不过我之喜爱冰心和景慕冰心，由来已久。今借两岸交流的机会，与她稍通音讯，居然获得她的回馈，心里未免高兴，是以有此文之作。

1919 年秋，我升学北京高等女子师范，每天都在当日《晨报》上读到冰心女士《繁星》和《春水》的小诗。知道她是模仿印度大诗人太戈尔《飞鸟集》题裁的，以寥寥十余字表达深邃的哲理，措辞又复新清流丽，妙造自然，有如姑射仙人，不食人间烟火，在太氏以外，另创一种风格。无怪冰心小诗才一出来，新诗坛即为之倾倒，模仿者颇多，但除宗白华《流云》外，其它的均归失败。

我当时也是想学邯郸之步的一人，但总是学不像，只好叹口气，念着杜甫的诗句道："自是君身有仙骨，世人那得知其故"，放弃了。我的国文程度是凭自修得来，在宜城初级师范，肄业三年有余，教国文的老师国学也可说湛深，无奈头巾气都太重，我们受其熏陶，也都变成冬烘头脑，现在叫我们舍弃了练习多年的之乎也者来学的吗呢呀，一时哪能习惯。写篇论文，还能畅所欲言，想撰篇文艺创作，则旧文学的辞藻、古典、体制、观念等等，皆来粘滞你的笔下，叫你拖泥带水，举步不前。若说写新诗则更难了。这正如胡适先生自评其初期的《尝试集》，仍不脱旧诗词的窠臼，不如康白情等年轻诗人之一空依傍，独标性灵之可羡。我那时为博取些微的稿费作生活的辅助，用了许多笔名在报纸副刊上所发布的文章，一篇都不保留，厥为此故。

我既景仰冰心，很想去拜访她，请教请教做新诗的方法，只因自己秉性十分羞怯，竟未敢实行。

到了 1928、1929 年，我住在上海，冰心有一次因事来沪，住在上海最豪华的亚东大饭店里，我因这时候性情比较成熟了些，也老练些了，竟不由人介绍，冒昧地独自赴拜谒，才认识我们女诗人的庐山真面目。当时同她说些什么话，近已不忆。她回北平后，我又写了几封长信给她，信中谈的是何问题，于今也忘得罄尽。我那时迷醉于民族主义，劝冰心易母爱为民族大爱，多作长篇史诗，宣扬历史上民族英雄可歌可泣的故事；用以激扬国人的爱国精神。那个时代说这种话，当然不合时宜。冰心一封都没有复。大约她原是一个冷静诗人，见了我这个热情如火的冒失鬼，有些骇怕，不愿与我有所亲近的关系。我只自愧卤莽，并没有怪她。

直到抗战末期，蒋夫人把冰心自云南聘了来，想她帮助对妇女界有所鼓励，办了个中国妇女月刊（编者注：应为《妇女新运》月刊。此时冰心受蒋宋美龄之请来到重庆，还担任"新生活运动"妇女指导委员会文化事业部部长）请她做总编辑，李曼瑰为副，我倒替这个刊物写了几篇文章。冰心为催稿，曾亲笔了封短简致我。我原想好好保存，作为纪念，惜因屡次迁移，竟归散佚。

自1949年后，我和她如处两个世界，竟有四十年不通消息。近来两岸关系解冻，上次报上载冰心有来台访问的音讯，我日盼其实现，后又闻冰心因年衰不宜远行而作罢论，深感失望。

上月秦贤次先生来说：他将随团访问大陆，拜访老作家冰心、萧乾、巴金等，想我以著作数种送给冰心，他可带往。我随手取了旧著《二三十年代作家与作品》，并最近出版的《遁斋随笔》，签名请秦贤次先生带去。我请秦君告诉冰心：我在前一书中介绍她的文字共有三章，即她的诗、散文、小说各为一章。别的作家仅二章或一章，可见我对她是如何的重视。秦君不久就回来了，说见到冰心，并与她同拍影照，又带回冰心赠我书两册，一册是《冰心文集》，厚而且大，约有六百数十页，一册名《冰心读本》，好像是给小朋友看的，则薄而且小。两书冰心都亲笔题了上下款，并盖了章。上款是"雪林吾姊正"，下款是"冰心"二字。笔致秀挺，十分可爱。我得之非常珍贵，每有客到，必搬出炫耀一番。

两书前面都附有冰心青年老年照片。前者正如四十多年前我在亚东大饭店中所见，后者则她脸上难免镌刻了许多岁月的痕迹，但她的形象端严肃穆，望之俨然，是一种寿者相。我想我们的女诗人必可享有期颐以上之寿。

两书都用简体字横排，我读简体字的书不多，读起来很觉困难。许多字是循上下文猜详出来，许多字虽循上下文还是认不得，读时所费时间要比繁体字增长三倍，故此那本厚而大的《冰心文集》，只好丢开一边，先读那本薄而小的，读未及半，因别的事打岔，又丢开了。

大陆提倡简体字已经半个世纪，用意在节省写者的劳力和光阴，不为不美。我觉得我国文字与西洋的不同，西洋文字偏于耳治，我们文字则偏于目治。我们的文字结构非常美丽，故可与绘画同为艺术。我们读一个形容美丽东西的字，心中即可构成一个美丽的观念。像冰心的文章本来甚为美丽，用简体字一排印，美丽的观念便消归乌有，岂不可惜？简体字也可保存，它是不学而能的，不必多费精神去教。从前的药铺、餐馆以及各行各业都有其简体字与繁体字并行不悖，并没有听见要教才能学会。……

选自台湾《新生报》副刊，1990 年 10 月 5 日第 22 版

热烈真挚的丁玲女士

[编者按]

丁玲（1904—1986），原名蒋伟，字冰之，曾用名蒋炜、蒋玮、丁冰之，笔名彬芷、从喧、晓菡等，湖南临沣人，当代著名女作家。1927年丁玲的成名作《莎菲女士的日记》发表后，使她列名于新文学第一个十年五位女作家之一（冰心、丁玲、苏绿漪、冯沅君、凌叔华）。1948年在解放区创作的长篇小说《太阳照在桑干河上》，影响甚广，1952年获斯大林文学奖金。

丁玲

五四时代小说家有开宗立派的资格者有某某数人，女作家则推冰心和丁玲，冰心空灵清隽，秀丽幽窈的文笔虽似不吃人间烟火，聪明的女学生细心揣摩也还能得其皮毛，丁玲细腻深刻，充满活力的作风，则颇难效法。有人说丁玲笔路与沈从文仿佛，似系感染沈氏作风而然，应当将她归入沈派。不过他们两人写作生活差不多同时开始，究竟沈氏感染丁玲呢？还是丁玲感染沈氏呢？不易断定；况丁玲作品较沈氏来得细致遒炼，苍秀沉雄，内容也比较来得充实，可说丁胜于沈。

丁玲是湖南人。一九一七年在《小说月报》发表《梦珂》等短篇小说，引起读者惊异。一九二八年与胡也频、沈从文等到上海，组织红黑社，出版《红黑半月刊》，同时也发行许多红黑丛书。一九三〇年加入中国左翼作家联盟，一九三一年，胡也频与冯铿、柔石、白莽、李伟森等四人以谋叛有据，被政府拘捕枪决，她愤痛之余，思想愈趋激烈。后为《北斗》杂志主编，第一年发表《母亲》，据说不过是她计划中要写的生活史三部曲之一，仅出一部，而丁玲本身即以失踪闻，实被政府软禁南京。虽极优待，而闻此消息后，左派文坛甚至整个文坛却鼎沸起来，攻击政府更不遗余力。不久，丁玲又恢复自由。左派对政府的举措仍不谅解，激烈抨击仍然如故。且以胡也频等人之死，由鲁迅领衔，宣传中外，使政府威信大受打击。湖南民族原富于强烈的反抗性和革命精神，对于一种新理想，有首先接受的决心，对于一种新生活，有首先试验的勇气，便是失败也不懊悔。况且在这国家民族日暮途穷，而世界革命潮流又猛烈激荡冲击，比较有思想有血性的青年，走到左倾的路上去，原亦难怪。

丁玲作品有《在黑暗中》、《自杀日记》、《一个女人》、《韦护》、《一个人的诞生》、《水》、《夜会》、《母亲》等篇。她的《在黑暗中》以善写小资产阶级病态女性出名。有人批评她那时作品都是站在虚无主义立场上的，感伤浪漫的气味很重，带着"世纪末"的病态。她的《自杀日记》、《韦护》等篇也都是中等阶级的写真。到了一九三三的《水》出版，才专以农工为题材，而从事于那个时代所谓大众文艺了。

我们现在先来论她前期的作风。《在黑暗中》包括《梦珂》、《暑假中》、《莎菲女士的日记》、《阿毛姑娘》等四个短篇。其中《莎菲女士的日记》似系作者自叙传，所以更写得真挚周详，醰醰有味。文中主角曾说过这样的话："好在在这宇宙间，我的生命只是我自己的玩品，我已浪费得尽够了，那末，这因为一番经历，而使我更陷到极深的悲境里去，似乎也不成一个重大的事件。"又说："但是我不愿留在北京，西山更不愿去了。我决计搭车南下，在无人认识的地方浪费我生命的剩余；因此我的心从伤痛中又兴奋起来，我狂笑的怜惜我自己。"又说："悄悄地活下来，悄悄地死去，啊，我可怜的莎菲。"读了这几句话，我们可以了解莎菲是个怎样的性格了。这类女性既把自己当做生命的主人，就很容易将生命当做她自己的消遣品，当她一看透宇宙人生的无意义时，她就自暴自弃起来；或者颓废堕落，耽于享乐主义，或者玩弄男性，追逐一时浓郁强烈的刺激，置社会非笑指摘于不闻，视世俗习惯道德如涕唾。听说俄国小说中妇女意念单纯，判断力明确，勇敢坚决，一往无前，为善固足以超凡入圣，为恶也可以变成地狱的恶魔。所以生活有标准、有安顿，与优游寡断，好空想而不喜实行的俄国男子，大不相同。茅盾三部曲里的章秋柳、孙舞阳、梅女士、娴娴等，似乎也是这一类典型。

作者写莎菲对恋爱的态度，也可以表现她自己的个性。莎菲爱同学凌吉士，竟自动地搬到凌的寓所隔壁，以便向他追求。她形容莎菲眼中的凌吉士道：

> 他，这个人我将怎样去形容他的美呢？固然，他的颀长的身躯，白嫩的面庞，薄薄的小嘴唇，柔软的头发，都足以闪耀人的眼睛，但他还有另外一种说不出，捉不到的丰仪，来煽动你的心。如同，当我请问他的名字时，他是会用那种我想不到的不急遽的态度，递过那只擎有名片的手来。我抬起头去，呀，我看见那两

个鲜红的、嫩腻的深深凹进的嘴角了。我能告诉人吗？我是用一种小儿要糖果的心情，去望着那惹人的两个小东西？

又，描写她爱恋凌吉士的心理道：

一当他单独在我面前，我觑着那脸庞，聆着那音乐般声音，我的心便在忍受着那感情的鞭打，为什么不扑过去吻住他的嘴唇，他的眉梢，他的……无论什么地方？有时话都到了口边了，"我的王，准许我亲一下吧！"但又受理智，不，我就从没有过理智，是受另一种自尊情感所裁制而又咽住了。唉！无论他的思想是怎样坏，而他使我如此癫狂的动情，是曾有过而无疑，那我为什么不承认我是爱上他咧？并且我敢断定，假如他能把我紧紧的拥抱着，让我吻遍他全身，然后他把我丢下海去，丢下火去，我都会快乐的，闭着眼，等待那可以永久保藏我那爱情的死来到。唉！我竟爱他了，我要他给我一个好好的死就够了……

记得萧伯纳《人与超人》（*Man And Superman*）曾说：男女的结构，是受了"生命力"的压迫，但在一个自由选择的社会里，男女间有关系发生时，女的往往是追的那个，男的反是躲的那个。这话也许是真的吧。不过我们中国女子受了几千年不合理的礼教束缚，早把这种本能消灭到乌有之乡了。即说这本能尚有些残余存在，谁又敢明明白白表现到外面来？张资平小说里女主角虽爱向男性追求，可惜写得太不自然，不足为萧伯纳的话解释。丁玲以女作家身份描写女人心理自比较的鞭辟入里，比较的曲折细微，而其大胆无畏的精神，热烈真挚的文笔，在现代女作家中尚为少见。

《梦珂》写一个退职太守的女儿，因反对教员被学校开除，寄居亲戚家中，又被一群轻薄少年所包围，发奋而投身影界当演员的故事。作者这样介绍梦珂道:"这幼女在自然的命运下,伴着那常常喝醉、常常骂人的父亲一天一天的长大了起来,长得像一枝兰花,颤蓬蓬的,瘦伶伶的,面孔雪白。自然第一步学会的便是把那细长细长的眉尖一蹙一蹙,或是把那生有浓密睫毛毛的眼睑一阖下,就长声的叹息起来。不过也许是由于那放浪子的血液还遗留在这女子的血管里的原故,所以同时她又很会像她父亲当年一样的狂放的笑,和怎样的去闪动那美丽的眼。只可惜现在已缺少了那可以从挥霍中得到快乐的东西了。"她改名林瑯,投入电影之初,见那里面种种下流习惯而觉到不快,不过她还是隐忍着。"以后依样是隐忍的,继续到这种纯肉感的社会里面去,自然那奇怪的情景见惯了,慢慢地可以不怕,可以从容,但究竟是使她的隐忍,更加强烈,更加伟大,至于能使她忍受了非常的无礼的侮辱了。"后来,她居然成了银幕的皇后了。"现在大约在某一类的报纸和杂志上,应当有不少自命为上海的文豪、戏剧家、导演员、批评家,以及为这些人呐喊的可怜的喽啰们,大家用'天香国色'和'闭月羞花'的词藻,去捧这个始终是隐忍的林瑯——被命为空前绝后的,初现银幕的女明星,以希望能够从她身上得到各人所以捧的欲望的满足,或只想在这种欲望中得到一点浅薄的快意吧。"一个宦家小姐,生活也不是毫无依傍,居然含羞忍辱从事这种为传统中国人所不屑的职业,在平常人眼中看来,书中女主角的行为,究竟是有些奇怪的。丁玲初期作品,带着浓厚感伤浪漫的气氛和世纪末病态,即此可为证明。《暑假中》写武陵某小学一群女教员,因彼此间友谊的转移,而引起种种争风吃醋,撒娇撒痴的可笑情形。《阿毛姑娘》则写一个乡村女子,以艳羡城市繁华,发生意志与行为的矛盾,而忧郁自杀的故事。

《韦护》这个长篇,与《一九三〇春上海之一》、《一九三〇春上海之二》的两个短篇出现后,作者左倾的色彩已很浓厚了。《水》及《夜会》等篇,则显明地打起无产阶级的文艺的旗号。《水》包含《水》、《田家冲》、《一天》、《从夜晚到天亮》、《年前的一年》五个短篇;《夜会》

包括《某夜》、《法网》、《消息》、《诗人亚洛夫》、《夜会》、《给孩子们》、《奔》七个短篇。两书十分之九记述农夫工人的生活，以鼓吹赤色思想煽动暴动为宗旨。其中《水》与《法网》与茅盾《春蚕》、《林家铺子》等，颇有异曲同工之妙，在当时左倾作品中，实为相当有力量的作品。

《水》是以一九三一年长江流域大水灾为题材。写一群农民晚间在堤埂上防御江水的冲入，因为堤埂原修筑得不坚固，他们虽尽了十二分力量，到底守不住。他们中间大半淹死了，小半逃到高处，又有三分之二死于饥寒疫疠者。城镇的富人，将谷米严密的囤着，不肯粜给他们，县里派兵将枪刀炮火赶逐他们到别处去，剩余的几百农民，终于在饿焰焚灼中，变成了一群疯狂的野兽，起了暴动，故事写到这里便完结了。《法网》则写工人顾某，在汉口某香烟厂作工，娶一妻，生活尚为安适。后以照料妻子小产，托友人向工厂请假，不意友人忘将此事办到，遂被工厂开除。顾某以为友人有心陷害，屡次向之报仇，一日误将友人妻砍死，逃到上海。友人以终日忙于报官等事，亦被工厂开除。后来顾某被上海工部局捕到，与友人相见法庭。此时两人已觉悟所有不幸的运命，均由资本主义带来。所谓真正的仇敌，乃别有所在，欲捐弃前嫌，携手共上一条战线，但法律不问人犯罪的动机，也不管两造后来意向的改变，终于将那可怜的杀人犯送上断头台了。全文布局紧凑，情节哀惨，读之未有不为感动者。丁玲作风转变后，当以此篇煽动力最强。现分析丁玲艺术的优点：

第一是气魄的磅礴。

凡题材之关于自然界急剧的变化，人事复杂的错综，他人望而生畏者，她每能措置裕如，显出扛鼎的神力。这不但在女作家中不容易得到，男作家也戛戛乎难哉的。像《水》，写到关于水灾发生时情况的描写：

飞速的伸着怕人的长脚的水，在夜晚看不清颜色，成了不见

287

底的黑色的巨流，吼着雷样的叫喊，凶猛的冲击了来。失去了理智。发狂的人群，更吼着要把这宇宙也震碎的绝叫，在几十里，四方八面的火光中，也成潮的到这铜锣捶得最紧最急的堤边来。无数的火把照耀着数不清，看不清的人头在这里攒动，慌急的跑去又跑来。有几十个人，来回的运着土块和碎石，更有些就近将脚边田里的湿泥，连肥沃的稻苗，大块的锄起，不断的掩在那新有的一个盆大的洞口上，黄色的水流，像山涧里的瀑布似的，在洞穴上激冲下来。土块不住的倾上去，几十个锄头，便随着土块去捶打，水有时一停住，人心里刚才出一口气，可是在不远的他方，又发现了另一个小孔，水便又花花拉拉的流出来，转一下眼，孔又放大，于是土又朝那里倾上去，锣的声音也随着水流，随着土块转了地方。焦急更填满了人心，有人在骂起来了。

又如：

　　水还是朝着这不坚固的堤无情的冲来，人们还是不能舍掉这堤走。因为时间已不准他们逃得脱了。除了死守着这堤，等水退，等水流得慢下来，没有别的法子。锣尽管不住的敲，火把尽管照得更亮，人尽管密密层层的守着，而新的小孔还是不断的发现。在这夜晚，在这无知的、无感觉的、天空之中加重了黑暗，加重了兴奋。在那些不知道疲倦的强壮的农人身上，加重了绝望，加重了广大的彻天彻地的号叫，那使鬼神也不忍听，也要流出眼泪来的号叫。时间在这里停住，空间压紧了下来，甚至那一无人管的畜群，那些不能睡，拍着翼四方飞走的禽鸟，都预感着将要开演的惨剧而发着狂，而不知所以的闹起来了……半圆的月亮，远远的要落下去了，像切开了瓜形，吐着怕人的红色，照着水，照着旷野，照着悉悉响的稻田，照着茅屋的墙垣，照着那些在死的边缘上挣扎着人群，于是在这些上面，反映着黯淡的陈旧的血的颜色。

描写恐怖的心情，紧张的局势，有天跳地踔，鬼泣神号之概。魄力之沉雄，语气之淋漓酣畅，可叹观止。而"加重了"、"照着"等语，又如三叠瀑泉，愈折愈厚。此等文字决不是沈从文"轻飘"体制所能写出，我认为丁胜于沈，即指此而言。记得左拉有一篇小说，记塞纳河泛滥清形，惊心动魄，一字千金，丁玲此篇，可与媲美。

第二是笔致熟练精致。

当她第一部创作集发表时，人即以此称之。她的《年前的一年》，写一女作家日常生活，似系自叙传之一种。女主角曾说过这样的话道："文章是稍稍与人相异，虽说却常常也要将自己的，觉得很是伟大的寂寞的心，隐秘的在字里行间吐露着，然而终是比人要求得温柔细腻，所以欢喜看这类文章的读者还不十分零落。"

我们只知道凡文字之描写儿女之情的叫做"温柔"，又知道立于"僵冷"、"生硬"、"粗疏"、"笨拙"反面的亦可以叫做"温柔"。不知即在"僵冷"、"生硬"、"粗疏"、"笨拙"之上而注以真感情，运之以奇气者，也可以叫做"温柔"。譬如皮革，硝制之后始韧可用；譬如铁，炼成纯钢，转能绕指；譬如柔术家之筋肉，长期锻炼后，乃可跌仆而无损，坠层楼而不伤。丁玲文字经过一番心血的融汇，意匠的经营而后才写出来，对于"温柔"二字自评果然不愧。至于细腻则在心理解剖方面更易看出。大凡女作家均善为心理的描写，而丁玲尤所擅长。《在黑暗中》、《莎菲女士的日记》描写肺病女子的心理，《阿毛姑娘》描写乡村女子的心理，《韦护》描写革命与恋爱冲突的心理，曲中筋节，细入毫发，可当作心理小说读。

第三是琢字造句之特出心裁。

如《水》，记一孩子见老妪谈话时的心理："想起她那瘪着的嘴，那末艰难的一瘸一瘸，顽皮又在那聪明小脑筋里爬。他只想笑，可是今夜不知为什么沉沉的空气压着他，他总笑不出来。"又写大水冲来时景况："那惊人的颤响充满了这辽阔的村庄，村落的人畜，睡熟了的小鸟，还有那树林，便都打着战起来了。整个宇宙像一条拉紧了的弦，触一下就要断了。"又："天空没有云，蓝纷纷的无尽止的延展开去。下面是水，黄滚滚的无穷尽的涌了来。剩下的地方，剩下的人，拖着残留的生命，无力的爬着又爬着。"《莎菲女士的日记》："苇弟……譬如今晚来了便哭，并且似乎带来了很浓的兴味来哭一样。""自然，他不走，不分辩，不负气，只蜷在椅角边，老老实实无声的去流那不知从那里得来的那末多的眼泪。我，自然得意够了，但是又会渐愧起来，于是用着姊姊的态度去喊他洗脸，抚摩他的头发。他镶着泪珠又笑了。"凡这类性灵流露的语句，与沈从文颇有相似之点。

选自《中国二三十年代作家》，台湾纯文学出版社 1983 年 10 月出版

文体作家沈从文

[编者按]

　　沈从文（1902—1988），原名沈崇焕，乳名茂林，字崇文，湖南凤凰县人。祖父沈宏富为汉族，祖母刘氏苗族，母黄素英土家族，因此沈从文的血液中遗有汉族、苗族、土家族的遗传因子。他自幼在家乡小学毕业后，就走入社会，靠自学与丰富的人生历练成为一名闻名世界的知名作家。

沈从文晚年留影

　　五四运动以后六七年中，北方有几位作家，颇引起读者的注意，而其中使得青年读者特别倾倒的，则推年龄最轻而出身又有些奇异的沈从文了。他是一个以作品产量丰富、写作迅速而惊人的作家，将他的作品总括起来则有以下的四类：一、军队生活。二、湘西民族和苗族的生活。三、普通社会事件。四、童话及旧传说的改作。

　　现在先论他第一类作品。

　　沈从文是当兵出身的，所以稔熟军队生活。他写的《入伍后》、《会明》、《传令兵》、《卒伍》、《夜》、《虎雏》、《我的教育》等篇，所写人物都以军人为典型，所记事迹也是军队间日常发生的琐屑。像《我的教育》描写作者少时混迹军队的生涯，每日除上操以外，无非看审土匪、看杀头、看捉逃兵或在修械所看工人修械，情节原平淡无奇，但读起来，却很能感觉得一种新鲜趣味。这因为一般人生活范围仄狭，对其他生活非常隔膜，假如有一个作家能于我们生活经验以外，供给一些东西，自然要欢迎了。所谓富于"异国情调"的诗歌小说得人爱好，也是这个道理。但沈氏在军队中所处地位似乎比一般士兵优异。据《卒伍》那篇自述，他是在一个亲戚军官的队伍中当学习兵，与营长连长同居一处，正是世俗所讽嘲的"少爷兵"。他没有受过刻苦的训练，没有上过炮火连天惊心动魄的战线，没有经验过普通士兵奸淫杀掠升官发财的痛快，也没有经验过他们饥渴劳顿流离失所的惨苦，所以他写军队生活除了还有点趣味之外，不能叫人深切的感动。在沈氏之后有一位署名黑婴所著的《战线上》，颇为文坛所称道。黑婴的军队生活经验较沈氏丰富，所以他虽显明地受了沈从文这类文字的启示写成，却有出蓝之誉。韩侍桁批评沈从文这类文字道："带着游戏眼镜来观察士兵的痛苦生活，而结果使其变成了滑稽"，这话说得似乎不大公允。士兵生活诚然是痛苦的，但也有很舒服的。沈氏所过军队生活，原属于后者，教他怎样捏造呢？

关于第二类作品，有《旅店》（一名《野店》）、《入伍后》、《夜》、《黔西小景》、《我的小学教育》、《船上》、《往事》、《还乡》、《渔》等，对于湘西的风俗人情气候景物都有详细的描写，好像有心要借那陌生地方的神秘性来完成自己文章特色似的。有些故事野蛮惨厉，可以使我们神经衰弱的文明人读了为之起栗。像《夜》写作者少时混迹军队和同伴四人寄宿老人家，各讲自己离奇的经历。一个说从前曾和一个住在沙罗寨的苗族妇人恋爱，妇人虽黑，却甚美丽，她的丈夫是一个巫师。这军人每夜必邀一个朋友去那巫师屋后树林中与妇人相会。有一夜因为有点事不得早脱身，便使朋友先去通知妇人，自己事毕立即赴约。待事毕到了那里，凭借月光，看到妇人同朋友在一株大树下搂在一处，心中非常气忿，走近去一看，才吓慌了，原来两人为一个矛子扎透了胸脯，矛尖深深的钉定在树上。他惊喊一声，而那个凶手，是个头缠红巾同魔鬼常在一块的怪物，藏在林里阴惨的笑得像个鸱枭，用诅咒人的声音向他说："狗，回到你营里去告诉他们，你那懂风情的伙伴，我给他一矛子永远把他同妇人连在一块了，这是他应得的。"这个先是为那奇突的情景所吓住，到后来却为这暗中的嘲弄所愤怒，且明白那人是代替了自己遭了这苗人的毒手，他就想跑进深林里去找凶手。但是，凶手已不知逃到什么地方去了。当他回营报告时，巫师家已起了火，这火就是巫师放的。

又像《渔》那一篇，写两个宗族间械斗的情形：

在田坪中极天真的相互以流血为乐，男子向前作战，女人则站到山上呐喊助威。交锋了，棍棒齐下，金鼓齐鸣，软弱者毙于重击下，胜利者用红血所染的巾缠在头上，矛尖穿着人头，唱歌回家，用人肝作下酒物，此犹属诸平常的事情。最天真的还是各人把活捉俘虏拿回，如杀似把人杀死，洗刮干净，切成小块，用香料揉入，放大锅中把文武火煨好，抬到场上，一人打小锣，大喊吃肉吃肉，百钱一块。有呆气汉子不知事故，想一尝人肉，走来试吃一块，则得钱一百。然而更妙的，却是在战场的一端也正如此喊叫，或竟加钱至两百文。在吃肉者大约也还有得钱以外，在火候咸淡上加以批评的人。

据说湘西沅水上游，和川黔边境一带有许多苗瑶民族和汉族杂居在一起，沈从文是湘西人，又曾在黔边军队耽过几年，故他的作品关于苗族生活的描写要比较别人多占一部分。这种描写，许多人称为作者作品特具的色彩，也似乎为作者自己所最得意，沈氏又好谈那些地方的巫风，观其常引"龙朱"二字可知。但以我个人的观察，则较之湘西民族生活之介绍似逊一筹。我们现以《龙朱》与《神巫之爱》为例，这两篇故事大致相仿，可说是姊妹篇。龙朱与神巫同是苗族中的美少年，为许多青年妇女所倾心，他们自己偏庄矜自持，后来与一个极美少女陷入情网；在故事中他们也各有一个愚蠢而颇具风趣像唐·吉诃德的奴仆。故事是浪漫的，而描写则是幻想的。特别对话欧化气味很重，完全不像脑筋简单的苗人所能说得出。像《神巫之爱》里，神巫之仆五羊知道主人神巫思慕某女郎，自愿充媒介人，而主人不许时的一段对话：

> 仆："主人，差遣你蠢仆去做你要做的事吧，他在等候你的命令。"
>
> 主："你是做不到这事的，因为我又不愿意她以外另一人知道我的心事。"

五羊喋喋不已，坚欲充任斯役，主仆间又有一段对话：

> 主："你舌头的勇敢恐怕比你的行为大五倍。"
>
> 仆："主人，人说金子是在火里炼得出来的，仆人的能力要做去才知道。"

主人神巫既见所思慕的女子呈现于前，便向她求爱道：

> "我的主人，昨夜在星光里你美丽如仙，今天在日光下你却美丽如神了……神啊，你美丽庄严的口辅是应当为命令愚人而开的，我在此等候你的使唤。我如今是从你眼中望见天堂了，就立刻入狱也死而无怨……我生命中的主宰，一个误登天堂，用口渎了神圣的尊严的恶人行为，如果引起了神圣的憎怒，你就使他到地狱去吧。"

作者原想写一个态度娴雅，辞令优美的苗族美男，然而却不知不觉把他写成路易十四宫廷中人物了。又苗族男女恋爱时喜作歌辞互相唱和，其歌辞虽非我们所能知，但想也不过和巴歈舞歌，六朝民间乐府，刘禹锡所拟竹枝词，以及今日所采集的蜑歌、狼獞情歌、岭东恋歌、客音情歌大同小异，不意在沈从文笔下写来，却都带着西洋情歌风味。像神巫所唱：

> 瞅人的星我与你并不相识，
> 我只记得一个女人的眼睛，
> 这眼睛曾为泪水所湿，
> 那光明将永远闪耀我心。

又：

> 天堂的门在一个蠢人面前开时，
> 徘徊在门外这蠢人心实不甘：
> 若歌声是启辟这爱情的钥匙，
> 他愿意立定在星光下歌唱一年。

本来大自然雄伟美丽的风景，和原始民族自由放纵的生活，原带着无穷神秘的美，无穷抒情诗的风味，可以使我们这些久困于文明重压之下疲乏麻木的灵魂，暂时得到一种解放的快乐。我们读到这类作品，好像在沙漠炎日中跋涉数百里长途之后，忽然走进一片阴森翁郁的树林；放下肩头重担，拭去脸上热汗，在如茵软草上躺了下来；顷刻之间，那爽肌的空翠，沁心的凉风，使你四体松懈，百忧消散，像喝了美酒一般，不由得沉沉入梦。沈从文虽然略略明白一些"花帕族"、"白面族"的分别，能够描写神巫做法事的礼仪，能够知道他们男女恋爱时特殊的情形，而他究竟没有到苗族中间去生活过，许多地方似乎从希腊神话、古代英雄传说，以及澳洲非洲艳情电影而来，初读尚觉新奇，再读便无甚滋味了。后来他发表的《新十日谈序曲》、《月下小景》，还是以苗族中间英雄美人做题材，意境没有超过《龙朱》和《神巫之爱》。不过篇幅很短，所取又是散文诗体裁，使读者陶醉于故事的凄厉哀艳中，无暇去苛求它的"真实性"。以文笔论，这倒可算沈从文一切苗族生活介绍之中最优秀的几篇。

关于沈从文的第三类作品，题材极为复杂，以各层阶级生活为主，中上阶级的有报馆的编辑、官厅的小科员、大学教授、男女大学生，亭子间里潦倒文士、官僚、军阀、资本家、土豪，下台后终朝拜佛念经又干着男女秘密勾当的政客，假作正经暗地养着姘夫的太太、争妍取怜妖淫百出的姨太太、娇贵的少爷小姐……以下等阶级而论，则像船夫、厨子、仆役、草头医生、小店主、边城旅店的老板娘、私娼、荒村的隐者、老农夫、小贩子、运私者、木匠、石匠、建筑工人、猎人、渔夫、强盗、土匪、兵士、军队中的伙夫、勤务兵、刽子手……也曾在他作品中出现。作者写作题材虽然这么广，而他人生经验究竟不怎样丰富，虽极力模拟他们的口吻、举止，解剖他们的气质，研究他们职务上特别名称，无奈都不能深入。他所展露给我们的每个人物，仅有一副模糊的轮廓，好像雾中之花似的。

沈从文的童话有《阿丽思中国游记》上下两卷，这是根据英国加乐(Carroll)《阿丽思漫游奇境记》(*Alices Adventure in Wonderland*)而改写的。上卷写阿丽思与兔子约翰·摊喜先生到中国游历，发现中国许多腐败情形。下卷则写阿丽思由上海大都市到了他湘西的故乡，看到湘西许多野蛮风俗。《阿丽思中国游记》是沈氏最失败的作品，内容和形式都糟。正如他自己序文中所说："我不能把深一点的社会沉痛情形融化到一种天真滑稽里，成为全无渣滓的东西，讽刺露骨乃所以成其浅薄"，又说："在本书中思想方面既无办法救济这个失败，若能在文字的美丽上好好设法，当然也可以成为一种大孩子读物，可惜这个又归失败。蕴藉近于天才，美丽是力，这大致是关乎所谓学力了。"

再谈他改变作风的《月下小景》（原名《新十日谈》），体裁模仿意大利毕卡索的《十日谈》（*Decameren*），借一群偶然聚集某处的旅客，在漫漫长夜各说出一个故事来。题材取之唐释玄晖所撰《法苑珠林》中《知度论》、《大庄严论生经》、《长阿含经》、《树提伽经》、《起世经》、《五分律》、《太子须大拿经》、《杂比喻经》等，或把不完全的故事写成完全；或把几个并非同出一经的小故事连缀一处成为一个大故事；或把故事中人物性格改变了赋以现代人的灵魂血肉。里面如《扇陀》、《慷慨王子》、《一个农夫的故事》、《爱欲》，写得都很动人，不过作者存心模仿《十日谈》体裁，把每个美丽如诗的故事，放在骡马贩子、珠宝商人、市侩、农夫、猎人口中说出，我觉得很有些勉强。尤其是故事中间往往插进作家自己的议论或加上毫无意义的头尾，将好好一篇文章弄成"美中不足"。有人说沈从文是一个"文体作家"（stylist），他的义务是向读者贡献新奇优美的文字，内容则不必负责。不知文字可以荒唐无稽——神话童话和古代传说正以此见长——而不可以无意义。

沈氏虽号"文体作家"，他的作品却不是毫无理想的。不过他这理想好像还没有成为系统，又没有明目张胆替自己鼓吹，所以有许多读者不大觉得，我现在不妨冒昧的替他拈出。这理想是什么？我看就是想借文字的力量，把野蛮人血液，注入老迈龙钟颓废腐败的中华民族身体里去，使他兴奋起来，年轻起来，好在二十世纪舞台上与别个民族竞争生存权利。中华民族以年龄论并不怎样衰老，我们只须将中国民族组织的历史研究一下便可以知道。先秦时代夏商周三民族历史虽比较久远，代之而兴的楚秦民族都是很青春的；五胡十六国之际鲜卑、匈奴、拓跋等族；以及唐以后辽金元清等游牧民族之同化于我，衰老身体里也增加不少新鲜血液。若说现代欧美民族是个二十左右的少年，我们也不过三十来岁的壮年罢了，说起竞争，我想我们的力量并不见得比他们逊色。不过中国民族的年龄虽不算老，文化的年龄却太老了。文化像水，停蓄过久，便会发生沉淀。我们的文化经过四五千年长久的时间，沉淀之多，不问可知。这沉淀运行在我们身体里，使我们血管日益僵硬，骨骼日益石灰化，脏腑工作日益阻滞，五官百骸的动作日益迟缓，到后来就百病丛生了。加之东汉以后又接受印度文化，印度文化是很奇怪的，那些生长热带，衣食无忧的圣人，终日危坐森林，竖则恒河沙劫，阿僧祇劫；横则大千世界，三十三天，精神驰骋在无边无际的境界里，心灵陶醉在冥想法悦中，实际生活，永远闭着眼睛不看。这思想流传到中国来，与我们固有的老庄无为哲学结合，于是我们的文化便更酝发一层毒素了。胡适先生曾说印度人曾赠给我们两种有害礼物：一是佛教思想，一是鸦片烟。这话我认为是极有见地的。因为这种种关系，中国文化不但富于沉淀，后来竟成了一潭微波不起，臭秽不堪的死水。无论你是一个怎样勇敢有为的青年，到这死水里洗个浴，便立刻变成恹恹不振的病夫。许多新民族入了这老国以后，多则一二百年，少则七八十年，没有不腐化的。我们生长在这文化里，生存竞争，引为大戒；乐天安命，视为固然。自保守而退化，由退化而也就失去在地球上立足的利权。我们瞻望民族的前途，那能不黯然以悲，又那能不栗然以惧！

西洋民族那样的元气淋漓，生机活泼，有如狮如虎如野熊之观，大约因为他们的文化比较年轻的缘故。我们要想恢复民族的青春，便应当接受西洋文化。接受西洋文化便应先养成强悍粗犷的气质。记得一个日本学者曾说中国人比之日本人和西洋人面貌上似乎缺乏一种野兽气息。五四运动前，陈独秀在《新青年》上，极力提倡青年的兽性，或者就是为此。沈从文虽然也是这老大民族中间的一份子，但他属于生活力较强的湖南民族，又生长湘西地方，比我们多带一分蛮野气质。他很想将这分蛮野气质做火炬，引燃整个民族青春之焰；所以他把"雄强"、"犷悍"整天挂在嘴边。他爱写湘西民族的下等阶级，从他们龌龊、卑鄙、粗暴、淫乱的性格中；酗酒、赌博、打架、争吵、偷窃、劫掠的行为中，发现他们也有一颗同我们一样的鲜红热烈的心，也有一种同我们一样的人性。那怕炒人心肝的刽子手、割负心情妇舌头来下酒的军官、谋财害命的工人、掳人勒索的绑票匪，也有他的天真可爱处。他极力介绍苗瑶的生活，虽然他觉得苗瑶是被汉族赶入深山退化民族，但他们没有沐浴汉族文化，而且多与大自然接触，生活介于人兽之间，精力似乎较汉族健旺，所以故意将苗族的英雄儿女，装点像希腊神话里阿波罗、维娜斯一样。他嘲讽中国文化的地方也极多，如《阿丽思中国游记》、《猎人故事》等等皆是。沈从文文字能得多数青年的共鸣，或者就因为他文字中具有这称投合青年心理的哲学思想吧？

谈到沈从文作品的艺术，我也有点意见想倾吐。它的好处：

第一，能创造一种特殊的风格，在鲁迅、茅盾、叶绍钧等系统之外另成一派。

丁玲在文坛上的地位虽然高过沈从文，但丁玲文体却然受他的影响。沈从文的文字虽然也存疵病，但永远不肯落他人窠臼，永远新鲜活泼，永远表现自己。他获到这套工具以后，无论什么平凡的题材也能写出不平凡的文字来。好像吕纯阳的指头，触到山石都成黄金。好像神话里的魔杖，能够将平常境界幻化为飘缈仙国。

第二，结构多变化。

茅盾在《宿莽》序言中曾说："一个已经发表过若干作品的作家的问题，也就是怎样使自己不至于粘滞在自己所铸成的一定的模型中。"郁达夫除自叙体小说外，不能写别的东西，张资平三角恋爱小说，千篇一律，可见茅盾所说的困难打破之不易。沈从文小说题材既极广博，结构上要使他不雷同很难办到。但沈从文在这方面很有些手段，他的小说有些是逆起的，有些是顺起的，有些是以议论引起来的，有些是以一封信引起来的。他虽然写了许多短篇小说，差不多每篇都有一个新结构，不使读者感到单调与重复，其组织力之伟大，值得赞美。而且每篇小说结束时，必有一个急剧转变，像《虎雏》里的他所收养教育的聪明小兵终于逃走；《夜》的隐居老人开房示人以死妇尸体；《牛》的牛大伯的牛被拉夫者拉去，《冬的空间》的七女士之投海；《入伍后》的二哥之被仇人支解；《岚生同岚生太太》的太太闻女校学生烫头发而掷其火酒瓶……都给人一个出乎意外的结局，一个愉快的惊奇。

第三，句法短峭简炼，富有单纯的美。

听说沈氏常以此自夸，这种文笔之造成，一定是他有意的努力。如《我的小学教育》自述小时生活道："正月，到小教场去看迎春；三月间，去到城头放风筝；五月，看划船；六月，上山捉蛐蛐，下河洗澡；七月，烧包；八月，看月；九月登高；十月打陀螺；十二月扛三牲盘子上庙敬神；平常日子，上学，买菜，请客，送丧。"这似由一首旧式儿歌变化而来，句法则似月令，举此一例便可概其余了。

第四，造语新奇，有时想入非非，令人发笑。

像"这个人那时正从山西过来，原是一个又体面又可爱的人物，在×××最粗糙的比喻上，说那个人单是拿他的脸或者一张口，或者身上任何一部分放到当铺中去也很容易质到一笔大数目款项"（《第四》）。"因为好的天气，是不比印子钱可以用息金借来的"（《牛》）。"人家的怜悯，虽不一定送礼物来得不慷慨，却实在比礼物还无用的一种东西"（《爹爹》）。诸如此类言语，沈氏作品中几俯拾即是，不必具引。别说这是容易，一个性灵尚未被旧文学格式压扁或窒死的人，才能有这样自由的想象，才能作这样有趣的譬喻。

沈从文创作的缺点也不能说完全没有，首为过于随笔化，他好像是专门拿 Essay 的笔法来写小说的。他曾自己解释道："从这一小本集子上看可以得一结论，就是文章更近于小品散文，于描写虽同样尽力，于结构更疏忽了。照一般说法短篇小说的必需条件所谓'事物的中心'、'人物的中心'、'提高'或'拉紧'我全没有顾到。也像有意这样做，我只平平的写去，到要完了就止，事情完全是平常的事情，故既不夸张，也不剪裁的把它写下去了。……我还没有写过一篇一般人所谓的小说的小说，是因为我愿意在章法外接受失败，不想在章法内得到成功"（《石子船》跋）。本来用随笔体裁写故事，在法文有所谓短篇故事Conte 者之一体。如佛朗士《我友之书》（*Le Livre de mon ami*）；都德的《磨坊尺牍》（*Les Lettrs de mon mouulin*）、《月曜故事》（*Les Contes du Lundi*）就是这类文章，这与小说（Novel）是大有分别的。沈氏原是个"说故事的人"，用 Conte 体裁来写故事亦未尝不可，不过篇篇如此，也就有些令人生厌了。

次则用字造句，虽然力求短峭简炼，描写却依然繁冗拖沓，有时累累数百言还不能达出"中心思想"，有似老妪谈家常，叨叨絮絮，说了半天，听者尚茫然不知其命意之所在；又好像用软绵绵的拳头去打胖子，打不到他的痛处。他用一千字写的一段文章，我们将它缩成百字，原意仍可不失。因此他的文字不能像利剑一般刺进读者的心灵，他的故事即写得如何悲惨可怕，也不能在读者脑筋里留下永久不能磨灭的印象。在这一点上他与王统照初期作风倒有相像处。赵景深说王统照的文字"都是经过若干次的修改和锤炼的"，然而我们读了他的《春雨之夜》、《黄昏》、《一叶》等作，只觉得它们"肉多于骨"；只觉得它们重复、琐碎。世上如真有"文章病院"的话，王统照的文字应该割去二三十斤的脂肪，沈从文的文字应当抽去十几条使它全身松懈的懒筋。他信笔挥洒，毫不着意，思想到了哪里，他的笔锋也就到了哪里。不幸他的思想是有些夹杂不清的，所以文字的体裁也就不能十分精醇爽利。

沈从文虽未曾受过高深的教育，未曾读过多少书，然而他有像英国哲学家斯宾塞磁石一般吸收的头脑，野猫一般善于侦伺的眼光。那怕在一个平凡人生经验上，一本书上，一段普通朋友谈话上，都可以找到他创作的灵感。似乎世间没有一件东西不足融化而为他写作的题材的。有时他的灵感从什么地方得来，我们都可以清楚知道，不过叫我们去写却写不出来。他自己说能在一件事发生五十种联想（《阿丽思中国游记》自序），大约不是一句夸诞的话。为了他有这种能力，所以拼命大量生产，拼命将酝酿未曾成熟的感情，观察未曾明晰的对象，写成文章。有时甚至不惜捏造离奇古怪，不合情理的事实来吸引读者的兴趣，像《都市一妇人》和《医生》简直写成了一篇低级趣味的Romance。他文章的轻飘、空虚、浮泛等病均由此而起。这时候他过强的想象力变成他天才的障碍，左右逢源的妙笔也变成他写作技巧的致命伤了。我常说沈从文是一个新文学界的魔术家：他能从一个空盘里倒出数不清的苹果鸡蛋；能从一方手帕里扯出许多红红绿绿的缎带纸条；能从一把空壶里喷出洒洒不穷的清泉；能从一方包袱下变出一盆烈焰飞腾的大火，不过观众在点头微笑和热烈鼓掌之中，心里总有"这不过玩手法"的感想。沈从文之所以难以叫有文学修养的人感到十分满意者，便是被这"玩手法"三字所累。

但是他的天才究竟是可赞美的，他的永不疲乏的创作力尤其值得人惊异。

选自《中国二三十年代作家》，台湾纯文学出版社1983年10月出版

茅盾及其作品

茅盾先生生前玉照

[编者按]

　　茅盾（1896—1981），原名沈德鸿，字雁冰，以笔名"茅盾"闻名于世，浙江嘉兴人。现代著名小说家、文艺评论家，五四新文化运动先驱与革命文艺的奠基者，也是现代长篇小说三部曲的最早创作者，如《蚀》的三部曲《追求》、《动摇》、《幻灭》，农村三部曲《春蚕》、《秋收》、《残冬》。存世著述见1997年人民文学出版社出版之《茅盾全集》（计38卷）。

　　当五四运动起来时，瞿世英、周作人、叶绍钧、王统照、朱希祖、郭绍虞、耿济之、孙伏园、蒋百里、郑振铎、许地山、沈雁冰等十二人组织"文学研究会"，以《小说月报》为主，成为南方新文学界最有势力的一个文艺团体。其中沈雁冰即是后来活跃文坛的茅盾。所以茅盾文学生活开始甚早，也算五四时代新文坛一员有力的战士。

茅盾在办《小说月报》的时代不过专从事西洋文学之介绍，并努力于西洋小说的翻译与批评的工作，广东国民政府革命军出师北伐时，他即加入政治团体，努力于革命运动。武汉时代任《民国日报》主笔，国共分裂后，他即舍弃政治生涯，潜回上海埋头创作，这才是他正式写文章之始。自一九二六以后发表《幻灭》、《动摇》、《追求》三部曲，合称为《蚀》。以小资产阶级知识青年为中心人物，写他们在大革命时代之沉浮，他们虽有"追求"真理的愿望，但意志不坚，动辄动摇而趋于幻灭，是以名之为《蚀》。茅盾加入左翼作家联盟后，便写了一部长篇小说《虹》，乃《蚀》的反面。后又写了《野蔷薇》、《宿莽》、《三人行》、《路》。一九三三年更发表长篇巨著《子夜》，文坛为之震惊。翻译有《泰戈尔短篇小说集》、《雪人》、《文凭》、《倍那文德戏曲集》、《世界文学名著》等。

茅盾作品之特色：

一、能够充分表现时代性

有人说文学的任务在于能表现那"永久不变的人性"（immuta bility of humanity），英国拉司金（Gohn Ruskin）著《近代画家论》，便说莎士比亚的戏曲所以能够称为完全，就是因为它能做到这一点。又有人说文学的任务在能表现"时代精神"，这两派议论似乎处于相反地位，究竟谁的理由充足呢？照我个人意见，两方面理由都可成立，而且还可以并行而不悖——我们著作时对永久人性固应注意，时代精神也不能忽略的。中国文学在先秦时代，颇能表现时代精神，我们可以从三百篇的大雅、周颂中看出当时贵族社会的真相；从小雅和十国风中看出东迁前后人民生活的情形。自"模拟主义"出世后，文人学士每欢喜硬生生地将现代人的思想感情，揪入古典模型里去，而时代表现，便百难得一。六朝时唯美文字发达，专在技巧上用功，更谈不上这一层。本来切身的痛苦最容易逼出真挚的感情，无论你秉性如何虚伪，受了生活的刺激也能说出几句肺腑话来。但六朝文人竟不如此。我们只须举出一个例子就可概其余：像刘琨岂不是一个生活忧患中的民族英雄？钟嵘岂非曾称他"既体良材，又罹厄运，故善叙丧乱，多感恨之词？"而于今所传他的诗，仅"朱实陨劲风，繁英落素秋"几句华丽的比喻；和"逆有全邑，义无完都"几句空洞的叙述而已，我们又何能从他文字里寻出一点真实情感与时代变动的痕迹？又像庾信也是个境遇最困厄的文人，他作《哀江南赋》，上感世运之艰屯，下叙个人之遭际，我们想一定会写得凄凉悲壮，感人肺腑了吧。谁知那篇文字堆砌了无数晦涩古典，连他同时人都读不懂，别说千百年后的我们了。这虽说是"模拟主义"和"技巧主义"之遗毒，但最大原因，还不是为了他们忘记时代吗？

而且人类还有一种惰性，当他艺术尚未成熟以前，很容易随着时代进步，已具规模以后，便像某种介类为硬壳所限，不能更有什么发展。盛唐诗人像李白、王维、储光羲、高适、岑参、王昌龄、李颀等在天宝大乱前，都算浪漫文学的健将。大乱后时局全非，而这些诗人所作持仍然停滞在从前典型里，丝毫不能表现那一回大乱的痕迹。只有杜甫独能写实，新诗坛遂归其占领。这就因为李白他们的作品风格在大乱前已固定，而杜甫则不然的缘故。

虽然李白和王、储、高、岑等人的作品，也有他们永久不灭的价值，不过在正值国运艰屯，生灵涂炭的当时人看来，是山林隐逸自得其乐的作品感人呢？还是痛哭流涕为社稷苍生担忧的作品感人呢？是站在云端里"下视洛阳川，茫茫走胡兵"不关痛痒的描写，给人印象深刻呢？还是三别、三吏、北征、哀王孙、哀江头、同谷七歌等，极力刻画那回大乱痕迹的作品，给人印象深刻呢？我想不问而知，答案是后者吧。

茅盾的《幻灭》、《动摇》、《追求》三部曲，所述系1926年国民革命军定两湖，至1927年革命军定长江，肃清共产党，定都南京的一年间的经过。书中人物有理智是趋向光明革命的，但感情上则每遇顿挫便灰心的小资产阶级女性；有左倾的幼稚病者；有救济幼稚病而变为右倾的反动（左派所称为的反动）者；有认不清时代特质而思想动摇者；有不甘昏昏沉沉地过活，大家都想追求些什么，而结果都失败的追求者。《虹》是以梅女士为主人公，以从五四到五卅的历史时期为背景，写出一般青年思想变迁的阶段。《春蚕》、《秋收》、《林家铺子》等短篇，则描写抗战前那几年农村破产，城市商业萧条的惨况。《子夜》为帝国主义经济的侵略，中国民族资本受压迫而失败的情形；以及国内工商业，受封建军阀内战之摧残而永远不能抬头，于是投机事业如公债股票得于盛行的情形。《路》和《三人行》，以教育界为背景，描为当时中大学生对于现象认识的如何不同，及觉悟分子（左派所称的觉悟）如何走上革命路线。《野蔷薇》发表时间比较早，其内容与他的三部曲大约相似。总之他一支笔将自五四以至于1933、1934年间整个社会的变化，洪纤毕现，巨细无遗地展开在我们眼前。那些疯狂的、热烈的、颓废的、怀疑的、进取的、堕落的人们的心理；啼饥的、号寒的、失业的、自杀的人民的生活；混乱的、黑暗的、呻吟的、流血的、破坏的社合现象；阴谋的、诡计的、武力的、经济的、文化的、帝国主义的侵略……像活动镜头般，摄取全貌。茅盾个人的所抱主义固不适合于中国，有甚大的谬误，但他所写现代中国的危机，和整个民族的痛苦，则已绘声绘影，形容尽致，比郑侠《流民图》还要悲惨几倍。

二、实现历史的必然之企图

共产主义者认为全世界迟早走上共产主义的道路是为"历史的必然"。茅盾当然也奉此言为金科玉律，但他又劝人不要把"历史的必然"当做自己幸福的预约券，因为如此则所发出的"社会活力"，将如空中楼阁一般，结果必至失败（见《写在〈野蔷薇〉的前面》）。他又曾说：

"一篇小说之有无时代性，并不能仅以是否描写到时代空气为满足；连时代空气都表现不出的作品即使写得很美丽，只能成为资产阶级文艺的玩意儿。所谓时代性，我以为在表现了时代空气而外，甚应有两个要义：一是时代给与人们以怎样的影响，二是人们的集团的活力又怎样地将时代推进了新方向。换言之，即是怎样地催促历史进入必然的新时代，再换一句话，即是怎样地由于人们的集团的活动而及早实现了历史的必然。在这样意义下，方是现代新写实派文学所要表现的时代性"（《读〈倪焕之〉》）。所以茅盾的作品，大都含有实现新时代的积极精神。

茅盾说文学具有推进新时代轮子的力量，我们可以承认。这种例子文学史告诉我们极多，像周作人主张文学没有什么作用，即有，也是消极的，就是"发泄"和"满足"而已。譬如人受贪官污吏之害，读《水浒传》那些官吏都被水泊英雄杀掉，为之拍案大快，自己便不想再向那些官吏有所举动了，这是"发泄"例。又如人都想做才子，才子又必须有佳人为配。自己不能做才子又无缘得到佳人，阅读了才子佳人历尽艰辛终于美满结合，也会高兴，这是"满足"例。周氏这话也有一部分道理，但非其全。我认为文学的作用还有积极的一面，有文学本身方面的，有思想方面的，有政治方面的，有民族运动方面的，有社会制度方面的。茅盾说文学具有推动时代大轮的力量，并非空口说白话，他努力运用他自己的一支笔召唤着无数知识分子，从事这项工作。

中国人民那时代的痛苦已经超过人类所能忍受的程度了。又有谁能代为声诉与呼吁？尤其农村破产，农民痛苦已陷于水深火热的境地，关心民瘼者实不能坐视，像叶绍钧的《多收了三五斗》，丁玲的《水》、《法网》和茅盾的《春蚕》、《林家铺子》都写得深刻动人。倘使政界各阶层的办事人员读了，都能获得一个惊心动魄的印象。则他们替者百姓办事的时候也许可以多拿出几分良心，也许肯多流几滴血汗，你想我们老百姓叨光还浅吗？

三、有计划的作为社会现象的解剖

社会现象的解剖，有无计划的和有计划的二种。像明代《今古奇观》颇表现明代社会实况，不过它本以说故事为主，社会实况的表现出于无意之间，这是无计划的例。至于《水浒传》介绍宋代强盗生活；《金瓶梅》介绍明代上中下各阶级的生活；《红楼梦》介绍满洲贵族生活，那才算比较有计划的了。不过从前这类作品很少，翻开中国小说史也不过寥寥数部罢了。若其将整个时代和社会，收拾而入书斋，置之写字台上以文学家心灵的显微镜，研究、分析、观察，而后分门别类作为详细的报告，则当推西洋。十九世纪巴尔札克（H.de Bolzac）写作时曾立一计划，把平生所见社会各方面都写了出来成为一部《人类的喜剧》（Comedie Humaine），其中有个人生活、巴黎生活、乡村生活和军政界生活，取材极博，竟达九十七部之多。又如左拉（Emile Zola）所作《罗贡·麦加尔丛书》（Les Rougon-Macquart Folk）共二十卷，自一八七一年写起到一八九三年才写完。以一种遗传学原则为经，而以社会各黑暗方面的情景为纬。俄国屠格涅夫写了《罗亭》（Rodin）、《贵族之家》（The House of Gentle）、《前夜》（On the Eve）、《父与子》（Fathers and sons）、《烟》（Smoke）、《荒土》（Urigin Soil）等六部连续小说，写俄国一八四四到一八七六年间知识阶级生活之各面。美国辛克莱（Upton Beal Sinclaire）以善作"暴露小说"（muckraking literature）称于世，其所作《屠场》（The Jungle）暴露芝加哥牛肉罐头公司罪恶；《石炭王》（King Coal）叙述科罗那多煤矿工人生活之悲惨；《宗教之利益》（The pits of Religion）揭发教会之黑幕；《钱魔》（Money Chagers）、《煤油》（Oill）、《地狱》（Bill portes）、《生命之书》（The Book of Life）、《山城》（Mountain city），均描写由资本主义所产生之罪恶。尚有其他黑暗社会之种种暴露，不胜枚举。则他的解剖计划比上述诸人更来得严密周详了。茅盾也抱有这样伟大的野心，其所暴露各方面已见上文介绍，而关于农村破产的一端表现尤为有力。我想一个血液还没有冻结的人，读了《春蚕》一类的描写，决不会毫无感动的。

四、科学调查法之应用

科学的精神是求真求是，所以每研究一物必脚踏实地，一步一步探求，一丝不苟。此法应用之于文学自左拉始。左拉之描写社会景况，必先之以精密之调查，绝无向壁虚造，或专凭幻想与妄逞臆说之弊。所以他写作的主义被称为"左拉主义"（Zolalism）。相传左拉作《三都》（*Les Trois Villes*）及《露德》（*Lourdes*）皆实地调查。他曾对人说他作了一千七百页的记录，以后只须将这些材料安排起来便得了。美国辛克莱写《屠场》，竟移居芝加哥屠场附近，朝夕观察，犹嫌不足；复入罐头城（Packingtown）作工七星期，收集无数真实材料，所以《屠场》发表后，一时轰动世界，译成十七国文字，美国政府甚至组织"罗斯佛调查委员会"，专究其事。

茅盾应用科学方法，在"三部曲"时代，尚不大显明，但已与当时作家不同。如《幻灭》之牯岭风景，《动摇》之江西小县，《追求》之吴淞海景均极其逼真。即如《路》，写武昌汉阳门至一码头情景历历如绘，到过武汉者即能赏其工妙。他在"九·一八"之后开始转其笔锋与农村破产之描写，而科学调查法之应用始大著。以《春蚕》为例，关于养蚕的用具、术语、习惯……无一不实地调查应有尽有。用具如团扁、蚕簟、山棚、蚕台、缀头、蚕房、布子、蚕花、糊簟纸；养蚕的术语如窝种、看蚕、做丝、浪山头、望山头；蚕的别名名如乌娘、宝宝；养蚕的习惯与迷信，如蒜头卜蚕花之好坏；收蚕时避谷雨；收蚕特别买印有蚕花太子之纸以糊簟；扫蚕时必点香烛供灶君；必采野花杂灯芯草以和蚕；必以"布子"挽着秤杆上；必等到锅中热气上冲时才扫。扫蚕时鬓上必插"蚕花";"蚕房"不许生人来冲犯;偷蚕扔河中为"冲克",皆是。

其他如起家曰"发",没落曰"败",谓命运不好的妇女为"白虎星",里数以"九"计算。虽属小节,他也不肯一毫含糊。

商业术语则如旺月、大放盘、人欠、欠人、老本、客赈、守提、扣赈、挖货、五路酒等等,也是实地调查得来的成绩。

茅盾是左拉及托尔斯泰之信徒。一般批评者把他称之为左拉派,而他自己则说:"我爱左拉同时爱托尔斯泰,我若对采取自然主义的写法,冷静的观察,但当我构造小说则我自觉近于托翁矣。"

茅盾研究希腊及欧洲神话颇能精到,所以他也善作神话小说。如《神国的灭亡》,奇诡瑰丽,开郭源新(即郑振铎)一派。我们几乎不信一个写实主义者的笔下能写出这样美文来。

我们如其勉强找茅盾作品的弱点,那就可说人物典型与个性不能平均发展了。我们认识胡国光为投机分子的典型;方罗兰为无主见者的典型;吴荪甫为民族资本主义者的典型;章秋柳、孙舞阳、梅女士、娴娴等,为革命女性的典型;静女士、方太太等为小资产阶级懦弱女性的典型,而我们却不能认识他们本来面目。只有一个"老通宝"写得活灵活现,与鲁迅阿Q异曲同工,茅盾小说人物如其个个都像"老通宝",则他作品价值还要增加几倍。

记得诗人徐志摩曾在他《猛虎集》序文里,慨叹现代文坛不长进:"咱们这年头,一口气总是透不长,诗永远是小诗,戏永远是独幕,小说永远是短篇。每回我望到莎士比亚的戏、但丁的神曲、歌德的浮士德一类作品,我就不由得感到气馁,觉得我们即使有一些声音,是微细得随时可以用一个小指头掐死的,天呀!哪天我们才可以在创作里看到使人起敬的东西?哪天我们这些细嗓子才可以豁免混充大花脸的急涨的苦恼?"不错,我们文艺成就上也和其他学术成就上一样,没有一件东西可公开到世界人士面前。"伟大作品为什么尚不产生?"这又是年来到处听见的。难道中国人果然甘心堕落吗?难道中国人的聪明才力比西洋日本人低吗？难道民族智力也和个人智力一样不用它就会退化，所以从前能够产生楚辞、汉赋、唐诗、宋词、元曲、明清小说，而现在，就产不出像莎士比亚的戏、但丁的神曲、歌德的浮士德一类作品吗？我想这中间该有个原因在，这原因是什么呢？第一是前面屡次讨论过的时间太短；第二是真正伟大天才尚未产生。

不过，假如我们计算当时新文学这笔总帐时，肯打个折扣，那么那短短十五六年中间具有创作天才的作家，已有了几位，具有相当价值的作品，也算有了几部。像茅盾就可算现代中国"文学界的巨人"，就不说是"巨人"，却可说是左翼文坛的巨头了。

选自《中国二三十年代作家》，台湾纯文学出版社 1983 年 10 月出版

叶绍钧的为人及其创作

晚年叶圣陶留影

[编者按]

叶圣陶（1894—1988），原名叶绍钧，字秉臣，苏州人。现代著名作家、教育家、出版家。新中国成立后曾任教育部副部长、人民教育出版社社长。主要代表作有小说《隔膜》、《倪焕之》，童话《古代英雄的石像》、《玫瑰和金鱼》等。

五四左右以创作小说引人注意的除了鲁迅、冰心，便要推叶绍钧了。他是一个多产而作风却极其精炼纯粹的作家。他的短篇小说集有《隔膜》、《火灾》、《城中》、《线下》、《未厌》；长篇小说有《倪焕之》；童话有《稻草人》、《古代英雄的石像》；散文集有《脚步集》，和与俞平伯合著的《剑鞘》。

叶氏的思想可分为两个时期，五四至五卅为第一时期，五卅至对日抗战为第二时期。前者为整个五四时代思想之反映；后者则感染世界潮流，而有左倾色彩。

当五四运动前，周作人在《新青年》提倡"人的文学"，又翻译波兰、捷克等弱小民族的作品甚多，于俄国文学尤多介绍。俄国文学本有一种悲天悯人的博大同情，和一种四海同胞的主义；而十九世纪与托尔斯泰、柴霍甫，鼎足而三之杜思妥也夫斯基，尤为当时青年所欢迎。按英国脱利特司（W.B. Trites）论杜氏所著小说《二我者》主人公戈略特庚的性格：

> "他断不肯受人侮辱，被人踏在脚下，同抹布一样，但倘有人要将他当做抹布，却亦不难做到。他那时就不是戈略特庚，而变成一块不干净的抹布。但并非寻常的抹布，乃是有感情，通灵性的抹布。他那湿漉漉的折叠中，隐藏着灵妙的感情，抹布虽是抹布，那灵妙的情感却依然与人无异。杜氏著作就善能写出这抹布的灵魂给我们看。使我们听见最下等、最秽恶、最无耻的人所发的悲痛声音：醉汉睡在烂泥中叫唤、乏人躲在漆黑地方说话，窃贼、谋杀老妪的凶手、娼妓、靠娼妓吃饭的人，亦都说话。他们的声音都极美，悲哀而且美。他们堕落的灵魂原同尔我一样，他们也爱道德，也恶罪恶，他们陷在泥塘里悲叹他们不意的堕落，正同尔我一样悲叹，倘尔我因内不意的灾难，同他们到一样堕落的时候。"

按：杜思妥也夫斯基名著《罪与罚》（*The Crime And Punishment*）写到主人公在酒店喝啤酒，有醉鬼与之攀谈，自述靠女卖淫，维持生活之身世，为有名感人一段。又《卡拉玛助夫兄弟》（*The Brothers Karamazoff*），《白痴》（*The Idiot*），《被压迫与被侮辱的人》（*The Down Trodden And offened*），《穷人》（*Poor people*），差不多篇篇都是高贵的灾难图画，篇篇闪着神圣的同情和怜悯的光辉，常为五四前后中国文学界所称道。

这些小说和理论初介绍到中国来时，那些思想比较敏锐，感受性强的人，自然受到感染，一时模仿其作风者甚众，而叶绍钧可算中国第一个成功的杜氏私淑者。他在《阿凤》里曾说"世界的精魂：是爱，生趣，愉快"。顾颉刚替他解释道：

> "他理想中有一个很美满的世界的精神：他秉着这个宗旨，努力地把它描写出来，可说是成功了。试看这几篇里写学校中认为顽皮的学生、低能的儿童、婆婆认为生气的养媳妇，在平常人眼光之下真是不足挂齿的人物，而其内心里却包含着无穷的生趣和愉快。至于没人理会的蠢妇人，脑筋简单的农人和老妈子，他们也都有极深挚的慈爱在他们的心底里。他们虽是住在光线微弱的小屋里过很枯燥的生活；虽是受着长辈的打骂，旁人的轻视，得不到精神的安慰，但是'爱、生趣、愉快'是不会被这些环境灭绝掉的。不但不会灭绝，并且一旦逢到伸展的机会，就立刻会得生长发达，这时候，从前的一切痛苦都忘了，他们就感到人生真实的意义了。"（《隔膜》序）

叶绍钧表现这种倾向的创作，在《隔膜》中有《低能儿》、《阿凤》、《绿衣》、《潜隐的爱》。《潜隐的爱》是写一贫家少年寡妇对邻居小孩发生母爱的故事，真是悱恻动人。作者描写少妇小时状貌道："命运和愚蠢，使伊成为一个没人经心的人。伊仿佛阶前一个小小的水泡，浮着也好，灭了也好，谁还加以注意呢？伊有小而瘦的脸庞，皮肤带着青色，眼睛圆睁，看外物时常呈怅惘的神情，微带红色的发，生得非常之浓，挽成发髻，臃肿而散乱，更增全体的丑陋。"这种描写出现于1921年间，实不可多得，因为那时人的脑筋尚受浪漫主义的支配，觉得世间人物只有英雄豪杰，才子佳人，才有被写成小说的资格，贫穷卑微的人实不必加以盼睐，即学写实主义的写法也必如英国迭更司小说描写落难的男女，貌必美丽，性必聪明，且必秉有醇厚正直的天性，如《孝女耐儿传》中之孝女耐儿；《贼史》中之倭利佛皆是。叶绍钧把《潜隐的爱》的女主角写得那样丑陋、愚蠢，读者感想如何，不可得而知，但笔者当时曾引起一种反感，以为这种妇女哪里值得描写？她的不幸遭遇，又哪里值得我们惋惜与同情？现在才知我们只知珍惜陷于泥淖中的无瑕美玉，却不知看重其有灵性的抹布，实是一种重大的错误。

这个丑陋的女孩长大后，嫁给陈家，丈夫不久死去，生活日益凄苦，忽一日邻居乳媪抱来一肥白可爱的小孩，日日在她家中嬉戏。天然之母爱，一天一天发荣滋长于那寡妇胸中，但以贫富悬殊之故，心里虽然火炽似的想抱他一抱，却总不敢接触他。一日小孩无意摔了一跤，才使她达到这个愿望。作者描写少妇这时的感觉道：

> 当肥白的小手抚伊的额角，温软的小脸庞亲伊的颧颊时，伊高兴得自己和他已合而为一，遨游于别个新的世界，是亲爱和快乐造成的；而眼前的婆婆嫂嫂，自己冷寂阴暗的卧室，和使自己两手作酸的接麻工作，那许多造成的旧世界早已见弃于己，而且毁灭了，没有了。

她后来以接麻所得的工资，买了一些糖果赠给小孩。

> 伊从没吃过糖果，也不知道糖果是什么滋味，看人家都买了给孩子们吃，伊就学着他们的样。伊认为那些糖果就是自己的劳力，将劳力馈赠于他，实是无上的快乐，而且这才觉每天的工作确有甜美的意味。总之伊的外形虽然并没有变更，别人看伊依然是愚蠢和不幸，实则伊内面的生活变化了。伊的近二十年往迹，对于伊的束缚，悉数解放了，伊是幸福、快慰、真实和光明了。

后来写到小孩患病，少妇闻之焦急一段，以及采白荼蘼花问病一段，均写得非常细腻。以及少妇见孩母唱歌抚慰病孩，在旁发呆一段，也微妙传神，为全篇极有力量的结束。

《火灾》集中《被忘却者》，述一小学女教师田女士被丈夫弃而与一同事童女士为友，因而忘却本身痛苦。《地动》和《小岘的回家》，则写小儿对人类和动物原始的同情。

叶绍钧这类作品固然受俄国文学影响有关，而也可为五四时代新生的气象和那时代人的人生观的代表。那时代青年思想固极其混乱，社会现象亦依然昏浊，而希望、光荣、幸福，却像美丽的星光似的，不时在黑暗的前途闪耀。大家都想凭着人类心灵的伟力来改造这不合理的世界，作家中冰心、汪敬熙、落华生、王统照，以及叶绍钧，笔下所表现的都以乐观调子居多。

但是，现代人生的痛苦，社会的丑恶，正像铁一般的事实摆在面前。虽然想由琥珀色的大路，走进黄金的理想王宫，而四周传来一阵阵啼饥号寒的酸楚呼声，能塞着耳朵不听？身边围绕着一幅幅无辜人民宛转于军阀内战，匪盗横行，粮绅土豪之厉迫剥削的悲惨画面，能闭着眼睛不看？这惨苦现象，应如何消弭不能不叫你的心灵不思考？况叶绍钧本是悲观主义的作家，在民初《礼拜六》杂志中所作小说如《博徒之儿》、《姑恶》、《飞絮沾泥》等篇，都是偏于社会黑暗面的描写，后来他的心灵受了五四新潮的洗涤，才有爱、生趣、愉快的主张，并想借着下等阶级的性灵来表现这主张的伟大。但展布在他面前的人生，到底无法否认，所以他一面借着美丽的幻想，来美化丑恶的人生，一面又以写实作风刻画社会黑暗真相，像《晓行》、《悲哀的重载》、《母》、《苦菜》、《寒晓的琴歌》、《饭》、《火灾》等篇，描写桎梏于苛捐杂税下的农人，转辗于火窟中的妓女，被经济压迫而牺牲母爱，或屏息于视学淫威之下的小学教师……都写得异常惨澹，笔墨间含着无数血痕泪点，读过之后使人神经紧张，心灵上感着一层沉重压迫。作者不惟对成人读物如此，即供给天真孩童阅读的《稻草人》，也渗进无数悲观色彩。

当他第一本小说结集时，以其中《隔膜》一篇为书名，顾颉刚劝他改为《微笑》，因为人与人之间固然不免有若干隔膜，但书中像阿凤、方老太等人同情的微笑，却可将隔膜消除。但叶绍钧未采纳。这可见他当时脑筋里悲观的黑云并没有被乐观的光明冲破，所以他五四后的作品可以说是有着"两重人格"的。

这乐观和悲观的"两重人格"在叶氏心灵里，本像天平一般的均衡的。但后来中国的情况江河日下，民生憔悴日甚一日，悲观这一头秤盘好像加多几个砝码，渐渐沉重起来而向下坠，于是他的思想不知不觉脱离了五四的型式，而与那时一般社会改造家的思想接近了。有人说叶绍钧初期作风近似日本白桦派——以武者小路实笃及有岛武郎等为中心分子，讲究人道主义，以爱人、爱人生、靠爱来救人生为目的，盖为新理想主义之一派——其后改为柴霍甫式的幽默。其实我觉得叶氏初在文坛露面，即是糅合白桦派朴实的技巧与含泪的微笑的精神的。后来思想虽然改变，作风并没有改变。

叶绍钧思想的转变，在短篇小说集《城中》已有萌芽。而长篇小说《倪焕之》则更可以显明地看出，所以有人说这本书是时代的划分线，也是叶氏个人思想划分线。倪焕之是江苏某县乡间小学教师，以才学超卓，服务热心，得校长蒋冰如的信任。他用最新的教育方法教学生，在校中立农场、开商店、造戏台、设博物馆、开各种的会，想借此培养学生处理事务，应付情势的能力。但学生毕业出去后并无特殊表现，焕之很觉失望。后遇旧同学之妹金女士，以理想志愿之相合而恋爱，而至于结婚。不意婚后之金女士，终日琐琐于家务育儿，变为家庭人物，使他更感幻灭。而且国内几次军阀的战争，引起他往实际方面思索的道路。后来遇见了那时已从事社会改造工作的旧同学王乐山，王一席话转移了他的心境，辞去固有职务，赴沪参加实际工作。最后以革命计划失败，王乐山被乱刀刺死，他的学生密司殷被拘辱，焕之悲愤万分，跑到某小酒店喝酒，悲歌痛哭，终于得肠窒扶斯而死①。

《倪焕之》似为叶绍钧自叙传，虽亦有随意串插的情节，但写来极其亲切有味。前半部记述倪焕之小学教师的生活和学校的情形，更富有"教育小说"的气氛，因而有人以此与卢梭《爱弥儿》并称。我则觉得焕之初次从事黑板粉条生涯的几段描写，很容易令人联想到都德的《小物件》（Le petit chose）的初出茅庐。书中五四运动和五卅运动更写得醕畅淋漓，有声有色，非叶氏如椽之笔，不足表现这两个伟大时代。茅盾誉为"扛鼎之作"，实不算什么溢美之词。

至于叶绍钧作品艺术上的特点，我以为有以下几点：

第一，他的作品有真实的情感。

顾颉刚《隔膜》序云："圣陶做的小说决不是敷衍文字，必定有了事实的感情，著作的兴味，方始动笔，既动笔则一直写下不能改改窜，换句话说他的小说完全出于情之所不容已，丝毫假借不得的。"他的观察力敏锐，对于世间万事，均有深细的解剖。加以富有想象力，虽未曾经验的事也能揣摩出之。还有他的同情心丰富，能以他人的喜怒哀乐，为自己的喜怒哀乐。不过最要紧的还是叶氏自己所说的"酝酿"（见顾序）。史称韩干画马，神形俱化。又相传施耐庵作《水饼传》，画三十六人之像于壁，朝夕徘徊其下，揣摩其情性口吻，想象其行藏净止，积时已久，形之笔墨，于是三十六人有三十六种个性，三十六种面目与行藏。这都是艺人文人酝酿情感的好例。叶氏对妇人、小孩、小学教员、学者、工人、农人，及社会各色人物，无不写得颊上添毫，栩栩欲活；而于他们心理的分析更是细腻曲折，体贴入微，有如指上螺纹，历历可数。我想他下笔之前，一定要设身处地。情感酝酿已熟，发之文章，自然也有一种醇醇醉人的力量，自然会使读者感到一种低徊咏叹，玩味不尽的韵致。

---

① 编者按："肠窒扶斯"，指患有因伤寒杆菌感染，西医称细菌感染即英文 typhoid bacillus 的中文译名。

第二，他的描写富有雕刻美。

笔者初读叶氏《隔膜》时，曾说冰心的小说似诗，叶绍钧小说则似雕刻。后来读顾颉刚的序文才知道，作者最初果有成为一个雕刻师的志愿，可惜那时中国尚少此种艺术，他始做了一个文人。但叶绍钧虽没有达到做雕刻师的目的，也不必惋惜，他已经将他的创作造成雕刻品了。他的创作里虽然没有飘逸的风神，没有潇洒的韵致，更没有瑰丽神奇幻想的美，但他雕出的"人生"石像，气象是何等庄严，魄力是何等深沉，能不使我们惊叹大匠的"匠心"之不可及呢？有人比雕刻为一首凝固的诗，一部无声的音乐，一幅立体的绘画，因为它的德性是坚突、静默、凝重，叶氏的创作正有这等好处。雕刻是由细磨细凿出来的，叶绍钧的笔致，正是善于细磨细凿。

选自《中国二三十年代作家》，台湾纯文学出版社 1983 年 10 月出版

心理小说家施蛰存

施蛰存先生遗像

[编者按]

施蛰存（1905—2003），原名施德普，字蛰存，杭州人。曾用笔名有施青萍、安华等。博学多才，兼通古今，生前为华东师范大学知名教授、翻译家、古文字学者。1932 年曾在上海主编大型文艺刊物《现代》，被后人誉为"一本《现代》，就是一部现代文学史"。他早年的许多创作与译作，晚年研究诗词、碑帖及大量散文都收入《施蛰存全集》（10 卷）中。2013 年由上海华东师范大学出版社出版。

如果有人叫我开一张五四以后新文学优秀作品目录，施蛰存《将军的头》一定会占个位置。这或者是我的偏爱，但叫我故作违心之论去赞美那些徒以善喊革命口号，徒以善于骂人而艺术粗糙拙劣不堪一读的大师们作品，宁可欣赏我所偏爱的东西。所以《将军的头》虽然受赞赏和受毁骂的时代早过去了，但我愿意来评它一评。

施蛰存以一身拥有"文体作家"、"心理小说家"、"新感觉派作家"三个名号，虽然他自己对于这些名号一个也不承认，但就他已发表的文字看来，则他对于上所举的三派作风都有些相近，不过心理色彩更较其他为浓厚罢了。他的创作小说集有《追》、《上元灯》、《梅雨之夕》、《将军的头》、《善女人的行品》、《李师师》、《娟子姑娘》等，而《将军的头》实奠定他的文坛地位，我们可以派之为他的代表作。

作者最擅长心理的分析，有人说他是现代中国将佛洛依德一派学说引入文学的第一人。读了他的《将军的头》便可证明此说。此书共包含《鸠摩罗什》、《将军的头》、《石秀》、《阿褴公主》四篇。题材取之历史，描写则注重心理的变化，其中值得注意的有以下二点：

一、二重人格的冲突

普通心理学上所谓自我分裂，灵肉冲突，和一切心理上的纷乱矛盾，都脱不了二重人格的关系。施蛰存的《鸠摩罗什》是写宗教与色欲冲突的。这种题材在神本主义和禁欲主义发达的西洋文学里早已司空见惯，而且成功的作品也非常多；我国是人本主义的国家，虽以佛教之戒律森严，也能加以改变，使它人情化，像这种心理上剧烈斗争经验，很少体会。所以若以我国人为此种小说主角，结果必不甚自然，作者必采取异域高僧鸠摩罗什的故事为主题，原也有他不得已的苦衷。

《鸠摩罗什》是从鸠摩罗什携带妻子应姚兴之聘赴秦的途中叙起。这位高僧在龟兹国受吕光的强迫，破戒与吕的表妹龟兹公主结婚，良心已极端感着痛苦，幸而妻子在途中得热病死去，他以为从此以后可以脱然无累，恢复他圆满德行了。不意到了长安，终日受到国王无上的尊敬，举国士庶热烈的膜拜，情欲仍不断的纠缠着他，亡妻的面貌常常在目前荡漾。一天讲经时，见一美丽娟女，忽然大动凡心；第二天讲经，又在听众中发现一容貌既似那娟女，又似他的亡妻的宫嫔，鸠摩罗什于是陷于重重魔障之中不能自拔，而犯第二次娶妻之罪。虽然他能用巧妙的言词遮掩着他的罪恶，并利用魔术来维持自己动摇中的尊严地位，而内心之杌陧不安，达于极点。他就在这样双层人格的争斗中，惨淡地生存，也就在这样双层人格斗争中，悲伤地死去！

苏雪林致施蛰存的信（1948 年 2 月 7 日）

施蛰存写鸠摩罗什天人交战之苦，都从正面落笔，细腻曲折，刻划入微。用了十二分魂力，十二分功夫，一步逼入一步，一层透进一层，把这个极不易写的题目写得鞭辟入里，毫发无遗憾而后止。记得我从前读佛朗士的《黛丝》，心灵感受重大的压迫，读了《鸠摩罗什》，我的心也觉得重沉沉的不舒服几天。作者在描写的技巧上虽受了佛朗士《黛丝》一类书的影响，但他对于佛教经典曾下过一番研究苦心，引用了不少佛教的戒律术语，布置了不少佛教的气氛，所以自然成为中国人写的佛教徒灵肉冲突的记录，与《黛丝》之基督教徒灵肉冲突有别。虽然对话过于欧化有点不自然，但全文既以异域高僧为题衬，这一点也就不必苛求了。更可赞美的是以这个恋爱故事为经，将鸠摩罗什一生行迹都编织进去，即小小的穿插，和琐碎的情节，也取之史册，不假捏造，而全幅故事浑如无缝天衣，不露针线痕迹。不但在心理小说中获得很高的地位，古事小说能写得这样的也不可多得。

《将军的头》也属于双层人格描写。作者自己声明是写种族恋爱的冲突，题材则取之唐代猛将花敬定的故事。据说花敬定原属吐蕃族，因憎恶其贪鄙的汉族部下，而想趁自己被差遣去征伐吐蕃时，叛归祖国。忽有一部下的骑兵调戏一少女，将军虽已将该骑兵正法，而自己亦为那少女的美色所惑，于是花将军种族与恋爱的冲突便尖锐化。以后将军茫然上了战场，携其头奔回，遇他所爱的少女于溪边，受她的调侃，失望倒地死去。这篇文字的题材，不如《鸠摩罗什》，有些地方写得很勉强，但描写还觉精细深窈，自具作者文笔的特征。

二、变态性欲的描写

按，变态性欲有施虐狂及被虐狂，西洋及日本以此作为小说者已数见不鲜。中国旧文学虽无自觉的描写，但以史册及笔记等所记载者观之，也还有不少例子。譬如《北史》所记各暴主虐杀妃嫔宫女以为笑乐事，晋石崇杀妓行酒，隋末诸葛昂盘蒸美人撮食乳肉等等，都含有施虐狂的心理。施蛰存在一篇小说里写结盟兄弟石秀和杨雄，石秀想出许多巧妙的计策，怂恿杨雄杀妻潘巧云。原来石秀爱上潘巧云，但以碍于杨雄的友谊，不敢有所举动。后来知道潘巧云与和尚裴如海有私，不胜其醋，告知杨雄，却反被潘巧云用谗逐出；恋爱嫉妒与仇恨交并一处，遂欲甘心于巧云。后来果然教杨雄用计诓骗巧云主仆上翠屏山，而施以极残酷的杀害。他则一傍欣赏巧云痛苦的姿态，和那淋漓的鲜血，零乱的肢体，来满足他的施虐狂。

三、近代梦学的应用

自佛洛依德作《梦的解释》以及心理学家发表种种梦的研究以后，梦学也常常应用到文学上来。鸠摩罗什曾梦入长安妓女孟大娘之家，石秀曾梦见与潘巧云恋爱，花敬定曾梦见自己变军士强逼所爱村女，都是作者应用梦理学之例，但我以为施蛰存的《狮子座流星》那个梦写得最有趣味。这虽然属于《将军的头》以外的一篇文章，我们也不妨引来做个证明。卓佩珊夫人因为渴望生子，从医生处检查归来，听见街上卖报的说常夜有狮子座流星出现。进到自家街堂口时，恰巧又听见守巷巡警与邻家婢调谑，说狮子座流星女人看不得，看了要生儿子。夫人虽不知狮子座流星究竟为何物，但自己正想得子，决定晚间将床铺移到窗下守候一个通宵。守了大半夜毫无所见，天亮时朦胧睡去，忽然梦见星飞空中，明如白昼，而且投入自己怀中，发生奇响。惊醒时则朝阳光芒刚射到眼皮上，丈夫则正在梳理头发，误落象牙梳子于地，她梦中奇响即由此而来。

据佛洛依德说梦的构成不外四种原因：一、日间发生欲望，无机会实现，便在晚间梦境里来满足。二、被社会裁制着的欲望，常在梦中活动。三、睡眠时受了生理上的刺激亦能成梦，如渴则梦饮，饥即梦食，手搭胸则梦为鬼所压。四、深藏于潜意识之中，或从儿童时代传衍下来的欲望，每能与日常生活经验，连缀成梦。卓佩珊夫人想生儿子的欲望，正在脑筋里闹得不可开交，听了狮子座流星出现的新闻和巡警戏言，同旧日所闻的日月入怀主生贵子的传说和射在眼皮上的朝阳，丈夫牙梳的落地声，连结一片，成此一梦，就合着弗氏梦学第三第四两种原因。

　　至于作梦时间问题也大可研究。据施氏小说写卓夫人由梦见星飞天上起到惊醒时止，经历时间至少一刻钟，但实际上所经历的不过一二秒钟罢了。几秒钟之间即可做一甚长的梦，似不可能，但弗氏书有许多实例。如法国某人睡中帐钩断落其颈，仅一刹那间事，他却做三个甚绵长的梦，梦在大恐怖时代，他如何被捕，如何被送上断头台，刀锋落下，一痛而醒。我们说卓夫人梦境发生于朝阳射眼一刹那间固可，说她的梦境发生于丈夫牙梳落地之刹那间也无不可。梦中时间的感觉原与醒时不同。柏格森（Herni Bergson）的"时间与意志自由"曾细加解释。中国古人的"黄粱梦"和"枕上片时春梦中，行尽江南万千里"，也曾无意地透露此中消息。

　　至于施蛰存写作的技巧也可以分几层来说：

　　施氏擅长旧文艺，他华丽的辞藻大都由旧文学得来。据他作品所述，我们知道他很爱李商隐的诗，而且自己所做的旧诗也是这一路。玉溪诗素有"绮密瑰妍"之评，施氏创作小说，文藻的富丽与色泽的腴润，亦可当得起这四个字，则他的艺术一定大有得于李诗。又作者与沈从文同称为"文体作家"，即专以贡献新奇优美之文体为主，不问内容之合理与否。沈从文《月下小景》专写印度故事，荒唐奇诞不可诘究。施蛰存《鸠摩罗什》之当犯戒俗僧之面吞下盈钵之针；花敬定将军被敌将斩去头颅，居然能驰马十余里，一直到听见所爱女郎的讽嘲，才伤心倒地而死，都不合情理，但我们若知道他是一个文体作家，便不能说什么了。

　　施氏作品色泽的腴润，可于《将军的头》一书见之。《鸠摩罗什》中描写沙漠景色的一段，高僧回忆受龟兹公主诱惑的一段，美丽得简直像诗。阿褴公主的故事本来极其瑰奇，作者的描写，更使它诗化了。

　　结构的谨严与刻画的细腻，也是施蛰存艺术上的特色。粗疏、松懈、直率、浅露，大约是一般新文学家的通病，施氏独在结构刻画上用心。在小说人物思想的过程上，作者最能做有层次的描写，像他写花敬定将军忽然发生叛回吐蕃的念头，必先写将军幼时受了祖父的感染，对于本族本国已有一种向往之感情；继写将军讨平段子璋立下奇功，而部下汉族兵士大掠东蜀，致自己上峰崔光远受了朝廷的处分，自己也不能升官；及奉令率师抵御吐蕃，他部下又日日作掠劫货财的梦，甚至打算抢他们所驻扎的村镇，这对于一个正直的英雄主将，当然感到万分的憎恶，不能忍耐，他之想叛回祖国，也就不算什么奇怪之事了。又写石秀杀嫂，从杀机之发动，至于成熟，也极有步骤。先写他勾栏宿娼，娼手指误创于削梨之刀，红如宝石的血液自玉雪之指端下滴，色彩鲜绝异常，使石秀对于女人的血发生爱好，后杀裴如海与头陀，一刀一个，毫不费力，更觉杀人为至奇快之事，以后再来杀潘巧云，便不嫌其突兀了。又如《散步》那一篇，丈夫对于将爱情专注儿女及家务之妻子，发生不满之感，而逐渐与一个从前曾恋爱的寡妇重拾旧欢，写得也极有层次。《旅店》那一篇，丁先生旅行内地，在旅馆的一夕中，饱受虚惊，心理上的刻画也极曲折细腻之能事。施氏文笔有纤巧之称，自有其由来也。

蒋心余题《袁枚诗集》云："古今惟此笔数支，怪哉公以一手持。"作家仅能表现一种作风，不足称为大家，模拟他人或步趋时尚者，其作品形式亦不能推陈出新，戛戛独造。施氏文笔细致美丽，写古事小说固然游刃有余，写下等社会的情形，则好像有点不称，但他居然能在《将军的头》、《李师师》之外，写出《追》、《雄鸡》、《宵行》、《四喜子的生意》等篇，对于下等社会的简单的心理，粗野的态度，鄙俚的口吻，模拟尽致，于鲁迅等地方文艺之外另树一帜，不能不说难能了。

施蛰存写作时，最喜在另辟蹊径上努力。《将军的头》和《李师师》等古事小说已开了一条新文坛没有走过的道路了；《夜叉》、《魔道》、《凶宅》几篇的文字，充满了神秘恐怖气氛，读之令人疑神疑鬼，心弦异常紧张，可以算得一种新写法。美国爱伦坡最善此等笔墨，法国写实主义大师左拉、莫泊桑晚年心情异常，其作品也颇带着浓厚的阴森幻秘的情调。

选自《中国二三十年代作家》，台湾纯文学出版社 1983 年 10 月出版

神秘的天才诗人白采

[编者按]

白采（1894—1926），原名
童汉章，一名童昭海，字国华，
江西高安人。少时聪慧，1911
年自高安筠北小学毕业后，即自
学诗画。1922 年考取上海美专，
1925 年执教上海江湾立达学园，
1926 年又应聘至厦门集美学校
农林部任教。1926 年暑假出游，
在海船上病亡，享年 32 岁。遗
著有《白采小说集》，长诗《羸
疾者的爱》、《绝俗楼遗诗》等。

白采遗像

五四以后，有一位诗人将自
己的身世弄得非常诡秘，行踪更
是扑朔迷离，若隐若现，就是白采。据说他的真姓名是童汉章，江西高
安人，白采是他的笔名。他一生行事大概只有赵景深、王平陵，知道得
清楚。

白采好像出身于书香门第，年纪轻轻的，国学的造诣便超过当时所

《绝俗楼我辈语》的扉页（开明书店 1931 年出版）

谓的举人进士科第人物。他曾用文言体写了一部《绝俗楼我辈语》，由开明书店出版。这是部诗话兼谈文学，文笔简练雅洁，见解也高人一等，在唐宋明清历代诗话中，可以占一席之地。

后来受时代的感染，他就抛弃文言，用语体文来写作了。

白采写作的范围甚为广博，诗歌、小说、散文，都有试作，文章一出手，便显出荦卓非凡的才气，他尤善于作长诗，像《羸疾者的爱》，即其代表作。

王平陵曾说，白采开始时也歌颂着青春，企慕光明，对人生充满着热烈的希望，后来不知受了什么打击，一变而为颓废，作品中只见"骷髅"、"棺材"、"恶魔"、"鸱枭"等字样，很像号称称恶魔派的法国诗人波特莱尔的《恶之华》（*Fleurs du mal*）作风。不过他和波特莱尔那个逃自地狱的魔鬼不同，他究竟深受中国文化的熏陶，是个悲吟于白杨衰草间李长吉一般的才鬼。

因此，白采虽受波特莱尔的影响，却并非颓废派，只是一个异乎寻常的诗人。

白采的为人，赵景深曾亲自对我形容过：案上常置一具不知从什么墓地捡来的人头骨，张着两个黑洞洞的眼窟，露着一副白森森的牙齿，对人望着，使来访的客人为之毛骨悚然，不敢留坐。他又命木工用红木精制了一个小馆材，中置人参一支，权充死人，置之案头，时加把玩。王平陵也说他穿深黑色的西服，打着大领结，时常携着一壶酒到公园放歌畅饮，醉则卧花荫下直到天亮。这个伤心别有怀抱的诗人，后来竟以失踪为结局。

白采的《羸疾者的爱》大意是个羸疾者（即肺病者，肺病在当时是视为无药可医的绝症的）的故事。诗的第一段，是说诗人偶然飘泊到一个山川秀美，环境安静的村庄，村长乃一慈祥的老人，有一美貌的独生女，将这个飘泊者延到他们的别墅，厚加款待。村长意欲以女相许，那女郎也爱上了他。但他自知患有羸疾，坚决拒绝。第二段，诗人回到自己的家乡，向母亲叙述其遭遇，母责其愚昧，何故失此大好机会。他说自己既患有羸疾，何敢害人。并藉此说自己之患有此疾，乃系婴孩期失乳，所雇乳娘乳亦不足，而以欺骗手段哺婴有关。

> 母亲！
> 我正为了这个惊宠，
> 费过很大的踌躇，
> 说过了许多逊谢的言语。
> 母亲，你应该知道，
> 你的儿子本是一个羸者。
> 我是那个诳骗的乳母的儿子，
> 直到了八岁，常是病着，
> 你生我时已到了暮年。
> 记得有一回我放学归来，

　　伏在你怀中不住的哭泣，

　　向你苦苦求着乳汁，

　　你解开干瘪的前襟，垂泪的安慰我。

　　母闻子言流泪，自悔不该于子女幼时疏于照顾，一凭乳娘弄鬼。他对儿子说："你是我的独生子，既有人见爱，何妨娶之，将来生子，也可绵延祖宗的血食。"诗人又说：

　　你给我散漫的智慧，

　　却没给我够用的筋力；

　　你使我得着灵的扩张，

　　却没有与我补充的实质。

　　我以为这生活的两面，

　　我们所能实感着的，有时更有价值！

　　既不完全，

　　便宁可毁灭；

　　不能升腾，

　　便甘心沉溺；

　　美锦伤了蠹穴，

　　先把它焚裂；

　　钝的宝刀，

　　不如断折；

　　母亲：

　　我是不忘超拔了。

　　诗的第三段，羸疾者又离家至一友处。友闻其际遇，亦责其不智。说："你为了顾全别人，未免太过虑了。人生不过汲汲求着偷安，各人忙着寻些'乐趣'，谁不是'所挟者少，所求者多'，你却常自扰！我不是异教徒，用不义的话向你探试；但世界久被魔王统治，为了守牢我们本分的生，诡谲、隐忍，便是我们正当的生活！"诗人的本心是："我正为了尊重爱，所以不敢求爱；我正为了爱伊，所以不敢接受伊的爱。"他的朋友劝他的一番话，当然是话不投机半句多了。

诗的第四段，是比较长的一段，那女郎竟不辞跋涉，远远找了来。羸疾者申明自己的病，仍然拒绝她的爱，说了好多的话。女郎道：

> 执拗的人啊，
> 你比别人更强项了；
> 但你比别人更痛苦了——
> 自示羸弱的人，
> 反常想胜过了一切强者。

> 我知道你的，比你自己知道得更多，
> 你心比那心壮的更心壮，
> 比那年少的更年少，
> 你莫谩我，
> 我是爱着你了。
> 只要许我一次亲吻，更值得死，
> 只要让我一次拥抱，我便幸福。
> 用我自己的手指摘的果子虽小，
> 我却不贪那更大的了。

诗人回答她道：

> 贤明的女士：

请改变你的痴望罢——

你是病了？

你应该明了你有更大的责任，

却超过你的神圣的爱。

我们委靡的民族，

我们积弱的祖国，

我们神明的子孙大半是冗物了！

你该保存"人母"的新责任，

这些"新生"正仗着你慈爱的选择；

这庄严无上的权威，

正在你丰腴的手里。

固然我也有过爱苗在心里，

但是却同我的青春，一路偷跑了。

我是何等的悲痛啊！

我不敢用我残碎的爱爱你了！

不能"自助"便不能"合作"，

为了我们所要创造的，不可使有丝毫不全，

真和美便是善，不是亏蚀的！

你该自爱——

珍重你天生的黄金时代。

诗人又劝那个女郎，须向武士去找寻健全的人格；须向壮硕像婴儿一般的人去认纯真的美。更劝女郎切莫接近狂人，因狂人会使她也变了病的心理，也莫过于信任那日夜思想的哲学者，因为他们只会制造诈伪的辩语。不幸诗人自己便是狂人，便是思想太多的哲学者。诗人又说："羸弱是百罪之源，阴霾常潜伏在不健全的心里。他自己是不中绳墨的朽质，是不可赦的堕落者，决不敢乞求她的怜恕。"

谁知那女郎仍苦苦求他，劝他万勿为病"自馁"并说"为了爱，使我反厌弃了一切健全"，只求和他一同回到那美丽的村庄，和她老父同住。诗人回答说：

　　请莫把这柔软的网，张在我四面，
　　莫把这陶醉的话，灌入我心里；
　　败了的战士，受着慰抚反更觳觫！
　　枯卉浇上甘霖，更增它死灭的警惕！
　　铩了羽毛的鸟，
　　不敢向它的伴侣张开尾巴；
　　落地的花，
　　羞红了脸，再不能飞上枝头；
　　我落魄的心，
　　不敢再向你面前夸示。

诗人又说他宁可耐着苦空，如同那些僧侣，只在梦里伴着它，因为：

　　群花争笑着迎接春天，
　　但这不是枯卉的事；
　　你是人间最可爱的，
　　但却不是我的事；
　　为的是怕阻碍阳春的工作，
　　我不该狂占却一寸园地。

女郎仍表示深爱之衷，哀求不已，诗人心如铁石，丝毫不为所动，只劝女郎诀绝他，自回故乡，仅"记这莽莽天涯，有个人永远为她祝福"。他自己呢，则"我将待《毁灭》的完成，来偿足我羸疾者的缺憾"。

白采这首《羸疾者的爱》，共七百二十余行，万余字。完稿于1924年间，距离五四时代不过短短五年。那时许多新诗人还在旧诗词窠臼里挣扎，或乞求西洋的残膏剩馥，以资涂饰。白采旧文学根柢之厚，具见于他《绝俗楼我辈语》一书，但他这首长诗竟能将旧诗词的辞藻、语汇及旧格律、旧意境，扫除得干干净净，以一种崭新的姿态与读者相见，不是天才能办得到吗？他若不早死，我想他不仅能与徐志摩、朱湘并驾齐驱，甚或超而上之，也说不定。因为徐、朱早年时代的作品，或乞助西洋或不脱旧诗词的羁束，哪能有白采这样壁立万仞，一空倚傍，天马行空，独来独往的大手笔与非凡的气魄呢？

白采这首《羸疾者的爱》，恐怕大半是真实的事迹，至于飘泊到一个山明水秀，世外桃源般山村，遇见一个慈祥且有学问的村长，恐怕是虚构的了。诗的思想是尼采式的，朱自清批评得很好，他说白采是"献身于生的尊严而不妥协的没落下去"。尼采的理想"超人"，是比现代人更强壮，更聪慧，更有能力措置世界万事，使文化进步一日千里，呈现庄严璀璨之壮观。好像只有超人才有生存于这世界的权利，我们这群庸庸碌碌的酒囊饭袋，只配做超人的垫脚石罢了。尤其那些衰弱有病的，更没有生存的资格。诗人因自己已患了不治之疾，生理心理均呈病态，遂自惭形秽，无论如何，不肯接受那女郎的爱，并劝女郎找武士一般壮硕的人结婚，好改良我们这积弱的民族，正是尼采超人思想。而且宁愿牺牲自己为中国下一代种族着想，思想之正大光明，也真教人起敬起爱。

笔者曾在某一刊物上看见过白采的一幅照片，穿着西装，胸前好像有王平陵先生所说的一个大领结，那是当时艺术家的标记。至于容貌则五官秀整，风神俊朗，不愧为一个美男子，不过他口角虽含微笑，眼光则颇忧郁，面目也像有点浮肿，这个人即使不自杀，也决非寿征。他生活的放浪怪癖，大概也是为了自己这个病，不愿久生，故意乱加糟蹋，以践其早日脱离尘世的目的。这又是易卜生"不全则宁无"那个理想害了他。他诗中所说"既不完全，便宁可毁灭；不能升腾，便甘心沉溺；美锦伤了蠹穴，先把它焚裂，钝的宝刀，不如断折"不是说明了吗？

总之，白采实是二三十年代一位颇为突出的诗人，他惊采绝艳的才华，固足令人拜倒，他的不幸的身世，和神秘的失踪，尤足使人惋惜无已。

诗名出得颇早者，尚有所谓"湖畔四诗人"，即潘漠华、应修人、冯雪峰、汪静之。他们于 1922 年即出了一本合著诗集《湖畔》。我们都知道十九世纪英国华茨华兹、哥尔利治（Coleridge）、沙赛（Southey）三人居于温台美湖（Lake Windermere）畔，终日以吟诗为事，人遂称之为"湖畔诗人"（lake poets），至于潘漠华等是否曾同居湖畔，不可考。也许其中有一两人在什么湖畔住过几天，也就将那英国诗人的美名占来了。朱自清评四人之诗云："潘漠华氏最是凄苦，不胜掩抑之致，冯氏明快多了，笑中可也有泪，汪静之一味天真稚气，应修人却嫌味儿淡些。"这四位诗人与白采无关，不过写作的时代相同，故附此一论。

选自《中国二三十年代作家》，台湾纯文学出版社 1983 年 10 月出版

我们中文系主任刘博平

刘博平先生遗像

[编者按]

刘博平（1891—1978），名赜，字博平，湖北武穴人，1917年北京大学毕业。古文字学、音韵学、训诂学著名学者，国家一级教授。武汉大学知名"五老"教授（刘博平、刘永济、陈登恪、席鲁思、黄焯）之一，主要著述有《说文古韵谱》（1963年湖北人民出版社影印）、《初文述谊》、《小学札记》（1983年上海古籍出版社影印）及有关方言考释论著多种。

1931年秋，我受武大之聘到中文系任教，系主任是名赜字博平的刘先生。他是湘北广济①人，长于音韵之学，听说是黄季刚的高足，也是章太炎的再传弟子。他在武大教

---

① 编者按：广济，即今武穴市。

的是音韵学兼文字学及训诂学。曾著有《声韵学表解》一册，大家都赞好。我对此学虽为门外，也曾将此书买来，想自己揣摩，无奈总不得其门而入。国难时，屡经播迁，我好多书都散佚了，这本书也在散佚之列，我想自学音韵的机会，也就随之而消失了。

我和刘先生上课时间不同，因之和他在教职员休息室会面的时间也极少。只知道这是个寡言鲜笑，喜怒不形于色的人，并非他城府深沉，不过性情过于内向罢了。他对于我这个只知写写白话文，国学没有根柢的人，观感如何，我所不悉。不过若有相处的机会，譬如在同一室审阅入学考试的卷子的时候，他对我倒是和颜悦色，温文有礼。当刘弘度先生借题发挥，大骂五四以来的新派，他也只微笑唯唯而已，从来不附和他什么，也从来不说一句"文化汉奸"之类叫人难堪的话，他的涵养功夫，颇叫我佩服。

他擅长书法，写得一笔龙飞凤舞的好字，我曾冒昧乞求他的墨宝，他居然为我写了一张横幅，上面题句也是他自撰。记得好像是一首五言诗或是几句韵语，大概说我乃有家之人，而每逢寒暑假，总不见命驾言归，想必珞珈的湖光山色，足以教人留恋吗？但他说的话非常隐约而且得体，并非这样显露。可惜那几句诗，因横条久失，我已记不清了。

我因家庭寂无情趣，自从到了珞珈以后，的确不常回春申浦畔之家，偶然一回，同仁皆诧为异事。高君珊教授还特别订制一只漆盘送我，上题秦观《鹊桥仙》二句："金风玉露一相逢，便胜却，人间无数。"与刘博平先生所题赠，可以互相发明。我觉博平先生外貌虽似严冷，对人则颇有温厚同情而且颇富于幽默感。

博平先生授课异常热心。他上课总是接连两小时不下堂，学生们知他习惯，上课前都先清理内务，免得听课中途，请求出去，扫他雅兴。我偶尔从他课室走过，只见他卓立坛上，口讲指画，毫无倦容，好像恨不得把一生苦学得来的学问，倾箧到筐，一下子都塞入学生脑海；下面黑压压一堂学生，也聚精会神，鸦雀无声地倾听，真是一幅动人的图画。古人曾说"经师易求，人师难得"，像博平先生这样热忱洋溢的教学精神，也可说是人师也矣。

大凡邃于国学者，思想总不免倾向保守，武大中文系几位老先生都可说是保守份子。自刘弘度先生来了后，保守之风更大炽。他顶得意的就是什么"内圣外王"之学。记得他曾在教员休息室对袁兰子宣扬此说，同时也想把我这个顽固新派脑筋里所积存的五四遗毒冲淡冲淡。他常很热心，像旧传教士宣道般说："我日日向诸生灌输这个内圣外王的学说，对他们说'你们若照我的教训做去，则人人可做圣人，也人人可做帝王'。试想一介平民竟可荣登大宝，南面称尊，岂有不踊跃之事，喜出望外之理？所以学生们听我这样说，莫不异常的喜悦和兴奋。教学子，不应徒作消极的训诫，而应作积极的鼓励，这样才能使他们志气高扬，努力向上呀！"

兰子听了，不解道："自从辛亥革命以后，我们已将帝制打倒，现在我们是共和国家。你刘先生却要学生成为帝王，那不是要造反吗？而且每个学生都成帝王，又岂不变为多头政治吗？这样一来，天下恐要大乱吧？"弘度先生笑道："这个你不懂。袁教授，恕我直言，你们研究外国文学的人，只知道外国的政治理论，对中国则昧昧然，对古代的，更隔一层了。我说的'内圣外王'出《庄子·天下》篇，本道家学说，我们儒家将它取了来，成了儒家的瑰宝。'内圣'固然是做圣人，'外王'则是把圣人之道教化人民，使之各安生理，各沾教化，温温如挟纩，熙熙如登春台，天下不但不会大乱，所谓太平盛世，就将呈现目前了。"

兰子仍然不能领会，又问道："那么，你适才所说什么'荣登大宝'、'南面称尊'，又作何解？"

"那也只是譬喻啊，我们儒家最讲究君臣大义，哪有教人都去称王称帝的道理？前面不是说外王者是把圣人之道教化人民而已吗？"刘对兰子的多问，似稍有不乐之色，兰子知趣，也就默然了。我那时恰读了《庄子·天下》篇，记得成玄英对"内圣外王"四个字疏解："玄圣素王，内也。飞龙九五，外也。"说"飞龙九五"，不是做帝王是什么？怎么可说是譬喻？不过我素来讷于言词，又有点摄于弘度先生那种气焰，未曾提出。

中文系几位老先生由保守而复古，博平先生虽不像弘度先生之喜爱高睨大谈，思想上则和他沆瀣一气。学生受其感召，复古空气居然弥漫一时。记得博平先生所授学生写毕业论文（那时代大学毕业生都得写论文一篇，今已免），用的一概是古香古色的文言，所署年月并非中华民国某年某月，却是"太岁在赤奋若壮月"、"太岁在大渊献相月"等等。这种纪年月法出原于《尔雅》的《释天》篇，我国古时有十二辰、十二岁、十二次、与黄道十二宫相当。所谓赤奋若相当于丑年，大渊献若相当于亥年，纪月则以月在某月为准。《尔雅》提供了两种纪月法，壮月是八月，相月是七月。《尔雅》虽称为周公旦所作，我则以为乃战国中叶受域外文化大量传入影响的产品。这类纪年纪月的名称，离奇怪诞，字面上绝对找不出丝毫意义，分明是译音。中国保守派的学者以为这样才是"古"、才是"国粹"，恐怕他们做了域外文化的俘虏尚不自知，我觉得颇为可笑。

武大迁到四川以后，中文系复古空气愈趋浓厚，学生不穿校服，却穿起长袍马褂来。听说在成都的四川大学学生穿袍褂之不足，每人还手托一具水烟袋，或口衔长长的一根旱烟杆，说起话来，之乎也者，走起路来，一摇三摆，以为这样才算是承继道统的斯文一脉。不知袍褂乃满洲服装，水烟旱烟，据说也由满洲传入。他们复古没有复到我们华夏之古，却复到夷狄之古上去，若知其然，恐怕自己也要失笑吧！武大学生倒还好，复古没有复到这种程度。我见他们抽烟，也不过抽最廉价的土制××牌、××牌，水旱烟须预备烟具，价甚贵，只有有钱的四川学生用得起。

我们中文系学生既讲究复古，每逢旧历新岁，到老师家拜年，要跪地磕头。记得有一年适逢旧历新岁，一个中文系学生穿着长棉袍入门就向我一跪，随即磕下头去，出我不意，倒吓了一大跳，忙问："你怎么了？是不是家里出了什么事？"因中国习俗遭遇父母丧者，称为孝子，照例是要向人磕头的。后来才知不过是来贺岁，就对他说："这种大礼，我当不起，请免了吧！"该生觉得我不识抬举，坐也不坐就走了。这话传开，就没有同学再上门了。后来我自己想想，也是真的不识抬举，学生爱磕头，就由他们磕去。那回我若不推却，一个新年下来，可以收到一箩筐的"响头"，有何不美！

我们中文系师生间还有许多别的复古故事，一时记不起，只有从略。凡此种种，我把它写在这一篇里，并非说这些都是刘博平先生提倡出来的。不过我们中文系的教师们大都爱这个调调儿，则是事实。为了博平先生身为系主任，负有领导群伦之责，我就把笔帐暂挂在他的名下，说起来是很对他不起的。这种风气之养成，我想那位整天讲"内圣外王"、另一姓刘的先生功劳更大——不过这种风气其实亦无大害，比起那时代盛极一时的左倾思想还好得多。所惜者那些圣贤的微言大义，究竟抵挡不住挟时代潮流以俱来的邪说诐词。抗日胜利后，武大复校于珞珈山上，屡次学潮，中文系同学为虎作伥者大有人在。就是刘弘度先生在为"六一惨案"所建立的"六一"亭匾额上题词，还偏袒左翼，谴责政府哩（见于拙著的《学潮篇》）。

话再说回来，刘博平先生虽为我们的系主任，我和他接洽之事极少，见面机会也极少，对他的为人，实不深知。但我觉得所难得者，他身为某名公的高足，只接受了某氏的学问，却没有传染某氏的习气。某氏的佯狂自放、玩世不恭、白眼对人、使酒谩骂诸事，流传于世，人皆以为美谭，我则厌恶已极。通去我也曾认为几个某氏门下士，多少都有这种恶劣习惯。博平先生则完全不然，只是诚诚恳恳地做人、朴朴实实地治学，若说他是章太炎的学生还有点像。太炎虽亦有疯子之名，其疯与某氏的却颇为不同。

选自《珞珈》第 71 期，1981 年 7 月出版

楚辞专家刘弘度

[编者按]

　　刘永济（1887—1966），字
弘度，号诵帚、知秋翁，湖南
新宁县人。1916年毕业于清华
大学语文系，历任东北大学教
授、武汉大学教授及文学院院
长，1956年评为国家一级教
授。研究屈赋与《文心雕龙》
成果卓著，有《屈赋通笺》、
《笺屈余义》、《屈赋音注详解》、
《文心雕龙校释》最为知名。

刘永济先生遗像

　　武大中文系同仁有十几位，今论我认识较深者几位。其中首宜论及
者就是楚辞专家刘永济字弘度者那个人。

　　刘先生是湖南新宁人，早年在湘与同志办过一个学术兼文艺性的刊
物，名为《湘君》。屈原《九歌》里有《湘君》一篇，杂志以此为名，
大概其中文字多与屈赋有关。不过我仅耳其名，实未寓目只字，只听人
说该志是拥护中国文化的，与梅光迪、胡先骕等所办《学衡》性质相
类，其抨击五四后新文化之激烈，也有异曲同工之妙。刘弘度先生研究

屈赋为时绝早，他在东北大学任教时，曾将有关屈赋的论文数篇寄《武大季刊》发表，我就注意了他。

武大《楚辞》原由闻一多教授，闻辞去后，此课虚悬有年。有一天，院长约我相见，问我是否担任？因 1928 年间，我曾在《现代评论》上发表过一篇长约二万字的《屈原与河神祭典的关系》——此文后改题为《九歌中人神恋爱关系》——他以为我对屈赋有点研究，教授此课，或可胜任。我吓坏了，赶紧回说："屈赋是一门大学问，我虽写过那篇文章，也不过解决其中一个小小问题，等于在浩无边际的大海畔拾着一枚细微的贝壳，屈赋所含蕴之深广，绝非我所能发掘的。刘永济先生发表在季刊上文字，院长难道忘了吗？若能请得他来，岂不胜我万倍？"我那时只想推却这副重担，倒并非存心替刘先生推毂，谁知院长听我一说就记了起来，于是就把刘聘来教这门课。

刘先生非常清瘦，因太瘦而显得苍老，年未不惑，望之似逾知命，不过很有精神。他的太太是个受过新教育的女性，所以我和袁兰子常到她家玩。他家四壁图书，琳琅满目，关于《楚辞》论著搜集不少，但新派学者如陆侃如、游国恩、闻一多、徐嘉瑞等之书，则无一本。刘先生对那些新学者痛恨非常，卫护中国传统文化之心又非常热烈。我只记得有几件事可以知道他对五四以来学说深恶痛绝的态度与情感。

每年暑假开始，也是我们审阅入学考卷的时候，我也历年都受学校邀请参加。我们本分派好几处，我却偏偏被派在中文系主任刘赜博平先生和弘度先生一室。阅卷时，只听得弘度先生怒骂之声不绝。他骂的是学生国文程度低落，考卷许多问题，都答不出，至于作文通顺者亦少。他说这都拜五四运动诸公如胡适、陈独秀之赐。其实那考卷要学生解释的或翻译的文句，多自先秦古籍里引出。先秦文字本来歧义百出，隐僻难解，许多句子结构都不合文法。以前疏注家穷毕生之力，尚不能有圆满的成绩，一个高中毕业生怎能解释清楚呢？就以区区的我而论，谬拥大学皋比也已有数年，叫我和这些学生一起考，也怕有许多题考不出。

说句不客气的话，就请你这位博学多才，自负于书无所不读的刘弘度先生来考，也未见得能获个满分吧！

至于作文原注明"文白不拘"，弘度先生一见是白话卷，就气愤愤提笔画下一个圈，抛开一边。文言的，他才看，却又以自己国文程度来衡量高中学生，受他"法眼"看中者少之又少。记得我阅到一篇白话卷，条理清晰，内容丰富，即给予高分。此生是否上榜，我所不知，不过自问尚对得考生住。在刘弘度先生笔下，这类可造之才，想被他牺牲不少吧！

那回作文题好像是与整理中国古史有关。一生大赞顾颉刚的《古史辨》，偏偏这篇卷子落在刘的手里，他立刻火冒三千丈，给了零分后，便借此大骂顾颉刚起来。他说日本人没有历史却要伪造历史，我们中国有历史，顾氏等偏故意加以抹煞。这样损害民族自尊心和自信力，可说是"文化汉奸"，罪不容于死！看他那神气，他若有权，定将胡、顾等抓来，立正两观之诛，始泄他胸中弥天之义愤。于是一连几天，他总是面红耳赤，咬牙切齿，骂胡适与顾颉刚。他虽是对着刘博平先生骂，实骂给我听。在武大中文系里，从事引车卖浆家言者，仅我一个，况且他也知道我一向是站在胡、顾方面。骂胡、顾不到，就骂给我听，也等于当面骂胡、顾了。

我做胡、顾"替罪羔羊"做了几天，虽觉好笑，心里也不免起了反感。因以前曾读到弘度先生诋毁五四诸公诗，其中一首七绝，有"仲尼无父禹为虫，大圣玄言总凿空"两句，那"凿空"二字颇有问题。回家查《史记·大宛传》和《汉书·张骞传》，说到张骞通西域有"张骞凿空"字样。《史记索隐》："谓西域险阨，本无通路，今凿空而通之也。"颜师古注则曰："空，孔也。言凿其孔穴，谓孔道也。"如此，则凿空等于凿孔。"孔"，康董切，上声，属震韵；"空"，苦红切，属东韵，平声；两字平仄不同，弘度先生的"大圣玄言总凿空"岂不是用错韵吗？我将张骞凿空的原文和注解抄在一张条子上。次日，乘弘度先生尚未上班，将那张条子给博平先生看，说道："先生是音韵学专家，我想请教您一个问题，究竟凿空之空，应读仄声还是平声？"博平先生看了《索隐》和颜的注解，说空字既为孔道之孔，那当然是仄声了。他也知道我呈给他这张条子乃针对刘诗而发，不知何时他将它转给弘度先生看了。刘见到我，表现非常渐愧和沮丧，从此阅卷时，再也听不见他骂五四的声音了。

其实"凿空"之"空"，唐人诗也有时作平声，这是唐人之误不可援为辩护。刘弘度先生整天骂学生国文程度低落，谁知像他这样一位国学大师，做诗竟闹了这样一个笑话，被我捉住。瞧他当时那种狼狈情形，我暗自称快不已。

几年以后，他又吃了我一"瘪"，那是为《楚辞》研究而起。前面说弘度先生是个《楚辞》专家，并未说错，他确以一生的光阴和精力贡献给《楚辞》。在武大教此课数年，撰成了部《屈赋通笺》和《屈赋定本》，在一切旧式《楚辞》研究里，可算一部很有份量的作品。我那时尚未开始研究《楚辞》，但不知何故，对这门学问，偏有兴趣，每就相熟学生处将刘氏这本讲义借来，加以研读，对刘颇表钦佩。后来，我着手楚辞的研究，才知刘氏这部书，为了想自矜"特识"，武断之处极多。他五体投地的钦佩三闾大夫，可是，他却常举起黑旋风式的大斧，把三闾心血结晶砍得七零八落。在所有旧式《楚辞》注家里，从来没有像他这么冒失和大胆的。屈大夫遇见这位先生，恐不免要痛哭于汨罗江底！刘著之谬误，已屡在我著"屈赋新探"里举出，尤其第三集《楚骚新诂》所举更多，请读者自己覆按，我不必在此详说。

所谓为《楚辞》研究，曾教他吃我一瘪，不过是句玩笑的话，因为我这一次给他的打击是无意的，与上回有心揭他疮疤不同。这就是说抗战末期，我们都在四川乐山武大"迁校"，我已正式开始《楚辞》的探讨。写了几篇论文后，又写《天问三神话》，其中第三神话是解释"白蜺婴茀，胡为此堂？安得夫良药，不能固藏？天式从横，阳离爰死，大鸟何鸣，夫焉丧厥体"八句的。王逸因无法解释，就捏造了一个崔子文和王子乔的故事（汉代尚无学术尊严观念，更不讲学术良心，添字注经，任意曲解，甚至无中生有，乱造典故，都不算一回事），那故事捏造得毫无意义，我用印度诸天搅海来解释，便字字有根据，句句有着落。此文发表于《东方杂志》某期，不知如何，给弘度先生读到了。

这篇文字若落别的旧式学者手里，恐怕才看几行，就要连骂"胡说八道"抛开一边，为了他们根本不会懂我说的是什么。弘度先生则不然，他钻研屈赋多年，深知个中甘苦。因之多少能体会出拙文的价值，知道屈赋定要遵照我的路线才发掘出其中的底蕴。可是，这条路线，像他这样老先生（他实际年龄并不老，老字是指他的头脑）能走吗？假如苏××的路线是正确的，那么，他几十年朝夕孜孜，呕心沥血心所写的，不成为废纸一堆吗？所以，那一阵子他精神之颓丧，就像打了个大败仗似的，那种茫然若失，嗒然若丧的神气，我简直不忍于描绘。

不过，他的"自我信念"究竟不易摧毁，轻视新派的心理也难于动摇，他还是认为我的研究到底是些"野狐外道"，只有他的才是"正法眼藏"，同朋友谈起来，常说苏××在屈赋里大玩魔术，这种歪风，万不可长。又叹息道：说来说去，这还不是五四的流毒之害吗？那时他已当了武大文学院长，大权在握，总算看在我任教本校十数年的份儿上，并且我并未教《楚辞》，说不上误人子弟，未曾将我解聘。不过，我所撰写的有关屈赋的论文，永远莫想在《武大季刊》上露脸罢了。

选自《珞珈》第 66 期，1980 年 4 月 1 日出版

登高能赋的朱东润先生①

复旦大学教授朱东润

[编者按]

朱东润（1896—1988），原名朱世溱，江苏泰兴人。当代著名的文艺批评家、教育家、传记文学作家。早年留学英国，先后在武汉大学、中央大学、复旦大学任教70余年。有《中国文学批评史大纲》、《中国文学批评论集》、《陆游传》、《张居正传》、《王守仁传》、《梅尧臣传》等数十部学术著作及传记作品存世。

当1937年对日抗战爆发，不久战火蔓延至华中一带，武汉大学只好迁往四川乐山。我们一家是1938年才赴川。曾在四川某报的副刊里，读到一篇条理清畅，铺叙委婉，沉郁高华，掷地有声，汉魏体的长赋，题目叫做《后西征赋》，作者署名是朱东润三字。原来是武大中文系一位旧同仁，平时见他沉默寡言，以为他也不过是个平凡之辈，谁知他不

---

① 编者注：原文过长，编者作了删节。

鸣则已，一鸣惊人，竟能写出这样一篇锦绣文章。在那个时代，能用文言写散文的已不多，能用文言写出这篇长赋的，更如凤毛麟角。古人所谓"登高能赋"，乃为做士大夫的条件之一。本来"登高能赋"四字另有意义，我们现在则就字面来解释。"士"，就算高级知识分子，"高"，就算所游历之地，东润先生岂不合上述四个字吗？所以我读了这篇赋，欢喜赞叹，认为得未曾有，到图书馆将那份报纸借来，将全赋抄录在一本毛边纸订的册子里，不时赏玩。

朱赋之所以名为《后西征赋》者，是为了晋代潘岳曾写过一篇《西征赋》，叙述他自己由故乡中牟县向西进发去做长安令的途中经历。此赋现收《昭明文选》赋的纪行部。与班彪的《北征赋》、班昭的《东征赋》并列。两班之赋不脱离体，长亦仅数百字，潘赋则用东汉以后骈散交错，自由描写的体裁，长至三千余字，可谓后来居上。但朱东润先生的赋，则长近五千字，历叙战事发生后，他自己自江苏某路的家乡，沿长江东下而至上海，再由上海而至香港，又由安南至滇，然后转辗至蜀，所经之地，地理、物产、人情、风俗、历史、人物的活动和所留痕迹，都有详细的记述与描写，比之潘岳之赋可谓又迈进一大步。那篇长赋我虽抄录，并且历经播荡，还未遗失，究以阅时太久，被蠹鱼蛀蚀了大部分，全文已零落不全了。幸而所记乐山迁校一大段，尚属完璧，现在将它抄在这里。我想凡曾在乐山武大迁校生活过的旧人，一定会感觉兴趣的。那叙述乐山的一段文章是：

> 郡号嘉定，县名乐山。冰晒江而凿壁，蒙辟道而开关，子云草玄之勤，舍人注雅之闲；赵星斩蛟而入水，文振跃马而驱蛮，卫公之提重兵，杨展之号殷顽，斯皆彰诸史册，考之斑斑者矣。
>
> 若夫游览之萃，人文之薮，斯有皇华台之冈蛮，嘉乐关之陵阜。心怡于乌尤之山，梦游于龙泓之口，或夸方响之洞，或美东岩之酒。林壑十寻，则有白崖之三洞，程公之户牖；金身百丈，则

有海通之精进，韦相之左右。其产则有红崖之铜，玉屏之铁，大渡河之金沙，流华溪之盐穴。荔支之隽，美美海棠之若烈，白蜡之虫，栖于女贞之树，黑鳞之鱼，出以清明之节。网有苏稽之美，纸有嘉乐之洁，凡民生之所需，不可得而并刊。

第二段则叙武大迁校的情况：

国学既迁，未依斯土，别珞珈之烟云，辟高标之林莽。上有万景之楼，下为丁东之宇，讲经于圣人之居，论学于文章之府。书卷陈于高台，精舍辟于两庑，钟鼓之声发于内建，从者之履集于外户。国子司业之伦，四门博士之职，传道设教，授业解惑，值风雨之飘摇，犹弦诵之不息。斯则诗书之渊泉，人伦之准式，至治待兹而禅替，鸿文于斯而润色，将非开诚心而布公道，焕大献而建皇极也欤？

第三段则叙到他自己及对国家前途的希望：

余以不才，待命扫除，时迁岁往，日居月诸。洹寒发于林樾，重阴结于绮疏，滴空街之长夜，流春膏于新渠；观山川之霡霂，余将化而为鱼，是以遣怀而述赋，庶几又感于起予。

夫以天地之道多端，生人之事不一。或以多难而兴，或以逸豫而失，少康之众一旅，文种之教七术，内君子而外小人，致中和而履元吉。民怀来苏之望，鬼瞰高明之室，论治道而经邦，是所冀于暇日。

听我们的文学院长陈通伯先生说：朱东润曾留学英伦，好像他们还做过短期的同学，以家里有事，未卒学而归。归来后，曾在某中学任教，以他这样长才，屈居中等学校，岂不可惜？他之得入武大，好像是通伯先生延揽的。他在武大教的是《中国文学批评史》，还有什么功课，今已记不得。他学问虽好，口才却缺欠，不善表达，恭默自持，从来不会自我炫耀，学生们对他也不如何敬重。谈起来反而常听见说：朱老师未进我们武大以前是教中学的。好像说朱东润先生得拥大学讲席是"躐等"，是"幸运"。就像我未得读他《后西征赋》之前，也以寻常的眼光看他一样。不过我读了他的赋以后，对他的看法便立刻改变，学生对他那篇洋洋大文，则根本没有程度可以读懂，并且也没有机缘可以读到，他们对朱先生的态度，当然与我不同了。

自 1949 年战火逼近长江，我逃离珞珈，至香江又至巴黎，又来到宝岛，武大同人消息，一概昧如。1965 年到新加坡南洋大学任教①，常在各书店买些台湾买不到书籍。曾买到一本《楚辞研究论文集》，见其中居然有朱东润先生的几篇论文，知道他写了一部《楚辞探故》，这些论文属其中的一部份。我们的武大老同事也改行研究起楚辞来了，这对我一个楚辞爱好者，当然高兴。

我无缘得读朱氏《楚辞探故》全书，仅在这本《楚辞研究论文集》里，读到他所撰四篇文字。他否认屈原其人的存在，即使有，也不过楚廷一位词臣而已。这也是近代多数人的说法，不过屈原作品虽被剥夺得所余无几，《离骚》这篇，则尚归之三闾名下，谁也不敢将之判归他人。朱先生却大胆宣言《离骚》是淮南王刘安所撰，与三闾毫无关系。这当然是为《汉书·淮南王安传》"上爱秘之，使为《离骚》传，旦受诏，日食时上"几句话所误。因王念孙《读书杂志》，将"傅"字解为"传"，傅与"赋"古字通，使为《离骚》傅者，就是"约其大旨而为之赋者"。王念孙仅说"约其大旨"，近代学者竟说是整篇的文章。试问像《离骚》这样一篇沉博绝丽的巨著，"旦受诏，日食时上"是可以的

---

① 编者按：作者记错（原文中言"1962 年到新加坡南洋大学任教，应为 1965 年"）。

吗？就是能造巡逡酒，开顷刻花的神仙也办不到的呀！朱先生也知道这事已不可能，就说淮南王刘安本富于文艺天才，《汉书·艺文志》载有淮南王赋八十二篇，《离骚》是他于汉武建元二年（公元前一三九年），受诏入朝时所作，至受武帝命作赋，或是默写，或是撮其大要，都无关宏旨。

《离骚》既从屈姓改而姓刘，其余屈原赋廿五篇当然也都是淮南王宾客的手笔了。就说不完全出于诸宾客之手，也都是汉代人之作，与战国中叶的屈大夫水米不沾。朱东润先生读书极博，虽广征博引，证实其说。我究竟不敢赞同。

选自《珞珈》第 70 期，1982 年 1 月 1 日出版

歌声若出金石的徐天闵

[编者按]
　　徐天闵（1868—1957），原名徐杰，字汉三，安徽怀宁人。古典文学研究专家与诗人，武汉大学早期著名教授。当时武大文学院流传"刘永济的字，徐天闵的诗"的口碑。1939年3月武大校务委员会议决由徐天闵、刘博平、朱光潜三人组成"校歌校训拟选委员会"，并委派徐天闵教授为校歌、校训征集活动的召集人。

　　徐天闵先生是安徽人，与我同乡。他进武大甚早，在武大前身尚为武昌大学时便来了。武大改制后，原有教职员大都得保原来的位置，我在1931年秋始应武大之聘，徐先生当然算是我的老前辈。

　　他在武大中文系教的是《古今诗选》，还有些什么课，当时未曾注意，以后也想不起来。听说徐先生善作旧体诗，作的还是清末盛行的"江西诗派"的诗。不知是南社，还是别的诗社，他是其中成员之一，相当活跃。清末诗人如郑苏庵、陈石遗、范当世等和其他无数人士作的诗都属于这一派。时人虽有"江西魔派不堪吟"的讥讽，可是这派诗除了那槎桠瘦硬、粗浅俚俗江西末流外，可说最不易作。因为它摒弃以前旧诗的辞藻，摆脱以前旧诗的型式，以另一种崭新的面目与读者相见，嘲为魔派是你自己不懂的缘故。我虽然不会作这派的诗，但听见有人能作，对他总是敬意有加。不过徐先生的诗我却从未见过一首，向他请教，他总说"不足观"、"不敢污目"，拒绝我的请求。他措词虽谦逊，眼中却露出一丝轻蔑之光，好像说："像你这样一个只会写的吗呢呀的人，也懂诗吗？"

他上课时所用讲义是薄薄的一本，录魏晋六朝、唐宋明清的诗作约数百首。每次讲授三四首，足敷一学年之用。诗后有诗评（并非每首都有），作者何人，今已不忆，姑名之为某翁或某斋好了。这某翁或某斋，名不经传。想必是徐先生的朋友，否则就是徐先生自己。这本诗选当即徐先生或其友所选。

教《古今诗选》本附有条件，就是要教学生作诗。学生做就后，要替他们改。我们都有这经验：替别人改一首诗比自己做一首，其难数倍，所以徐先生就把这一项蠲免了。在新制学校逐步升上来的学生，一向未接受过作旧体诗的训练，不但不知妃青俪白的属对为何事，连字句的平仄都搞不清，不要他们做，当然是求之不得，而教者也节省了无穷脑力，真是两得其所，皆大欢喜。

旧诗讲究典故，尤其律诗，中间四句，竟可说都以典故组成。每句用一典，甚至数典。我知有人要问，一句诗字数有限，怎可用数典呢？要知道数典者并非数典平刊，是如药之君臣，重轻搭配，如乐之宫羽，低昂错节，诗人能融数典为一典，又以一典融入句中，使人读之浑然天成，不见陶镕之迹。这就像几层轻罗相叠，可以漾出无数波纹；又像西法绘画上的光晕问题，光晕有深有浅，藉此分出层次，层次愈多，含蓄之趣味，愈为丰富。教旧诗者，理应先将诗中所用之典，一一举出，再将数典并用的妙用，详加解说，俾学生能明了诗人的苦心并旧诗艺术的超卓。典故不是口头能分析清楚的，必须写出来，那就要写黑板了。写黑板又是件辛苦事，用粉笔在硬板上写字，比用毛笔纸上写不同，要一笔一笔用力地划，否则学生难瞧得清楚。一小时黑板划下来，不累得你汗流浃背才怪。尤其不易忍受的，是写时粉屑纷飞，吸入气管，呼吸器官多少要受损害。人们把教书先生称作"吃粉笔灰的"，倒是我们教书匠们确当的别号。徐先生身体太胖，最怕写黑板，又把这一项苦役自动卸除了。他只将每句诗意，口头上解说一下，好像这句诗是这样说的，那句诗是那样说，诗中典故，绝口不提。除非有些特殊典故，非写不可者，才肯在黑板上写几行。历代诗的源流派别，假如肯叙述，可以写成一本书，即口述也可提供听者以很多资料。又每位诗人的传记，经历及其在诗坛的地位，也可介绍，而徐先生怕麻烦，一概省略。

谈到诗评，唐、宋、明、清，代有作者，就说你懒于搜集，丁福保编辑的一部《历代诗话》是现成的，也就可以拿来应用。怕写黑板太劳累，印在你那份讲义里，也可以教学生平添许多兴趣，获得好多知识。他老先生又不此之图，每首诗后总是"某翁曰"或"某斋曰"带了过去。若说这某翁某斋说的话果然非常警辟，足以媲美古代那些有名诗话，那也罢了，不过叫我这个浅学之人来看，却并不高明。

如此，则他上课时怎样敷衍呢？原来徐先生天生一副好嗓子，对于旧诗的吟咏法，又好像曾下过功夫。他将诗略略解释之后，使高声吟唱起来，他丹田之气极足，吟唱时顿挫抑扬、铿锵应节，一派黄钟大吕之音，真是若出金石，隔几个教室都可以听见。我授课的教室原与他相邻，当他吟唱声起，我的学生也停止抄写，侧耳倾听，幸而他的唱声，十几分钟便过去，否则受他干扰可不轻。

有一个女生是我从前在安庆师范教过的，常来我家走动。她也会作几句旧体诗，对于徐先生甚为不满，上面这些话都是她对我说的。她又愤愤地说："我们选《古今诗选》这一门课，原希望能学点做诗的方法，徐老师却从不肯替我们改，我们怎能获得进步呢？这本讲义所选的原是好诗，诗评却自始至终只有某翁某斋一个人在那里说话，像严羽、魏庆之、胡仔、刘后村……都不知到哪里去了？徐老师每次塞给我的'只此一看，更无别味'，真教我吃得想反胃呀！人家都说徐老师吟唱得好，可是，我们是来学诗的，不是来听唱的。想吟唱，何不赴戏园？那里生旦净丑，角色齐全，随你想听什么就是什么，比起他那单调的歌唱，岂不更胜？"我道："那么，你班上的同学为什么不说话？假如你们将意见反映上去，徐老师的教法，也许会改一改。"

"是有同学说过的。"她答。"可是徐老师仍然我行我素，置之不理。原来他最爱打麻将，他家住城中，除来校上课几个钟头外，无昼无夜，无冬无夏，整个身子倒在牌桌上，抽不出时间来预备功课；他又为太胖，懒得出奇，要知将功课预备充份，也是顶费精神的啊！"

我又说道："听说同学对徐老师并没什么闲话，你这样说恐怕是出于你个人爱憎之偏吧！"她说："同学们为对付其他重要功课，气都喘不过来，到他班上轻松轻松，又何尝不好？只须有分数可拿，管老师怎样教？即使老师不来上课也行。何况每堂还有十几分钟悦耳动听的吟唱可以享受呢！"

听这位女生这样一说，我于是想起从前在北京女高师肄业时，系里来一位教授，擅长诗词，人也倜傥不群，兀傲自喜，浑身才子气息。上课也常把自作绝句之类，高声吟唱，果然好听。一诗吟罢，"安可"之声四起，他也不惮其烦，再三为我们复唱。下课后，我们都来摩拟那种声调，总不能毕肖。始知歌喉乃天生，非学可能。那位教授固有才华，学术则我敢说句不敬的话，并不怎样，不过他也曾写了本文学简史和几篇有关《楚辞》的论文，虽无特见，总比我们这位只知背"麻将经"的徐教授强。

女高师那位教授，只因善于吟唱，同学都很欢喜他，一直对他念念不忘。于今已半个世纪过去，在台同学谈及母校师友，第一个提到的总是他。看了徐先生榜样我才知赋有歌唱天才者，尽管书教得马虎，一样能在大学立脚，也一样能博得学生的敬爱。只很上天没有赏给我这样一副"金嗓"，只好注定了一辈子吃粉笔灰！

选自《珞珈》第 73 期，1982 年 1 月出版

率直任性的汤佩松

[编者按]

汤佩松（1903—2001），湖北浠水人，生物化学家，中科院院士，中国植物生理学的奠基人。1917—1925 年在清华学校（即留美预备班）读书，毕业后赴美留学。1927 年获明尼苏达大学学士学位，1930 年获霍普金斯大学研究院哲学博士，1931—1933 年在哈佛大学普通生理室做博士后研究。1933 年秋，回国任教于武汉大学。抗战期间任教西南联大，抗战胜利后担任清华大学农学院

汤佩松晚年留影

长。新中国成立后任职中科院植物生理研究所。汤佩松毕生从事教学与科研，发表论文 300 余篇，《绿色的奴役》（英文版）、《生理学》（中文版）闻名遐迩，1989 年荣获国家最高自然科学奖。

提到这位先生，便先会记起梁任公一首《沁园春》的词。那首词的题目是《己巳送汤佩松》，词道：

可怜阿松，万恨千忧，无父儿郎。记阿翁当日，一身殉国；血

355

横海峤，魂念宗邦。今忽十年，又何世界，满眼依然鬼魅场。泉
台下，想朝朝夜夜，红泪淋浪。

松兮躯已昂藏，学问算爬过一道墙。念目前怎样，脚跟立定；
将来怎样，热血输将。从古最难，做名父子，松汝嵌心谨勿忘。
汝行矣，望海云生处，老泪千行！

佩松的父亲汤化龙，是任公先生的好友。1918 年赴美，在加拿大
的温哥华，遇刺而死①。1929 年（即己巳），佩松毕业清华大学，将赴
美留学，任公时主清华讲座，作此词送之。

这首词半文半白，质朴自然，而血泪交融，情深意挚，我认为是首
好词。所送的人，就是 1933 年间武大生物系所聘自美归国的汤佩松教
授，也就是汤化龙先生的公子。

读了任公词，什么"万恨千忧，无父儿郎"诸语，以为这位佩松教
授既抱亲父横死异邦之深痛；更怀国难未已，家忧复深双重之隐恨（佩
松姊佩琳的悲剧——当时报刊盛传②，今见《古春风楼琐记》第三集），
即不椎心泣血，日夜悲伤，也必是双眉深锁，郁郁寡欢的一副形象，谁
知见了他面以后，竟是个天真烂漫，任情率性，丝毫不知人情世故的大
孩子。

佩松教授那时年龄大约尚未到三十，身裁不高，脸色赭黑，十分结
实，看去像个体育家。穿的是一身质料上好，裁剪合度的西装，住在半
山庐里，同住的是几个单身教授，如郭斌佳、陈铨等。佩松和他们好像
都落落难合，只喜欢找我们女同事厮混。我那时住在三区，距离半山庐
不远，同住的有总务处职员陈小姐，常来我家闲聊的有驻校银行职员张

---

① 编者按：1918 年 6 月 1 日，加拿大华侨王昌因仇视汤化龙曾任军阀段祺瑞政府的内政部长，
　由仇恨军阀而刺杀汤化龙。
② 编者按：汤佩琳先遭母亡，后闻父横死，曾七天粒米未进。结婚后三年，丈夫患寒疾，三
　日即亡，遂皈依佛门，不久又染疾遽去，死时仅二十七岁。

惠文小姐。佩松先生因找我而认识了她们，便把我家当了桥梁，和这两位女士攀上了交情，一下课，便向我们这幢屋子跑，可说是风雨无阻。

说这位汤教授不懂人情世故，我仅举事一桩，可概其余。为他常来我家，偶尔也在我家便饭。他从不吃鱼，讨厌鱼之多刺。说从前专诸刺王僚，一柄匕首藏在鱼肚里，叫做"鱼肠剑"，这匕首从此化为鱼刺，他怕吃鱼，就是怕给鱼肠剑刺杀。有一次，秋高气爽，丹桂飘香，正是持螯对酒的季节。我买了三十来只螃蟹，办了几样菜肴，邀陈、张二小姐，图书馆职员黄孝徽女士及汤佩松先生来吃饭。连我姊妹二人，主客共六位，以为一人吃蟹三四只也尽够了。螃蟹蒸熟端上，别人一只正在开剥，佩松教授已四五只下肚。原来他将每只蟹子腹甲掀开，公的剔脂膏，母的剔蟹黄，蟹肉一概不要。蟹之稍小者，掀开后，抛开一边了事。一顿饭下来，他一人便勾销我廿几只蟹，还直嚷吃得不够，怎么不再蒸上来？珞珈山距市场甚远，实无办法可以补充。在这种无以为继的情况下，作主人者，尴尬可知。

陈小姐原籍北平，因和总务处处长葛先生有点亲戚关系，介绍来做了总务处一个职员。瘦长的一个人，容貌并不出色，不过以其年轻，究竟有点青春之美。听说她曾患过肺病，虽以治疗得宜而痊愈，身体究不强健，有楚楚可怜之态。论她学历，不过中学程度，和这位清大毕业，又出国深造过的汤佩松教授，无论如何，搭配不上。可是，不知佩松教授看上她那一点，竟引之为红粉知己。每天，必来她房中报到一次，白昼没空，夜晚也非补来一次不可。陈小姐的房子和我姊妹所住的那间，仅隔着一层薄板，他们两个为怕高声谈笑，吵闹了隔壁的我们，总是轻言低语。如此，则两人身体不能不偎近，灯前案角，耳鬓厮磨，细语绵绵，宛如情侣。疲倦了，便伸张四肢，向陈小姐绣榻上一倒，坦然作元龙之高卧。在这里，我要补叙一笔，那幢房子共有房三间，我姊妹分派一大一小的两间，陈小姐得大房一间，她的房间本来兼作起居室和寝室用的，那张绣榻，就设于屋之一端。我或有事和陈小姐相商，叩门而人，他们这种亲热的镜头，落在我眼里，不止一次。他们也很大方，并不避讳人，有时房门大开着，来往的人都可看见。

张惠文小姐，湖北武昌人，北平燕京大学经济系毕业，人极聪明，说话饶风趣，天生一副好嗓子，在北平待过几年的人，都会哼几句平剧（惭愧我也在北平读过两年书，却一句戏不会唱），而张则生旦净丑，样样出色当行；她又会各地的民谣小调，像什么《小白菜》、《十杯酒》、《十把扇子》，肚子里总有百十首，唱起来把中国民间小儿女的心声，曲曲传出，悦耳之极。她下班便来我家，喝茶闲话。佩松教授也常来凑热闹，他虽不会唱戏，自幼在北平长大，两个谈起北平的事来，话题当然没有穷尽的时候，两人的友谊也日益增进，后来索性到张住的地方去，待张之厚，似乎更胜于陈。

这种情形，陈小姐瞧在眼里，当然不是滋味，口中又苦于不能说——她能说什呢？汤对她虽亲热逾恒，却从未正式向她求过爱，她能用什么资格说话？一口闷郁积胸头，人是日益憔悴下去。我们在隔壁，常听见她嘤嘤啜泣的声音，好像柔肠寸断的光景，真是可怜。想过去安慰她，又不知从何安慰起，只有听其自然。这样拖了半年，陈小姐旧病屡次发作，吐血、晕倒，已不能上班了，只能辞职由北平家里来人接她回去，听说被送入香山疗养院，不久玉殒香消。

张小姐虽年轻，却极其老练、机警，真是一只湖北的"九头鸟"，万非初出壳雏如陈小姐者可比。她也知佩松教授不过找她两个玩耍玩耍，并不想真正同她们结合；况又早知汤已使君有妇，结合更无可能，不过为了汤对她之殷勤，热烈，也不免动了真感情，恐自己愈陷愈深，将蹈陈小姐覆辙；况且人言可畏，何苦将名誉白白葬送，申请她银行首长，将自己改调到城里服务，从此离开了珞珈山。

当佩松教授与陈、张两小姐相周旋的一段岁月，学校里不免谣诼纷纷，后来一个辞职回平了，一个改调离校了，尘埃方渐渐落定。汤有一天对我诉苦道："我和这两位小姐交游，也不过朋友关系，我同她两人始终清清白白，你是知道的。外面却造我许多谣言，说我既有老婆孩子，还乱搞男女关系，是个'爱情骗子'。陈小姐之旧病复发，张小姐之被调离山，都是我作的孽，你说我冤不冤？"

我道："我们中国人男女之别极严，五四后算有了改变，不过像你这样的放浪形骸，不拘形迹，也未免太过份。你和陈、张二人做朋友并未逾越范围，我也知道。不过你对她们每日来访，并随意躺卧小姐绣榻等等，叫人看来，都不免起疑，无怪人家要说你闲话，就连两位小姐也误会了你的意思了。"汤道："我所采取的是美国社交方式，别人和两小姐自己误会，怎能怪我？"我又问道："你也有许多男同事，为什么一下课就向我们女人阵营跑，你想做唐璜或贾宝玉，是不是？""不！不！"汤苦笑着连声否认："唐璜和贾宝玉都是风流种子，像我这样老实人能学吗？我只是没人同我说话，闷得发慌，才找女朋友的。"

"你们半山庐同住的几位，都是很有学问，可以谈得来的人，难道他们都是哑巴，就不同你说话？"我不解地问。

"他们也并非哑巴，只是对我总是冷冷淡淡的，不肯向我多开'金口'，是何缘故，我也说不上来。我因为太寂寞，不免产生怀乡病。北平是我第二故乡，也可说是第一故乡。恰好两位小姐，一位是北平人，一位是在北平住过多年的，同她们谈话，就像回到我的故乡，所以我常来找她们罢了。"

听他这么一说，我恍然有悟。武大那些男先生个个老气横秋，对于这个率真任性，孩子气一团的人物，那怕他是"名父之子"，那怕他是当时生物界有点名气的学者，究竟瞧他不大上眼，不愿向他多开"金口"，定是这个原因。

说汤教授使君有妇，他自己也承认。他赴美留学未久便和一位华侨女儿结婚，育有一子。不幸他那太太忽患目疾，汤来武大，她仍留美就医。后以百治不愈，竟致完全失明，也只好携子返国，到珞珈山上与夫团聚。虽盲目，在屋子里摸着行走，似尚灵便，那时教授阶级的力量可雇两三佣仆，并不须主妇井臼躬操，所以汤家过得也还舒适、自在。

汤家设备完全中国旧式，挂的是华美的宫灯，陈设的是全堂红木雕花椅桌。汤的公子彼时年约六七岁，过年过节，汤给他戴上一顶红绒结子的瓜皮帽，穿上一套蓝缎团花长袍，外加一件黑缎马褂，常胸一排金钮，耀眼生辉。又不知从何处给他订制一双粉底乌靴，将一个活泼蹦跳的小孩，扮成一个"小老头"。他说这是为了保存中国文化，这种古香古色的服装，深合他的脾胃。有人邀宴或学校公共庆典，汤携子出席，见众人瞩目，愈加扬扬自得。我尝戏向他建议道："你既这样'慕古情殷'，何不再弄一副凤冠霞帔，把你太太也扮成'一品夫人'模样，与你公子相映成趣，岂不更有意味？""我本想这样敬，无奈我家那个假洋婆子，只是抵死不肯，叫我也无可如何！"汤答。

战时，汤亦随校迁川，夫人公子则早送返美国母家。复员后，珞珈山上未再见汤之踪迹，听说回到他母校清华大学去了。现在他身在大陆，未知尚无恙否[①]？

选自《珞珈》第 69 期，1981 年 10 月出版

[①] 编者按：著名生物学家汤佩松教授在上世纪九十年代赴台访问，苏雪林在报纸上看到新闻，两位老校友在中断半个多世纪后，终于在宝岛晤面。汤的原配赴美后，不久亡故。汤 1949 年与续弦郑襄结婚，汤与原配生一男孩，郑又为汤生二男二女，所有孩子皆学有所成。

江西老表李儒勉

[编者按]

李儒勉（1900—1956），原名贵诚，江西鄱阳人。1920年考入金陵大学，攻读心理学，同年加入"少年中国学会"。毕业后，任教东南大学教授英语，编著出版《英汉词典》。1931年经武汉大学闻一多推荐，聘任武大英语系教授，教学之余，编著《英语成语词典》及《高中英语读本》（1—3册）。1936年自费赴牛津研究莎士比亚与英国文学。1938年回武大继续任教。1948年受邀赴剑桥大学讲学，回国后任职中央对外文化联络局，有译著《英国小说概论》、《标准高级英文选》等。

李儒勉先生本任教于武大外文系，不知为什么我和他相熟，远胜于本系同仁。一则是为了教员休息室文学院的教师都可来坐，同他见面机会多；二则他待别喜爱新文艺，因我正教这门课，彼此谈论或书籍互借的关系。

李先生毕业于金陵大学，曾编撰一些英语会话、英文文法之类，出版于某书局，那时林语堂先生也著有此类书多种，作为学生课外补充读物，风行一时。李著虽比不上，销路也不恶，所以他的收入比大学教师的薪俸高得多。

李乃江西鄱阳人。江西人最喜讲"表亲关系"，左一攀，右一扯，任何人都可成为表兄弟，所谓"一表三千里"，是以江西人有"江西老表"的浑号。这个浑号和"湖北九头鸟"、"湖南骡子"、"四川老鼠"相似，并无何等恶意，不过说着好玩罢了。武大师生背地里，就把李先生唤做"江四老表"或"老表李儒勉"，简称则为"老表"。

江西人大概是经过不少的饥荒和艰难岁月吧，对于银钱特别看得重。李儒勉先生月入虽丰，用钱却颇吝啬，有锱铢必较之名。常为几文小钱，与人争得脸红耳赤。他的为人本来是忠厚老实一路，不过性格上好像尚未成熟，颇有孩子气。又情绪极不稳定。高兴时，待人甚为热络，一拂其意，又立刻摆出冷若冰霜的脸孔。更坏的是：对他所瞧不起的人，每恣意讥嘲狎侮，叫人难于忍受。总之，这是个喜怒无常、冷热不定的人，又是把喜怒哀乐的七情一概摆在脸上的人。说他好，是率真坦白；说他不好，则是太浅薄，没涵养。

因为他有着这样一副德性，同事和学生对他未免轻视。据兰子告诉我，李儒勉先生有一天有事进城，为赶公交车班次，走得匆忙一点。他班上一个学生和他劈面相逢，当然应该和他打个招呼，并告诉他那班车已开走了。不意脱口竟说："老表，你要赶这班车吗？车子已……"话一出口，自知失礼，赶紧又改口道："李老师，你……"几个同学在旁，忍不住一齐大笑，那个学生脸红了，李老师也脸红了。

兰子对我说这个故事，是表示李儒勉平日不能获得学生敬重，所以学生每于仓卒及无意间，泄露这种情感。

前面说李儒勉先生教的虽是英文，却特别喜爱新文艺。他用钱虽甚节俭，买起新文学书来却从不吝惜。市场出版一本，他买一本。我教课所用参考书，总是向他借，我买的，他也来借。我因为不愿教《新文学》这门课，所以懒得多看书，授课未免马虎。吴鲁芹先生说我授《中国文学史》时[①]，学生在黑板上写："绿漪真是篇沉闷的散文"，恐怕是他

---

① 编者按：吴鲁芹（1918—1983），上海人，抗战期间毕业于武汉大学（乐山时代）外文系，曾任台湾师范大学、台湾大学教授，著名的散文作家，有《馀年集》、《暮云集》、《文人相重》等著述行世。

记忆错误，那实是我教《新文学研究》时的事，学生写的是："若是不点名，谁也不来上课"，也只写了一次。像鲁芹先生所说每周都写，我完全不知道。我只知道我的《中国文学史》讲义系自编，虽如鲁芹先生所说，口才欠佳，讲课不好，学生倒很感兴趣，教室空气尚为热烈。有一个学生为了考试我给的分数低，对我怀恨，在当地小报上投稿诋毁我，有一段话道："她编的《中国文学史》并不如何出色，同学们竟对她却这么欢迎，真不知是何道理。"从这话反面看来，学生对我，还算不错。这是我初到武大几年内的情况，谁知教到吴鲁芹先生时，竟变得这样不堪。别人教书，越教越进步，我教书，越教越退回，说来真惭愧。不过鲁芹先生是高材生，高材生本来没几个教师可以教得下，高材生眼里也没有几个教师可使他满意，这原不可以一概而论的。至于鲁芹先生说我教书时"常常情不自禁的笑起来，常使他感觉莫名其妙云云"，则说得太奇怪了。无故发笑，那是神经病人不能控制自己情绪的现象，我自问心理尚属正常，绝不会这么"神经兮兮"。在台湾上过我文学史课的同学并不少，问他们便知。

这些话我又患了笔头喜跑野马之病了，赶紧勒回缰绳吧！李儒勉先生既欢喜阅读新文艺书，所获新文艺知识当然远胜于我。院长陈通伯见我教《新文学》这门课，总是懒洋洋地不起劲，并且不肯多买书作参考，常对我说："李儒勉先生教英文，所读新文艺其书籍，却比你这个教新文学的人多。"意思是想激励我振作一点，可是，我对这门功课总提不起兴致。真是无可奈何！

李儒勉先生读了一本新文艺作品，总爱跑来同我讨论。虽然他常常把那些作家名字读错，譬如陈炳堃之"堃"，本是坤字别体，他认不得，便读之为"方"，即是西之方；靳以之"靳"，本音仅，他又认不得，读为"斯"，好像李斯之斯。

又将"夏丏尊"读成"夏丐尊"，"韩侍桁"读成"韩侍行"，常对我说这些人如何如何，说了些什么话，出了些什么书，每叫听得一头雾水。请他将那些名字写出，才得明白。他又欢喜到我家借书时，喋喋不休地和谈他所读书的情节。这样倒好，我对那本书就知道了一个大概，省得自己来读了。

前面已说过：李儒勉先生喜怒哀乐的七情是摆在脸上的，对他所瞧不起的人就恣意嘲侮。这里有件事可以为证，说起来，还可成为文坛小掌故。那就是1929年间，武汉大学尚在武昌城里上课时候，院长陈通伯把沈从文邀来，以助教名义，请他教《新文学》这一课。儒勉先生眷属那时尚未迎来，和沈从文同一伙食团吃饭。李觉得像沈氏这样当兵出身，毫无学历的人，实不配在大学教书，每故意对他冷嘲热讽，说了许多刻薄的话。沈从文本来羞怯寡言，有一回被李撩拨得实在受不住，便从餐桌站起起，叫道：

"好了！好了！不必再说了，我本来不配来大学教书的，我还是当我小兵去！"

一面说，一面将一碗饭连碗摔在地上跑了。后来教书未满一学期，便辞职而去。

李儒勉先生对我还算相当敬重，因我来武大之前，便已出版过三四本书。不过他或从别处听了些关于我的闲言闲语（后来我才知是为中文系某先生批评我的著作而起。他说我的书没有文艺价值，而没有文艺价值，则又由于线装书读得太少），轻蔑之意，即于不知不觉间形于辞色。他挖苦我的话，今已不忆。但记得他常说："武大中文系原是古典文学的天下，你这个只能搞搞白话文的人夹了进来，真是万绿丛中一点红呀！嘻！嘻！"什么"夹了进来"，我知道他的原意是"混了进来"，这话叫我颇为不快，就问道："李先生不是很爱新文学的吗？现在听你口气，又好像很轻视，是何缘故？"他道："也不是轻视。我觉得有线装书做底子的人，写的新文艺才够味，否则就一无可观。所谓'新文学'，究竟是应该侧重'文学'两字的哟！"他又怕我多心，又连忙解释道："我说这话并非指你，我知你苏先生肚子里是有几本线装书的。"

我更不高兴了，什么"几本"，轻蔑人未免太甚，便冷冷地回答道："多谢你过奖，我肚子里不但没有几本线装书，连半本也淘不出，塞的只是一肚皮的茅草罢了。"

李儒勉这种喜爱狎侮人的脾气，果然可厌，有时我真想学沈从文之摔饭碗！武大国文系的几位教授，对国学当然都下过苦功，看我这个只知从事引车卖浆家言者不在眼中，原亦无怪，不过他们对我表面尚为客气。即以刘弘度先生之痛骂五四，也只对事不对人，同我还是有说有笑的。不意他们背后对我批评竟如此恶劣，开始见于李儒勉的反映，继则见于谷雨音和最近吴鲁芹先生的记述。

1951 年，我尚在法国，有谷雨音其人者，曾在某刊物上发表过一篇《怀念苏雪林教授》，谈到武大中文系同仁对我的态度，有"从叶绍钧等离开以后，中文系就让一些地道的'古典派'占了全席，这环境下的雪林先生显得异常的孤寂。中国古典文学教授们，道貌虽说高尚，但气度却狭小得惊人，门户之见既深，而新旧两派又是泾渭分明，因此雪林先生被排挤得在中文系中仅占有小小一角，无声无息，黯然无闻。"又说："雪林先生在创作和心灵上不能说是毫无痛苦的。"又说我曾写了篇《月兔来源考》，发表在他所办刊物上，"你想想看，这怎能见容于那些国粹派的教授们呢？这种蔑视自己固有文化和祖宗历史的狂言谬论，在他们看来，简直是大逆不道，无可宽宥，在他们真痛心疾首之至！"照这样看来，吴鲁芹先生说中文系同仁将我当作"局外人"，还是很宽容的说法，中文系同仁其实是将我当作"化外之民"的。

吴鲁芹先生又相当幽默的引了两个比喻，以证当时中文系同仁对我的观感，第一个是刘文典和沈从文在昆明逃敌机的空袭，他曾说了句颇为隽永，传诵一时的话："我刘某人是替庄子跑警报，沈从文是替谁跑，也这么匆匆忙忙的？"抗战前期，我在珞珈，后期在乐山，都和武大中文系同仁跑过警报，我想那些先生们也必在心里说：

"我是替屈灵均跑……"

1921年7月"少年中国学会"南京会员合影
（前数第三排右起第四人为李儒勉）

"我是替刘彦和跑……"

"我是替段玉裁跑……"

"我是替江慎修跑……"

"你苏××替谁，却也跑得这么匆匆忙忙地？"

吴鲁芹先生所引第二比喻，是叶绍钧遇一个典故也要查《辞源》、《辞海》的故事。中文系那些古典派觉得这类典故，并非僻典，所谓读书人脑子里早已记住，叶氏竟要查书，太不成话。因之和对苏雪林一般视之为"局外人"，对他又起了不敬之心了。鲁芹先生把我来比叶圣陶，真使我我惶恐异常，而且也感七分的荣幸。圣陶的新文艺创作，实居于第一流地位，我对他一向敬佩有加，在我那本《二三十年代作家与作品》里，特以专章介绍，说的话是怎样，我想大家都已知道。国学根底也甚深厚，旧诗词写得很好，他并不是像鲁芹先生所说：仅仅是教大学一二年级基本国文的材料。

说到典故查辞书，我不知圣陶是否有这件事，即有，又何足为圣陶病。我们读书贵在触类旁通、自由运用，就是国父中山先生教我们的方法，为书之主，不为书之奴。一个人绝不能将天下书都牢牢记在脑海里，就像鲁芹先生所说"下死功夫，做到博闻强记"而不能活用，也只是"记诵之学"，那类人也只是顶"两脚书橱"，我觉得没有什么价值。

废话又说了半天，应该再回到本文题目。李儒勉先生于1948年，受英伦某语文机构邀约去作研究，为期甚短，不过一年或半年而已。等他研究告毕，大陆已全部为共产党天下。我预先逃到香港真理学会任编辑，他和一位同在英伦受训的武大同仁（其姓名惜已忘）路过香港时，竟到真理学会苦劝我回武大，措词异常诚恳。两位先生足足和我磨蹭了两个多小时，见我坚不为动，始怏怏而去。

我在香港真理学会任职一年便又赴法国。与兰子尚可通几封信，听说李儒勉自英伦回去，不久便死了。原来抗战前，他以多年省吃俭用，铢积寸累，积蓄了十余万元在南京某处买了几亩地，建造了一所花园洋房，作为将来全家归老之地。我们都知道抗战前十余万元是怎样大的一个数目，而南京那时又是首都，寸土寸金，他居然买了几亩，也绝非易事，听说新政权成立后，李儒勉表现得非常积极，俨然是个"前进份子"。不过在新政权原则之下，你积极尽管积极，前进也尽管前进，私有财产是绝不容许你再保留的，就将他南京那幢花园洋房收归公有。这位"江西老表"本来视钱如命，现在一生血汗顿归乌有，心里之恼恨，可想而知。就此郁郁成病，而至不起。死时大概不过五十余岁，正当壮年。

选自《珞珈》第67期，1980年7月出版

记高公翰先生一二琐事

[编者按]

　　高翰（1904—1996），字公翰，福建长乐人。少年聪颖，异于常人。毕业于清华学校，随即赴美留学，获科罗拉多大学哲学硕士，斯坦福大学心理学硕士，加利福尼亚大学哲学博士，并至康奈尔大学从事心理学研究。1929 年回国后，任教武汉大学哲学系教授兼系主任，1939 年至 1942 年任文学院院长兼武大《文哲季刊》编委等职。在武大期间，主讲"教育学史"、"教育心理学"、"普通心理学"、"近代哲学"、"西洋哲学史"、"伦理学"、"心理学实验"、"比较心理学"、"社会学"、"希腊哲学研究"等 14 门课。去台后，任教东吴大学、淡江大学教授。

　　《珞珈》编者徐叙贤先生来信说，前武汉大学教授高公翰先生今年寿登七十，珞珈同仁拟出特刊庆祝，叫我也凑一篇。我想祝寿的话，《珞珈》想已收到不少，我近年以体力欠佳，文思枯涩，提笔为文，殆难成句，既不能在那些琳琅满目、善颂善祷的祝寿文中占一席之地，不如以话旧方式，写一点关于公翰先生的印象记，或身边琐事一二则，公诸武大旧人，或者更可显得亲切有味，于是有这篇小文之作。

　　我是 1931 年开始就武大之聘而到珞珈山的。公翰先生之任教武大在我之前，那时他住在较为贵族化的一区，我则较为平民化的二区，仅

368

校庆或其他节日同仁聚会或筵宴上，才有晤面的机会。他有个美丽而贤惠的太太，我和袁兰子先生也偶尔到他家玩过。

公翰先生给我印象之最为深刻的，就是他的酒量之宏，在这筵席上喝酒并不像别人之一杯一杯，浅斟低酌，他却是常常捞起酒瓶，向嘴里猛灌，大概两三瓶酒是醉他不倒的。当时还有一位时昭嬴教授也以海量著称，倘使他两人为了比赛而闹起酒来，那热闹的情况，便够我们瞧的了：只见他们两个左一瓶、右一瓶，长鲸吸海般灌个不休，大概每人总有七八瓶落吐，始玉山颓倒，由人扶归始罢。

人家背地里常喊公翰先生为"高皇帝"，他虽姓高，论身份不过是和我们一样的一品大百姓，不知皇帝之称，何由而致？后经袁兰子告诉我，为了公翰先生的下颏有点长而突出，好像明朝开国之君朱洪武的相貌。洪武的庙号是"太祖高皇帝"，故同仁有此戏称。一个人下颏突出，本来是刚毅、坚强、行事有决断力的象征，无宁说是"贵相"，故同仁奉公翰先生以此诨名，倒可说是敬重他，并无狎侮之意。听说公翰先生闻此雅号，亦笑受不以为侮。可见他的气量同他的酒量是一样大的。

挂在南京玄武湖某建筑的明太祖画像，我也曾瞻仰过，画得实在难看。有人说这是"五岳朝天"之相，朱元璋以一皇觉寺的小和尚而居然得膺九五之尊，全靠他这个奇特的相貌。我想这不过是江湖术士的谰言，不足为信。倒是家叔继卿先生说得好，他说那幅明祖画像是假的，是满清政府为了消灭汉族的民族思想，特凭着明祖的姓"朱"而捏此丑陋不堪的像，影射其为"猪"而捏造的。况且那幅画像，明祖身穿便服，画笔也粗劣之至，哪有画工替帝王画像而敢如此草率吗？家叔对我说这话时，并未看到故宫的历代帝王画像，我后来看到了。数年前本省发行的邮票，有唐太宗、宋太宗、成吉思汗、明太祖之像。我想大家都看到，太祖像丰颐广额，白髯垂胸，头戴纱巾，身着龙衮，相貌甚为威严，也颇慈祥恺悌，传说明祖嗜杀，想又是政敌诬蔑之词吧？

也有人说明太祖画像有好几种，其貌皆不同，系为避免刺客行刺而设，恐亦未必然。那幅南京玄武湖的"五岳朝天"的画像，乃满清故意糟蹋明祖，打击遗民追念列朝和崇敬民族代表的心理之计，却是一定的。

我这些话又逸出题外了，何况高公翰根本不是朱元璋，我这段话，就此打住。

我们都知高君珊教授是现代有名教育心理学家[①]，她是公翰先生的从姊，抗战前数年曾来武大任教，亦住一区。君珊先生容貌端雅，身裁高大，是"硕人"型女性。她对衣着极为讲究，精致华丽，不带半点浮艳，穿在身上，愈显得其气度之高贵大方。当时懂得"穿的艺术"的人，君珊先生可推第一。记得我有一留法同学在中大教法文，穿的衣服总是非中非西，不伦不类。其叔祖吴稚晖先生曾以高君珊先生为例，劝她取法，可见君珊先生"穿的艺术"，连稚老都注意了。

岁月飘忽，我们离大陆已二十余年，不知君珊先生近况如何？尚在人世否？晦明风雨，最易怀念天末故人，君珊先生亦为我梦魂所萦念者之一。但愿若能与兰子及君珊等重行把晤于珞珈山边，东湖之畔，岂非人生极大快事！

由公翰又扯到君珊教授，更扯得远了。请公翰先生及读者原谅。我写文章就是改不了这"爱跑野马"的习惯。

前人说"人生七十古来稀"，现代人又说"七十才是人生的开始"，以现代医药之发达，卫生条件之进步，这话是可实现的。公翰先生过去成就人可共知，于今我更祝道躬康胜，日进无疆，更做出一番辉煌的事业！

选自《珞珈》第 75 期，1982 年 4 月出版

---

① 编者按：高君珊（1893—1964），福建长乐县人。1931 年获美国哥伦比亚大学教育学硕士。学成归国后先后任教燕京大学、中央大学、武汉大学。新中国成立后，任上海华东师范大学教授。著作有《教育测验与统计》、《近世泰西烈女传》。

林语堂所提倡的幽默文学

林语堂（1895—1976），原名和乐，后改玉堂、语堂，福建漳州人。中国现代著名作家、学者、翻译家及语言学家，上海圣约翰大学毕业。美国哈佛大学文学硕士、德国莱比锡大学语言学博士，国际知名的英语写作者。他提倡"以自我为中心，以闲适为格调"的小品文字，在现代文坛影响甚广，一生著述丰厚，曾两次（1940、1950 年）获诺贝尔文学奖提名。作家出版社 1995 年出版《林语堂文集》26 卷。

林语堂

林语堂在《语丝》时期主张谩骂主义，其《论语丝文体》一文及前引《翦拂集》中文字数段，即可觇其一斑。后在上海办《论语半月刊》一改而提倡幽默文体。

《论语》某期有《文章五味》一文中云：

"尝谓文之有五味，亦犹饮食。甜、酸、苦、辣、咸淡，缺一不可。大刀阔斧，快人快语，虽然苦涩，常是药石之言。嘲讽文章，冷峭尖刻，虽觉酸辣，令人兴奋。惟咸淡为五味之正，其味隽永，读之只觉其美，而无酸辣文章读之肚里不快之感。此小品文佳作之所以可贵。大抵西人所谓'射他耳'（satire 讽刺）其味辣；'爱伦尼'（irony 俏皮）其味酸；'幽默'（humour 恢谐）其味甘。然五味之用贵在调和，最佳文章亦应庄谐杂出，一味幽默者其文反觉无味。司空图与李秀才论诗书曰：'江岭之南，凡足资适口者，若醯，非不酸也，止于咸而已；若醝，非不咸也，止于咸而已。中华之人所以充饥而遽辍者，知其咸酸之外，醇美者有所乏耳'。知此而后可以论文？"

又某期《论语》有《会心的微笑》一文引韩侍桁《谈幽默》云："这个名词的意义，虽难于解释，但凡是真理解这两字的人，一看它们，便会极自然地在嘴角上浮现一种会心的微笑来。所以你若听见一个人的谈话，或是看见一个人作的文章，其中有能使你自然地发出会心的微笑的地方，你便可断定那谈话或文章中是含有幽默的成份……"又说："新文学作品的幽默，不是流为极端的滑稽，便是变成了冷嘲……幽默既不像滑稽那样使人傻笑，也不是像冷嘲那样使人在笑后而觉着辛辣。它是极适中的，使人在理智上，以后在情感上，感到会心的，甜蜜的，微笑的一种东西。"

又与李青崖讨论幽默。李氏主张以"语妙"二字译 humour，以音义均相近。林语堂则谓"语妙"含有口辩随机应对之义，近于英文之所谓 wit。"幽默"二字本为纯粹译音，所取于其义者，因幽默含有假痴假呆之意，作语隐谑，令人静中寻味……但此亦为牵强译法，若论其详，humoui 本不可译，惟有译音办法。华语中言滑稽辞字：曰滑稽突梯、曰诙谐、曰嘲、曰谑、曰谑浪、曰嘲弄、曰风、曰讽、曰诮、曰讥、曰奚落、曰调侃、曰取笑、曰开玩笑、曰戏言，曰孟浪、曰荒唐、曰挖苦、曰揶揄、曰俏皮、曰恶作剧、曰旁敲侧击等。然皆指尖刻，或流于放诞，未能表现宽宏恬静幽默意义，犹如中文中之"敷衍"、"热闹"等字，亦不可得西文正当译语，最著为"谑而不虐"盖存忠厚之意。幽默之所以异于滑稽荒唐者：一、在于同情于所谑之对象。人有弱点，可以谑浪，己有弱点，亦应解嘲，斯得幽默之真义。若尖酸刻薄，已非幽默，有何足取……二、幽默非滑稽放诞，故作奇语以炫人，乃在作者说者之观点与人不同而已。幽默家视世察物，必先另具只眼，不肯因循，落入窠臼，而后发言立论，自然新颖。以其新颖，人遂觉其滑稽。若立论本无不同，故为荒唐放诞，在字句上推敲，不足以语幽默。滑稽中有至理，此语得之。中国人之言滑稽者，每先示人以荒唐。少能庄谐并出者，在艺术上殊为幼稚……中国文人之具幽默感者如苏东坡、袁子才、郑板桥、吴稚晖，有独特见解，既洞察人间宇宙人情学理，又能从容不迫出以恢谐，是虽无幽默之名，已有幽默之实。

经此种种解释，"幽默"究竟是什么，大约可以明白了。现将林语堂所撰《论语创刊号缘起》节录如下，以觇幽默文体之为如何？

论语社同人，鉴于世道日微，人心日危，发了悲天悯人之念，办一刊物，聊抒愚见，以贡献于社会国家。大概其缘起是这样的。

我们几位朋友一半是世代书香，自幼子曰诗云，弦诵不绝。守家法甚严，道学气也甚深。外客表访，总是给一个正襟危坐，客也都勃如战色。所读无非仁义礼智，应对无非"岂敢""托福"，自揣未尝失礼，不知怎样，慢慢地门前车马稀了。我们无心隐居，迫成隐士，大家讨论，这大概就是古人所谓"养晦"，名士所谓"藏晖"的了。经此几年修养，料想晦气已经养得不少，晖光也大有可现；静极思动，颇想在人世上建点事业。无奈泰半少不更事，手腕未灵，托友求事总是羞答答，难于出口；效忠党国，又嫌同志太多，入和尚院，听说僧多粥少，进尼姑庵，又恐尘缘未了。计议良久，都没出路，颇与失意官僚情景相似。所幸朋友中有的得享祖宗余泽，效法圣人，冬天则狐貉之厚以居，夏天则绤绤必表而出之；至于美术观念，颜色的配合，都还风雅，缁衣羔裘，素衣麑裘，黄衣狐裘，红配红，绿配绿，应有尽有。谋事之心，因此也就不大起劲了。其间，也曾有过某大学系主任要来请我们一位执教鞭，那位便问该主任："在此年头，教鞭是教员执的，还是学生执的？"那位主任便从此绝迹不来了。也曾有过某政府机关来聘友中同志，同志问代表："要不要赴纪念周？做纪念周，静默三分钟是否十足？有否折扣？"由是党代表也不来过问了。

这大概是去年秋间的事。谋事失致，大家不提，在此声明，我们朋友，思抑圣门，故多以洙泗问学之门人做绰号。虽然近轻浮，不过一时戏言，实也无伤大雅。例如有闻未之能行者自称"子路"，有乃父好羊枣者为"曾子"，居陋巷而不堪其忧者为"颜回"，说话好方人者为"子贡"。大家谋事不成，烟仍要吸。子贡好吸吕宋烟，曾子好吸淡巴烟，宰予昼寝之余，香烟不停口，子路虽不吸烟，烟气亦颇重，过屠门而大嚼故也。至于有子虽不吃烟，家中各种俱备，所以大家乐于奔走有子之门。有子常曰："我虽不吸烟，烟已由我而吸"，由是大家都说有子知礼，并不因其不吸，斥为俗人。闲时大家齐集有子府上，有时相对吸烟，历一小时，不出一语，而大家神游意会，怡然两散。

一天，有子见烟已由彼而吸得不少，喟然叹曰："吸烟而不做事可乎？譬诸小人，其犹穿逾之盗也与？"颜渊抚然对曰："尝闻之夫子，饱食终日，无所用心，难矣哉！不有博弈者乎？为之犹贤乎已！难为了我们饱食终日，无所用心，至三年之久！积三年所食，斐然成章，亦可以庶几也矣乎？"子路亦曰："尝闻之夫子，年四十而见恶焉，其终也已！"于是大家决定办报，以尽人道，而销烟账。

　　惜其时子路之岳母尚在，子路以办报请，岳母不从，事遂寝。

　　今年七月，子路的岳母死，于是大家齐声曰："山梁雌雉，时哉！时哉！"三嗅而作，作论语。（下略）

　　像这样文字在《论语》里有很多，但我终觉得滑稽的分子多而幽默的分子少。林语堂也有自知之明，所以他曾说："《论语》发刊以提倡幽默为目标，而杂以谐谑，但吾辈非长此道，资格相差尚远。"不过中国人本来不大懂得"幽默"，新文坛上的人物跳踉叫骂，极粗犷鄙俚之能士，更使人头痛。林氏提倡"幽默"，若能将这恶风气矫正一二分过来，功德便不浅了。《论语》发行后，大得读者欢迎，于是又有《人间世》、《宇宙风》、《西风》等刊物，一时大上海几乎成了他们的天下。不久林氏远离中国赴美，所办的幽默刊物，虽未停刊，声色究竟大减了。

　　　　　　选自《中国二三十年代作家》，台湾纯文学出版社 1983 年 10 月出版

王统照与落华生的小说

王统照

[编者按]

　　王统照（1897—1957），字剑三，笔名息庐、容庐，山东诸城县人。1918年考入北京中国大学英文系，1921年与郑振铎、沈雁冰等发起成立文学研究会，在创作中主张"为人生而艺术"的文艺观，并以作品实践人生的"美"与"爱"的追求。他生前自编并出版《王统照短篇小说选集》、《王统照诗选》及修订长篇小说《山雨》。去世后，又陆续出版短篇小说集《湖畔儿语》、《王统照散文选集》、《炉边文谈》及《王统照文集》（6卷）等。

　　许地山（1894—1944），原名赞堃，字地山，笔名落华生，生于台湾台南，祖籍广东揭阳。现代著名小说家、散文家、五四新文学先驱者之一，也是文学研究会中的宗教学者。1917年考入北京大学，毕业后赴美留学，后又至英国牛津大学研究宗教、印度哲学及梵文。1936年受聘香港大学，后即定居香港。主要著作有短篇小说集《缀网劳蛛》、《危巢坠简》，散文集《空山灵语》、《杂感集》，论著《印度文学》、《道教史》等。

王统照早年发表的短篇小说有《春雨之夜》，中篇有《一叶》、《黄昏》，长篇则有二十余万言的《山雨》。他在创作上也算得一个努力的作家，虽然成就并不是很大。

王统照能将现代思潮之一的决定论

许地山

（determinism）和宿命论（fatalism）作为小说骨干的一个作家，不过思想并不彻底，一面拜倒于命运的无上威权，一面也相信人类心灵神奇的能力。他以为命运虽能给人以痛苦，而人类的"爱"和"美"却能消弭痛苦于无形。与旧说"天定胜人，人定胜天"的理论倒有些仿佛。这本就是五四时代一般作家矛盾思想的反映，像叶绍钧乐观悲观之时相冲突，又何尝不如此呢？

《一叶》出版于1922年，似是王统照的自叙传。描写青年旧家子弟李天根，遭遇人生种种波折：

他深深地感到人生在一个环境里没有不痛苦；而且周围是有尖端的荆棘向着的。他知道这是人类社会在宇宙中一个不可避免的循环律，但是永远是这样的，彼此刺着与互相以痛苦为赠遗，永久，永久，没有止息的。从前他也曾读过理想的小说，与那时很稀有的社会主义的零星著作，觉得一个如天堂的光明的境界，仿佛即刻可以在地上出现。又想人人真能"各尽所能"，"各取所需"的那样简单，与有秩序而公平的对于人生的分纪与解决的方法，也是最好不过的，而且或者将来可以实现。但他自从自己病中听过芸涵的痛苦历史，与读过关于她自己惊心动魄的记录之后，又遇见柏如的遭遇，使他对于以前的信仰，都根本摇动与疑惑了。

李天根进大学之后更变成一个悲观主义与宿命论者，整天埋首室中，写他的感想录，其沉郁乖张的癖性，引得人人诧异。但他的信仰虽然是灰色：

> 同时又发现了一件人间可宝贵而稀有的东西，知道现在人类的全体尚有可以连结之一点的：能使有裸露的胸膛与真诚的眼泪的势力，那就是"爱"。他以自身的经验母亲与姊妹的亲爱，又如芸涵的哀慕她的可怜的父母，其余如柏如的夫妇，海岸上老渔夫的谈话，都坚定他的发现与有助他对于"爱"的考究……以为人间尚有花、有光、有同情的慰解、有深沉的密合，使彼此纯白的灵魂，可以融化的机会。他又相信人间的痛苦与忧郁，是与爱相并行的，因凡事必有个因，使人类的心底完全从没有爱的痕迹，痛苦从哪里来呢？更有甚么事可以忧郁。他常想刀子割破了皮肤，或是火油烫伤了，以及没有食物入口，或是遭遇了金钱上的缺乏与压迫，他以为这不是痛苦与可忧郁，不是物质上的剥丧，也不是物质的给予可以慰悦的。精神上的灵性上的痛苦与忧郁，才是真正的。不过他也知道人类的精神作用与物质作用是常相为因应的。从此确信"爱"为人间的最大的补剂了。

本书结束时，天根手持一松叶，发挥他的哲学思想："一个人的生活譬如一个树叶子，尤譬如一个松树的叶子，在严冷的冬日，受了环境的风和雪，便黄枯些，到了春风吹来的时候，便发青长大起来，人生的痛苦与'爱'是这样的循环，不过没有一定的周回律，如一定的天时一般……或者也可说人生还不如一叶能有幸福呢……但是也一样的总需要春风的吹长！除'爱'之外又需要'美'。"瞿世英在《春雨之夜》的序说道："剑三（王统照字）是对于人生问题下工夫的。他以为人生应该美化，美为人生的必要，是人类生活的第二生命。他说：'此类烦闷混扰之状态互遍于地球之上，果以何道而使人皆乐其生得正当之归宿欤？斯则美之为力已'……小说作家的作品的内容，大致是描写实际生活与理想生活不融洽之点，而极力描写他理想的生活的丰富和美丽，剑三的小说也是如此。他所咒诅的是与爱和美的生活不调和的生活，想象中建设的是爱和美的生活。"

《黄昏》出版于1927年，叙述商科大学生赵慕琏应胞叔赵建堂之招，至故乡创设羊毛公司，因与叔妾周琼符、英苕相熟。二人不耐非人的生活，苦求慕琏救援。费尽周折，将她们救出后，性格荏弱的琼符，见建堂寻觅逃妾的广告，竟惊惧而自杀；刚强的英苕，则投身伶界得享盛名。即同逃之婢女瑞玉，也考入职业学校，可以预测她结局不坏。这书似乎有些受俄国屠格涅夫《父与子》（Fathers and Sons）的影响，描写热烈的感情与冷静的理智，人类的同情与伦理观念，反抗精神与传统威权，旧习惯与新知识，老年与青年思想的一切冲突，而作者的宿命论调，也时时显露于字里行间。像慕琏决策拯救二女出险时写的日记："我乃竟有此等思想，毋乃太奇？然事实迫我，我岂不愿以清静身，向大野灏气中翔翔自如？及今而后，我乃不能不低首于命运的指挥之下，任其颠播……"不过命运之神的铁腕虽然坚强，能决心反抗者，也可以得到最后的胜利，只看那畏首畏尾，瞻前顾后的周琼符，逃出苦海后还不免一死；而冲决一切，雅有侠气的英苕，则竟因此而恢复自由，可知作者命意之所在了。

《山雨》的命题，系由"山雨欲来风满楼"的句子取出，乃是大革命前夜的象征。书中背景为山东一个农村，时代则自张宗昌的统治到国民革命军的北伐为止。全书的主旨则要写出北方农村崩溃的种种原因与现象，以及农民的自觉、矛盾。王统照描写南方农村破产的惨况，已经相当的成功，而北方农村则是第一次试验。本来北方农村与南方农村是两个型式的：像气候地理的差异、土地的出产、农民的性格、风俗习惯的种种不同，还有关外移民的情景，若能详细写出，很可以表现一神强烈的"地方色彩"，王氏在这方面的努力，还不算怎样失败。

此书开场时，作者借一个名叫魏二的农夫，唱出昔日农村的状况：

> 言的是名利二字不久长，但都是东奔西走空自忙。
> 见几个朝臣待漏五更冷，见几个行客夜渡板桥霜。
> 皆因为名利牵缠不由己，赶不上坡下农夫经营强。
> 盖几间竹篱茅屋多修补，住一个山明水秀小村庄，
> 种几亩半陵半湖荒草地，还有那耕三耙四犁一张，
> 到春来殷殷下上种，墙而外栽下桃李十数行。
> 早早的拥撮儿孙把学上，预备一举成名天下扬……
> 过罢了大雪纷纷隆冬至，看家家户户把年忙：
> 买上些金簪木耳黄花菜，买上些菠菜芫荽与生姜，
> 常言道闲里治下忙里用，预备着过年请客摆桌张，
> 不多时买罢菜品还家转，大门上吉庆对联贴两旁，
> 头一句一统太平真富贵，次一句九重春色大文章。

这春耕夏耘秋收冬藏的秩序生活，与击壤而歌，鼓腹而嬉的太平气象，真是过去农村的黄金时代。然而这值得令人憧憬的黄金时代，早已化为梦幻了。军阀时代的农村怎样呢？预征钱粮、强派学捐、讨赤捐、旱灾、手工业的破产、现金的流出国外，已经使农夫们骨枯髓竭，无法聊生；而最剧烈的灾祸，则第一是土匪为患，第二是应兵差，第三是强派修路，第四是过路的饥兵的占住，农村在这些层层压迫，层层腌剥之下，终于不能维持了。书中主角奚大有，家有田数亩，草屋数间，在乡

间尚称小康，自己身体强健，欲望低微，一年到头，像牛马似的在田里工作，可算是一个典型的中国农民。但在农村总崩溃的运命中，奚大有终于破了产。到山穷水尽时，他也不得不改变中国农夫安土重迁的特性，尽室逃到青岛做工，后来竟加入了工人集团，成为革命一分子。现在我们来看全书描写最精采的饥兵占居一段：

> 忽有一天下午，从旺谷沟与别的地方，突然过来许多南边几县里守城不住败下来的省军，属于一个无纪律，无钱，无正当命令向哪里去的这一大队饥兵。虽然有头领，却有几个月不支军饷了，这一来非吃完所到的地方不行……最奇怪的每一个兵差不多都有家眷，小孩子略少些，女人的数目不少于穿破灰衣的男子。除掉些军队的家眷之外，还有一些妇女，少数没穿灰衣的男子，说是挈带来的。总之他们都一样，衣服不能够挡住这样天气的寒威，没有食物，恰是一大群可怕的乞丐，令人怎样对付？他们到哪里十分凶横索要一切，连女人也多数没有平和的面目。困顿与饥饿，把他们变成另一种心理……占房子，抢食物之外，人家的衣服，较好的被窝，鸡、鸭、猪，凡是弄得到的，该穿、该吃、丝毫不容许原主人的质问，随便过活。这一来全村中成了沸乱的两种集团：受灾害的无力的农民，与在穷途不顾一切的客兵。在枪托子皮带之下，主人们只好事事退避。

后来真闹得太不像样了。全村只好用了一笔重款，买通了他们的头目，才将这一群饿鬼打发动身。临走的时候，每个兵如同迁居似的，衣服、被褥、零用的小器具，甚至如碎木柴、磁饭碗，都由各村中的农人家强取来了，放置在高高堆起的行李包上……将镇上与近村的耕牛、驴子全牵了去，驮载他们的行囊……剩余的粮米他们吃不了全行带去，只有土地还揭不动。然而他们也还是不容易动身的：

尤其是他们的女人，那些小脚蓬头，不知从哪里带来的多少女人，因饥劳与风尘，早已改变了女人们的柔和慈善的常性。她们虽没有执着步枪与皮鞭，可是也一样的威风。她们对于那些没有衣服穿着农民，根本上就看不在眼里；至于她们的同性，更容易惹她们动怒。也有像是有说不出苦痛的年轻女人，有时凄楚的说着，对农妇们用红袖子抹眼泪，不过一到饿得没有力气的时候，谁还去回顾已往，与憧憬着未来呢！由兵士们的手里拿得到粗馒头充足了饥腹，这样的生活久了，会将喜乐与悲苦的界限忘掉，所以女人们在这片地方暂时安稳地住过十几天，临走的时候，在街上巷口上，都难堪的咒骂她们的军官，男的更没有好气，说是头目图了贿，他们却不过才吃过几天抢了的饱饭。于是在左右的农民很容易触动他们的火气。这一日在镇上无故被打的人都没处诉苦，有的包着头上的血迹，还得小心伺候。办公所中，只有吴练长与旅长团长在一处吸鸦片、交款，吃不到一点亏。别的乡董，耳光、挨骂，算得十分便宜的事。大家都在无可如何之中忍耐，忍耐，任管甚么侮辱都能受，只求他们早早的离开这里。

前文说过王统照的作品，有肉多于骨的毛病。他的文章拆开一句一句读，都完美无疵，合在一处读，便显得拖沓繁冗，令人沉闷。而且无论写什么故事都缺乏一种紧张的空气，像《黄昏》的题材原很富于刺激性，若能将紧张的情绪，表现出来，未尝不可成为一部兴味浓郁的佳作。可惜作者浪费了无数的笔墨，仅仅描写一个淡淡的轮廓。书中情节的穿插，既不适当，事项的进展，也不自然，人物心理的刻画，更谈不上了。赵建堂的二妾对侄少爷萌生感情，乃全书最紧要的关节，一部《黄昏》，可说都由这一点发生出来的，不意作者竟用突如其来莫名其妙之笔写之。这个地方尚轻轻放过，全书结构之无力，可想而知。《春雨之夜》，为二十个短篇所组成，命意非不深奥，遣词非不雅洁，辞藻非不富丽，而以表现毫无力量的缘故，艺术都显得很幼稚，以今日眼光评之，值得一读的很少。

《山雨》发表时，作者的学问阅历都比从前进步，那种"真痛苦与忧郁，不是物质上的剥丧，也不是物质的给予可以慰悦的"唯心论不再唱了。"人生在一个环境里没有不是痛苦，彼此刺着与互相以痛苦为赠遗"的宿命论，也不大主张了。他知道人类的精神也受着物质律的支配，肚皮饿着时，以及虐待受到无可再受时，驯良的会变成杀人放火的罪犯，恋田园的会举家逃亡，顽固的也会赞成革命理论，这种倾向新写实主义的文字的写法，比之他从前那些带着浪漫气氛的作品，自不可同日而语。不过艺术上的松懈、琐碎、重复的毛病还未改去多少，所以他的现代农村描写不如茅盾、叶绍钧之感人，不能成为一流的作品。

落华生在《小说月报》发表的创作小说有《缀网劳蛛》，在文化书局出版有《无法投递之邮件》。又在《文学月刊》上发表长篇《女儿心》。落华生的文字胜于王统照，久有定评，不必赘述。他的文字专以供给读者"异国情调"为主，与他的小品散文并无二致。如《命命鸟》、《醍醐仙女》是以印度为背景。《商人妇》、《枯杨生花》、《海角孤星》、《缀网劳蛛》，则以南洋为背景。他又好写满洲贵族的恋爱故事，像《换巢鸾凤》及《女儿心》都是。异国的风物、热带光与影、旗人的生活，在读者都是陌生的，作者用美丽细致的笔致，将它们介绍过来，自然会使读者感到一种新鲜风味。落华生得着读者热烈的欢迎，不算偶然的了。但更重要的还是这类文字蕴蓄的"逃避性"，赵家璧论勃克夫人（Mrs. S. Buck 即赛珍珠）与黄龙（赛珍珠著《大地》男主角）有一段议论，我以为很可以作这话的解释。他说：

> 最近欧美的物质文明已发展到了峰极，一般有灵魂的人都在机械生活里呻吟着，在都市里感到了极度的疲乏。这不特在精神

上有这一种厌倦的趋势，事实上从十九世纪后期发展起来的机械生产和都市建设，因为受了资本主义制度不合理的处置，近数年来早已达到了一个将濒破灭的危险期。当大家都感觉到无处可走的痛苦时，就有一部分人提倡脱离都市回到农村去，而过着原始生活的初民，就形成现代人唯一的梦想。

在今日欧美的文学上就明白的表现了这一种现代人逃避的欲望。他们和黄龙同样不敢用人力去改造现状，而只求在观念上获得片刻的安慰。因此极端写实主义的作品没有销路了，心理分析小说也不能获得大众的拥护了。为适应现代人的这种心理的要求，那种以猛兽和非洲土人为对象的小说游记和影片在一个时期曾给了都市的居民一种很大的刺激和安慰。当勃克夫人在素称精神文明的中国农民里挑选了这一位较富人性的初民型的黄龙作她小说中的主角，去替代那辈兽性未脱的非洲土人，那当然使读者在观念上获得更大的慰安了。

在勃克夫人所创造的天地里，他们可以不必再顾虑机械生产的毁灭，都市的破产，他们也不再求什么挽回危殆现象的实际方法。只要能够给他们理想间上得一点安静，他们就紧抓住不肯放手了。

因此，在这数年来的小说里，理想主义就逐渐的回来，那位诗人而又兼小说家的史特朗（L. A. G Strong）更说："文化已很明显的到达了亨利亚当（Henry Adams）所说的客观范围外边，今后的大运动便是转向内去的了。人类的思想，以前是由一个圆锥形的尖端向外扩展成一种机械的文化，今后是要走向新的圆锥形的尖端去到那个精神的文化"，在这种主张理想主义文学旗识下的作家，有开守（Wille Cather）、罗勃芝（E. M. Roberts）、淮特尔（The Wilder）、史特朗等。而史特立（A. G. Street）的《农夫的荣光》（Farmers Glory）和比耳（Adim Bell）的《土地的三部曲》，与勃克夫人的《大地》，取的更相类的题材，都给现代的读者一种逃避现实的梦想力，因而史特朗一辈人更以理想主义为标榜，而提倡唯心论哲学家柏克立（Berkely）的复活运动。

但是逃避性的文学，对于那些尚未感受切肤之痛的欧美人士和以前的中国人，还可以发生一点效力，至于现代中同农村破产，百业萧条，苛政如虎，莝符遍地，一般人民转辗于水深火热之中，逃生无路，要想用精神上的麻醉来缓和实际的痛苦，绝对的不可能，所以落华生若不改变他的作风，过去的光荣恐难保持呢。

我所谓改变作风并不是想劝他也走上喧阗叫嚣所谓新写实主义的路，这种被歪曲被利用的路，对中国的将来害不胜言，哪有提倡之必要？不过文艺创作的道路究竟宽阔，描写民生的疾苦，以促政府的警惕和注意，也未尝不好。

　　　　　　选自《中国二三十年代作家》，台湾纯文学出版社 1983 年 10 月出版

永远莫放下你这支笔

——致琼瑶

苏雪林与琼瑶在新加坡南洋大学合影
（时为 1965 年春）

[编者按]

　　琼瑶（1938— ），原名陈喆，笔名凤凰、心如、琼瑶，以"琼瑶"最为著名（此二字出自《诗经》"投我以木桃，报之以琼瑶"），当代著名作家、剧作家，湖南衡阳人。其父陈致平为台湾知名教授、历史学家，其母袁行恕，著名中国山水画家。琼瑶创作勤奋，据不完全统计，现已出版长短篇小说70余部。

　　一个唯物论者，也许不相信世间有所谓天才之存在的。他以为人类智慧能力生来平等，环境教育也许再带点遗传气质的不同，才造成人与人之间的差别。正如同样五谷的种子撒在膏腴的土壤，便顺利长成，结成累累的嘉实，撒在瘠薄不毛之地，种子便不茁长，即茁长也缺乏生机，更谈不上有什么收成了。不过我个人却相信天才确实是有，遗传这一条件我相当重视，却并不认环境和教育那些外在因素，对于一个天才竟是那么的不可缺少。

历史上任何一界都挺生过天才，他以他俊朗的才华，英伟的量度，磅礴充沛的气魄，横放杰出，不受传统束缚的创造力，在政治上、学术上、文艺上开创许多崭新的局面，将这个世界，装点得庄严灿烂，多采多姿。否则这个世界将永远停滞于野蛮固陋的阶段，人们尚有何乐趣之可说呢？

天才之来到世间，好像是飙风，正当郁闷难堪，挥汗如雨的当儿，忽然清风一阵吹来，推动了窒滞的空气，驱走了逼人的炎威，把人们自烦渴地狱，轻轻带进了清凉世界。那时我们耳目清明，遍身舒畅的快感，真不是口舌所能描述的。天才又好像一颗不依躔道而运行的彗星，它数十年，或百余年才来这个宇宙拜访一次，在漆黑的天空里放射其煜煜的光芒，使得一天撩乱的斗星，都为黯然无色。倏忽间它又隐去了。它来从何处来，去从何处去，我们不能知道，但这种奇异的天体，却的确给宇宙的景色增加壮丽和神秘，你又怎能否认？

我不知道琼瑶女士足称天才与否，可是她的崛起只是这几年间的事，真有点像彗星的突然来临，狂飙的飒然而至！论年龄，她今年不过二十几岁，论学历，她尚未获得大学文凭，论人生经验，也还不出家庭与学校的范围，但她却有特殊的禀赋，小小脑袋装满了奇思幻想，上帝又特别赐给她一支彩笔，居然能在短短数年内，连续发表了《窗外》、《烟雨濛濛》、《六个梦》、《几度夕阳红》、《菟丝花》五个长篇小说；《幸运草》、《潮声》几个短篇小说，都三四百万言。当她这些小说在报章杂志逐日刊载之际，大家发疯般抢着阅读；印成了单行本，几个月内便达七八版，至十余版。电台争以琼瑶小说作为广播的资料，电影界竞以琼瑶作品作为制片的题材。新文学自五四运动后直到于今，没有一位作者像琼瑶这般受广大群众的欢迎，没有第二本小说像琼瑶作品这么地流布之广，销售之速。从前法国十九世纪作家巴尔札克曾夸言道："一代怪杰拿破仑铁蹄所至，征服了大半个欧洲。我，巴尔札克，要以笔锋来征服人心，建立我的王国。"我们的琼瑶女士是中国人，没有白种人征服欲的盛旺，动不动说什么建设王国的话，但她的创作，却确于不知不觉之间，征服了千万人的心，开拓了广漠无边的疆域了。

照我看，琼瑶作品的优点，非片言所能尽，浅而言之，则有下列的几端：

第一，文辞优美、洗炼，已达炉火纯青之候。或者有人要说，上述这几句话不过是写小说起码的条件，拿这个来批评一个作家，不是抬高他，而是低估他了。是的，不过目前台湾的文坛居然有些乳毛未干或并非这一行也妄想登龙的人物，连普通文理都没布搞通，居然想挤入文坛来凑热闹，把文坛闹得乌烟瘴气，我们看了琼瑶的文章，当然愈觉得她是有可表彰的价值了。琼瑶自幼有得于其贤母之教，兼得名父的指点，诵读了不少中国旧式诗词，是以她很小便工韵语，国学根柢可说是有相当的深厚。后来她又浏览了无数世界名著，由于她天分的高明，虽然多读中国书，却不陷于传统的窠臼，拘泥不化；也不因爱好西洋文学，而模仿那些效邯郸之步忘其故武者之所为。她从这两种不同的文学里，吸收充分的营养料来培养自己的心灵，使自己的作品改成为一种赋有中国灵魂而又具有西洋形式的结晶品。

作者对于大千世界的形色色，无不描写得曲尽其妙，那些描写自然景色的字汇、辞藻，并不是从辞书类典或文艺手册里抄撮而来，却都从自然界观察而得，以灵心的体会，加以慧腕的安排，是以她的文辞之美，有如细心琢磨的美玉，透剔晶莹，宝光焕发；又如奇葩怒故，生香活色，娇艳天然！

第二，结构谨严完美，而多变化。听说现代一些什么潮，什么派的作品，是不讲究结构的，甚至故意不要结构。越杂乱无章越好，越叫人看不懂越得意。正像现代那些什么潮，什么派的绘画一般，红黄蓝黑，信笔乱涂，甚或把整罐整罐的颜料倾泼在画布上，再拿到到门外，让汽车轮子在画面上狂辗一通，便成为一幅名画了。或者根本不画一笔，只将一幅空荡荡的画布配就框子，张出沙龙展览。你既根本认不清画家画的是什么，是好是坏，又何从评论起，这确是一种巧妙的藏拙之道！但艺术发了羊痫疯，历半个世纪而清恙未已，并变本加厉，祸延文学，也真足教人痛哭！

琼瑶虽是一个很年轻的作家，有她一份爱好新奇的心理，却并不盲目地跟着别人乱跑，她自会选择她应走的道路。她小说结构之精工细致，是令人惊叹的。不仅千头万绪的长篇，即一个三四千字的短篇，她也不肯掉以轻心，随便出手。关于这事，凡读过琼瑶小说的人，都能领会，我亦不必多叙。

若徒然在结构上讲求，千篇一律，毫无变化，那也不足见工夫了。琼瑶那个时期的小脑袋，储藏的东西，竟出人意外地那么丰富、繁复。她的每一篇小说都花样翻新，创出一种不同的格局。我读琼瑶小说每疑走入阿拉伯神话，一座皇宫有门一百，你每日打开一门，入内游览，门内景物，各有其美，无一雷同。于是而知琼瑶小说之引人入胜，百读不厌，是有其当然之道理的。可是作者的小脑袋固然神奇，在布局遣辞上她所耗废的精力，也仍然极大，所以作者自己慨叹说，"每写一篇小说，我把自己溶化进去，浑然'忘我'。写作的过程原是痛苦的。食不知味，寝不安席的日子不知有多少……每当一篇作品发表的时候，我的感慨总是多于欣喜，谁能知道一篇小说的背后，有作者多少的眼泪和辛酸。"我也希望读者于阅读琼瑶创作，收获无上快感之时，莫忘记作者的惨淡经营，良工心苦！

第三，笔力雄厚，举重若轻，扭转危局，出人意外。别看作者是个纤纤弱女，那一支笔，力量之大，竟可与那个拔山举鼎之雄，较量高下。她作品的布局每能一层深似一层，一层紧似一层，一层高似一层。高到无可再高，忽然来个峰回路转，另外出现一个奇境，像《窗外》那个长篇，女主角江雁容与老师康南恋爱，已热烈得到了难解难分的地步。雁容的家庭因双方年龄过于悬殊，知道这项婚姻将来决不能幸福，竭力反对。江雁容的母亲，反对尤其剧烈。但江雁容却是一个满脑充满梦想，不顾现实，又是痴情一往，百折不回的女孩。为了对家庭的抗议，她的悲哀、愤怒、焦灼，无不到了极度，最后且曾决心自杀，图殉这一段不自然的恋情。文章写到这个地步，也可说已是水尽山穷了，这个危崖坠石之势，已决无挽回的余地了，可是作者却借江母的一封信，使全部局势，陡然改观。那封信确也写得好，慈母如山的恩情，如火的热爱，细针密缕的爱护与关切，充分流露于字里行间。简直是一字一泪，一泪一血，沁人心脾，感人肺腑，可说自有文学以来，很少见的一篇杰构。无怪她的女儿读了为之深深感动，终于来一个一百八十度的大转变了。记得我初读《窗外》，读到雁容自杀未遂的那一章，我以为她与康南的恋爱定然成功，但别的先读者却告诉我，雁容终于顺从父母意旨，悬崖勒马，和康南断绝。我总觉得不相信，不知作者是怎样将这局面扭转的。谁知作者竟有这么出奇的腕力居然扭转了，并且不取巧，不弄诡，正面下笔，掀起这么个高潮。好像《老残游记》济南听说书。那号为白妞的王小妹，歌声愈转愈高，愈高而气力愈游刃有余，好似一条飞蛇作黄山三十六峰间窜来窜去，陡然拔了一个尖儿，高唱入云，再纷纷下落，散作满天花雨。又好像金圣叹评《西厢记》某一回：有两个画家在佛院赌作天帝释出游的壁画。甲画家每日偷窥乙画家所作，一日忽哑然而笑，因为乙画家从天尊的先头部队画到中间部队，再画到近身侍卫，再画到侍从仙官，其服饰容止，威仪气度，莫不比甲画家高一等。然则天尊的形貌又如何下笔？这岂不要技穷了吗？谁知乙画家自有一尊日月光华，气象万千的天帝释的法身，最后从壁上涌现，非甲臆度所可及。甲始掷笔叹服，甘拜下风了。我以为江母的那一封信，亦可作如是观。《窗外》可朽，这封信是永远不朽的了！

第四，有深刻的人生经验而又洋溢新鲜活泼的青春气息。说琼瑶是个怪人，她也真是怪，她到这个世界上来不过二十几年，偏偏她的人生经验竟比六七十岁的老年人还要来得深刻和丰富。她那善于推理的脑筋，好像古人所形容的易理一样，能以至简易推知其至繁复者，至浅近推知其至深赜者；又能以短暂的现在推知无穷的未来，是以她掌握了整个的人生，年龄没法限制她，经验也不足范围她。譬如她从没到过四川重庆的沙坪坝，她居然敢将一座相当热闹的学生俱乐部，一篇恋爱交响曲，放在这个地点。居然把磐溪、小龙坎、化龙桥、相国寺、牛角沱、上清寺、两路口、观音崖、夫子池，一概搬到读者的眼前，便是一个土生土长的沙坪人，对于沙坪也没有作者认识的清晰。那些靠公费过活的穷学生，虽然衣敝履穿，仍然挥霍潇洒，自得其乐，也给她画活了。好像她也曾在战时的重庆，当过几年穷学生，所以能够把他们的生活点染得栩栩如生。

譬如她没有到过上海的杨树浦，居然敢画江湾的风帆与晓雾，穷艺术家所栖身的古旧楼房的阁楼和百万富豪华丽如皇宫的巨厦。她也从来没有到过杭州的西湖，又能描写西湖的景物。抗战时代，她随父母在黔桂道路上流亡，乃是童稚时的事，印象早消褪了，但琼瑶偏能凭其两亲记忆中的追述，给我一幅一幅鲜明生动、军民共同逃难的画面。其他类此的描述，不可遍引，唯有从略。

凭臆度瞑想写客观景物，写得竟这么逼真，还不太难，难的是她写人生遭际，譬如几对男女二十年间的离合悲欢，祖父与孙儿三代人中间沧海桑田的世变，都刻画得非常深澈细致，描绘得淋漓酣畅，好像作者亲自经历过一般。即使教一个真正亲身经历过的老年人来写，恐怕也不能写得这么好呢。

但作者虽像有中年老年的人生经验，写出来的文章却又并不是一味枯藤老树，古木寒鸦，给人萧瑟迟暮之感。她文笔豪放不羁，活跃异常，那富于创造的精神，敢于尝试的勇气，混合瑰丽的梦想，芳馨的诗意，交织出无限的光和影，有似青春大泽，万卉初葩，海市蜃楼，随风变幻，使她的文字呈现出一片迷人的春天的气息。

从前法兰西产生了一位圣女小德兰，自命为"老孩"，异哉，"老"与"孩"两个极端相反的词儿，怎可糅合在一起呢？这是说她以老年人的智慧调和于孩童的天真，成为她独创一格的圣德。琼瑶的创作，我以为也有类似的特色。

像琼瑶这么年轻而成就又如此卓越的作家，引起嫉忌，是不能避免的。有些嫉妒她的人自己写不出好文章，偏偏又总欢谩骂瞎诋，看见广大读者都倾向琼瑶，便使出恶毒的手法，狠狠地来打击她。他们以为读者是易于欺骗的，只须捏造一些似是而非的理由，混淆美丑，颠倒黑白，读者一时或不为所动，久之则亦不免为眩惑了。他们又以为作者琼瑶不过是个女青年，女孩儿天生爱洁，爱芳菲的事物，于今偏用下流污秽的话来侮辱她，弄得她兴趣索然，从此再没有提笔的勇气，那么，他们的目的也就达到了。

我也并没有抹煞台湾目前一些优秀作家的成就，可是目前稍有名望的作家，谁不遭受那种莫名其妙的恶势力的排斥、攻击，谁又不是栗栗危惧，惟恐那毁谤侮辱一朝会落到自己身上来？舆论不裁制，法律难保障，使我们的安全感受到了莫大的威胁。

像琼瑶这样有希望的作家，台湾主持文艺政策者正应该好好保护她，培养她，使这一抹瑶苑奇葩，得以充分地发荣滋长，将来也许能到世界文坛去参加竞赛，为我们的国家争回最大的荣誉，若一任盲风怪雨加以摧残，咳，这份"可惜"还有什么字眼可以形容！

不过，自古以来，"虚伪"掩蔽不了"真实"；"丑恶"摧毁不了"美善"，文学作品的优劣，读者心里自然有数，别人想对读者欺骗，恐怕是徒劳无功的事吧！

他们的手段虽然可恨。可是，琼瑶，我要嘱咐你。你自己曾说过：自幼对于写作便有永不枯竭的兴趣和永不消灭的热情，那么，你就永远写下去。天生你一支彩笔，实不比寻常，你该好好利用它。假如你再能推出几部像《几度夕阳红》的创作，岂但你将屹立台湾文坛，永无人摇撼得你动，世界文苑将来也该有你一席之地呢！

琼瑶，请记住我这样一句话："永远莫放下你这支笔！"

《寄琼瑶女士》二首

"琼瑶乃名教授陈致平先生之女公子，凤凰其小名也，有夙慧，自幼即善属文。致平先生现与余相任教新加坡南洋大学，夫人与余颇相得。岁初，琼瑶省亲来此邦，余始得遍读其著作，叹为一代奇才。乃忽闻有妄人故加訾毁，心甚不平，赋此二诗慰之。

其　一

绝代才华陈凤凰，宝刀出冶已如霜。

白诗搜访来胡贾，左赋传抄遍洛阳。

自古文章有真价，岂因群吠损毫芒？

客窗快读三千牍，贮诗新编再举觞。

其　二

喜摩老眼看奇才，海外相逢亦快哉。

贤母即今常接席，云鸿他日盼重来。

华年卓就人争羡，慧业前生世共猜。

寰宇文坛无我份，愿君彩笔一争回！"

选自 1965 年 9 月 2 日台湾《中华日报·副刊》

尉素秋先生二三事

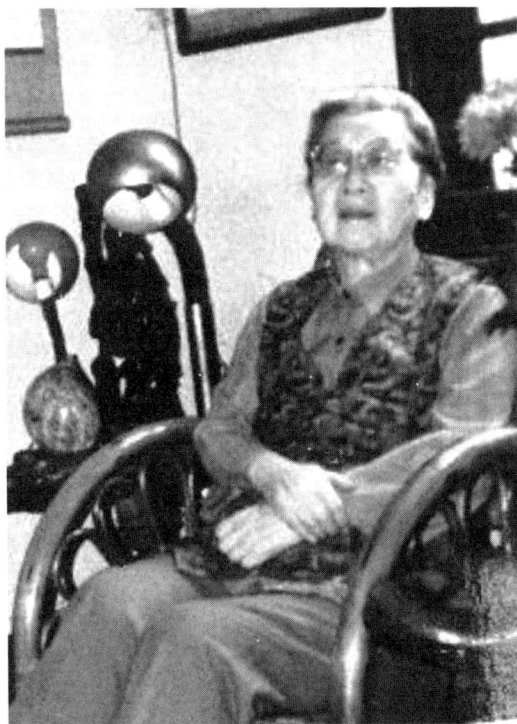

尉素秋

[编者按]

　　尉素秋（1908—2003），安徽砀山人，中央大学国文系肄业。读书期间受教于吴梅（瞿安）、汪东（旭初）、胡光炜（小石）三位著名词家，与同窗沈祖棻、曾昭燏、张伯璠等组成"梅社"，吟诗作词，一时传为佳话。去台后，先后任教台北师范大学、台南成功大学，遗著有《秋声集》等。

　　我认识尉素秋教授是在她来成功大学任教以前。台北师范大学有一位教词学的龚慕兰女士双足有病，不良于行有年，后来手足抖动不已，似乎所患是帕金森症，弄得饮食便利皆需人，真苦极了。她住在龙泉街口师大教职员宿舍里，我们常去看望她，顺便给她带点食物或必需品。

有一天在她房里遇见一位女客，面貌清秀，态度温文，是个智慧型的人物。慕兰介绍说她姓尉名素秋，乃是名政论家任卓宣先生的夫人。叶青的大名（编者注：叶青，任卓宣的笔名），我在大陆时便已知道，来台后，也常在报刊读到他的文字，于今认识他的夫人，当然高兴。慕兰又说："这位素秋姐也是一位词家。在国立中央大学肄业时，受教于吴梅（瞿安）及汪东（旭初）两教授，法乳亲传，深造有得，作的词出入两宋名家，比我的好上多少倍。你谬爱拙作，不知还有一位出色当行者在此，你若读了她的作品，才知道所见之不广呢！"我听了慕兰这一番话，不胜欣动，便向素秋姐索观其所作，谁知素秋非常谦虚，说道："你千万莫信慕兰的话。我虽然试作几首小词，只是游戏笔墨，哪里比得上沭岚（慕兰字）的超超之著，你不要被她骗了。"我仍然再三索取，她也是再三推辞，也只得罢休。但因此，我知道尉君对待慕兰这样厚，是因为两人都会作词，所谓心灵相应，声气相通，又正像小说家所谓"惺惺相惜"，她们的友谊自然和普通的不同了。

说起素秋待慕兰之厚，真是最令人感动的一部传奇。她为她介绍各类医生：推拿、针灸、中西内外科，前后何止几十位。开始时，慕兰尚可乘车自往诊所，后来动不得，只好请医生上门来诊。诊过多次，病无起色，医生也厌倦了，说这种病是没法医的，不必白费气力。又得素秋对医生打躬作揖，再三恳求。上街买药，中药煎煮，都是素秋代劳。经常必炖一罐鸡汤，或其他营养食品送来。家里包饺子、蒸包子，也必送来一大盘。病人吃不完，都归她女佣母子三人享受（这个女佣肯侍候这样的病人，只因母子三人食宿均归慕兰负担）。我们去看望慕兰时，也常得沾溉。夏季则送冰箱、电风扇；冬季则赠鸭绒毯、丝棉被。那个时代，教职员待遇微薄，慕兰功课由她教过的学生，现任职师大的人代上，月薪及配给则全部归她，因医药及佣人费重，仍嫌不足，我们及她旧学生也常凑点钱给她，主要部份则全归素秋负担。素秋兼课各校，所得也不丰，她为慕兰所耗费，都由节衣缩食而来。就这样对待她几年，直到她病逝为止。这样对待朋友，史册上也不多见，你说是不是难能可贵！

凡是一个诗人必有诗人气质，大多数是潇洒、超脱、放浪形骸、不拘形迹。素秋身为大学教授，又为中文系主任，要表率群伦，虽不俨然作道学先生状，平日总衣冠整肃，循规蹈矩，但遇着机会，她的诗人气质便于不知不觉间流露出来。

她课余之暇，常率领学生作郊游，名山古迹，寻幽探胜，一年间总有几次，说借此培养诸生活泼的生机，为学生诗词之助。沂水春风，孔子有"我与点也"之叹，正属此意。记得有一天，我在校中与她谈起郑延平祠堂后殿有几株郑氏手植的梅花，已三百多年了，仍然茂盛，想必是成功忠义之气所钟的吧！素秋未曾见过此花，闻言兴致勃发，说今日天气晴朗，晚间月色必佳，我们就来个月下寻梅如何？于是关照学生晚餐后同赴郑祠。

我们匆匆吃过后，雇一三轮，我与素秋同载，男女学生各有单车代步，浩浩荡荡一行十数人到了延平祠，那时尚无门禁，游客可以自由进出。入祠后，在大殿及祠侧园亭，盘桓许时，以待月上。及到后殿，则门已下锁，无法入内，看来我们只好打道回府了。但素秋于心不甘，叫学生去找那掌门人讨钥匙，则其人已去，无从寻觅，学生不忍老师失望，见殿侧有短墙可以翻越，由一个身手矫健的男生翻墙而入，自内开门将我们放入。果见郑梅，正当开放，皎洁的月光与盈盈玉蕊，互相映发，幽香细细，别有一番情趣。这几株梅花与庾岭早传春讯者不同，与孤山处士与之为妻者亦不同，它是与殉节扬州、史阁部衣冠所葬那个所谓梅花岭上的，有同样壮烈之怀与忠贞之气！想到数百年前，满清铁骑蹂躏大江南北，明祚沦亡，万民家破，而那些孤臣孽子出万死一生之计挽虞渊之落日，挥鲁阳之颓戈，所有行事，无不可歌可泣，而郑成功之所为，艰苦百倍，更可算是史无前例之一人。日本人常谓中国历史虽悠久，却没有人，只有半个，这半个便是日妇所生的郑成功。这话出于日人之口当然不足为信（但细按郑成功一生事迹，却不能说全无理由），今日我们见了他手植之花，哪能不万分感动呢？我们徘徊花侧，久久始能离开，那晚素秋归去，想必又大作其词，惜我未见。只记得她月夜探梅这一盛举。

这是诗人的清狂，也是诗人的高致！

素秋在各校所担任的功课，皆为词曲，讲解后，令学生多读，更令学生习作。每班课本常五六十卷。在成大，她只教中文系的一班，她批改学生课卷时，甚为迅速，一大叠卷子，几个小时便可了事。有一回，她有事要北返数日，将那叠学生新带来的课卷交给我，请我帮她一个忙，代为修改。

我少年时以自修之力，也会胡诌几首诗，各体皆曾试作，五七古长篇较多。词则从未问津，不过留学法国时曾作过几首，当然不成东西。1925年回国，便把这玩意抛撇了，因为我知道前人作诗必积一生时光与精力，并必时常讽咏古名家作品，摹拟其笔调，体会其旨趣，然后加以变化，自成一家，若说随便作作，便能成为诗人，那是可笑的梦想。再者，旧诗王国已被历代诗人开辟殆尽，已无寸土之隙，可供我们耕耘，今日而想在旧诗界更树一帜，建号称雄，实为劳而无功之事。再者，于今之世，新思想、新事物，层出不穷，旧体诗已无法容纳与表现，勉强为之，必弄得非驴非马，怪状百出，那又何苦？我嗜好庞杂，想研究的对象又多，哪能为旧诗牺牲我有限的光阴和心血？所以才毅然决去而不悔。一抛撇便是一甲子，今日叫我来作旧诗，虽勉强可做几首，已不足登大雅之堂了。

再者，我不知何故，自己可以作诗，数百言长诗，皆可一挥而就，却不能替人改诗。记得在国立武大教基本国文，学生有家学渊源，擅作诗歌者，呈数首诗请我改，我改得非常吃力，自此视为畏途。学生再有所作，就请他找班中会作旧诗的老师去。我从未对武大师生炫示我的旧诗作，学生遂以为我完全不懂旧诗。各大专教国文的老师不能为旧诗者亦多，故学生亦未甚以为怪。这次素秋请我代她改学生习作，是词不是诗，更难。改了两天，未及数首，素秋已返校，我羞愧地封还她的委任状，对她说我于此道实无能为役，还是你自己来吧！

素秋替学生改词，涂涂抹抹，任笔挥洒，若不经意，而细按之，字字惬心当贵当，点铁成金，无懈可击，非十分用意不办。可见她手腕之敏，由于其心思之灵，而这事又由乎天赋加一半学力，非常人之可及也！

选自台湾《新闻报·西子湾》副刊，1988 年 11 月 6 日

责任编辑:宫 共

封面设计:徐 晖

责任校对:吕 飞

图书在版编目(CIP)数据

苏雪林笔下的名人/沈晖 编著. —北京:人民出版社,2017.9

ISBN 978-7-01-018011-3

Ⅰ.①苏… Ⅱ.①沈… Ⅲ.①名人-列传-中国-近现代 Ⅳ.①K820.5

中国版本图书馆 CIP 数据核字(2017)第 197347 号

苏雪林笔下的名人

SUXUELIN BIXIA DE MINGREN

沈 晖 编著

人民出版社 出版发行

(100706 北京市东城区隆福寺街 99 号)

北京墨阁印刷有限公司印刷 新华书店经销

2017 年 9 月第 1 版 2017 年 9 月北京第 1 次印刷

开本:710 毫米×1000 毫米 1/16 印张:25.25 字数:339 千字

ISBN 978-7-01-018011-3 定价:66.00 元

邮购地址 100706 北京市东城区隆福寺街 99 号

人民东方图书销售中心 电话 (010)65250042 65289539